北大社·"十三五"普通高等教育本科规划教材
高等院校汽车专业"互联网+"创新规划教材

现代汽车新技术

(第 3 版)

主　编　姜立标

内 容 简 介

本书以现代汽车新技术为主要内容，系统地介绍了各种与现代汽车相关的新技术、新材料和新工艺。全书共分 8 章，包括汽车发动机新技术、汽车传动系统新技术、汽车底盘新技术、先进汽车安全技术、汽车新材料及轻量化、智能网联与自动驾驶、新能源汽车和汽车先进制造技术。

本书可作为高等院校车辆工程、汽车运用工程、交通运输、交通工程、汽车服务工程和机械工程及自动化等相关专业的本科生或研究生的教材，也可作为从事汽车行业的工程技术人员和管理人员的参考用书。

图书在版编目(CIP)数据

现代汽车新技术/姜立标主编. —3 版. —北京：北京大学出版社，2018.4
高等院校汽车专业 "互联网+" 创新规划教材
ISBN 978-7-301-29327-0

Ⅰ.①现… Ⅱ.①姜… Ⅲ.①汽车工程—高等学校—教材 Ⅳ.①U46

中国版本图书馆 CIP 数据核字(2018)第 036687 号

书　　　名	现代汽车新技术（第 3 版） Xiandai Qiche Xin Jishu
著作责任者	姜立标　主编
策划编辑	童君鑫
责任编辑	黄红珍
数字编辑	刘　蓉
标准书号	ISBN 978-7-301-29327-0
出版发行	北京大学出版社
地　　　址	北京市海淀区成府路 205 号　100871
网　　　址	http://www.pup.cn　新浪微博：@北京大学出版社
电子信箱	pup_6@163.com
电　　　话	邮购部 010-62752015　发行部 010-62750672　编辑部 010-62750667
印　刷　者	三河市博文印刷有限公司
经　销　者	新华书店
	787 毫米×1092 毫米　16 开本　25.5 印张　594 千字 2012 年 2 月第 1 版　2016 年 8 月第 2 版 2018 年 4 月第 3 版　2021 年 6 月第 4 次印刷
定　　　价	59.00 元

未经许可，不得以任何方式复制或抄袭本书之部分或全部内容。
版权所有，侵权必究
举报电话：010-62752024　电子信箱：fd@pup.pku.edu.cn
图书如有印装质量问题，请与出版部联系，电话：010-62756370

第3版前言

《现代汽车新技术》自2012年2月出版以来，得到车辆工程教学与研究工作者的认可，同时汽车工业迅速发展带来的新技术也在不断发展、创新。因此，在出版社的建议下，编者对《现代汽车新技术》进行了再版修订。在本书的编写过程中，编者结合近年来在教学与科研过程中积累的经验，对相关章节进行适当的补充与删减。

本书力求反映现代汽车新技术发展前沿，取材丰富，图文并茂，结合大量的实例，并搜集了国内外汽车新技术、新材料和新工艺的相关内容。本书可作为车辆工程专业的本科生和研究生的教材，也可作为从事汽车行业的工程技术人员的参考用书。

本次修订完成了以下几个方面的工作：

(1) 修改了遗留的文字和图形错误。

(2) 更新了部分插图并增加了多幅新插图。

(3) 本次修订删除了第2版的第4章，对第2版第7章智能网联与自动驾驶和第8章新能源汽车部分进行了重新编写，对其余章节内容进行了适当的增减及整合。

本书紧跟信息时代步伐，以"互联网+"思维在相关知识点旁边通过二维码的形式增加了一些视频和图文资源，读者可以通过扫描书中的二维码来阅读更多的学习资料。

本书由华南理工大学的姜立标担任主编并统稿，李静轩、艾皖东、蒋智慧、徐聪聪参与了文字编辑与校正工作，并制作了多幅插图、表格。

在本书的编写过程中，编者参考了国内外大量文献资料及网络资源，谨此对资料作者深表谢意。

随着现代汽车新技术的迅速发展，新的理论与技术不断诞生，由于编者掌握的资料不足及知识水平有限，书中难免有疏漏不妥之处，恳请广大读者批评、指正。

编　者
2018年1月

第 2 版前言

《现代汽车新技术》自 2012 年 2 月出版以来,得到车辆工程教学与研究工作者的认可,同时汽车工业迅速发展所带来的新技术也在不断发展、创新。因此,在出版社的建议下,编者对《现代汽车新技术》进行了再版修订。在本书编写过程中,编者结合近年来在教学与科研过程中积累的经验,对相关章节进行适当的补充与删减。

本书力求反映现代汽车新技术发展前沿,取材丰富,图文并茂,结合大量的实例,深入浅出,循序渐进地指导学生学习有关现代汽车发展中出现的新技术。本书可作为车辆工程专业的本科生和研究生的教材,也可作为从事汽车行业的工程技术人员的参考用书。

本次修订完成了以下几个方面的工作:

(1) 修改了遗留的文字和图形错误。

(2) 更新了部分插图并增加了多幅新插图。

(3) 对部分章节内容进行适当的增减及整合,删除了第 1 版中的第 1 章、第 4 章、第 6 章及第 7 章的部分内容;在第 1 章增加了起动停止系统、发动机小型化技术,在第 2 章增加了七速双离合器变速器、混合动力电动汽车,在第 4 章增加了振动学理论,在第 6 章增加了碳纤维复合材料。

本书由华南理工大学姜立标编写并统稿。丘华川参与了文字编辑与校正工作,并制作了多幅插图。

在本书的编写过程中,编者参考了国内外大量文献资料及网络资源,谨此深表谢意。

随着现代汽车新技术的迅速发展,新的理论与技术不断诞生,知识的海洋是非常广阔的,由于编者掌握的资料不足及知识水平有限,书中难免有疏漏不妥之处,恳请广大读者批评、指正!

编 者
2016 年 7 月于华南理工大学

第 1 版前言

随着世界汽车工业的迅速发展，出现了大量与现代汽车息息相关的新技术。这些新技术从方方面面改变着人们的生活。各国主要汽车企业也纷纷采用各种新技术、新材料、新工艺来改进汽车产品的性能。近年来，我国的汽车新技术及其应用也得到了飞速的发展，汽车产销量节节攀升，2011 年中国汽车产量已经达到 1840 多万辆，成为名副其实的汽车生产大国。但中国自主开发的汽车新技术却不多。编者编写本书的主要目的之一，就是要向国内汽车相关专业的学生和汽车行业的从业人员介绍最新的汽车技术，为促进我国汽车产业的进一步发展尽绵薄之力。

一项汽车新技术从诞生到在汽车中得到广泛应用并不是一蹴而就的，它需要各行业的专业技术人员，经历漫长的开发、调研、设计、试验，最后还需要得到市场的认可，才能最终成为一项具有实用价值的技术。以现在几乎成为乘用车标准配置的 ABS(防抱死制动系统)技术为例，其概念最初诞生于 100 多年前。1908 年英国工程师 J. E. Francis 提出了"铁路车辆车轮抱死滑动控制器"理论，但却无法将它实用化。接下来的 30 年中，包括 Karl Wessel 的"制动力控制器"、Richard Trappe 的"车轮抱死防止器"等尝试都宣告失败。在 1941 年出版的《汽车科技手册》中写道："到现在为止，任何通过机械装置防止车轮抱死危险的尝试皆尚未成功，当这项装置成功的那一天，即是交通安全史上的一个重要里程碑。"可惜该书的作者恐怕也没想到，这一天竟还要再等 30 多年。直到 1979 年，历史上第一部量产的民用型 ABS 才诞生。而现在，ABS 技术可以说是汽车安全史上最重要的三大发明(另外两个是安全气囊与安全带)之一。

本书中介绍的很多汽车新技术尚未在汽车上得到广泛应用，有的还停留在试验阶段，但我们不能因此否认这些新技术对未来汽车发展的促进作用。作为汽车专业的学生和汽车行业的从业人员，了解、学习这些汽车新技术是很有必要的。

本书主要从汽车新技术、新材料、新工艺等方面出发，系统介绍了现代汽车的各项新发展。全书共分 9 章，第 1 章介绍了汽车发动机新技术，第 2 章介绍了汽车传动系统新技术，第 3 章介绍了汽车底盘新技术，第 4 章介绍了汽车振动噪声控制技术，第 5 章介绍了先进汽车安全技术，第 6 章介绍了汽车新材料及轻量化，第 7 章介绍了智能汽车与车联网，第 8 章介绍了新能源汽车技术，第 9 章介绍了汽车先进制造技术。

本书由姜立标主编并统稿，刘坚雄、杨雪智、周松涛、李金水、陈泽茂、刘金龙、吴斌、陈书聪、董强、代攀、王小城等参加了部分章节的编写与文字修改工作。在本书的编写过程中，编者参考了国内外大量论文及论著的研究内容，在此对这些论文及论著的作者表示衷心的感谢！

由于现代汽车新技术发展迅速，不断有新的理论和技术诞生，加之编者掌握的资料不足及水平有限，书中内容难免有疏漏不足之处，敬请同行专家和广大读者批评指正！欢迎致信 jlb620620@163.com 指导交流。

编　者
2011 年 11 月于华南理工大学

目 录

第1章 汽车发动机新技术 …………… 1

1.1 发动机进排气控制新技术………… 2
    1.1.1 可变气门正时技术 ……… 3
    1.1.2 可变长度进气歧管 ……… 10
    1.1.3 电子节气门技术 ………… 10
1.2 燃油缸内直喷技术 ……………… 13
    1.2.1 汽油发动机的发展进程 … 13
    1.2.2 燃油缸内直喷技术原理和控制策略 ……………… 14
    1.2.3 燃油缸内直喷技术优点及存在的问题 …………… 17
    1.2.4 燃油缸内直喷技术的应用技术 ………………… 20
1.3 发动机均质充量压缩燃烧技术 … 21
    1.3.1 传统燃烧概念局限性 …… 21
    1.3.2 均质充量压缩燃烧技术特点 …………………… 21
    1.3.3 均质充量压缩燃烧技术面临的问题及展望 ……… 25
1.4 可变压缩比技术………………… 26
    1.4.1 可变压缩比的实现方案 … 27
    1.4.2 可变压缩比技术的优点及展望 …………………… 30
1.5 柴油机电控高压共轨燃油喷射技术 …………………………… 31
    1.5.1 电控高压共轨燃油喷射系统组成及工作原理 …… 32
    1.5.2 柴油机电控高压共轨燃油喷射系统优点及发展方向 …… 34
1.6 汽车起动停止系统 ……………… 35
    1.6.1 汽车起动停止系统的结构与工作原理 …………… 35
    1.6.2 博世起动停止系统 ……… 36
    1.6.3 丰田起动停止系统 ……… 39
    1.6.4 马自达智能怠速停止系统 …………………… 41
1.7 发动机综合技术应用 …………… 43
    1.7.1 发动机小型化的关键技术 …………………… 43
    1.7.2 双燃油喷射系统 ………… 43
    1.7.3 水喷射系统 ……………… 45
思考题 …………………………………… 46

第2章 汽车传动系统新技术 ………… 47

2.1 无级变速器 ……………………… 48
    2.1.1 概况 ……………………… 48
    2.1.2 无级变速器的特点 ……… 52
    2.1.3 机械式无级变速器的结构和原理 …………………… 53
    2.1.4 几种无级自动变速器的典型应用 ………………… 57
    2.1.5 活齿式无级变速器 ……… 60
2.2 双质量飞轮 ……………………… 61
    2.2.1 概述 ……………………… 61
    2.2.2 双质量飞轮式扭转减振器的基本原理和性能 ………… 63
    2.2.3 双质量飞轮式扭转减振器的典型结构和特点 ………… 67
2.3 汽车双离合器变速器技术 ……… 72
    2.3.1 概况 ……………………… 72
    2.3.2 双离合器变速器的结构 … 72
    2.3.3 双离合器自动变速器的工作原理 ………………… 74
    2.3.4 双离合器变速器的工作过程 …………………… 76
    2.3.5 七速双离合器变速器的传动分析 ………………… 78
    2.3.6 双离合器变速器的应用和特点性能 …………………… 82

- 2.4 驱动防滑系统 …………… 83
  - 2.4.1 概述 …………… 83
  - 2.4.2 驱动防滑系统的理论基础 …………… 84
  - 2.4.3 驱动防滑系统的控制方式 …………… 85
  - 2.4.4 防滑转控制系统的控制过程和结构特点 …………… 88
- 2.5 四轮驱动系统 …………… 91
  - 2.5.1 分时四驱 …………… 91
  - 2.5.2 全时四驱 …………… 94
  - 2.5.3 适时四驱 …………… 94
- 2.6 混合动力汽车的传动技术 …………… 95
  - 2.6.1 概述 …………… 95
  - 2.6.2 串联式HEV动力传动系统 …………… 96
  - 2.6.3 并联式HEV动力传动系统 …………… 98
  - 2.6.4 混联式HEV动力传动系统 …………… 101
  - 2.6.5 混合动力电动汽车的特点 …………… 105
- 2.7 纯电动汽车的驱动系统 …………… 107
- 思考题 …………… 109

第3章 汽车底盘新技术 …………… 110

- 3.1 悬架系统新技术 …………… 111
  - 3.1.1 空气悬架 …………… 111
  - 3.1.2 可调阻尼减振器 …………… 116
  - 3.1.3 主动悬架 …………… 118
  - 3.1.4 多连杆悬架 …………… 125
- 3.2 转向系统新技术 …………… 129
  - 3.2.1 可变转向比转向系统 …………… 129
  - 3.2.2 电动助力转向 …………… 132
  - 3.2.3 线控转向 …………… 137
  - 3.2.4 四轮转向技术 …………… 139
- 3.3 制动系统新技术 …………… 143
  - 3.3.1 制动盘新技术 …………… 143
  - 3.3.2 制动辅助系统 …………… 146
  - 3.3.3 电子制动系统 …………… 148
- 3.4 轮胎新技术 …………… 153
  - 3.4.1 低压安全轮胎 …………… 154
  - 3.4.2 防滑水轮胎 …………… 156
- 思考题 …………… 157

第4章 先进汽车安全技术 …………… 158

- 4.1 先进汽车主动安全控制技术 …………… 159
  - 4.1.1 电子稳定程序 …………… 160
  - 4.1.2 轮胎压力监控预警系统 …………… 167
  - 4.1.3 安全预警技术 …………… 171
- 4.2 智能乘员约束技术 …………… 177
  - 4.2.1 智能安全气囊 …………… 177
  - 4.2.2 气囊式安全带 …………… 182
  - 4.2.3 乘员头颈部保护系统 …………… 183
- 4.3 汽车侧面碰撞保护技术 …………… 185
  - 4.3.1 汽车侧面碰撞的研究 …………… 186
  - 4.3.2 车身结构新技术 …………… 187
  - 4.3.3 侧面安全气囊和气帘 …………… 188
- 4.4 行人碰撞保护技术 …………… 189
  - 4.4.1 行人碰撞法规的新进展 …………… 189
  - 4.4.2 车辆智能安全保障系统 …………… 190
  - 4.4.3 主动式发动机舱盖技术 …………… 191
- 4.5 儿童乘员保护技术 …………… 193
  - 4.5.1 儿童乘员保护的意义 …………… 194
  - 4.5.2 我国儿童乘员保护法规 …………… 194
  - 4.5.3 ISO-FIX标准和LATCH标准 …………… 195
- 思考题 …………… 197

第5章 汽车新材料及轻量化 …………… 199

- 5.1 概述 …………… 200
- 5.2 高强度钢 …………… 204
- 5.3 车用轻质合金 …………… 210
  - 5.3.1 铝合金 …………… 210
  - 5.3.2 镁合金 …………… 212

5.3.3 钛合金 ………………… 215
5.4 车用新型材料 ………………… 216
　　5.4.1 复合材料 ……………… 216
　　5.4.2 碳纤维复合材料 ……… 220
　　5.4.3 塑料制品 ……………… 223
　　5.4.4 轻量化橡胶构件 ……… 227
　　5.4.5 各种新型轻材料 ……… 228
5.5 轻量化结构设计 ……………… 229
　　5.5.1 结构优化案例 ………… 229
　　5.5.2 铝蜂窝夹板 …………… 231
　　5.5.3 激光拼焊板 …………… 236
　　5.5.4 连续变截面板 ………… 237
　　5.5.5 空心变截面钢管技术 … 238
　　5.5.6 轻型结构对比 ………… 238
5.6 国内外材料和技术发展动向 … 239
思考题 ……………………………… 241

第6章 智能网联与自动驾驶 ……… 242

6.1 智能汽车概论 ………………… 244
　　6.1.1 智能汽车简介 ………… 244
　　6.1.2 智能网联汽车技术
　　　　　原理 ……………………… 246
　　6.1.3 国内外智能汽车的发展
　　　　　现状及研究 …………… 248
　　6.1.4 智能自动汽车通用
　　　　　技术 …………………… 249
　　6.1.5 智能自动驾驶汽车的
　　　　　发展方向 ……………… 251
　　6.1.6 高级驾驶辅助系统 …… 251
6.2 自动驾驶汽车体系结构 ……… 253
　　6.2.1 分层递阶式体系结构 … 253
　　6.2.2 反应式体系结构 ……… 254
　　6.2.3 Boss 自动驾驶汽车体系
　　　　　结构 …………………… 255
6.3 环境感知技术 ………………… 255
　　6.3.1 传感器介绍 …………… 256
　　6.3.2 结构化道路检测 ……… 259
　　6.3.3 非结构化道路检测 …… 262
　　6.3.4 运动目标检测方法 …… 263

　　6.3.5 交通信号灯与交通标志的
　　　　　识别 …………………… 264
6.4 自动导航 ……………………… 265
　　6.4.1 GPS 组成和定位原理 … 266
　　6.4.2 航迹推算 ……………… 269
　　6.4.3 GPS/INS 融合导航定位
　　　　　系统 …………………… 269
6.5 路线规划 ……………………… 270
　　6.5.1 环境地图表示法 ……… 271
　　6.5.2 路线规划分类 ………… 274
　　6.5.3 Dijkstra 算法与 BFS
　　　　　算法 …………………… 274
　　6.5.4 经典 A*路线规划 …… 276
6.6 运动控制 ……………………… 278
　　6.6.1 自动驾驶汽车的纵向
　　　　　控制 …………………… 278
　　6.6.2 自动驾驶汽车的横向
　　　　　控制 …………………… 279
6.7 车联网技术与智能交通 ……… 280
　　6.7.1 智能交通发展现状 …… 280
　　6.7.2 智能交通与主动安全
　　　　　技术 …………………… 282
　　6.7.3 车联网通信系统的
　　　　　设计 …………………… 283
　　6.7.4 车联网应用系统 ……… 287
　　6.7.5 车联网在智能交通的
　　　　　应用展望 ……………… 288
思考题 ……………………………… 291

第7章 新能源汽车 ………………… 292

7.1 新能源汽车概论 ……………… 293
　　7.1.1 纯电动汽车 …………… 294
　　7.1.2 混合动力汽车 ………… 297
　　7.1.3 燃料电池电动汽车 …… 300
　　7.1.4 其他新能源汽车 ……… 304
7.2 电动汽车关键技术 …………… 307
　　7.2.1 动力电池 ……………… 307
　　7.2.2 驱动电动机 …………… 313
　　7.2.3 整车控制 ……………… 317
7.3 电动汽车充电技术 …………… 319

- 7.3.1 充电设备结构组成 …… 319
- 7.3.2 电动汽车对充电技术的要求 …… 321
- 7.3.3 电动汽车充电方式 …… 322
- 7.4 新能源汽车产业现状 …… 325
  - 7.4.1 新能源产业概况 …… 325
  - 7.4.2 新能源产业链概况 …… 326
- 思考题 …… 328

第8章 汽车先进制造技术 …… 329

- 8.1 锻造技术 …… 330
  - 8.1.1 锻造技术简介 …… 330
  - 8.1.2 摆动辗压 …… 331
  - 8.1.3 辗环技术 …… 333
  - 8.1.4 挤压技术 …… 334
  - 8.1.5 楔横轧技术 …… 336
  - 8.1.6 我国汽车锻造行业的展望 …… 339
- 8.2 铸造技术 …… 340
  - 8.2.1 铸造简介 …… 340
  - 8.2.2 造型技术 …… 342
  - 8.2.3 熔炼技术 …… 350
  - 8.2.4 制芯技术 …… 351
  - 8.2.5 汽车铸造材料 …… 354
  - 8.2.6 铸造技术的发展趋势 …… 355
- 8.3 冲压技术 …… 355
  - 8.3.1 冲压技术简介 …… 355
  - 8.3.2 冲压模具 …… 358
  - 8.3.3 冲压新技术 …… 361
  - 8.3.4 冲压工艺的有限元分析技术应用 …… 366
  - 8.3.5 汽车冲压技术的展望 …… 367
- 8.4 焊接技术 …… 368
  - 8.4.1 搅拌摩擦焊在汽车制造中的应用 …… 369
  - 8.4.2 激光焊接技术在汽车制造工业中的应用 …… 371
  - 8.4.3 新型焊接技术 …… 374
  - 8.4.4 汽车制造中焊接数值模拟技术的应用 …… 376
  - 8.4.5 汽车工业焊接的总体发展趋势 …… 377
- 8.5 机械加工及热处理技术 …… 377
  - 8.5.1 汽车制造机械加工技术及装备 …… 377
  - 8.5.2 汽车工业热处理技术展望 …… 383
  - 8.5.3 机械加工及热处理的发展趋势 …… 387
- 思考题 …… 388

参考文献 …… 390

第1章 汽车发动机新技术

本章教学目标

★ 熟悉当代具有代表性的汽车发动机新技术

★ 掌握发动机进排气控制新技术、汽油机缸内直喷（GDI）技术、均质充量压缩燃烧（HCCI）技术、可变压缩比（VCR）技术、柴油机高压共轨燃油喷射技术、发动机增压技术、起动停止系统和发动机小型化技术的结构、工作原理和优缺点

★ 把握当今科学技术发展态势，了解发动机新技术的发展动态

本章教学要点

知识要点	掌握程度	相关知识
发动机进排气控制新技术	掌握可变气门正时技术； 掌握可变长度进气歧管技术； 掌握电子节气门技术	发动机进排气系统构造及工作原理； 发动机电控技术
汽油机缸内直喷技术	了解汽油机缸内直喷技术的发展历程； 掌握汽油机缸内直喷技术的结构和工作原理； 了解汽油机缸内直喷技术存在的问题及发展趋势	汽油机缸内直喷技术的结构特点和燃烧特性
均质充量压缩燃烧技术	掌握均质充量压缩燃烧技术的特点； 了解均质充量压缩燃烧技术面临的问题与难点	几种发动机燃烧方式的比较
可变压缩比技术	掌握可变压缩比技术的结构特点与工作原理； 了解可变压缩比技术的存在问题及发展趋势	可变压缩比技术的概念； 可变压缩比技术的结构
柴油机高压共轨燃油喷射技术	掌握柴油机高压共轨燃油喷射系统组成及工作原理； 了解柴油机高压共轨燃油喷射技术的优点及发展方向	柴油机高压共轨燃油喷射系统的结构； 发动机电控技术
起动停止系统	掌握起动停止系统的结构和工作原理； 了解博世起动停止系统的工作过程及结构； 了解几种典型的起动停止系统的工作原理	起动停止系统的概念； 起动停止系统的结构
发动机综合技术应用	掌握发动机小型化的关键技术； 了解几种三缸小型发动机的典型应用； 了解几种发动机技术应用	发动机小型化涉及的关键技术； D-4S等技术的综合应用

导入案例

发动机是汽车最为关键的部分,是决定汽车性能的最重要的因素,是汽车的心脏。目前汽车使用的发动机均属于内燃机,发动机的功能就是将燃料的化学能转化为热能再转化为机械能,而机械能也就是一般所谓的动力。发动机在将燃料转成动力的过程中会经过一定的工作程序,而且此程序是周而复始连续不断的循环。发动机是由机体组、曲柄连杆机构、配气机构、进排气系统、燃油供给系统、冷却系统、润滑系统、起动系统和有害排放物控制装置组成的。另外,汽油机还包括点火系统,增压发动机还有增压系统。图1.1所示为一个完整的发动机的零件分解图。

图1.1 发动机零件分解图

伴随汽车产销量快速增长而来的是石油消耗和大气污染。先进的发动机技术在汽车节能、环保技术开发中起着关键的决定性的作用。越来越严格的排放法规和人们对节能认识的加深,使得高效率、低排放车用发动机技术的开发受到高度的重视,从而促使传统的内燃机技术不断创新。

1.1 发动机进排气控制新技术

进气系统的功用是提供清洁新鲜空气、提供合适浓度的混合气和将进气均匀充分地分配到各个气缸。排气系统的功用是以尽可能小的排气阻力和噪声,将气缸内的废气排到大气中。现代高速汽油机的转速和负荷范围宽广,在发动机高速运转和低速运转的时候需要的气门叠开角不同。在高速运转时,需要较大的气门叠开角以达到进气充分的目的;在怠速的时候，气门叠开角应相应变小，以达到降低排放的目的。

发动机气门的开启升程、开启和关闭时刻，对发动机性能有重要影响。为改善发动机的进、排气过程，提高发动机性能，近年来日本本田、日本丰田、德国大众等公司生产的发动机，相继采用了气门升程和配气相位控制技术，并实现对进气门的升程和开闭时刻的全电子控制。

1.1.1 可变气门正时技术

传统发动机的配气相位和升程是固定的，不能使各种工况下都得到最佳的配气正时。可变气门正时（Variable Valve Timing，VVT）技术指的是发动机气门升程和配气相位正时可以根据发动机工况作实时的调节。VVT 技术可分为 3 种：可变相位技术、可变升程技术及可变相位和升程技术。具有代表性的 VVT 技术是日本本田公司的 VTEC、日本丰田公司的 VVT-i 及德国宝马公司的 Valvetronic 技术。这一技术使发动机设计师无须再在低速转矩与高速功率之间作抉择，实时的气门正时调整使得同时顾及低速转矩与高速功率成为可能。

连续可变气门正时技术加上先进的发动机控制策略，可以巧妙地实现可变压缩比。如在大负荷时，发动机容易发生自燃引起的爆燃，通过推迟进气门关闭的时间来达到降低有效压缩比的目的，从而避免爆燃。而在中小负荷时，爆燃不再是问题，可以通过调整气门关闭时间达到提高有效压缩比的目的，从而使发动机在中小负荷时有优异的热效率。VVT 技术也可使汽油机排放品质达到更好的水平。发动机采用 VVT 技术可以提高进气充量，使充量系数增加，发动机的转矩和功率可以得到进一步的提高。VVT 技术的特点是在大幅提高了燃油经济效益的同时增加发动机的功率，但对油品的要求十分苛刻。

1. VTEC 技术

日本本田汽车公司自行研制的可变气门配气相位和气门升程电子控制系统（Variable Valve Timing and Valve Life Electronic Control System，VTEC），这是第一个能同时控制气门开闭时间及升程的气门控制系统。与普通发动机相比，VTEC 发动机同样是每缸 4 气门、凸轮轴和摇臂等，不同的是凸轮与摇臂的数目及控制方法。

图 1.2 所示为 VTEC 配气机构。整个 VTEC 由发动机电子控制单元（ECU）控制，ECU 接收发动机传感器（包括转速传感器、进气压力传感器、车速传感器、冷却液温度传感器等）的参数并进行处理，输出相应的控制信号，通过电磁阀调节摇臂活塞液压系统，从而使发动机在不同的转速工况下由不同的凸轮控制，影响进气门的开度和时间。

图 1.3 所示为 VTEC 工作原理。发动机低速时，小活塞在原位置上，3 根摇臂分离，主凸轮和次凸轮分别推动主摇臂和次摇臂，控制两个进气门的开闭，气门升量较小，情形类似普通发动机。虽然中间凸轮也推动中间摇臂，但由于摇臂之间已分离，其他两根摇臂不受它的控制，所以不会影响气门的开闭状态。

发动机达到某一个设定的高转速（3500r/min）时，ECU 指令电磁阀起动液压系统，推动摇臂内的小活塞，使 3 根摇臂锁成一体，一起由中间凸轮驱动，由于中间凸轮比其他凸轮都高，升程大，所以进气门开启时间延长，升程也增大了。发动机转速降低到某一个设定的低转速时，摇臂内的液压也随之降低，活塞在回位弹簧作用下退回原位，3根摇臂分开。

图1.2　VTEC配气机构

图1.3　VTEC工作原理

为了改善VTEC的性能，近年本田推出了i-VTEC。图1.4所示为i-VTEC构成。简单地说，i-VTEC是在现有系统的基础上，添加一个称为可变正时控制(Variable Timing Control，VTC)，即一组进气门凸轮轴正时可变控制机构，通过ECU控制程序，控制进气门的开启关闭。i-VTEC可连续调节气门正时，且能调节气门升程。i-VTEC的工作原理：当发动机由低速向高速转换时，电子计算机就自动地将机油压向进气凸轮轴驱动齿轮内的小涡轮，在压力的作用下，小涡轮就相对于齿轮壳旋转一定的角度，从而使凸轮轴在60°的范围内向前或向后旋转，从而改变进气门开启的时刻，达到连续调节气门正时的目的。

【Acura RLX VTEC VCM】

图 1.4　i-VTEC 构成

当发动机低转速时，每缸关闭其中一个进气门，使燃烧室内形成一道稀薄的混合气涡流，集结在火花塞周围点燃做功。发动机高转速时则在原有基础上提高进气门的开度及时间，以获取最大的充气量。VTC 令气门重叠时间更加精确，达到最佳的进、排气门重叠时间，并将发动机功率提高 20%。同时，i-VTEC 发动机采用进气歧管放在前，排气歧管放在后（靠车厢一端）的布置。在进气歧管上增设了可变长度装置，低转速时增长进气行程提高气流速度，有利于提升转矩；而排气歧管则缩短了长度，也就是缩短了与三元催化器之间的距离，使三元催化器更快进入适当的工作温度，能有效控制废气排放。由于发动机起动后 i-VTEC 就进入状态，不论低转速或者高转速 VTC 都在工作，也就消除了原来 VTEC 存在的缺陷。

表 1-1 所示为 i-VTEC 各种工作模式下的状态及实现目标。

表 1-1　i-VTEC 各种工作模式下的状态及实现目标

工作模式	VTC 工作状态	VTEC 工作状态	控制目标
怠速控制模式	VTC 以较小气门重叠角（进气门滞后）控制凸轮正时，有助于减小废气倒流入进气管内	VTEC 分别控制两个气门各自独立工作，产生强烈涡流，以便怠速时增加混合气空燃比（稀燃）	获得最佳燃油经济性和降低燃烧室废气排放
稀薄燃烧控制模式	VTC 以较小气门重叠角（进气门滞后）控制凸轮正时	VTEC 分别控制两个气门各自独立工作，产生强烈涡流，有助减小废气倒流入进气管内	增大混合气空燃比（稀燃），改善经济性和排放

(续)

工作模式	VTC 工作状态	VTEC 工作状态	控制目标
普通燃烧控制模式	VTC 增大气门重叠角,让部分废气倒流入进气管内,以便在下一进气行程稀释空气中氧气含量,降低 NO_x 排放	VTEC 分别控制两个气门各自独立工作,产生强烈涡流,加快燃料空气混合和燃烧速度	产生 EGR 效果,以增加经济性和降低排放
低速高负荷控制模式	VTC 控制最佳凸轮相位(滞后),获得发动机最佳转矩	VTEC 分别控制两个气门各自独立工作,产生强烈涡流,加快低转速时混合状态和燃烧速度	获得最大转矩
高速控制模式	VTC 控制最佳凸轮相位(滞后),充分利用气流惯性,增大冲量	VTEC 切换同步活塞连接高速凸轮和低速凸轮,两气门由高速凸轮驱动获得大升程,充分进气	获得最大功率

2. VVT-i 技术

丰田的可变气门正时(Variable Valve Timing,VVT-i)系统可连续调节气门正时,但不能调节气门升程。VVT-i 系统的工作原理是:当发动机由低速向高速转换时,电子计算机就自动地将机油压向进气凸轮轴驱动齿轮内的小涡轮,在压力的作用下,小涡轮就相对于齿轮壳旋转一定的角度,从而使凸轮轴在 60°的范围内向前或向后旋转,从而改变进气门开启的时刻,达到连续调节气门正时的目的。

图 1.5 所示为 VVT-i 系统组成。VVT-i 系统由传感器、ECU 和凸轮轴液压控制阀及执行器等元件组成。在该系统中,ECU 存储了最佳的气门正时参数值,根据曲轴位置传感器、进气压力传感器、节气门位置传感器、冷却液温度传感器和凸轮轴位置传感器等信号,并将这些信号与预定的参数值进行对比计算,最终计算出修正参数。在计算出修正参数后,ECU 发出指令控制凸轮轴正时液压控制阀,控制阀根据 ECU 指令控制机油槽阀位置,改变液压流量,把提前、滞后或保持不变等信号指令选择输送至 VVT-i 控制器的不同油道上。其中执行器是该系统的核心元件,该执行器属于螺旋槽式 VVT-i 执行器,包括正时带驱动的外齿轮、与进气凸轮轴刚性连接的内齿轮及一个位于内齿轮与外齿轮之间的可移动活塞。随着活塞的移动,进气凸轮轴会随之控制进气门提前或延迟。当得到理

图 1.5 VVT-i 系统组成

[Dual VVT-i Engine VVT-i]

想的配气正时时，凸轮轴正时液压控制阀就会关闭油道使活塞两侧压力平衡，活塞停止移动。VVT-i 系统的执行元件部分是一个液压控制系统，液压系统受 ECU 控制。

VVT-i 技术是丰田领先发动机技术，VVT-i 的意思是"智能可变配气正时"。该系统的最大特点是可根据发动机的状态控制进气凸轮轴，通过调整凸轮轴转角对配气时机进行优化，以获得最佳的配气正时，从而在所有速度范围内提高转矩，并能大大改善燃油经济性，有效提高汽车的功率与性能，减少油耗和废气排放。

图 1.6 所示为双 VVT-i 系统。双 VVT-i 系统指的是分别控制发动机的进气系统和排气系统。在急加速时，控制进气的 VVT-i 会提前进气时间，并提高气门的升程，而控制排气的 VVT-i 会推迟排气时间，此效果如同一个较小的涡轮增压器，能有效地提升发动机动力。同时，由于进气量的加大，也使得汽油的燃烧更加完全，实现低排放的目的。

图 1.6 双 VVT-i 系统

【双 VVT-i 发动机】

3. Valvetronic 技术

传统的气门空气进气量由节气阀控制。燃油喷射系统监视经由流通节气阀的空气流量，以决定发动机燃烧时所需要的燃油量，也就是说节气阀开度越大，流入燃烧室的空气也就越多。在较小的节气门开度时，节气阀部分甚至接近关闭。在活塞仍在运转时，部分空气进入进气歧管，这时在燃烧室与节气门之间的进气歧管存在部分的真空，吸力与泵抵抗的活塞，浪费能量，工程师将这个现象称为"泵气损失（pumping loss）"，当怠速运转时，节气门只开启一部分，因此有更多的能量损失。

而采用宝马公司 Valvetronic 技术的发动机，在这方面的结构则极其复杂。图 1.7 所示为 Valvetronic 系统组成。首先它的气门开闭仍由凸轮轴来控制，而凸轮轴上的凸轮却并非与气门直接贴合，而是通过一个摇臂机构，然后才作用到气门。这个摇臂机构通过自身角度的改变以控制气门开启的深度，从而使气门的行程发生改变。而摇臂本身是由一个步进电动机带动一个凸轮来控制的，步进电动机对于凸轮的作用，则由 ECU 来控制。

图 1.8 所示为常规发动机气门控制示意图。几乎所有的发动机都有节气门，节气门通过对进气量的控制，来实现驾驶人的加速减速意图，节气门由过去的简单拉索机械式，逐

步演变成电子控制节气门,通过 ECU 发出指令以实现对节气门的智能化控制,避免驾驶人的不当操作,同时提高燃油经济性。

图 1.7　Valvetronic 系统组成
1—扭转弹簧；2—支架；3—进气凸轮轴；
4、10—下摇臂；5—排气凸轮轴；6、8—液压挺柱；
7—排气门；9—上摇臂；11—中间推杆；12—进气门；
13—蜗杆轴；14—伺服电动机；15—偏心轮；16—蜗轮

图 1.8　常规发动机气门控制示意图

　　Valvetronic 技术最为显著的特点就是取消了节气门。与传统的双凸轮发动机相比,Valvetronic 利用一支附加的偏心轴、步进电动机和一些中置摇臂,来控制气门的开启或关闭,假如摇臂压得深一点,进气门就会有较高的升程,Valvetronic 技术自由控制气门的升降,长进气就是大的气门升程,短进气就是小的气门升程。改进电动机的螺旋齿轮则改变偏心轴的旋转量。

　　由于气门的开启和关闭的大小,可以由步进电动机来实现无级控制,这使得直接通过控制气门的开启和关闭,就可以实现类似节气门的功能。当驾驶人踩下加速踏板时,通过步进电动机,令进气门以此时最佳的开启行程打开即可；而当驾驶人松开加速踏板时,ECU 则发指令给步进电动机,令其将进气门的开启行程缩短到最小程度,从而实现关闭节气门的功能。

　　电子气门发动机去除了节气门也就去除了"泵气损失"。各种标准测试结果都显示,电子气门发动机可以比传统发动机节省 10% 以上的耗油量。另外,由于没有了节气门的阻碍,新鲜空气进入也更顺畅,使燃烧更加充分,废气排放更少。这种进气门升程功能可以控制发动机吸入的空气量,将功率损失保持在极低的水平。

　　Valvetronic 技术通过对气门行程的无级可调,实现发动机不同转速状态下,最佳功率输出。发动机的配气技术,归结起来,其实就是进、排气门开启和关闭的时间与大小的问题。传统的发动机,气门开启关闭的时间和大小都是固定不变的,设计师只能通过折中的办法设定一个最佳运转的正时和行程,这使得发动机在较低转速(2000r/min 以下)和较高转速(4000r/min 以上)的工况下,都无法获得最佳的配气正时和行程。相对来说,正时的改变要容易一些,目前即使是入门级的三缸发动机,也大都装配了 VVT 技术。而气门行程的可变则比较难,目前全球拥有实现气门行程可变技术的厂家还不多。图 1.9 所示为配备 Valvetronic 系统的发动机。

图 1.9 配备 Valvetronic 系统的发动机

发动机在不同转速下,对于气门行程的需求差别是非常大的。在低速下,由于进气量小,如果此时气门行程很大,将无法产生足够的进气负压,喷油器在喷油以后(无论是在缸内喷射还是缸外喷射),无法和吸入的空气充分混合,造成燃烧效率低,低速转矩将大幅减小,而且排放也会增高。此时较小的气门行程才能满足需求,由于气门行程小,增加了进气负压,由此产生的大量涡流可以将混合气充分混合,满足低转速下发动机的正常运转。

到了高转速状态下情况则恰好相反,此时的进气量需求非常大,如果气门行程过小,会导致进气气阻过大,无法吸入足够的空气,从而影响动力的发挥。因此在高转速下,较大气门行程,才能获得最佳的配气需求。

宝马则通过 Valvetronic 技术解决了这些问题,它的气门行程是可以实现无级调节的,只要 ECU 的控制程序设定得当,理论上可以做到任何转速状态下,都可以获得最佳的气门行程匹配。有了 Valvetronic 技术,不仅可以使进气行程满足不同转速下的配气需求,而且整个过程变化极为顺滑,驾驶人从感官上根本无法感知到,可以充分体验低速下充沛的转矩和高转速下的畅快。Valvetronic 系统的气门行程在最大开启时,可以达到 9.7mm,调节幅度非常大。

1.1.2　可变长度进气歧管

发动机的进气道是连接进气门和进气总管的,进气歧管设计的形状也能直接影响发动机的性能。图1.10所示为可变长度进气歧管。

可变长度进气歧管的工作原理：随着进气门的开启和关闭,在进气管内会产生压力波动,形成吸气波和压力波,并以声速传播,进气管的长度必须根据发动机转速而调整,以保证最高压力波在进气门关闭前到达进气门,从而提高进气量。发动机ECU根据转速信号,控制驱动电动机来调整歧管开度,从而改变歧管长度。根据发动机转速调整进气歧管长度,低速时使用长进气歧管来提高进气量,增大转矩,高速时,使用短进气歧管来提高进气量,提高发动机功率。

可变长度进气歧管工作原理如图1.11所示。粗、短、直的进气歧管对于进气流的阻力较小,因此在高速过程中响应较快,气流速度也较快,长、细、弯的进气歧管则有利于进气歧管中油与气的混合,因此较短的进气歧管更适合于高转速,而较长的进气歧管则更适合于低转速,因此就出现了可变进气歧管这项技术。通过技术手段,实现进气歧管长度在不同转速时可以变化,从而兼顾高低转速时的进气需求。在低转速时短进气歧管关闭,发动机使用长进气歧管进气；高转速时则关闭长进气歧管,使用短进气歧管进气；或者在进气歧管内设置阀门,通过开关来控制歧管内的阀门,以此来控制进气歧管的长度,分段可调能够实现多种长度,更能适应发动机转速的要求。

图1.10　可变长度进气歧管

1—细长进气歧管；2—控制阀；
3—粗短进气歧管；4—喷油器；
5—进气道；6—进气门

图1.11　可变长度进气歧管工作原理图

1.1.3　电子节气门技术

汽车电子节气门技术(Electronic Throttle Control,ETC)是伴随汽车电子驱动理念而诞生的。它摒弃了传统加速踏板采用钢丝绳或杠杆机构与节气门间的直接连接,通过增加相应的传感器和电控单元,实时精确控制节气门开度。ETC可实现发动机转矩控制和精确空燃比控制,有助于提高汽车行驶的动力性、平稳性、经济性及降低排放污染。目前,ETC被广泛地运用于汽车的驱动防滑控制(ASR)、巡航控制(CCS)、车辆稳定性控制(VSC)及自动变速控制(AMT)等汽车动力控制系统中,并已成为高档乘用车的标准配置。

电子节气门系统是汽车发动机完全电控的重要组成部分，对于提高汽车的动力性、可靠性、舒适性、便利性及燃油经济性，实现汽车的完全电控具有重要意义。

1. **电子节气门结构和工作原理**

图 1.12 所示为 ETC 系统工作原理示意图，它主要由加速踏板、传感器、节气门、控制单元、数据总线及执行器等部分组成。加速踏板位置传感器用于反映驾驶人的控制意愿；节气门位置传感器作为控制系统的反馈控制信号；控制单元包括信息处理模块和驱动电路；执行器包括减速机构和执行电动机，一般采用步进电动机或 PWM（脉宽调制控制）控制直流伺服电动机。

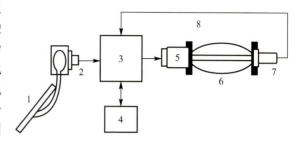

图 1.12 ETC 系统工作原理示意图
1—加速踏板；2—加速踏板位置传感器；
3—ETC 控制单元；4—其他控制单元；
5—电动机及减速机构；6—节气门；
7—节气门位置传感器；8—反馈信号

图 1.13 所示为 ETC 系统的控制简图。在工作时，驾驶人操纵加速踏板，加速踏板位置传感器产生相应的电压信号输入节气门 ECU，节气门 ECU 首先对输入的信号进行滤波，以消除环境噪声的影响，然后根据当前的工作模式、踏板移动量和变化率解析驾驶人意图，计算出对发动机转矩的基本需求，得到相应的节气门转角的基本期望值。经过 CAN 总线和整车控制单元进行通信，获取其他工况信息及各种传感器信号如发动机转速、挡位、节气门位置、空调能耗等，由此计算出整车所需求的全部转矩，通过对节气门转角期望值进行补偿，得到节气门的最佳开度，并把相应的电压信号发送到驱动电路模块，驱动控制电动机使节气门达到最佳的开度位置，节气门位置传感器则把节气门的开度信号反馈给节气门控制单元，形成闭环的位置控制。

图 1.13 ETC 系统的控制简图

图 1.14 所示为宝马公司的电子节气门体。图 1.15 所示为 ETBBOVIH 公司生产的 BW001-电子节气门，应用于奥迪 A4 1.8T、奥迪 A6 1.8T 和帕萨特 1.8T 等车型上。

图1.14 宝马公司采用的
电子节气门体

图1.15 ETBBOVIH公司生产的
BW001-电子节气门

2. 电子节气门控制系统的优点

1）精确控制节气门开度

首先由ECU对各种工况信息和传感器信号做出判断并处理，接着计算出最佳的节气门开度，再由驱动电动机控制节气门达到相应的开启角度。

2）改善了发动机的排放性能

ETC在各种情况下对空燃比进行精确控制，使燃烧更加充分，同时也降低了废气的产生；在怠速状态下，节气门保持在一个极小开启角度来稳定燃烧，提高了燃油经济性，排放也得到进一步控制。

3）具有更高的车辆行驶可靠性

电子节气门控制系统采用传感器冗余设计，从控制角度讲，使用一个传感器就可使系统正常运转，但冗余设计可使两个传感器相互检测，当一个传感器发生故障时能及时被识别，在很大程度上增加了系统的可靠性，保证行车的安全性。

4）可选择不同的工作模式

驾驶人可根据不同的行车需要通过模式开关选择不同的工作模式，通常有正常模式、动力模式和雪地模式3种，区别在于节气门对加速踏板的响应速度不同。

5）可获得海拔高度补偿

在海拔较高的地区，大气压下降，空气稀薄，氧气含量下降，导致发动机输出动力下降。此时，电子节气门控制系统可按照大气压强和海拔高度的函数关系对节气门开度进行补偿，保证发动机输出动力和加速踏板位置的关系保持稳定。

3. 电子节气门控制系统的发展方向

1）向集成化和综合控制方向发展

集成化和综合控制不仅是电子节气门控制系统的发展方向，也是将来汽车电子控制系统的发展方向。目前，ETC已经向集成化和集中控制方向发展，如将怠速控制、巡航控制、减小换挡冲击控制、节气门回位控制及车辆稳定性控制等多种功能集成；或者是将制动防抱死控制系统、牵引力控制系统及驱动防滑控制系统综合在一起进行制动控制。

2）结合多种控制方法进行综合控制

采取多种控制策略相结合，可以提高 ETC 的控制精度及反应速度。目前的发展方向是从线性控制发展到非线性控制，从单一模式控制发展到多模式控制，以及从传统的 PID 控制发展到采用 PID 与现代控制理论相结合的控制。由于传统 PID 控制受到参数整定方法繁杂的困扰，参数往往整定不良、性能欠佳，对运行工况的适应性很差。因此，多模态控制、神经网络控制及滑模变结构控制等方法被引入电子节气门控制中。滑模变结构控制有良好的鲁棒性和很强的非线性，该方法与系统的参数和扰动无关，也体现了今后电子节气门控制方式的发展方向。神经网络控制方法与 PID 控制相结合，可以提高电子节气门控制系统的自适应能力。但这些理论自身还有待完善和进一步的发展，因此需要更深入的研究才能将这些综合控制策略成熟地应用到电子节气门控制系统中。

3）车载网络、总线技术在汽车电子节气门控制系统的应用

随着 ETC 等电控系统在汽车上越来越多的应用，各种传感器和电子控制单元急剧增多，造成整车控制电路复杂、车辆上导线的数量增加。此外，各个系统的信息资源要能够共享，这些都对汽车的综合布线和信息共享提出了更高要求。现在国际上普遍采用的车载网络技术是 CAN 总线控制器局域网。它能够满足汽车上电子系统数据传输安全可靠、数据共享及系统集成等需要，并且大大降低了布线的复杂度，提高了汽车电子系统的运行可靠性。

1.2 燃油缸内直喷技术

随着人们对节能和环保要求的日益严格，作为缸内直喷汽油机稀薄燃烧技术，在动力性、燃油经济性、排放性能等方面都有出色的表现和潜力。汽油缸内直喷（Gasoline Direct Injection，GDI）技术作为第三种燃烧方式得到了广泛重视和发展，已经成为汽车工业发展的重要方向。目前在一些先进国家和地区如日本、欧美的缸内直喷汽油机在保持汽油机动力性能优势的同时，在燃油经济性方面已达到甚至超过柴油机水平。车用汽油机 GDI 技术得到更大发展，并逐渐取代进气道直喷成为电控喷射的主要形式。

1.2.1 汽油发动机的发展进程

随着科学技术的进步及能源和污染排放问题的日益严重，汽油发动机技术也在不断地革新，到目前为止，汽油发动机经历了三次改革：从化油器到电控汽油喷射，再到现在广泛应用的缸内直喷。图 1.16 所示为三种形式的汽油发动机。

（1）化油器发动机：传统型，在进气管道的化油器位置上依靠节气门后的真空度将喉管内的汽油吸出，与空气混合，雾化形成混合气，经气门进入气缸内进行燃烧。

（2）电控汽油喷射发动机：将汽油喷射在进气歧管或进气管道上，在气门之前的位置上与空气混合成混合气后，再通过进气门进入气缸燃烧室内被点燃做功。

（3）直喷式汽油发动机：通过电控系统的控制将汽油直接喷射在燃烧室内，同通过气门进来的空气进行混合从而形成可燃混合气进行燃烧。

从上面的三种供油形式可以看出，实际上这三种形式的汽油发动机的最大区别在于汽油喷射的位置，位置不同，技术也就不同。

(a) 化油器发动机　　　　　　(b) 电喷发动机　　　　　　(c) 缸内直喷发动机

图 1.16　三种形式的汽油发动机

1.2.2　燃油缸内直喷技术原理和控制策略

缸内直喷发动机结构如图 1.17 所示。电子控制单元根据传感器测得的参数计算所需供给的油量，并及时向喷油嘴发出喷油的指令，使燃油直接喷入气缸，而不是像传统发动机那样喷入进气歧管进行预先混合，这是燃油缸内直喷技术最大的特点。

【缸内直喷发动机及工作原理】

图 1.17　缸内直喷发动机结构图

1. 直喷式发动机的原理

直喷式发动机(缸内喷注式汽油发动机)与一般汽油发动机的主要区别在于汽油喷射的位置；GDI 装置引进了柴油机直接将柴油喷入缸内的理念直接在缸内喷射汽油，利用缸内气体流动与空气混合组织形成分层燃烧。汽油直喷入缸内有利于汽油的雾化，使汽油和空气更好地混合，燃烧更完全。另外，进气管道中没有狭窄的喉管，空气流动的阻力小，充气性能好，因此输出的功率也较大。喷油嘴喷油后大部分油雾都集中在活塞的凹坑中，靠进气系统形成涡流带动油雾在缸内形成混合气，与周围的稀区形成分层气体，虽然混合比达到 40∶1，但高压旋转喷射器喷射出雾状汽油，在压缩行程后期的点火前夕，被气体的纵涡流融合成球状雾化体，形成一种以火花塞为中心，由浓到稀的层状混合气状态，聚集在火花塞周围的混合气很浓厚，很容易点火燃烧。这种形式与直喷式柴油机相似，因此有人认为缸内喷注式汽油发动机是将柴油机的形式移植到汽油机上的一种创举。

2. 缸内直喷汽油机稀燃技术的原理

缸内直喷汽油机稀薄燃烧技术分为均质稀燃和分层稀燃两种燃烧模式。中小负荷时，在压缩行程后期开始喷油，通过与燃烧系统的合理配合，在火花塞附近形成较浓的可燃混合气，在远离火花塞的区域，形成稀薄分层混合气；大负荷及全负荷时，在早期进气行程中将燃油喷入气缸。使燃油有足够时间与空气混合，形成完全的均质化计量比进行燃烧。另外，也有采用分段喷油技术分层混合气，即在进气早期开始喷油，使燃油在气缸中均匀分布，在进气后期再次喷油，最终在火花塞附近形成较浓的可燃混合气，这种将一个循环中的喷油量分两次喷入气缸可以很好地实现混合气的分层。

3. 缸内直喷汽油机要达到两个主要目标

缸内直喷汽油机要达到两个主要目标：一是大幅度改善车用汽油机的燃油经济性；二是控制排放，主要是 NO_x 和未燃 HC 的排放控制。图 1.18 所示为 GDI 发动机控制系统原理图。

图 1.18　GDI 发动机控制系统原理图

4. GDI 燃油喷射控制模式

1）按工况区分控制模式

不同的工况对混合气浓度及喷油正时等要求各异，所以 GDI 电子控制策略应区分低工况和高工况两个不同的区域，分别采用两种不同的控制模式，见表 1-2。一般来说，推迟喷油、充量分层的控制模式只适用于 50% 以下的负荷，此时尚有足够的过量空气可在短时间内燃尽生成的黑烟，超过 50% 负荷时会排放黑烟，必须切换成提早喷油、均质充量的控制模式。

表 1-2　GDI 按工况区分控制模式表

工况	主要目标	空燃比	节气门	转矩调节	充量	喷油正时	喷油压力	燃油雾化	油束穿透
低	经济性	25~40	不全开	变质调节	分层	压缩冲程的晚期	高	好	浅
高	动力性	14.7 左右	全开	变量调节	均质	吸气冲程的早期	低	差	深

2)转矩控制策略

ECU在任何工况下都首先要识别对转矩的需求。无特殊要求时,ECU主要根据加速踏板的位置确定应有的转矩。如果这个转矩和转速对应于低工况区域,即加速踏板位移量较小时,电动节气门就保持不全开,通过改变空燃比调节燃油量进而控制转矩,这就是变质调节,此时进气量和点火提前角几乎不影响转矩;如果这个转矩和转速对应于高工况区域,即加速踏板位移量较大时,那么空燃比就保持稳定在14.7左右,通过改变电动节气门开度调节进气量,进而改变燃油量,控制转矩,这就是变量调节,此时点火提前角对转矩有很大影响。

3)喷油正时控制策略

低工况下,要求燃油恰好喷在活塞顶部凹坑内,结合活塞的向上运动,在很短时间内完成混合;而高工况下,要求阻止油束沾湿活塞和缸壁,同时要求有充足的时间形成均质充量。所以,低工况下要求油束集中,不必穿透很深,但是要雾化好,喷油时间应该推迟到压缩行程后期;高工况下要求油束分散,并且穿透深度适中,相应地应该将喷油正时提早到吸气行程的前期。图1.19所示为直喷式汽油机供油系统。

图1.19 直喷式汽油机供油系统

4)喷油压力控制策略

喷油压力至少与油束的两个特性参数有关,一个是燃油雾化程度,另一个是油束穿透程度。在低工况下,混合气形成时间短,所以对燃油的雾化要求很高,但油束穿透深度不能过大,以免导致湿壁现象,增加HC排放,但穿透深度必须达到一定水平,使得在低工况下油束能够撞到活塞凹坑内;而高工况下穿透深度应当更大一些,以便扩大油束在气缸内的分布范围。喷油压力升高时,一方面因为燃油雾化改善,油滴不能喷到很远的地方,油束穿透不深;另一方面因为喷油初速提高,又会增加穿透深度。两者在一定程度上互相抵消。在喷油量控制方面GDI与进气口喷射的区别在于,进气口喷射时用燃油压力调节器保持喷油器孔内外的压力差恒定,确保喷油速率恒定,以便通过脉冲宽度控制每循环喷油量;而在GDI中喷油速率和喷油压力都是可控的,提高喷油压力,则燃油雾化得好一些,但油束穿透深度小一些,正适合低工况、分层充量的情况下混合气生成的要求,降低喷油压力,则燃油雾化得差一些,但油束穿透深度大一些,正适合于高工况、均质充量情况下的要求。

5. 燃烧过程控制策略

GDI发动机可自由控制转矩输出,即当空气量保持一定时,只要改变燃油喷射量,就能改变转矩,可最大限度降低燃油消耗。GDI发动机采用"二次燃烧"方式,即在进气行程喷射1/4的喷油量,形成与理论空燃比相比为0.25左右的极稀薄混合气(此为预燃混合气),剩余的3/4燃油则在压缩行程后期喷射,形成高度集中的浓混合气,前期反应时间极短，限制了爆燃现象的发生。为控制排放，发动机起动后处于急速状态时，采用分层燃烧方式，即压缩行程的喷油在做功行程前半期完成燃烧，后半期重新喷油使催化器迅速达到工作所需温度，则起动后排放的 HC 大幅度降低。

1.2.3　燃油缸内直喷技术优点及存在的问题

1. 燃油缸内直喷技术的主要优点

1）动力性

从 GDI 发动机的结构看，去除了传统意义上的节气门，大大减少了在部分负荷时的节流损失和泵气损失，在部分负荷时可充分进气，提高充气效率和升功率。缸内的活塞顶部一半是球形，另一半是壁面，空气从气门冲进来后在活塞的压缩下形成一股涡流运动，当压缩行程行将结束时，在燃烧室顶部的喷油嘴开始喷油，汽油与空气在涡流运动的作用下形成混合气，这种急速旋转的混合气是分层次的，越接近火花塞越浓，易于点火做功，由于组织稀薄燃烧，采用电子控制精确配油，使得产生爆燃的极限压力提高，因而可以提高发动机的压缩比。也使发动机具有更高的热效率，燃料热得到充分利用。试验证明，GDI 发动机的功率要比同排量的其他发动机大 40% 左右。

2）燃油经济性

GDI 发动机具有卓越的燃油经济性，油耗量低，升功率大等优点，原因如下。

（1）中低负荷组织稀薄燃烧，空燃比可达 40∶1（一般汽油发动机的混合比是 15∶1），不必在中低负荷时按标准空燃比配油，相比普通 EFI（电控燃油喷射）发动机配给的燃油少。

（2）GDI 发动机可以实现高压缩比，燃油热效率较高，相对来说也就降低了油耗。

（3）GDI 省去了节气门，减少了节流损失和泵气损失，有效功率提高，减少了耗油量。一般来说，与点燃式汽油机相比，直喷式汽油机的油耗可以减少 15%～20%。

（4）火焰周围的超稀气体形成隔热层，可减少向缸壁的传热损失。

图 1.20 所示为三菱公司的一台 GDI 汽油机和一台进气道喷射式（PFI）汽油机在转速为 2000r/min 时的试验结果，由于缸内直喷式汽油机应用分层燃烧，空燃比可达 40∶1，燃油经济性改善 30%。

3）污染排放量

GDI 发动机能有效地降低 HC、NO_x 和 CO 等污染物的排放。

（1）HC：普通 EFI 发动机起动时容易产生大量的 HC，是因为气道中容易留有未蒸发的油膜，而油膜则是由于多余的燃油未完全燃烧造成的。GDI 发动机直接在燃烧室内喷油，不形成残留油膜，以较大的空燃比工作，燃油可以较充分燃烧，减少了 HC 生成的机会。

（2）NO_x：NO_x 的生成条件是较长时间的高温，又存在富氧状态。GDI 发动机的

图 1.20　GDI 和 PFI 发动机燃油经济性对比

高温区(火焰区)接近理论空燃比,没有特别多余的氧气,氧气充足的超稀区只在火焰周围,没有形成NO_x的温度,等到点燃超稀混合气时活塞已经下行做功,缸内温度已下降,因此GDI发动机限制了NO_x生成;且GDI采用了EGR技术,即废气再循环技术,将排出气缸的废气利用气门重叠时间再回到气缸中,降低燃烧的最高温度从而降低NO_x的排放量,GDI发动机的NO_x排放量下降了90%。

(3) CO:传统的汽油机过量空气系数接近1,大多是小于1的,也就是说燃油过量,不能完全燃烧造成了CO的存在。GDI发动机是总体富氧条件下,即使浓区燃油未能完全燃烧,也可以在稀区和排气中继续氧化,有效降低了CO的排放量。

综上所述,GDI发动机理论上的优势见表1-3。

表1-3 GDI发动机理论上的优势

性　　能	优　　点
燃油经济性	提高燃油经济性(经济性的对比取决于测试循环,最大可以提高20%～30%) 降低泵气损失(取消节气门采用分层充气模式) 更低的热损失(无节气门、分层充气模式) 可以提高压缩比(进气过程喷油冷却充气) 降低辛烷值要求(进气过程喷油冷却充气) 提高充气效率(进气过程喷油冷却充气) 减速时可以实现断油控制 加速时较少的加浓量
驾驶性能	提高瞬态响应性能 提高冷起动稳定性
空燃比控制性能	更准确的空燃比控制 缩短起动过程和提高燃烧稳定性 降低起动加浓量 降低加速加浓量
燃烧稳定性	可以扩大EGR工作界限(减少节气门的使用、降低NO_x的排放)
排放性能	可实现更低的排放 降低冷起动HC排放 降低发动机瞬态HC峰值排放 降低CO排放
系统优化	提高系统优化的潜力

2. 燃油缸内直喷技术存在的主要问题

1) 排放问题

GDI汽油机极大地提高了汽油机的燃油经济性,但其排放总体上要高于工作在理论空燃比下、附加三元催化器等尾气处理装置的进气道喷射汽油机。其排放问题主要有以下3个。

(1) 中小负荷下未燃HC排放较多。采用混合气分层后,极易造成火焰从浓区向稀区传播时熄灭。同时,稀燃造成缸内温度偏低,不利于未燃HC随后的继续氧化。壁面阻挡型直喷系统,因喷雾碰壁较多,而活塞顶和缸壁的温度低,使HC排放较高。

（2）NO 的排放。虽然因采用较稀的空燃比，气缸内的反应温度较低，但由于分层混合气由浓到稀将不可避免地出现混合气过浓或浓混合气区域过大的状况，这些区域恰恰是高温区域，使 NO 生成增加。另外，GDI 发动机较高的压缩比和较快的反应放热率也会引起 NO_x 升高。

（3）微粒排放。因为局部区域过浓的混合气和未蒸发的液态油滴扩散燃烧而引起颗粒排放增加，并且缸内温度低也造成了微粒氧化不完全。

2）催化器问题

GDI 汽油机工作在稀空燃比条件下，其造成的富氧和较低的排气温度使传统的三元催化器对 NO_x 的转化率不高，废气排温较低不利于三元催化器的起燃，限制了它在 GDI 汽油机上的应用。

3）积炭问题

对于 GDI 汽油机，火花塞点火燃烧掉占据小部分空间的分层混合气，其他空间只有极微量的燃油存在，且燃料的气化蒸发使缸内温度偏低，点火后火焰在传播过程中逐渐减弱，到达分层混合气以外的其他空间时，极易造成熄火，使混合气不能充分燃烧，产生积炭。

4）喷油器问题

GDI 汽油机的喷油器置于气缸内，由于喷油压力低，喷孔没有自洁能力，很容易积垢，造成喷油量减少、喷雾特性变坏，进而使发动机的燃烧恶化，影响发动机的功率输出和排放。

5）控制策略问题

在实际 GDI 汽油机上，理想的混合气浓度均匀递降的分层不可能实现，使得精确分层混合气的控制和燃烧过程组织的难度相当大。发动机不同负荷的喷油时刻相差较大，各种负荷间平滑过渡所要求的喷射策略也较复杂，因此实现发动机输出动力的连续变化需要较复杂的控制策略。直喷汽油机的开发难点，还体现在燃烧系统的优化和喷油系统的开发比较复杂，电控系统精确控制难和开发成本高，对汽油喷雾和空气的混合运动认识不足等方面。另外，GDI 较高的喷射压力要求也造成汽油泵和喷油器功率要求高，汽油的润滑性差，因此，如何开发出抗磨损能力强、功率消耗低的供油系统和燃油喷射系统，也是直喷汽油机需要解决的一个问题。

表 1-4 所示为 GDI 发动机开发和应用面临的挑战。

表 1-4 GDI 发动机开发和应用面临的挑战

性　　能	存在问题
排放性能	部分负荷、分层充气时局部产生较高的 NO_x，混合气较稀不利于三元催化器的起燃 小负荷时相对较高的 HC 排放 大负荷时相对较高的 NO_x 排放 增加了微粒的排放
稳定燃烧和控制	中小负荷区域内分层充气稀薄燃烧的控制 负荷变化时实现无缝过渡，控制和喷油策略变得非常复杂 为了降低 NO_x 采用较高的 EGR 率 相对较多的喷油嘴沉淀物和积炭

(续)

性　能	存在问题
燃油经济性	提高喷油压力和油泵回流造成的损失 催化器快速起燃和再生消耗的额外燃油 喷嘴和高压油泵增加的额外电量消耗
性能和可靠性	相对多的喷嘴沉淀物和积炭 由于提高了系统压力，增加了燃油系统的磨损 增加了缸套的磨损 增加了进气门和燃烧室的沉淀物
控制复杂性	更复杂的排放控制系统和控制策略 实现从冷起动到全负荷各种工况的控制，需要复杂的供油系统和燃烧系统控制技术 增加了系统优化的标定参数

1.2.4　燃油缸内直喷技术的应用技术

1. 降低 NO_x 排放的技术

1）稀燃催化器

稀燃催化器的开发将直接影响到 GDI 汽油机排放问题的解决。目前已有稀燃催化还原型 NO_x 催化器、NO_x 搜捕型等。但这些催化器都不同程度地存在转化率低、工作温度范围窄、控制复杂、性能不如传统的三元催化器等问题。日本三菱汽车公司采用稀燃 NO_x 催化剂加三元催化剂的技术，NO_x 可以达到美国加州排放标准。

2）废气再循环

废气再循环（EGR）是通过降低缸内最高燃烧温度及氧气的相对浓度从而降低 NO_x 排放的一种有效方法。在 GDI 汽油机中，因稀燃使缸内富余氧气较多，可使用较高的 EGR 率而不会使燃烧恶化。如果将再循环废气与可燃混合气进行分层，减少废气与可燃混合气的掺混，保证点火时刻火花塞附近有适于着火的混合气，避免废气靠近火花塞，能大大提高 EGR 率，从而大大降低 NO_x 排放。采用电控 EGR 可以精确控制 EGR 率，能较好地解决发动机的动力性和经济性与 NO_x 排放之间的协调问题。

2. 二次燃烧技术

二次燃烧技术是指在进行正常分层燃烧的怠速运转时，除了在压缩行程后期喷油外，在膨胀行程后期再次喷入少量燃油，在缸内高温、高压气体的作用下点火燃烧并使排气温度提高。日本三菱汽车公司采用二次燃烧和反应式排气管技术，较好地降低 HC 和 NO_x 排放。通常，起动后怠速状态下的排气温度为 200℃ 左右，使用二次燃烧可使排气温度上升到 800℃，这样可大大加快催化剂开始工作的时间。反应式排气管可使发动机的排气在排气管中滞留，激活与空气的反应，并使膨胀行程后期的二次燃烧反应在排气管中继续进行，从而加速激活催化剂，使 HC 排放降低。

3. 二次混合技术

二次混合技术是指在进气行程中先喷入所需燃料的 1/4，形成极稀的匀质混合气。在压缩行程后期再次喷入剩余燃料,形成分层混合气。在火花塞点火前,缸内混合气形成超稀均质混合气和较浓的分层混合气。火花塞点火时,首先在浓混合气处形成较强的火焰,迅速向稀混合气空间传播,因火焰较强,稀混合气易点燃。稀混合气的燃烧又会反射,促进浓混合气再次燃烧,使燃料充分燃烧,减少了积炭的产生。

4. 均质混合压燃技术

分层稀燃 GDI 发动机的混合气不均匀,NO_x 会在燃料较稀的高温区产生,而在混合气较浓的区域易产生炭烟。在均质混合稀薄燃烧过程中,理论上是均匀混合气完全压燃、自燃、无火焰传播过程,这样可以阻止 NO_x 和微粒的生成,同时能够实现较高的燃油经济性。均质压燃汽油机解决了汽油机指示热效率低的问题,空燃比不再受混合气点燃和火焰传播的限制,同时,压缩比也不会受到爆燃的限制,因而,热效率大幅度提高。由于均质压燃汽油机可以在稀薄混合气中进行燃烧,NO_x 的生成得到抑制,减轻了尾气处理的压力。

1.3 发动机均质充量压缩燃烧技术

1.3.1 传统燃烧概念局限性

压缩点燃式燃烧概念(用于柴油机)与火花点燃式燃烧概念(用于汽油机)相比,最大的特点在于所使用的燃油特性不同,由此造成两者在以下各方面都有差别,如燃油引燃方法、燃烧方式、空燃比、转矩调节方式、泵气损失、压缩比、燃烧剧烈程度、燃油经济性、有害物质排放和振动、噪声不同等。出于对汽车排放的有害物质的毒害作用、CO_2 的温室效应和 NO_x 形成酸雨的关注,人们对高效能、低污染的动力源的需求与日俱增。

空燃比精确控制、带三元催化转化器的汽油机(火花点燃式发动机)正在成为非常清洁的动力源。但是由于节气损失、爆燃和稀燃极限的缘故,这类发动机在热效率方面有很大的局限性。另一种常见的动力源是直喷式柴油机(压缩点燃式发动机)。这是一种效率很高的发动机,其温室气体 CO_2 和有害气体 HC、CO 排放都比汽油机低。但由于它的扩散燃烧和燃烧产生的局部高温等一些燃烧特点,很难遏制氮氧化物和炭烟(包括微粒物)的生成,并且还存在氮氧化物和微粒物排放控制目标之间相互冲突的问题。为了避免扩散燃烧和降低局部的燃烧温度,必须促进燃油和空气的混合。

传统的汽油机属于预混均质燃烧,由于汽油特性及爆燃等诸多因素的限制,因此,压缩比低,热效率低。与汽油机相比,柴油机具有较高的热效率和优越的燃油经济性,但是,传统柴油机的燃烧是燃料喷雾的扩散燃烧,依靠发动机活塞压缩到接近终点时的高温使混合气自燃着火。由于喷雾与空气的混合时间很短,燃料与空气混合得严重不均匀,使得混合气分为高温过浓区和高温火焰区,导致炭烟和 NO_x 的生成及排放增加。

1.3.2 均质充量压缩燃烧技术特点

均质充量压缩燃烧(Homogeneous Charge Compression Ignition,HCCI)是一种全新的内燃机燃烧概念,既不同于柴油机(非均质充量压缩点燃),又不同于汽油机(均质充量火花点燃），是火花点燃式发动机和压缩点燃式发动机概念的混合体。汽油机、柴油机和 HCCI 发动机的燃烧比较如图 1.21 所示。

(a) 柴油机：压缩点燃

(b) 汽油机：火花点火

(c) HCCI 发动机：均质充量压缩燃烧

图 1.21　3 种发动机燃烧比较

【HCCI 发动机工作】

　　HCCI 是一种预混合燃烧和低温燃烧相结合的新型燃烧方式：在进气过程形成均质的混合气，当压缩到上止点附近时均质混合气自燃着火。由于不受燃油和氧化物分离面处混合比的限制，也没有点火式燃烧的局部高温反应区，使得 NO_x 和微粒（PM）排放很低，而且具有较高的热效率。将压缩点燃式发动机改装成 HCCI 发动机的主要目的是减少氮氧化物和微粒排放；将火花点燃式发动机改装成 HCCI 发动机的目的是减少部分负荷时的燃油消耗，就是减少泵气损失。

　　HCCI 发动机为预混合均质压缩点火燃烧，是一种从优化燃烧的角度来降低 NO_x 和炭烟排放的新燃烧理论与技术。其燃烧模式是在进气及压缩过程形成均质混合气，当活塞压缩到上止点附近时，均质混合气自燃着火。从 HCCI 燃烧方式看，HCCI 发动机可以同时综合火花点火（SI）发动机和直接喷射压缩点火（DI）发动机的优点，实现降低排放和达到高热效率。表 1-5 所示为 3 种燃烧方式的发动机比较。

表 1-5　3 种燃烧方式的发动机比较

比较内容	点燃式发动机	压燃式发动机	HCCI 发动机
燃料	汽油等	柴油、乙醇、天然气等	均可，范围更广
过量空气系数	1 左右	1.6~2.2	范围更广
混合气形成方式	喷射-均质	喷射-浓稀	均质
稀薄燃烧	否	是	是
点火方式	点燃	压燃	压缩自燃
点火系统	有	无	无
燃烧方式	预混合燃烧	扩散燃烧	同时着火
节气门	有	无	无

（续）

比较内容	点燃式发动机	压燃式发动机	HCCI 发动机
转矩调节方式	变量调节	变质调节	变质调节
压缩比	较低	较高	较高
火焰	有	有	无明显火焰前锋
压缩终了温度	较低	较高	较高
燃烧温度	较高	局部较高	相对低温
理论循环	等容加热	混合加热	等容加热
泵气损失	较高	较低	较低
向气缸散热	较多	较少	较低
热效率	低	高	高
燃油经济性	低	高	高
NO_x	高	高	低
PM	低	高	低
HC	高	低	高
CO	高	低	高
燃烧起点控制	点火定时	喷油定时	综合控制
燃烧剧烈程度	较小	较大	较大

HCCI 发动机燃烧为稀薄燃烧，采用均质压缩多点着火，主要具有以下几个特点。

1. 超低的 NO_x 和炭烟排放

造成传统柴油机 NO_x 和炭烟排放较高的原因主要是传统柴油机燃烧存在高温区，即在火焰前锋高温区容易产生 NO_x 排放，在火焰内部高温区由于缺氧容易产生炭烟排放。而 HCCI 发动机为稀薄燃烧，所以不存在缺氧情况，因而可以有效降低炭烟排放；同时（HCCI）发动机燃烧为预混合均质压缩点火燃烧，即燃烧室内部混合气为均质混合气，在活塞压缩作用下燃烧室内多点同时着火，减少了火焰传播距离和燃烧持续期，避免了高温区的产生，可大大减少 NO_x 排放。众多研究者通过实验确认，HCCI 发动机在部分工况下燃烧产生的 NO_x 相对 DI 发动机有所降低。

2. 燃烧热效率高

由于 HCCI 发动机采用压缩自燃，因而可以大大提高压缩比，从而提高其燃烧效率。另外，压缩点火方式避免了 SI 发动机的节流损失，其热效率与 SI 相比更显优势。热效率的提高来源于以下 3 方面。图 1.22 所示为 HCCI 发动机和直喷式发动机放热效率曲线图，在一定工况下，放热效率接近奥托循环，而且没有高温区和不发光的燃烧，热损失较小。

图 1.22 规范化放热曲线

1) 减小了节流损失

HCCI 发动机对负荷的控制是通过调节燃油喷射量、改变空燃比来实现的,因此它可以减少节气门带来的节流损失。

2) 提高了压缩比

常规汽油机由于空燃比限制在化学计量比附近,其压缩比不能太高(8~12),否则容易出现爆燃。HCCI 发动机工作混合气较稀,如采用汽油作燃料可以在过量空气系数为 3~9 的范围内进行稳定燃烧,为了实现压缩自燃,必须采用高压缩比(12~21),与直喷柴油机相近。高压缩比意味着高的指示效率。

3) 缩短了燃烧持续期

HCCI 是多点同时着火,火焰不需要在整个气缸内传播,使燃烧持续期缩短。较短的燃烧持续期使得 HCCI 发动机在燃烧效率上具有优势。

3. HCCI 燃烧过程主要受燃烧化学动力学控制

HCCI 燃烧的能量释放过程是受多种化学动力学因素支配的,这些因素进而又受流体静力学和热力学状态历程的影响。普遍认为,燃烧的引发受化学动力学的控制,因为缸内的混合气受到压缩,温度和压力上升。因此,HCCI 燃烧具有非常小的循环偏差,而且不存在火焰传播过程。为了获得 HCCI 燃烧,要考虑各种不同的参数。压缩行程结束时的缸内温度和压力、燃油的自燃特性和残余废气量都会影响 HCCI 的点燃过程。与火花点燃式发动机相比,HCCI 发动机压缩行程结束时的温度必须更高一些,以使传统的用于火花点燃式发动机的燃油也能够自燃。

4. HCCI 发动机运行范围较窄

HCCI 发动机可以使用多种燃料(汽油、柴油、天然气、二甲醚、氢气、乙醇等),在一定工况下可以实现稳定运行,得到较好的运行和排放效果,但燃烧受到失火(混合气过稀)和爆燃(混合气过浓)的限制,发动机运行范围比较窄。对于高十六烷值燃料,由于 HCCI 发动机燃烧非常迅速,在高负荷工况下(混合气浓度大)易发生爆燃;对于高辛烷值的燃料,由于 HCCI 燃烧为稀薄燃烧,发动机在小负荷工况下容易熄火。

5. HCCI 发动机 HC、CO 排放较高

虽然 HCCI 发动机的研究在降低 NO_x 和炭烟排放方面取得了很大的进展，但相对普通的柴油机，HCCI 发动机的 HC 和 CO 排放稍高，这主要是由于 HCCI 燃烧通常采用较稀的混合气和较强的 EGR，缸内温度比较低造成的。图 1.23 所示为 HCCI 发动机与 EGR 直喷式柴油机和直喷式柴油机 NO_x 排放的比较图。

图 1.23 NO_x 排放比较图

1.3.3 均质充量压缩燃烧技术面临的问题及展望

HCCI 面临着以下 3 个主要问题。

1. 适用工况范围窄

HCCI 发动机在一定工况下可以稳定运行，得到较好的燃烧和排放效果。但当小负荷工况下，混合气过稀，需要很高的进气温度和缸内压力才能实现压燃，而通常由于实际条件的限制不能很好地满足压燃条件，所以可能导致燃烧不完全甚至熄火。高负荷工况下混合气浓度大，燃烧非常迅速且效率极高，压缩自燃时过多的燃料参与燃烧，易发生爆燃。研究表明，通过分层燃烧可以有效地拓宽 HCCI 的运行工况范围，采用两种不同特性的燃料也是拓宽 HCCI 运行工况范围的重要途径之一。

2. 燃烧进程难以控制

由于 HCCI 是预混合压燃，不能像汽油机一样由点火时刻控制燃烧始点，也不能像柴油机一样由喷油时间控制燃烧始点，它没有直接控制燃烧始点的措施，混合气的自燃受混合物特性、温度时间历程等的影响。

目前，控制 HCCI 燃烧的方法可分为两类：一类是控制混合气着火前的温度，这一类方法包括控制缸内燃油喷射时间、喷水、调节进气温度、采用可变压缩比和可变气门正时等；另一类是改变燃料本身的燃烧特性。从理论上讲，HCCI 燃烧过程中，均匀的空气与燃料混合气及残余废气被压缩点燃，燃烧在多点同步发生无明显火焰前锋，燃烧温度比较均匀，NO_x 和 PM 的形成能够被有效抑制。在发动机整个工作过程中，燃烧始点和燃烧快慢的控制是两个主要问题。在 HCCI 中控制燃烧始点很困难，为了获得良好的自燃就需要较高的充量温度和压缩比，而在发动机的整个工况范围内，由于爆燃和失火的限制，这样高的温度和压缩比不可能在所有工况都实现。在传统的燃烧系统中，是靠空气与燃油的混合率或火焰传播率来控制燃烧速率的，但在 HCCI 中这两种方式均不能被采用，采用高的 EGR 率和稀的混合比能较好地控制燃烧速率。

3. 均匀混合气的制备比较困难

均匀混合气的制备和避免燃料与壁面相互作用对实现高燃烧效率、减少 HC 和 PM 排放及润滑油稀释很重要。燃料混合气的均匀对控制 HCCI 燃烧过程的自燃反应有一定影响，但研究表明即使在燃烧室内混合气的不均匀程度很高时仍可以产生较低的 NO_x 排放。

对于挥发性较差的柴油而言均匀混合气的制备更加困难。目前，限制 HCCI 燃烧技术运用的核心问题是着火点控制、燃烧放热速率的控制及拓宽 HCCI 发动机运行范围。

HCCI 技术展望：

1. 耦合详细化学动力学探索 HCCI 燃烧机理

数值模拟研究方法作为 HCCI 研究的重要方法一直被研究人员看重。但由于 HCCI 燃烧的复杂性，如何更加高效、准确地对其燃烧过程进行数值模拟仍然是个挑战。目前已经得出了正庚烷和异辛烷的详细氧化机理，如何在这些成果基础上探索车用汽油、柴油及其他燃料的动力学机理，是实现 HCCI 燃烧控制的关键。

目前，进行数值模拟研究一般都是借助于专业计算软件，如 CHEMKIN、STAR-CD、FLUENT 等。各种计算软件各有优缺点：如 STAR-CD、FLUENT 对于模拟一定时刻燃烧室内的温度场和流场准确性很高，但它不能准确描述详细化学反应过程；CHEMKIN 软件可以准确模拟燃料的化学反应机理，但其燃烧模型是假定燃烧室里为均匀流场和温度场。因此，可以考虑综合两种专业计算软件的优点，从而更准确地对 HCCI 发动机的燃烧情况进行模拟预测。

2. 改变气体/燃料混合气的混合特性

改变气体/燃料混合气的混合特性也可以在一定程度上对 HCCI 燃烧着火和放热实行控制，并可适当拓宽 HCCI 发动机的运行范围。目前所运用的方法有改变进气温度、改变空燃比、废气再循环(EGR)、运用添加剂等。如瑞典的 Lund 技术中心利用 EGR 技术使不同燃料的运行工况得到了提高：天然气作为燃料的 HCCI 发动机的平均指示压力(IMEP)可达 14bar（$1bar=1\times10^5Pa$），乙醇的 IMEP 可达 12bar，异辛烷的 IMEP 可达 10bar。

3. 改变发动机设计和工作参数

调节压缩比、改变气门正时(VVT)、使用不同喷射技术(提前和延后喷射)和增压等方法已被应用在 HCCI 研究上。提高压缩比能提高进气温度，从而使 HCCI 燃烧的着火时刻提前。另外，Thomas 等发现，高压缩比与冷 EGR 相配合可以控制 HCCI 燃烧速率，从而扩大 HCCI 发动机运转工况范围；而改变发动机气门的开启持续时间、升程和相位，可以改变缸内新鲜工质和残余废气量，从而达到 EGR 的功效。美国斯坦福大学的一项研究表明，使用 VVT 技术可以实现未定的 HCCI 燃烧，并且在根据不同运行工况进行调整或进行不同燃烧模式的切换时可实现无节流损失。缸内早期喷射可以使燃油和空气在着火前充分混合，从而降低 HC 和 CO 的排放，而缸内延迟喷射对降低 NO_x 和炭烟排放有显著的效果；增压可以提高发动机的指示平均压力和 HCCI 燃烧的运转范围，但同时会提高气缸压力。

1.4 可变压缩比技术

我们知道，发动机从设计制造好之后，其很多参数如配气相位、压缩比等就是固定不变的，这些参数只是综合各种工况下最好状态后的折中，这使发动机不能完全发挥其性能。如果将一个个不可变的结构及参数变成可随相应工况和需要灵活可变的,则能在很大程度上改善发动机的综合性能。可变技术就是基于这种想法而出现的,其在解决较大转速和负荷范围内的动力性与经济性及排放性的矛盾显示出独特的优势。

压缩比是气缸总容积与燃烧室容积的比值,表示活塞由下止点运动到上止点时气缸内气体被压缩的程度,是衡量发动机性能的重要参数,是影响发动机效率最重要的因素之一。一般来说,压缩比越高,发动机的性能就越好。现代汽车发动机的压缩比汽油机一般为8~12,柴油机一般为12~22。

可变压缩比(Variable Compression Ratio,VCR)技术主要是针对增压发动机的一种技术。固定的压缩比不能充分发挥发动机的性能,事实上在小负荷、低转速运转时,发动机的热效率低,相应地综合性能比较差,这时可以用较大的压缩比;而在大负荷、高转速运转时,若压缩比过高,则很容易发生爆燃并产生很大的热负荷和机械负荷,这时可以用较小的压缩比。随着负荷的变化连续调节压缩比,可以最大限度地挖掘发动机的潜力,使其在整个工况区域内有效提高热效率,进而提高发动机的综合性能。

可变压缩比的目的在于提高增压发动机的燃油经济性。在增压发动机中,为了防止爆燃,其压缩比低于自然吸气式发动机。在增压压力低时热效率降低,使燃油经济性下降。特别在涡轮增压发动机中由于增压度上升缓慢,在低压缩比条件下转矩上升也很缓慢,形成所谓的增压滞后现象。也就是说发动机在低速时,增压作用滞后,要等到发动机加速至一定转速后增压系统才起作用。为了解决这个问题,可变压缩比是重要方法。一方面,在增压压力低的低负荷工况使压缩比提高到与自然吸气式发动机压缩比相同或超过;另一方面,在高增压的高负荷工况下适当降低压缩比。换言之,随着负荷的变化连续调节压缩比,以便能够从低负荷到高负荷的整个工况范围内有效提高热效率。

1.4.1 可变压缩比的实现方案

由压缩比的定义可知,要想使压缩比有所变化,就必须从怎样改变燃烧室容积和工作容积方面入手。发动机的燃烧室由活塞顶、气缸和气缸盖3部分构成,迄今为止出现的一些可变压缩比实现方案都是围绕这3个元素而行的。通常采用的手段大致为下面3种:①通过改变气缸盖的结构来实现;②通过改变缸体结构来实现;③通过改变活塞及曲柄连杆机构来实现。下面介绍几种可变压缩比发动机。

1. 萨博SVC发动机

图1.24所示为萨博SVC发动机。萨博SVC技术是通过活塞运动到上止点位置的变化来改变燃烧室容积,从而改变压缩比的。其压缩比范围可从8:1至14:1之间变化。在发动机小负荷时采用高压缩比以节约燃油,在发动机大负荷时采用低压缩比,并辅以机械增压器以实现大功率和高转矩输出。我们先简单地看一种比较直观的实现方式,就是在气缸的下止点再向下的地方设置一个可以相互上下活动的结构,这样通过提升和降低这个位置上方的气缸体及气缸盖,就可以改变活塞上止点的位置,从而改变燃烧室的容积,达到可变压缩比的目的。向上提升,压缩比低;向下降低,压缩比高。

之所以要在气缸下止点再向下的位置,是为了不影响活塞在气缸内的正常工作,就是说在变化压缩比的时候是不影响活塞往复运动的。在气缸下止点再向下的地方为一个圆心,通过旋转这个圆心上部的气缸体和气缸盖来改变燃烧室的容积。由于在气缸体和气缸

图 1.24　萨博 SVC 发动机

盖这个"整体"在偏离垂线开始旋转的时候（SVC 发动机为直列布置），气缸的上止点与曲轴的距离就缩短了，而且是随着角度的增加，与曲轴的距离就越短。在到达曲柄连杆要和气缸体相碰的临界时停止旋转。此时气缸的上止点与曲轴的距离最近，燃烧室的容积达到最小，压缩比最大；与之相反，在这个"整体"没有旋转的情况下，压缩比最大。这个气缸体与气缸盖的"整体"是通过一组摇臂来进行调节的，而这组摇臂是通过 ECU 来控制的。这样萨博的 SVC 技术就可以实现根据当时的工况由 ECU 来控制压缩比的变化，实现动力输出及燃油消耗的最佳化。

由于萨博 SVC 发动机采用了这种方法，因此它可以采用较大的增压值，甚至是强增压。一般涡轮增压发动机不会用大增压，很大的原因就是大增压迟滞更明显的矛盾性。但是由于萨博 SVC 发动机采用了变压缩比技术，低速时可以提供高压缩比，保持发动机以正常的压缩比进行工作，减少甚至消除迟滞现象；在涡轮增压器工作达到最大化时还可以降低压缩比，防止增压过大引起爆燃，同时适应强增压；在这两种情况期间，压缩比的变化由于得到了 ECU 的控制，所以是一个连续的线性变化，使发动机在每一种情况下都能得到最佳的工作效率。

2. 法国 MCE-5 技术

图 1.25 所示为法国 MCE-5 发动机。该技术采用附加装置实现，是一种机械的组合方案，整合了功率传输和压缩比控制功能。MCE-5 发动机的结构是活塞往复运动的实现不是通过连杆来直接驱动的，而是通过一个中间齿轮传动实现的。中间齿轮受右边的控制齿条位置的变化来调整压缩比，控制齿条与控制阀相连，而控制阀是由 ECU 控制的。方案采用了长寿命的齿轮和滚珠轴承系统导向的活塞，且活塞相对以前没有活塞裙部，该结构使活塞不会产生垂直拍击和径向负荷，保证发动机的坚固耐用和可靠性，能有效地降低摩擦损失，提高机械效率。

MCE-5 发动机采用的活塞只有很小的活塞裙部，这就可以大大降低摩擦损失，因为降低了活塞与气缸的接触面积，较好地解决了活塞侧击问题。MCE-5 发动机的摩擦损失、活塞敲击现象大大减少，进而降低了发动机噪声，密封性好，提高了发动机效率。齿轮的配合精度高，提高了发动机的机械效率。

汽车发动机新技术 **第1章**

图 1.25 法国 MCE-5 发动机

增压会使传统活塞的侧向力增加，MCE-5 技术则不存在这个缺点，可以和任何增压技术配合使用，而且 MCE-5 技术实现了长行程，如果在传统机器上采用长行程，会增加增压的响应时间，增长连杆，增大曲柄臂，但是 MCE-5 技术则不会。MCE-5 发动机的控制杆不需要任何外加动力驱动。MCE-5 发动机的控制杆还可以防止过载。

3. 多连杆 VCR 发动机

图 1.26 所示为多连杆 VCR 发动机。

VCR 发动机的运动规律：活塞与曲轴通过上连杆与下连杆连在一起。下连杆也通过控制连杆连接到了控制轴偏心轴颈中心。曲轴的旋转导致了下连杆围绕着主轴颈的中心旋转，同时围绕着曲柄销的中心转动。

压缩比改变的原理：移动偏心轴的中心向上使下连杆顺时针倾斜，因此使活塞的上止点和下止点的位置同时下降以降低压缩比。相反，偏心轴的中心向下移动可以提高压缩比。根据发动机的转速与负荷来改变压缩比，如图 1.27 所示。

图 1.26 多连杆 VCR 发动机　　　　图 1.27 压缩比图

29

在低速低负荷时采用高压缩比14∶1以获得提高燃油经济性的最佳效果；随着负荷的增加，减小压缩比以防止爆燃发生；为了在全负荷时采用高增压，将压缩比设为最低值8∶1。

1.4.2　可变压缩比技术的优点及展望

1. 可变压缩比技术的优点

（1）提高了发动机的热效率，很大程度上改善了发动机的燃油经济性。采用 VCR 技术后，无论是何种工况，发动机总在爆燃限制条件下工作，获得最佳热效率。

（2）适合于多元燃料驱动。VCR 技术使得汽油机在所用燃料种类方面非常机动灵活，因为 VCR 汽油机总是以最适合于所选用的燃料的压缩比工作。如果 VCR 汽油机采用其辛烷值超过汽油的燃料工作，那么上述优点就会变得更大。例如，甲醇是一种经常被用来代替汽油的代用燃料，其马达法辛烷值为88，而研究法辛烷值为108。因此，在高转速下，甲醇达到了实际上跟汽油相同的抗爆燃性；而在低转速下，它的抗爆燃性远远超过汽油。VCR 汽油机概念能够充分利用这种高抗爆燃性，更好地利用燃料的能量。

（3）有利于降低排放。为了使催化转化过程能够顺利地进行，三元催化转化器必须达到400℃左右的工作温度。冷发动机起动后需要经历一段所谓的"起燃时间"才能达到这一温度，一般为1~2min。在起燃时间尚未结束之前，三元催化转化器对排放的净化转化作用十分有限。采用 VCR 技术，与推迟点火一样，能够降低热效率进而提高单位排量的废气热流量，迅速地加热三元催化转化器，就可以缩短起燃时间，明显地降低冷起动和暖机阶段排放。在部分负荷工况，针对 HC 随着压缩比增大而升高的现象：一方面，由于 VCR 技术可以接受较大的 EGR 率，因而能够更多地降低 NO_x 排放；另一方面，在较高负荷下通过提高压缩比能够提高热效率，增大转矩，可以部分地替代混合气加浓的程度，因而降低对混合气加浓的要求，这样就可以扩大闭环控制的工况范围，进一步降低有害物质 CO 和 HC 的排放。

（4）提高运行稳定性。传统的固定压缩比汽油机在冷机怠速阶段为了加热三元催化转化器，要大幅度地减小点火提前角以降低热效率。这样一来就会明显地降低转矩，有可能使得发动机运行不稳定。在全负荷工况为了减少增压汽油机的爆燃倾向性也要依靠减小点火提前角。但是，过多地减小点火提前角会导致转矩过多地下降，使得发动机运行不稳定。

VCR 汽油机可以先通过减小压缩比在一定程度上降低热效率，然后根据实际的转速变动情况在较小范围内调节点火提前角，使得发动机在冷机怠速和全负荷时平稳地运行。另外，通过提高压缩比可以提高转矩，抵消高的 EGR 率给发动机运行带来的负面效应。

（5）实现发动机的小排量，结构更紧凑，比质量更高。

2. 可变压缩比技术存在的问题

（1）VCR 发动机一般都结构复杂，通常需要对发动机结构进行大幅改变，有时加工困难。如何简化机构以在有限的空间里实现理想的效果是需解决的一个问题。

（2）新增的控制及辅助机构等可活动零部件导致了振动、摩擦损失和磨损的增加，也使发动机质量增加，这些大质量体的移动需要耗费很大一部分能量。

（3）适时准确地改变发动机的压缩比，需要相应的高精度控制设备，匹配难度大。

（4）密封性问题。当压缩比过高时，漏气会耗损发动机的动力，并导致发动机机体等零部件的故障。若过多的混合气漏入曲轴箱内，会引起润滑油的变质。

（5）研发及制造成本高。

3. 可变压缩比技术的展望

（1）随着发动机相关理论、微机技术、电子技术、结构优化设计等技术的飞速发展，VCR技术会越来越多地应用在发动机上，它可使发动机的各项性能在各工况变化范围内得到优化。

（2）VCR技术使未来的发动机趋向于小型化、节能环保且能提供强大的动力。

（3）未来的VCR发动机应具有与现有发动机之间的互换性，以推动量产。如现有的排气后处理系统、可变气门正时系统、变速器等均可照常使用，而不需去重新开发。

（4）未来的VCR发动机应与先进的电子控制系统相配合，以尽可能精确地连续调节压缩比，使其满足不同的工况和使用要求，获得更高的效率。

（5）应加大VCR技术研发投入，结合VVT、GDI、HCCI、涡轮增压、稀薄燃烧等新技术来改善和提高发动机的综合性能。

1.5　柴油机电控高压共轨燃油喷射技术

柴油机与汽油机相比主要有三大优点。

（1）经济。首先，每单位柴油的能量含量比汽油高；其次，柴油机的压燃特性使其热效率比汽油机高。一般柴油机的油耗要比汽油机的低30%～40%。

（2）环保。一般来说，机动车的主要排放物有一氧化碳、碳氢化合物、二氧化碳、颗粒物和氮氧化物。相对而言，柴油机的一氧化碳、碳氢化合物和二氧化碳排放量极低，但在颗粒物和氮氧化物的排放控制上要比汽油机更难处理。这是柴油机本身的特性造成的，可通过现代技术处理。

（3）柴油机低速大转矩的特性，为汽车提供了更好的使用性能。通过采用先进的燃油喷射技术和电控技术，现代柴油机在动力性、加速性、舒适性指标上已经无异于汽油机。

大量研究结果表明，柴油机是日益产业化应用的各种动力机械中热效率最高、能量利用率最好、最节能、有害废气排放量较少的一种机型。在相同路况下，柴油机与同等排量汽油车的油耗比例为7∶10。柴油机不但有优良的燃油经济性，还具有很大的改进潜力。先进的柴油机技术CDRI（高压共轨柴油直喷技术）可使发动机更节能、排放更环保。

燃油喷射系统作为柴油机的"心脏"，其性能好坏直接影响柴油机的性能和工作可靠性。随着人们对柴油机智能化、强度化、经济性和排放性的要求越来越高，对燃油喷射系统的研究也越来越受到重视。未来柴油机必须满足更严格的排放法规。而高压共轨系统具有高度的控制灵活性，已成为降低柴油机排放的主要核心技术之一。

柴油机电控燃油喷射系统的开发研究已经经历了三代。从第一代的"位置控制式"到第二代的"时间控制式",再到现在的第三代"时间-压力控制式"。柴油机共轨式电控燃油喷射技术是一种全新的技术,集计算机控制技术、现代传感检测技术及先进的喷油结构于一身,有助于减少柴油机的尾气排放量,改善噪声,并降低燃油消耗。

1.5.1 电控高压共轨燃油喷射系统组成及工作原理

高压共轨喷油系统的组成如图 1.28 所示。高压共轨电控燃油喷射系统主要由电控单元(ECU)、高压油泵、共轨管、电控喷油器及各种传感器等组成。输油泵(低压油泵)将燃油输入高压油泵,高压油泵将燃油加压后送入高压油轨(高压油轨中的压力由 ECU 根据油轨压力传感器测量的油轨压力及预设值进行调节),高压油轨内的燃油经过高压油管进入喷油器;ECU 根据柴油机的运行状态,由预设程序确定合适的喷油定时和喷油量,以控制喷油器的喷油起始时刻和持续时间,操纵电液控制的喷油器将燃油喷入气缸内。柴油机高压共轨燃油喷射系统的构成和工作方式与汽油机电控燃油喷射系统相似,主要由燃油供给系统和电子控制系统两大部分组成。

【柴油高压共轨系统 CRSI-18 运行原理】

图 1.28 高压共轨喷油系统的组成

1—高压油泵;2—柱塞泵切断电磁阀;3—调压电磁阀;4—燃油滤清器;5—燃油箱;6—ECU;
7—蓄电池;8—共轨管;9—共轨压力传感器;10—油温传感器;11—电控喷油器;
12—冷却液温度传感器;13—曲轴位置与转速传感器;14—加速踏板位置传感器;
15—凸轮轴位置传感器;16—空气流量计;17—增压传感器;
18—进气温度传感器;19—涡轮增压器

1. 燃油供给系统

柴油机电控高压共轨喷油系统的燃油供给系统又分为低压供油和高压供油两部分,如图 1.29 所示。低压供油部分的功用是向高压油泵供应足够的燃油。低压供油部分主要由燃油箱、输油泵、燃油滤清器、低压油管等部件组成。高压供油部分除了设有产生高压燃油的组件外,还设有高压燃油储存、分配和计量组件,主要包括带调压阀的高压油泵、作为高压储存器的共轨管(带有共轨压力传感器)、限压阀和限流缓冲器、喷油器、高压油管和回油管等。

图 1.29　柴油机供油系统

2. 电子控制系统

控制系统由传感器、电控单元(ECU)和执行器组成。ECU 根据各个传感器的信息，计算出最佳喷油时间和最合适的喷油量，并确定合理的喷油时刻和喷油持续期，向执行器(电控喷油器的电磁阀)发出开关指令，从而精确控制发动机的工作过程。控制系统框图如图 1.30 所示。

图 1.30　控制系统框图

高压共轨喷油系统是建立在直喷技术、预喷射技术和电控技术基础之上的一种全新概念的喷油系统。电控高压共轨燃油喷射系统共轨管中的燃油压力由一个径向柱塞式高压泵产生，压力大小与发动机的转速无关，可在一定范围内自由设定，其大小由一个电磁压力调节阀控制，根据发动机的工作需要进行连续压力调节。ECU 作用于喷油器电磁阀上的脉冲信号控制燃油的喷射过程，喷油量的大小取决于共轨管中的油压和喷油器电磁阀开启时间的长短，以及喷油器液体流动特性。工作时，该系统通过共轨直接或间接地形成恒定的高压燃油，分送到每个喷油器，并借助于集成在每个喷油器上的高速电磁阀的开启与闭合，定时、定量地控制喷油器喷射至燃烧室的油量，从而保证达到最佳的燃烧比和良好的雾化，以及最佳的点火时间、足够的点火能量和最少的污染排放。

喷油过程由ECU根据工况控制执行器完成，它通过高速电磁阀实现对预喷油量、主喷油量、预喷间隔、喷油正时及喷油速率的柔性控制和精确控制，因而其特性是影响该系统性能的重要因素。

预喷射在主喷射之前，将小部分燃油喷入气缸，在缸内发生预混合或者部分燃烧，缩短主喷射的着火延迟期。这样，缸内压力升高率和峰值压力都会下降，发动机工作比较缓和。同时，缸内温度降低使得NO_x排放减少。预喷射还可以降低失火的可能性，改善高压共轨系统的冷起动性能。

主喷射初期降低喷射速率，也可减少着火延迟期内气缸内的油量。提高主喷射中期的喷射速率，可以缩短喷射时间，从而缩短缓燃期，使燃烧在发动机更有效的曲轴转角范围内完成，提高输出功率，减少燃油消耗，降低炭烟排放。主喷射末期快速断油可以减少不完全燃烧的燃油，降低烟度和碳氢化合物排放。

1.5.2 柴油机电控高压共轨燃油喷射系统优点及发展方向

1. 主要优点

（1）共轨系统中喷油定时与喷油压力都可以独立控制，喷油压力不依赖于转速，因而在宽广的运行区域内都可以进行高压喷射（喷射压力达120MPa至200MPa以上）。

（2）共轨系统具有高精度控制预喷射的能力，可控制喷油速率变化，实现预喷射和多次喷射。控制喷油正时，配合高的喷射压力，既可降低柴油机排气中的NO_x和PM成分，改善低温起动性及降低燃烧噪声，又能保证优良的动力性和经济性。

（3）由电磁阀控制喷油，其控制精度较高，高压油路中不会出现气泡和残压为零的现象，因此在柴油机运转范围内，循环喷油量变动小，各缸供油不均匀现象可得到改善，从而减轻柴油机的振动和降低排放。

（4）结构简单、性能可靠、实用性强、应用范围广，目前已广泛应用于各种型号、各种排量的柴油机。

（5）自由调节喷油时间。根据发动机转速和负荷等参数，计算出最佳喷油时间，并控制电磁喷油器在适当时刻开启和关闭，从而精确控制喷油时间。

2. 发展方向

柴油机为了降低燃烧噪声，要求预喷；为了使燃烧充分、降低排放和使微粒物捕集器得到再生，要求主喷之后补喷；为了燃油雾化良好，必须增加喷孔数目，缩小喷孔直径；要保证足够的喷油速率，就要提高喷油压力；而为了实现多次喷射，就要改进喷射系统的响应特性。这些要求决定了共轨喷油技术的发展方向，总结为以下几个方面。

（1）提高喷油压力。

（2）更小的喷孔直径。

（3）多孔式喷油器。

（4）压电式喷油器。

（5）高精度快速响应智能型传感器的研制。

（6）共轨燃油压力持续恒压反馈控制的进一步深入和完善。

（7）采用先进的多次喷射的控制模式与算法。

（8）安全保护与提高故障诊断及紧急运行能力的研究。

（9）提高整个喷射系统的优化匹配。
（10）提高系统的可靠性，降低制造成本。

1.6 汽车起动停止系统

在城市中，由于人口和车辆比较集中，造成了城市车辆运行工况的特殊性，特别是对于城市公交车来说，停靠的站点多，再加上交通道口红灯停车，起步和停车十分频繁，造成了发动机产生的大部分能量在制动过程中以摩擦生热的形式消耗。又由于存在长时间的停车工况，使发动机长时间地处于怠速运转状态，造成车速低、油耗高、污染严重等问题。汽车起动停止系统（Start Stop System）由此应运而生，同时也称为汽车怠速停止和起动系统（Idling Stop & Start System，ISS）。

1.6.1 汽车起动停止系统的结构与工作原理

汽车起动停止系统的结构如图1.31所示，其组成包括：发动机、变速器、液力变矩器、电动机/发电机、逆变器、电池、变速器挡位传感器、加速踏板传感器、制动踏板传感器、车速传感器、发动机转速传感器、蓄电池电量传感器等。

图1.31 起动停止系统结构

汽车起动停止系统的工作原理可简要叙述为：在车辆停止、发动机处于怠速状态时，发动机将自动关闭，当驾驶人有重新起动车辆的意愿时，可以自动起动发动机来驱动车辆行驶。

下面根据系统结构图来详细描述其具体工作原理：当车速传感器检测到车辆停止，发动机转速传感器检测到发动机处于怠速状态，制动踏板传感器检测到制动踏板被踩下，而且挡位传感器检测到变速器未处于 R 位时，这些信号将传递至起动停止系统控制器（ISC），ISC 判定车辆满足了怠速停止的条件，ISC 将关闭发动机的命令发送到发动机 ECU，发动机 ECU 再发送信号给点火系统停止点火或燃油泵停止供应燃油来关闭发动机；当制动踏板传感器检测到驾驶人松开制动踏板，加速踏板传感器检测到加速踏板被踩下，且挡位传感检测到变速器处于 D 位时，ISC 则判定驾驶人试图起动车辆，ISC 发送信号给电动机/发电机，电动机/发电机利用蓄电池的电力来起动发动机，同时发动机 ECU 发送命令给点火开关开始点火或燃油泵开始供油，基于电动机/发电机的减振效果，发动机可以平顺地起动，然后驱动车辆继续前进。

由于车辆处于停车期间，发动机停止运转，相应的一些车载电器如空调等暂时失去电力供应，这就降低了乘坐的舒适性。为了解决这一问题，在车辆上可以安装不使用电力驱动的空调压缩机。例如，可以安装一个液压蓄能器来储存由液压泵（如液压助力转向泵等）传递过来的发动机所产生的液压能，利用液压蓄能器可以在发动机怠速停止期间驱动空调压缩机来保证车辆空调的正常运行。

1.6.2　博世起动停止系统

图 1.32 所示为博世起动停止系统开启示意图，车辆起步后，一旦其行驶速度超过 3km/h 且时间持续约 4s，起动停止系统就会自动开启。该起动停止系统的工作原理：当车辆在铁道路口或者红绿灯前停车时，该系统会自动将发动机暂时关闭；而再次起步时，不需要再次操作点火钥匙就能自动起动发动机，从而达到节省燃油消耗的目的。

【博世汽车起停系统】

图 1.32　起动停止系统开启示意图

对于起动停止系统来说，评估蓄电池的充电状态，以判断是否可以使发动机再次起动，这是很重要的。这个过程被称为"起动电压预测"。这表明，对于涉及再次起动的所有发动机特性和数值都要进行评估。因此，蓄电池状态和发动机特性曲线一直都在被监控分析。根据"起动电压预测"的具体情况，来判定起动停止系统是否可以使用，或者是否需要关闭某些用电器（以避免用电需求过大）。目前，涉及的用电器有座椅加热装置、后风窗加热装置、后视镜加热装置、转向盘加热装置和电预热装置。这些用电器在发动机再次起动前会被关闭，并在发动机起动过程中不工作（被锁止）。

起动停止系统既可用于手动变速器车辆的发动机，也可用于双离合器变速器车辆的发动机。这两种变速器的操作特点有所不同。因此，对于配备这两种不同变速器的车辆，起动停止系统的操作和工作过程也各有各的特点。

1. 手动变速器车辆上起动停止系统的运作

图 1.33 所示为手动变速器车辆上起动停止系统发动机的关闭过程，具体过程：①车辆以 50km/h 的车速行驶到一个红灯前；②驾驶人换低挡并制动车辆直至其停止；③驾驶人挂入空挡并松开离合器踏板；④起动停止系统将发动机关闭。组合仪表显示屏上出现起动停止系统符号，表明系统已经为发动机再次起动做好准备。

图 1.33　手动变速器车辆上起动停止系统发动机关闭过程

图 1.34 所示为手动变速器车辆上起动停止系统发动机的起动过程，具体过程：①交通灯转为绿灯；②驾驶人踩下离合器踏板；③起动停止系统自动使发动机再次起动；组合仪表显示屏上的起动停止系统符号熄灭；④驾驶人挂挡、加速，继续行驶。

图 1.34　手动变速器车辆上起动停止系统发动机起动过程

2. 双离合器变速器车辆上起动停止系统的运作

图 1.35 所示为双离合器变速器车辆上起动停止系统发动机的关闭过程，具体过程：①车辆以 50km/h 的车速行驶到一个红灯前，驾驶人制动车辆直至其停止；②驾驶人保持踩住制动踏板；③起动停止系统将发动机关闭。组合仪表显示屏上出现起动停止系统符号，表明系统已经为发动机再次起动做好准备；④驾驶人保持踩住制动踏板，直至交通灯转为绿灯。

图 1.35　双离合器变速器车辆上起动停止系统发动机关闭过程

图 1.36 所示为双离合器变速器车辆上起动停止系统发动机的起动过程，具体过程：①交通灯转为绿灯；②驾驶人松开制动踏板；③起动停止系统自动使发动机再次起动，组合仪表显示屏上的起动停止系统符号熄灭；④驾驶人踩加速踏板加速，继续行驶。

3. 起动停止系统结构

起动停止系统是一种集成在发动机控制单元软件内的功能，该系统要与很多车辆部件和子系统进行数据交换，以便控制起动停止系统，图 1.37 所示为手动变速器车辆上博世停止起动系统结构。

图1.36 双离合器变速器车辆上起动停止系统发动机起动过程

图1.37 手动变速器车辆上博世起动停止系统结构

1—起动停止系统按键；2—离合器踏板开关；3—加速踏板位置传感器；4—冷却液温度传感器；
5—变速器空挡位置传感器（仅手动变速器）；
6—发动机管理系统（如点火、燃油供给、混合气制备、废气再循环、二次空气、废气净化等）；
7—起动机；8—安全带识别；9—暖风、鼓风机和空调调节；10—发动机控制单元；
11—车载电网控制单元；12—舒适系统中央控制单元；13—自动空调控制单元；
14—电控机械式转向助力系统；15—转向助力控制单元；16—车速信号，行程识别；
17—ABS控制单元；18—制动灯开关；19—蓄电池监控控制单元（带有蓄电池传感器）；
20—蓄电池；21—自动泊车辅助系统控制单元；22—交流发电机；23—调压器；
24—数据总线诊断接口；25—稳压器；26、27—接线端；
28—收音机/导航系统；29—仪表板控制单元

博世推出全新带滑行功能的起动停止系统，可使汽车在大部分行驶时间内实现零排放、无噪声、低阻力驾驶模式。这项技术创新在车辆行进中（如在平缓的下坡）即可关闭发动机，从而节省燃油消耗。而当驾驶人踩下加速踏板或松开制动踏板时，发动机将重新起动。

起动停止系统的创新之处在于，使用已有的传感器数据令软件系统得到加强。与此同时，装配起动停止系统的起动机可承受更大的电流并使起动更快速。另外，这个系统几乎不需额外零件，就可安装在任何一款车型上。无论是欧洲的柴油车，北美的汽油车，还是亚洲的天然气车，全世界的驾驶人都会从这个新技术中获益，环境也将得到有效改善——起动停止系统的滑行功能可有效降低油耗，减少 CO_2 的排放量。

如今，得益于双离合变速系统，一些车辆已有"轻量版"滑行功能。当驾驶人松开加速踏板时，系统会自动把发动机转为怠速状态。第一代起动停止系统只能在车辆完全停下来时才关闭发动机，而加强版起动停止系统在车辆滑行准备停止时即可关闭发动机（如遇到红灯）。当驾驶人松开加速踏板和制动踏板时，配备滑行功能的起动停止系统在车辆行进时就会自动关闭发动机，以节省更多燃油。此外，因为发动机和传动系统分离，比起倒拖断油系统，带有滑行功能的车辆可以滑行更远的距离。

1.6.3　丰田起动停止系统

当发动机重新起动时，为了向起动停止系统供电，丰田起动停止系统采用了高性能车用锂离子蓄电池。

该车智能起动停止系统的工作原理：当变速杆位于 D 位时，使汽车停车时自动停止发动机运转，而当脚松开制动踏板时，锂离子蓄电池向起动机供电，发动机又重新起动，其起动工作状态如图 1.38 所示。

图 1.38　智能起动停止系统（IASS）在发动机起动时的工作状态

起动停止系统采用 BSG 电机微混技术，如图 1.39 所示。该系统采用一个起动/发电一体机（M/G）作为动力源，在发动机怠速停止后需要起动时，拖动发动机起动。这套系统不但实现了起动-停止技术，而且解决了发动机在怠速停止时空调和水泵等不能工作的问题。该系统通过一个电磁离合器在发动机怠速停止时切断带轮与发动机的传动，这样怠速时发动机停止转动，带轮上的其他设备由 M/G 驱动，继续正常工作。

图 1.39　丰田发动机结构原理图

丰田汽车公司开发的 1.3L 1NR-FE 汽油机上应用的起动停止技术，采用了世界首款永久啮合齿轮起动系统，具有明显改进的电池管理和控制系统，降低振动和噪声，实现发动机平顺而快速的起动。即使是发动机在停机的过程中，该起动系统也能够重新起动车辆，系统结构原理如图 1.40 所示。该系统配备安装了备用放大转换器（BBC），在发动机重新起动时，能量通过备用放大转化器供给那些受到影响的电子系统，缓解了由于电压下降带来的问题，确保了操作的稳定性。该系统的电池极板的数量和尺寸与普通铅酸电池相比都有所增加，保证怠速停止期间放电以便延长电池的使用寿命。此外，采用能够回收制动能量的电池充电控制管理系统，能够决定和管理电池状态，可以保证重新起动，并在电能耗尽之前，保证足够的怠速停止次数。

永久啮合齿轮起动系统减少了传统起动机中小齿轮伸缩与齿圈啮合时所需要的时间。它不同于传统起动机小齿轮调挡，不需要等到发动机完全停止之后再进行重起，使系统可

汽车发动机新技术 第1章

图1.40 丰田起动停止系统

以应对在发动机停止过程中驾驶人驾驶意图的突然改变,此外,不需要增加发动机的长度,只要在曲轴凸缘后端安装几个结构部件,就可以安装该起动停止系统。丰田的这套系统已经被推广到欧洲市场。除了该起动停止功能以外,该系统的其他控制,如发动机重新起动时降低发动机转速的控制装置,以及实施这些研究的电池管理系统,可以使CO_2排放在欧洲工况下(EC)降低约3%。另外,在拥堵的城市中行驶时,该系统有望减少约10%的CO_2排放。

1.6.4 马自达智能怠速停止系统

日本马自达公司开发的智能怠速停止系统(Smart Idling Stop System,SISS),灵活地应用了发动机直喷技术,在起动发动机时往气缸内直接喷射燃油并点火,并利用其产生的能量向下推动活塞使之能重新起动。这不仅提高了燃油经济性,而且基于直喷的智能怠速停止系统不需使用电动机。因此,与传统起动停止系统相比起动发动机时更快速,更安静,也更可靠。

智能怠速停止系统的工作原理如图1.41所示。当活塞处在压缩行程的一个设定的位置时,ECU控制系统向处于压缩行程的气缸内喷入少量燃油。然后系统点燃该缸内的这一部分燃油,使发动机产生轻微反转。由于发动机的反转作用,原来处于膨胀行程的气缸此时被压缩,控制系统喷射燃油进入此气缸,在其压缩到上止点前点燃缸内燃油并引起强大的膨胀,驱动发动机正转,从而起动发动机。这种智能怠速停止系统的关键技术在于活塞停止位置的控制与起动燃烧技术。

马自达智能怠速停止系统实现了传统起动停止系统具有的主要优点,比如高效的燃油效率,而且智能怠速停止系统是通过直接压缩而不是使用传统电动机来起动发动机,因此它比传统的怠速停止系统更快速,而且更安静,减少了齿轮啮合驱动等起动噪声。同时不必使用起动电动机,使得智能怠速停止系统结构更简单,造价成本更低。因此,智能怠速

图 1.41　马自达智能怠速停止系统工作原理示意图

停止系统具有满足频繁起动发动机的可靠性要求。

图 1.42 所示为 2008 年马自达自主研发的 i-stop 起停系统,该系统和一般起动停止系统最大的区别在于并不是依靠起动电动机来重新起动发动机,这是世界上首次采用预先控制活塞停止位置的电控技术,在发动机重新点火的初始阶段即通过燃料喷射进行燃烧来重新起动发动机,能有效地提高约 10% 的燃油经济性。

【马自达 i-stop 起停系统】

图 1.42　马自达 i-stop 起停系统

当发动机停止工作时,活塞停在合适的位置上。一旦系统接收到重新起动发动机的命令,少量燃油直接喷入气缸,点火后混合气燃烧膨胀推动活塞向下运动,带动曲轴转动,与此同时传统起动机也参与驱动,辅助电动机起动。这样,i-stop 技术的采用可以使发动机可以最短在 0.35s 内重新起动,比原来使用电动机控制的系统快了一半,在怠速停机后重新起动时没有任何延时感。

1.7 发动机综合技术应用

从目前正在进行的减少 CO_2 排放技术的研发所需成本来看,混合动力技术的费用无疑是比较高的。然而,涡轮增压、降低发动机排量及采用汽油直喷等技术,在减少同等质量 CO_2 排放的费用方面,仅是混合动力技术的 1/3。

降低汽油发动机的排量,一般来说可以减少 20% 的 CO_2 排放。其效果可能不如混合动力车那么显著,但是这种解决方案却是比较廉价的。先进的小型化汽油发动机在城市工况时,能减少 20%~25% 的 CO_2 排放,在高速公路工况时则能减少 10%。

1.7.1 发动机小型化的关键技术

小型化汽油发动机需要直喷和涡轮增压技术来提高功率。但是,涡轮增压所产生的动力越大,由于质量而产生的惯性也就越大。这将引起发动机低速时的转矩损失。Lotus 目前可通过使用可变气门正时技术来补偿转矩的不足。大众汽车在其高性能的 TSI 1.4 发动机上通过增加一个机械增压器来作为现有涡轮增压器的补充。

目前的汽油机涡轮增压设计是一种折中的方法。涡轮增压单元必须足够小以满足低速时性能要求。但是小部件在高负载时,容易过热。为了冷却充分,系统必须增加额外的燃油使用,这就造成了浪费。另一种不同的解决方案,是一个与已经用于部分 BMW 和 PSA/标致雪铁龙车型上的产品相类似的双涡轮装置。该双涡轮增压器系统的原理是,一个小型的涡轮增压器用于低负载工况,当负载增加时,一个大型的涡轮增压器开始工作。目前霍尼韦尔和博格华纳正在生产双涡轮增压器。

另一个能够实现发动机小型化的关键技术是汽油机缸内直喷技术。该技术的零部件供应商有博世、电装、德尔福、大陆等。

1.7.2 双燃油喷射系统

从化油器时代到进气歧管燃油喷射(缸外喷射)再到缸内直接喷射,每一次创造都是无数工程师智慧的结晶。进气歧管燃油喷射起动排放低,进气门、喷油嘴积炭少,但是其发动机热效率低,喷油量利用不充分。缸内直接喷射的发动机效率高,燃烧更充分,但是其起动时排放高,喷油嘴和进气门容易积炭。

1. 双燃油喷射系统的关键技术

以丰田公司四冲程发动机缸内直喷升级版(Direct-4 Superior Version,D-4S)技术为代表的发动机双燃油喷射系统则集进气歧管燃油喷射和缸内直接喷射的优势,根据不同工况,调节不同喷射方式,提高发动机功率和动力性的同时降低污染排放。图 1.43 所示为双燃油喷油系统结构图。

D-4S 相较于在常规的缸内直接喷射系统增加了一组进气歧管喷射喷油嘴,拥有两套喷油系统,如图 1.44 所示。两套喷射系统,可以互补不足,发挥各自所长。进气歧管喷射在高负荷高转速下雾化及混合效率不及缸内直接喷射,而缸内直接喷射系统在冷起动时的油气混合效果却不如进气歧管喷射,热机速度低。D4-S 双喷射系统则根据缸内直接喷射和进气歧管喷射两种供油方式的优缺点,扬长避短。冷起动、急速、低负荷使用

【双燃油喷油系统结构图】

图 1.43 双燃油喷油系统结构

单进气歧管喷射，中等负荷两套喷射系统协同工作，高负荷下则由缸内直接喷射完全接管，见表 1-6。

【双燃油喷油系统】

图 1.44 双燃油喷油系统

表 1-6 双燃油喷射系统工作方式

发动机工况	喷射方式
冷起动	进气歧管喷射 充分利用缸外喷射在起动时燃烧更充分的特点，降低有害气体排放
中低转速 （2500r/min 以下）	双喷射 利用缸内直接喷射热效率高和燃烧充分的特点，来获取更好的发动机性能，配合的缸外喷射取得类似分层燃烧的效果，同时还可以清洗进气门积炭
高负荷 （2500r/min 以上）	缸内直喷 高压缩比发动机在高负荷时，气缸内温度非常高，容易发生爆燃。这时充分利用缸内直接喷射能降低气缸温度的作用保证发动机高效稳定工作

2. 双燃油喷射系统的优缺点

配备了 D-4S 发动机技术的丰田凯美瑞，123kW 的功率和 199N·m 的转矩，功率相比 2.0L 发动机提升了 14%，转矩也有 5%的增幅，同时汽油利用效率提高了 20%。

D-4S 发挥了缸内直接喷射优点的同时，保留了进气歧管喷射喷油嘴，在缸内直接喷射工作效果不良的工况下由进气歧管喷射介入，较好地解决热机慢、减少氮氧化物排放等问题，并且在中低负荷下通过双喷射实现了分层燃烧，进一步提升燃油利用效率。

但是，双燃油喷射系统也有不足之处。缸内直接喷射是靠压缩行程进行时空气被压缩产生的涡流，在极短时间内与喷油嘴喷出的细化燃油颗粒进行混合，但怠速热机、低负荷时，压缩行程时空气流速相对较低，混合的效率就低。另外，缸内直接喷射相当于将喷油嘴的位置从进气道移到了气缸内，取消了燃油在进气道的润洗效果，结果就是进气道积炭，从而造成发动机效能下降。还有，其工作特点决定了缸内直接喷射在低负荷下氮氧化物排放较进气歧管喷射多。

1.7.3 水喷射系统

在进气歧管注入雾化水气的系统，称为水喷射系统，最具代表的应用是 WRC 赛车竞技改装。自博世发表模组化的水喷射系统，代表车厂可以直接采用这套系统植入量产车中。

图 1.45 所示为水喷射系统结构图，左侧位于进气歧管旁的黑色喷嘴就是水喷射系统。

以往水冷系统是由水对发动机外围进行降温，无法针对产生热源的燃烧室直接降温，对于加装涡轮的大马力车种，高转速产生的温度便无法快速降低，尤其涡轮车的进气温度更高，空气含氧量不足会造成爆燃且降低燃油使用效率。所以水喷射系统是将水雾化后注入进气歧管，水气进入燃烧室后必能有效降温，燃烧后的水成为水蒸气跟着废气由排气阀门排出，不会有水残留，又能在每次爆炸时进行降温。水喷射系统能够直接降低燃烧室温度，燃烧后的水蒸气还具有清除积炭的效果。

燃料进入燃烧室后约有 20%用于降温，汽油在火花塞尚未点火爆炸之前就因燃烧室的高温而消耗，所以雾化的水气便能扮演降温角色，使燃油的燃烧效率更好，还能减少发动机爆燃增加运转顺畅度。由博世提供的数据来看,水喷射系统能够节省油耗高达13%。博世水喷射系统已经搭载于宝马 M4 GTS 六缸涡轮发动机中。

【水喷射系统结构图】

图 1.45 水喷射系统

1. 简述可变气门正时技术。
2. 燃油缸内直喷技术的原理是什么?
3. 什么是 HCCI 技术?该技术有什么优势?
4. 简述可变压缩比技术的优缺点。
5. 简述柴油机电控高压共轨燃油喷射系统的原理。
6. 简述起动停止系统的组成与工作原理。
7. 简述博世起动停止系统对于配置手动变速器和双离合器变速器的工作过程。
8. 简述发动机小型化技术 D-4S、水喷射的优缺点。

第 2 章 汽车传动系统新技术

本章教学目标

★ 了解汽车传动系统新技术的基本状况和未来发展状况
★ 掌握汽车传动系统新技术的基本结构和技术方法；掌握汽车传动系统新技术的工作原理
★ 掌握汽车传动系统新技术的典型结构和应用

本章教学要点

知识要点	掌握程度	相关知识
驱动防滑系统	掌握汽车驱动防滑系统的理论基础和控制方式； 了解驱动防滑系统的控制过程	汽车驱动防滑系统的理论基础； 驱动防滑系统的控制原理
四轮驱动系统	掌握四轮驱动的驱动结构、驱动原理及驱动基础； 了解四轮驱动系统的应用场合和应用条件	汽车四轮驱动系统的理论基础； 汽车四轮驱动的实际应用
混合动力汽车传动技术	掌握混合动力汽车传动技术的分类和结构； 了解混合动力汽车传动技术的典型应用	混合动力汽车传动技术的分类和结构； 混合动力汽车传动系统的工作过程
纯电动汽车驱动系统	掌握纯电动汽车驱动形式的结构、部件组成	纯电动汽车基本部件； 纯电动汽车驱动形式

> **导入案例**

混合动力汽车的动力传动系统是一项革命性技术，要在极短的时间内，完全从头开始，设计出一个低廉、高效、稳定、可靠的传动系统，对工程师来说是一个极大的挑战。先进的工程仿真技术不仅可以帮助工程师深入研究复杂元件和系统的性能，还可以通过虚拟样机设计和测试，来加快和改进动力传动系统的研发。ANSYS仿真技术能够帮助工程师在原型样机制造之前，就了解系统在各种工况下的性能。这种先进的CAE技术必将帮助厂商在传统的动力传动系统技术竞争中脱颖而出。电动和混合动力汽车的动力传动是一个非常复杂的系统，其系统、子系统及零部件必须连贯、紧密配合地运行，以保证汽车的效率和性能最优化。

汽车的电传动系统可以在同一个集成化的仿真平台上精确仿真，开发者可以在上面评估每一个零部件、子系统及系统机上它们之间的相互影响。由于在真实的环境中，零部件会受多个物理域的影响，所以仿真工具必须能准确地预测多方面的外力对它的影响，包括结构力学、动力学、流体动力学、热物理学、电磁学、电化学、电磁辐射及电磁干扰/电磁兼容等。同时，动力传动系统的设计必须能够将这些复杂的部件模型处理成为降阶模型，并用它们来建立系统和子系统模型，最终用于优化子系统或整个电传动系统的性能。

图2.1所示为混合动力汽车的电传动系统。

图 2.1 混合动力汽车的电传动系统

2.1 无级变速器

2.1.1 概况

目前，随着车辆操纵自动化的快速发展，汽车自动变速器正呈现蓬勃发展的趋势。现在的汽车自动变速器主要有液力机械式自动变速器（Automatic Transmission，AT）、无级变速器（Continuously Variable Transmission，CVT）和电控机械式自动变速器（Automated Manual Transmission，AMT）。特别是电控机械式自动变速器的发展，其具有目前汽车工业发展所要求的高燃油经济性、低排放和保护现有手动变速器生产投资的优点。

1. 自动变速技术的现状及发展机遇与挑战

自动变速器种类很多，主要有液力自动变速器、电控机械式自动变速器、无级自动变速器。从技术发展角度看,关键是电子技术、电液控制技术和传感技术。

1) 液力自动变速器

如图 2.2 所示,液力自动变速器是将发动机的机械能平稳地传给车轮的一种液力机械装置,以其良好的乘坐舒适性、方便的操纵性、优越的动力性、良好的安全性奠定了在汽车工业的主导地位。

图 2.2 液力自动变速器

我国最早是在一汽生产的 CA770 红旗乘用车上装备了自动变速器,但累计只生产了 1283 台,尚不具有工业化生产的意义。

1999 年,中日合资生产的本田雅阁乘用车也正式投产,其自动变速器为本田技术 PAX 型,它弃用行星齿轮,而选择常啮合平行轴式结构,零件少、易制造是其长处,它采用了全电子直控式变速装置,能使变速、燃油喷射及巡航控制相结合。

一汽大众的奥迪 A6 高级乘用车上作为选装件的自动变速器为 Tiptronic 型,在自动变速的基础上可提供手动换挡功能。在自动模式下可直接转到手动操作模式,以此来领略驾车的多种乐趣。

至于城市客车(即公共汽车)频繁起步换挡,变速器、离合器和制动器的使用频率是一般车辆的 10 倍左右,劳动强度极大,即使是职业驾驶人也因受心理与生理所限,迫切要求使用自动变速器。国外几乎 100% 装用,我国 1995 年首次在国产公共汽车上装备了 Allison 自动变速器,遍及深圳、上海、广州、南京等城市。

但效率低、难制造、成本高是液力自动变速器的缺点:因为带有变矩器的液力自动变速器车几乎都是电子控制的,且带有闭锁机构,并扩大了闭锁范围和缩短了锁止结合时间;闭锁离合器分离时,能量损失大,必须利用适当的滑差控制以改善传动效率。完全闭锁对提高燃料经济性直接有效,但妨碍吸收振动和冲击,所以从这个角度看也需与滑差控制方式并用。

提高燃料经济性的另一种手段是变矩器的高效率化,通过三维流体分析,使循环圆的形状、叶片角度、叶片负荷分布及导轮叶片形状最优化,由于带有变矩器的汽车易于控制,所以适合各种高级控制方式。

2）电控机械式自动变速器

如图 2.3 所示,电控机械式自动变速器既具有液力自动变速器自动变速的优点,又保留了原手动变速器齿轮传动的效率高、成本低、结构简单、易制造的长处。电控机械式自动变速器是在现生产的机械变速器上进行改造的,保留了绝大部分原总成部件,只改变其中手动操作系统的换挡杆部分,生产继承性好,改造的投入费用少,非常容易被生产厂家接受。电控机械式自动变速器的缺点是非动力换挡,这可以通过电控软件方面得到一定弥补。

图 2.3　电控机械式自动变速器

在几种自动变速器中,电控机械式自动变速器的性能价格比最高。在中低档乘用车、城市客车、军用车辆、载货汽车等方面应用前景较广阔。

2. 无级变速器的类型

驾驶灵活、低油耗和低噪声要求变速器挡位越多越好,这种思想的进一步延伸就是无级变速。无级变速器指无级控制速比变化的变速器。它能提高汽车的动力性,燃料经济性,驾驶舒适性,行驶平顺性。电控的无级变速器可实现动力传动系统的综合控制,充分发挥发动机特性。

无级变速器的种类很多,如图 2.4 所示。

图 2.4　无级变速器的类型

1）流体式

流体式无级变速器分液力式和液压式两种。液压式与液力式同属流体传动，其区别在于：液压式是依靠液体压能的变化来传动或变换能量，是用工作腔的容积变化进行工作的。液压元件主要是液压泵与液压马达，有液压车轮马达与液压驱动轴两种。液压式的优、缺点除与液力式类同外，还有液压元件不适应汽车高转速、高负荷和转速变化频繁、振动大等不利的工作条件，故仅在推土机、装载机上有所应用，汽车上应用较少。

2）电动式

发动机作为动力装置的优点很多，但在部分负荷时效率低并产生有害排放而阻碍了电传动的发展。为了适应与给定的电动机匹配，有的用单速变速器（与异步电动机共同工作），有的需两挡以上（与永磁同步电动机配合），而有的则要多挡（与直源串绕电动机匹配），以达到设计的性能。

纯电传动虽有零污染与低噪声的突出优点，但储存于电池中的可用能量行驶范围有限，除在高能镍、钠、锂基等电池及燃料电池方面继续研究外；也有采用发动机与电源的复合驱动方案，起步或加速时使用电动机作辅助动力，改善加速性能；在城市行驶时可多用电驱动，以克服发动机污染严重的问题；而在郊区，则多用发动机与传统驱动方式配合行驶。这种复合驱动既利用了一种能源具有高功率的优势，又发挥了另一种能源良好的储能容量的优势，在汽车减速和制动时可回收能量。

3）机械式

因为机械式无级变速器通过摩擦传递转矩，故总有打滑的危险，进而在接触面产生高温而磨损。它经历百余年的改进、提高，目前金属带式或链带式及牵引环式有实用价值。

（1）带式无级变速器。带式无级变速器用挠性的带或链与带轮的摩擦力传递动力，如图2.5所示。人们首先应用的是橡胶带式，它装用于DAT公司的微型乘用车及Volvo 340系列乘用车上，但因传递功率容量低，而被橡胶与金属带、金属带及链带等形式所取代。其中又以VDT（Van Doorne's Transmission）的金属带最成功。另外，由树脂和铝合金等构成的干式带用直流电动机控制，其特点是起步由定传动比的齿轮，即副传动路线来传递动力，保证起步性能；当达到规定车速时，再变换到由带传动确定的主传动路线。

图2.5 带传动式无级变速器

（2）链式无级变速器。如图2.6所示，链式无级变速器是带式的另一种形式，类似自行车的链条，它由3部分组成：内连接片、压板连接片和连接它们的浮动销，销相互滚动，使链条在弯曲时摩擦力小，且具柔性。销的表面被冲压，以使其与轮的接触随旋转半径的减小而从上移到下，使链表面保持磨损稳定。链轮表面的沿轮向上凸起是防止链因摩擦因数下降而打滑。链可不必有固定周节，从而消除纯音色，有利于降低噪声。另外，它比带式无级变速器简单价廉。

图 2.6　链传动式无级变速器

（3）摩擦式无级变速器。图 2.7 所示为摩擦式无级变速器，它是以刚性转动体接触的摩擦力传递动力，形式多样，其中以 Toroidal 最优。摩擦式无级变速器具有良好的动态响应性能，且能从正转过渡到反转，因此它无须前进离合器和正反转运动的切换机构。但其接触刚体间接触压力大，要特殊的黏性很高的润滑油，利用油膜在金属表面之间形成高的牵引系数来传递动力，故提高接触疲劳寿命和弯曲寿命，以及开发出黏性高、牵引系数大的润滑油是其能否进入市场的关键问题。摩擦式无级变速器的特点是可提高传动转矩的容量。

图 2.7　摩擦式无级变速器

2.1.2　无级变速器的特点

汽车采用无级变速器后，可以实现发动机与变速器的最佳匹配，使发动机长时间工作在最佳工况下，从而可以有效地提高汽车的动力性、经济性、排放性和舒适性。因此，无级变速器具有如下特点。

(1) 提高燃油经济性。无级变速器可以在相当宽的范围内实现无级变速,从而获得传动系统与发动机工况的最佳匹配,提高整车的燃油经济性。

(2) 提高动力性能。汽车的后备功率决定了汽车的爬坡能力和加速能力。汽车的后备功率越大,动力性就越好。由于无级变速器的无级变速特性,能够使汽车获得后备功率最大的传动比,所以无级变速器的动力性能明显优于机械变速器和液力自动变速器。

(3) 减少排放量。无级变速器的速比工作范围宽,能够使发动机以最佳工况工作,从而改善了燃烧过程,降低了废气的排放量。ZF公司将自己生产的无级变速器装车进行测试,其废气排放量比安装液力自动变速器的汽车减少了约10%。

(4) 节约成本。无级变速器结构简单,零部件数目比液力自动变速器少很多,一旦汽车制造商开始大规模生产,无级变速器的成本将会比液力自动变速器小。由于采用该系统可以节约燃油,随着大规模生产及系统、材料的革新,无级变速器零部件(如传动带或传动链、主动轮、从动轮和液压泵)的生产成本将降低20%~30%。

(5) 改善了驾驶舒适性能。安装无级变速器之后,可以在保证发动机具有最佳动力性能的同时实现无级变速,使驾驶人能够真正感到舒适。

2.1.3 机械式无级变速器的结构和原理

1. 机械式无级变速器的结构

无级变速器由电控系统、液压控制系统、传动装置、速比调节装置、安全缓冲装置和金属带组成。金属带式无级变速器的结构如图2.8所示。

图 2.8 金属带式无级变速器的结构

1）起步离合器

目前，用作汽车起步的装置有湿式离合器、电磁离合器、液力变矩器3种，目的是使汽车以足够大的牵引力平顺起步，提高驾驶舒适性，必要时切断动力传递。

2）行星齿轮机构

无级变速器的行星齿轮机构采用双行星齿轮机构，行星架上固定有内、外行星齿轮和右支架，其中右支架是通过螺栓固定在行星架上的，外行星齿轮和齿圈啮合，内行星齿轮和太阳轮啮合。

3）无级变速机构

无级变速机构由金属传动带和主、从动工作轮组成。金属传动带由多个金属片和两组金属环组成，每个金属片在两侧工作轮的挤压作用下传递动力。每组金属环由数片带环叠合而成，金属环的作用是提供预紧力，在动力传递过程中支撑和引导金属片的运动，有时承担部分转矩的传递。主、从动工作轮由可动锥盘和固定锥盘两部分组成。

4）控制系统

控制系统是用来实现无级变速器系统传动比无级自动变化的。在控制系统中，采用机-液控制系统或电-液控制系统。它主要由油泵（齿轮泵或叶片泵）、液压调节阀（速比和带与轮间压紧力的调节）、传感器（节气门和发动机转速）和主、从工作轮的液压缸及管道组成，实现传动比无级变速的调节。压紧力控制和起步离合器的控制是无级变速控制系统的关键。

5）中间减速机构

由于无级变速机构可提供的速比变化范围为2.6～0.445，不能完全满足整车传动比变化范围的要求，故设有中间减速机构。

汽车的横置发动机通过变速器壳内的离合器与换向机构，带动金属带锥盘变速器、主减速器、差速器和半轴齿轮等，通过半轴带动左右万向节轴驱动前轮。车辆行驶时，当主、被动工作轮的可动部分通过控制高压油使其按需要做轴向移动时，改变了主、被动轮的工作半径比，从而满足了外界对汽车的要求。

2. 机械式无级变速器的工作原理

机械式无级变速器主要由主动轮组、从动轮组、金属传动带和液压控制系统及电子控制系统等组成。主动轮组和从动轮组都由固定盘和可动盘组成，固定盘在轴上固定不动，而可动盘在液压控制系统的控制下可以沿轴向移动。可动盘与固定盘都是锥面结构，它们各自的锥面共同形成V形槽与V形金属传动带啮合。

发动机输出动力首先传递到无级变速器的主动轮，然后通过V形金属传动带传递到从动轮，最后经减速器、差速器传递给汽车驱动轮。无级变速器是由液压控制系统控制主动轮与从动轮的可动盘做轴向移动来改变主动轮、从动轮锥面与V形传动带啮合的工作半径，改变传动比，从而实现无级变速的，如图2.9所示。

在金属带式无级变速器的液压系统中，从动油缸的作用是控制金属带的张紧力，以保证来自发动机的动力高效、可靠地传递。主动油缸控制主动锥轮的位置沿轴向移动，在主动轮组金属带沿V形槽移动，由于金属带的长度不变，在从动轮组上金属带沿V形槽向相反的方向变化。金属带在主动轮组和从动轮组上的回转半径发生变化，实现速比的连续变化。

汽车开始起步时，主动轮的工作半径较小，变速器可以获得较大的传动比，变速器获得较大的减速。随着车速的增加，主动轮的工作半径逐渐减小，从动轮的工作半径相应增大，无级变速器的传动比下降，变速器输出转速升高，使得汽车能够以更高的速度行驶。

图 2.9　金属带式无级变速器的组成和工作原理图

1—主动工作轮固定部分；2—主动工作轮可动部分；3—离合器；4—发动机飞轮；
5—主动工作轮液压控制缸；6—金属带；7—从动工作轮固定部分；
8—中间减速器；9—主减速器与差速器；10—从动工作轮可动部分；
11—从动工作轮液压控制缸；12—液压泵

【金属带式无级变速器组成和工作原理】

3. 机械式无级变速器的关键部件

1) 金属传动带

金属带式无级变速器的核心元件是金属带组件，由几百片（现已达 400 多片）V 形金属片和两组金属环组成高柔性的金属带，如图 2.10 所示。每个金属 V 形块的厚度为 1.4～2.2mm，在两侧工作轮挤压作用下推挤前进来传递动力。两侧的金属环由多层薄钢带、带环叠合而成，在传动中正确引导金属元件的运动。较薄的厚度对减少运动噪声十分重要。较多的元件与带轮接触，降低接触面压力，还可允许其表面偶尔出现一两个损坏，有利于耐久性的提高。这种金属带的特点是使带轮能以最小的卷绕半径工作，速比范围大，转矩传递效率高。

2) 工作轮

主、从动工作轮构成变速机构，主动工作轮由固定部分（固定锥盘）和可动部分（可动锥盘）组成的，从动工作轮也是由固定部分和可动部分组成的。主、从动工作轮的可动部分可做轴向移动；工作轮的固定部分和可动部分间形成 V 形槽，金属带在槽内与它啮合；工作面大多为直线锥面体，也有球面体、复合母线锥体。在控制系统的作用下，可动锥盘依靠钢带——滑道结构做轴向运动，可连续地改变传动带的工作半径，从而实现无级变速传动。其工作原理如图 2.11 所示。

图 2.10 金属带结构

图 2.11 工作轮的工作原理

无级变速器动力传递由发动机飞轮经离合器传到主动工作轮、金属带和从动工作轮后再经中间减速齿轮机构和主减速器,最后传递给驱动轮。

3)液压泵

液压泵为系统控制的液压源,其类型有齿轮泵和叶片泵两种。无级变速器的控制系统一般采用机械液压控制和电子液压控制两种类型的液压泵。

4. 无级变速器控制系统

1)机械液压控制系统

机械液压控制系统主要由油泵、主阀体、控制阀、离合器和制动器等组成。有的乘用车无级变速器还装有液力变矩器,如日产天籁乘用车。图 2.12 所示为机械液压控制系统工作原理示意图。当驾驶人踩下加速踏板 10 时,通过柔性钢索 1 带动换挡凸轮 2 转动,控制速比控制阀 3。由发动机驱动的液压泵 8 将压力油输送给主压力控制阀 9。主压力控制阀 9 根据工作轮位置传感器 4 的液压信号,控制速比控制阀 3 中的压力,从而控制主、从动工作轮可动部分的液压缸中油液的压力,以调节金属带与工作轮的工作半径,实现无级自动变速。

2)电子液压控制系统

目前无级变速器电子液压控制系统主要有单压力回路和双压力回路两种,其工作原理如图 2.13 所示。

图 2.12 机械液压控制系统工作原理示意图

1—柔性钢索;2—换挡凸轮;3—速比控制阀;
4—工作轮位置传感器;5—主动工作轮液压缸;
6—从动工作轮液压缸;7—金属带;8—液压泵;
9—主压力控制阀;10—加速踏板;11—节气门

图 2.13 无级变速器电子液压控制系统工作原理示意图

无级变速器电子液压控制系统包括电磁离合器的控制和主、从动轮的传动比控制。传动比由发动机节气门信号和主、从动轮转速决定。电子控制单元根据发动机转速、车速、节气门开度和换挡控制信号等控制主、从动带轮上伺服液压缸的压力,主、从动工作轮的可动部分做轴向移动,改变金属带与工作轮间的工作半径,从而实现无级变速。

2.1.4 几种无级自动变速器的典型应用

无级变速器动力源直接来自发动机,因此它的工作范围必然受到发动机最低稳定转速的约束,所以起步阶段仍需要离合器,而且如果用干式离合器,工作过程与普通手动变速系统相同,起步性能较差。另外,无级变速器的传动比范围为 0.4~7,似乎已满足一般变速要求,但由于它的高速挡传动比很小,仅为 0.4 左右,因此,为了保证在良好道路上获得正常行驶的驱动力,其固定降速比将比同类汽车的主传动比高出近一倍。这样大的固定降速比,在汽车起步、爬坡和克服较大的行驶阻力时,会使发动机处于不利的区域工作。

基于上述原因,一般将无级变速器与其他传动形式配合使用,其典型的组合形式有如下几种。

1. 无级变速器与电磁离合器组成无级变速传动

图 2.14 所示为用电磁离合器代替了液力耦合器的结构形式。

日本富士重工(FHI)开发的就是这种类型。用磁粉式离合器与采用 VDT 钢带的无级变速器组合的无级变速传动系统,简称为"ECVT"。磁粉式离合器是靠本身的电磁力来传递转矩的。在离合器主、从动部分之间有密闭空间,内放 30~50μm 的磁化钢微粒(磁粉),密闭空间外缠绕有线圈。通电后散状磁粉在磁场中开始"凝固",即磁粉在磁场中形

图 2.14　电磁离合器与无级变速器组成的无级变速传动机构

成磁链,把从动毂与电磁铁连在一起。通电电流越大,磁链数目越多,磁链强度也越高,则磁粉式离合器传递转矩的能力也越大。当电流大到足以使磁粉离合器主、从动部分牢牢地接合在一起时,离合器便停止打滑。磁粉的粘结力特性与电流值成正比,所以对离合器的接合时间和力的控制,可通过发动机节气门开度与车速两个参数来控制线圈中电流的大小和通电时间的长短。

这种离合器结构简单,容易实现转矩平稳增长,主、从动部分不接触,无磨损,而且电磁铁与从动毂之间的间隙在工作中不发生变化,故无须调整间隙,且允许主、从动部分存在较长时间的滑磨。因此,它不仅很理想地解决了装用无级变速器车辆的起步问题,而且与装用液力耦合器的无级变速器车辆相比,可以防止变速时爬行和消除始终存在的滑转损失;但它要求磁粉材料的化学物理性能稳定。

2. 双状态无级变速传动

液力耦合器、电磁离合器等仅解决起步平稳问题,因其均不变更转矩,所以并未扩大无级变速器总传动比范围。但用液力变矩器组合,不仅能提供最佳起步性能,而且由于它的变矩作用扩大了总传动比的变化范围,降低了无级变速器自身的变化范围,从而使无级变速器传动易于使发动机调节到处于最佳燃油经济性的区域内工作。

图 2.15 所示为德国 ZF 公司于 1991 年开发的适用于乘用车的无级变速传动装置。它是无级变速器与综合式液力变矩器(即带锁止离合器的液力变矩器)组成的组合式无级变速传动系统。其动力传动路线:发动机动力经液力变矩器 2(或锁止离合器 1)、行星齿轮机构 5,再经 CVT 7、减速齿轮 8,最后传给差速器 9、半轴 10 和驱动轮。所谓双状态是指当起步和低速时液力变矩器工作;当速度增加至变矩器耦合点工况时,转换到无级变速器传动,此时变矩器转换成锁止离合锁止工况下工作。这种先为液力无级变速,后转为纯机械无级变速的组合,称为双状态无级变速传动。

图 2.16 所示为双状态无级变速传动系统示意图。

液力变矩器的功率通过传动链 10 传至差速器 9,无级变速器无级变速传动与传动链平

图 2.15 无级变速器与综合式液力变矩器组成的组合式无级变速传动系统

1—锁止离合器；2—液力变矩器；3—液压泵；4—前进挡离合器；5—行星齿轮机构；
6—倒挡离合器；7—金属带无级变速器；8—减速齿轮；9—差速器；10—半轴

图 2.16 双状态无级变速传动系统示意图

1—发动机；2—扭转减振器；3—液力变矩器；4—转换离合器；5—工作轮；
6、9—内、外侧万向节；7—单向离合器；8—差速器；10—传动链；
F—前进挡离合器；R—倒挡离合器

行布置。这种组合在传动比 7∶1 范围内可提高 30% 的效率，故即使在公路上行驶仍可提高燃油 5%～8% 的经济性。当加速行驶接近变矩器耦合点工况时，转换离合器 4 开始工作，无级变速器开始工作。传递变矩器动力的传动链 10 的传动比基本上与无级变速器钢带传动的低挡传动比相同，故当液力变矩器传动转换为无级变速器传动时，车辆在重载、大节气门开度下工作，转换离合器基本上能与无级变速器的工作轮同步转换。因此，从液力变矩器换入纯机械无级变速非常平顺。

2.1.5 活齿式无级变速器

1. 活齿式无级变速器的结构

活齿啮合理论的提出，突破了传统无级变速器的功率极限，活齿无级变速器巧妙地将齿轮传动进行"活齿微积分"实现了活齿无级啮合传动，于是，活齿无级变速器就拥有了齿轮传动和现有金属带无级变速传动的全部优点。滑片变形活齿轮型机械无级变速器实现了真正意义上齿啮合式无级变速，是一种大功率高效机械无级变速器，是对传统变速理论的革新延伸。该传动机理消除了传统点、线接触摩擦传动这一实现高效大功率无级变速的根本缺陷，并在结构上实现了特有的非摩擦滑片齿啮合式高效大功率无级变速。

活齿式无级变速器的动力传动仍然依赖钢带和带轮，但是此带轮是带有活动齿的带轮，钢带则是带有活齿的钢带，可以看作具有活动齿的齿轮和齿条系统，其结构如图 2.17 所示。

图 2.17 活齿式无级变速器的传动系统的总体结构图

活动轮齿由调位圈调整成圆周的形式，调位圈要使用韧性和强度高的材料制成。活齿式无级变速器的关键设计在于活齿的钢带，其细致结构如图 2.18 所示。

图 2.18 活齿式无级变速器的活齿钢带结构图

活动条齿、定位键可以在内钢带上套动，内钢带起限制并使其绕活动轮齿啮合运动的作用，外钢带则是贯穿各个活动条齿，起各条齿分力收集，保持结构的作用。定位键的第一个主要作用是连接各调位钢片弹簧；第二个主要作用是保证各活动条齿的最小齿距，确保活动条齿与活动轮齿的啮合。

2. 活齿式无级变速器的工作原理

活齿式无级变速器的变速原理如图 2.19 所示。

图 2.19　活齿式无级变速器变速原理示意图

活动轮齿通过两端的凸台受带轮的凹形导轨控制改变各齿轮单元构成的虚拟齿轮圆的半径大小，活动条齿则在钢片弹簧的作用下与活动轮齿单元的三联齿啮合，不啮合的部分也由钢片弹簧自动调整齿距，所有活动条齿可以在钢带上做细微套动。所有活动条齿和钢带之间的摩擦因数要取值适当，否则钢片弹簧不能起调整作用或活动条齿绕钢带空转。又因为啮合的三联齿部分受到钢带的束缚力，摩擦力会自动增大，而不啮合的部分则可以由钢片弹簧自动均匀调整，所以在活动齿轮单元组成的虚拟齿轮圆半径发生变化后，不啮合的活动条齿的齿距会自动调整，啮合活动齿在钢带压力下产生足够的有益摩擦力，开始稳定传输动力。这种将摩擦按要求分配的设计将能承受更大的转矩也将拥有更高的工作效率。

自动变速器自诞生到现在，时刻在发展，无级变速器作为一种优越的自动变速器也将取得新的进步。

2.2　双质量飞轮

2.2.1　概述

在声频范围内（20～20000Hz）的结构件振动是噪声源，同时振动还将引起某些部件的早期疲劳失效。此外，一定范围内的振动还将引起乘员的不适。因此，解决振动问题是降噪的根本所在。

要全面考虑解决振动和噪声问题，须从整车设计通盘考虑，即从包括发动机、传动系统、车身、内饰、悬架及各系统间匹配等各方面进行综合考虑。

事实上，汽车的动力传动系统是汽车振动和噪声的主要来源之一。其中起主要作用的便是动力传动系统中的扭振和扭振噪声。这其中的一个重要原因就是动力传动系统的固有频率与常用车速下发动机激励的频率相近，从而传递并放大了来自发动机的振动，进而引起车辆其余部件的振动和噪声。同时，汽车设计中的轻量化和高效率、低阻尼的趋势都有增大汽车的振动作用。这种情况下，严格控制阻尼和来自发动机的振动，降低传动系统的振动成为工程师们密切关注的问题。在过去的实践中汽车设计师们采取了许多行之有效的措施，其中一个重要而广泛采用的措施就是采用从动盘式扭转减振器。

传统的从动盘式扭转减振器对降低传动系统的扭转振动起了很大作用，其实质是在动力传动系统中引入低刚度环节，从而调整传动系统的扭振固有特性，把主要的低阶共振临界转速移出常用车速之外。

从动盘式扭转减振器的另一特点是利用其内部的阻尼元件增大了传动系统中的阻尼，从而衰减扭振能量，抑制扭振共振振幅，缓减由冲击造成的瞬态脉冲载荷。同时，它还能缓和怠速时由于发动机不稳定工作造成转矩波动带来的变速器内齿间敲击——怠速噪声。另外，在不分离离合器的情况下紧急制动和突然接合离合器时，瞬间将产生巨大的冲击载荷。扭转减振器应在这种不稳定工况下能起作用，减小传动系统中的冲击载荷，改善汽车起步的平顺性及乘坐舒适性。

为适应和满足上述要求，人们在设计扭转减振器时采用了许多相应的结构，扭转减振器也由初期的单级线性刚度发展到今天的多级非线性刚度，涌现出许多结构、性能均佳的方案。

然而，由于从动盘式扭转减振器自身的缺陷，它不能很好地解决传动系统的振动和噪声问题，主要表现为由于从动盘式扭转减振器也安装在摩擦片内圈以内，结构尺寸有限，弹性元件分布半径小，变形范围小，因而扭转角度较小。在这种情况下，若降低扭转弹簧刚度，就难以确保容许传递的最大转矩。由于扭转刚度较大，难以将其共振频率全部降到常用发动机转速范围以下。此外，第二惯性轮惯量较小也是导致空载时共振频率过高、怠速噪声较大的原因。

随着发动机低速情况下转矩增大的发展，离合器从动盘式扭转减振器在降低噪声方面显得越来越不适应要求了。因此，人们开始寻找一种简单、易行但更有效的办法来衰减和隔离发动机传递到传动系统上的振动。双质量飞轮（Double Mass Flywheel，DMF）式扭转减振器正是在这种要求下产生的。图 2.20 所示为双质量飞轮式扭转减振器总成。

双质量飞轮结构如图 2.21 所示。柴油机的振动比汽油机大，为了使柴油机减少振动，提高乘坐的舒适性，现在欧洲许多柴油机乘用车都采用了双质量飞轮，使得柴油机乘

图 2.20 双质量飞轮式扭转减振器总成

用车的舒适性可与汽油机乘用车媲美。

图 2.21 双质量飞轮的结构图

2.2.2 双质量飞轮式扭转减振器的基本原理和性能

1. 双质量飞轮式扭转减振器的结构

双质量飞轮式扭转减振器的基本结构有 3 部分：第一质量（第一飞轮）、第二质量（第二飞轮）和两质量之间的减振器。第一质量与发动机曲轴输出端法兰盘相连接，第二质量通过一个轴承安装在第一质量上，第二质量上还安装有离合器盖。第二质量可相对于第一质量转动一定的角度，两质量之间通过减振器相连，减振器由弹性元件和阻尼元件组成。图 2.22 是双质量飞轮式扭转减振器与离合器从动盘式扭转减振器结构比较示意图。

(a) 离合器从动盘式扭转减振器　　(b) 双质量飞轮式扭转减振器

图 2.22 两种扭转减振器的结构比较示意图
1—第一飞轮；2—减振器；3—第二飞轮

双质量飞轮式扭转减振器不仅具有发动机飞轮和离合器从动盘式扭转减振器的全部功能，而且具有很多其他的特性。双质量飞轮式扭转减振器的优良性能在大量的试验分析中得到了充分的证明，与传统离合器从动盘式扭转减振器相比，效果明显，具体如下。

（1）传递特性。由实验测定结果可知，双质量飞轮式扭转减振器同时达到了减少在发动机实用转速区域内的转速波动和抑制共振两个目的。

（2）减少空载噪声。双质量飞轮式扭转减振器减少空载噪声的效果良好。与传统的离合器从动盘式扭转减振器相比，可以大幅度地减少转速波动，改善空载噪声。

（3）减少加速时转速波动。经测试可知双质量飞轮式扭转减振器与传统的离合器从动盘式扭转减振器相比在加速噪声方面有所改善，大幅度地减少了转速波动，从而大大地减少了手动变速器的振动。

2. 双质量飞轮式扭转减振器的减振原理

双质量飞轮式扭转减振器的实质在于：一方面由弹簧扭转减振系统来吸收发动机输出转矩中所包含的变动转矩成分，将平均化的转矩传递给变速器，衰减扭转与振动有关的振动和噪声；另一方面，通过将飞轮分成不同质量的两块，使整个动力传动系统的固有频率大大降低，从而使发动机的工作转速范围避开共振区。

整体型飞轮的扭转特性分析如下。

建立如下的受迫振动微分方程组：

$$\begin{cases} I_0 \ddot{\Phi}_1 = T\sin\omega t & (2-1) \\ \Phi_1 = \Phi \sin\omega t & (2-2) \end{cases}$$

式中，I_0 表示整体型飞轮的转动惯量；Φ_1 表示 I_0 的角位移量；$T\sin\omega t$ 表示发动机曲轴的正弦激励扭矩；ω 为激励圆频率。

由上面列出的振动方程组，就可以很容易得出整体型飞轮的扭转振动的角振幅频率响应关系式

$$\frac{\Phi}{T} = -\frac{1}{I_0 \omega^2} \tag{2-3}$$

分析双质量飞轮式扭转减振器的扭振特性，等价地将其结构简化成二自由度扭振系统，对整体型飞轮可建立如下的受迫振动微分方程组：双质量飞轮式扭转减振器本身是一个二自由度的扭振系统，图 2.23 所示是采用干摩擦阻尼的双质量飞轮力学模型。

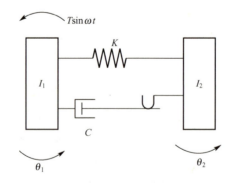

图 2.23 双质量飞轮扭振系统物理模型

其中：I_1 为双质量飞轮发动机一侧的转动惯量；I_2 为双质量飞轮变速器一侧的转动惯量；θ_1、θ_2 分别为 I_1、I_2 的角位移量；K 为双质量飞轮的扭振刚度；C 为双质量飞轮的阻

尼系数；$T\sin\omega t$ 为发动机曲轴的正弦激振转矩；ω 为激励源频率。

根据双质量飞轮式扭转减振器的扭振系统简化模型，可以对其建立出如下的系统受迫振动微分方程组：

$$\begin{cases} I_1\ddot{\theta}_1 = -K(\theta_1-\theta_2)-C(\dot{\theta}_1-\dot{\theta}_2)+T\sin\omega t \\ I_2\ddot{\theta}_2 = -K(\theta_2-\theta_1)-C(\dot{\theta}_2-\dot{\theta}_1) \\ \theta_1 = \Phi_1\sin\omega t \\ \theta_2 = \Phi_2\sin\omega t \end{cases} \quad (2-4)$$

对于此微分方程组，先求出 $\dot{\theta}_1$、$\dot{\theta}_2$、$\ddot{\theta}_1$、$\ddot{\theta}_2$，代回式中消去 θ_1，就可以推导出下面的双质量飞轮式扭转减振器的角振幅频率响应关系式：

$$\frac{\theta_2}{T}=\frac{K+jC\omega}{(K-I_1\omega^2+jC\omega)(K-I_2\omega^2+jC\omega)-(K+jC\omega^2)} \quad (2-5)$$

将式(2-3)和式(2-5)所代表的整体型飞轮和双质量飞轮式扭转减振器的扭转特性表示在一个图上，便得到如图 2.24 所示的两种飞轮输出端扭转振动的角振幅频率响应幅值比较。从图中可以看到，在发动机的低转速工况下，双质量飞轮式扭转减振器对发动机变动转矩的吸收能力比整体型飞轮要大很多，而这部分通常为共振存在的区域。在发动机较高频率的工作范围内，双质量飞轮式扭转减振器的这种能力虽有所减小，但这时发动机的转速已远离共振区域。

图 2.24 两种减振器输出端的扭振幅值比较

由式(2-5)及图 2.24 可发现，双质量飞轮式扭转减振器在其各参数已确定的条件下，在发动机的整个工作转速范围内，具有非线性的特点，这一特性使得动力传动系统在发动机的工作转速范围内，特别是在易发生共振的低速范围内，由于其具有非线性特性，使传动系统的扭转振动的负荷得到抑制，大大削减了传动系统的扭转振幅及其引起的噪声，从而使得共振现象难以发生。由此可知，双质量飞轮式扭转减振系统对简谐激励转矩的影响，将不是简谐性的共振，而是非简谐的。

通过以上的分析，可以得到这样的结论：与采用整体型飞轮相比，采用双质量飞轮式扭转减振器对降低动力传动系统的扭转振动有着十分显著的效果。通过对双质量飞轮式扭转减振器的扭转特性进行最佳的选择和优化，确定其相应的结构性能参数，可以使发生扭转共振现象时的发动机转速下降到实际使用的工作转速范围以下，即发动机怠速转速范围以下，从而确保双质量飞轮式扭转减振器对发动机的变动转矩的激励达到较理想的吸收能力。

3. 双质量飞轮式扭转减振器的优点

（1）可以降低发动机-变速器振动系统的固有频率 f_c，以避免发动机处于怠速时发生共振。系统固有频率 f_c 按两个自由度系统可表达为：

$$f_c = \frac{1}{2\pi}\sqrt{\frac{K(J_1+J_2)}{J_1 J_2}} \qquad (2-6)$$

式中，K 为减振弹簧刚度；J_1、J_2 为两个惯性圆盘的转动惯量。

对于从动盘式扭转减振器，由于 $J_1=J_2$，因此系统固有频率 f_c 不会太低，通常 $f_c=40\sim 70\text{Hz}$，这相当于四缸发动机转速 $n_e=1200\sim 2100\text{r/min}$，或六缸发动机转速 $n_e=800\sim 1400\text{r/min}$，均高于怠速转速。对于双质量飞轮式扭转减振器，其第二飞轮的转动惯量 J_2 与第一飞轮的转动惯量 J_1 之比可接近于1，通常可取 $J_2/J_1=0.7\sim 1.4$。而且由于减振弹簧的安装半径较大，可采用刚度较小的减振弹簧，于是可将发动机-变速器振动系统的固有频率降低到 $8\sim 15\text{Hz}$。固有频率 15Hz 相当于四缸发动机转速 $n_e=450\text{r/min}$，或六缸发动机转速 $n_e=300\text{r/min}$，均大大低于其怠速转速 n_i。当发动机转速与系统固有频率 f_c 时的临界转速 n_c 之比为1时便发生共振，此时振幅放大系数 β 为无穷大。为使 $\beta<1$，应取发动机怠速转速 n_i 时的频率与系统固有频率之比 f_i/f_c（或 n_i/n_c）$>\sqrt{2}$。若取发动机怠速转速 $n_i=800\text{r/min}$，则对四缸发动机：$n_i/n_c=800/450=1.78$；对六缸发动机：$n_i/n_c=800/300=2.67$，均可满足 $n_i/n_c>\sqrt{2}$ 的条件，即可避免发动机在怠速和以上转速时发生共振。

(2) 可以加大减振弹簧的安装半径，降低减振弹簧刚度 K 并容许增大转角 φ。减振器置于飞轮内，空间尺寸比从动盘式扭转减振器有很大的增加使得在结构布置上有更大的灵活性。由于弹簧分布半径较大，可压缩量增大，从而极限转角增加，可选用较软的弹簧，减小减振器扭振刚度，从而降低传动系统的主临界转速，有望实现将动力传动系统的共振频率降到全部发动机实用转速区域外，大大降低振动的传递率，达到减振、降噪的目的。同时由于双质量飞轮的第二飞轮有较大的转动惯量，加之减振器刚度较小，即使发动机处于二阶共振频率以下，也能减轻汽车的怠速噪声。

(3) 由于双质量飞轮式扭转减振器的减振效果较好，因此在变速器中可以采用黏度较低的 SAE80 号齿轮油而不致产生齿轮冲击噪声，并可改善冬季的换挡过程。另外，由于在从动盘上没有减振器，减小了从动盘的转动惯量，也有利于换挡过程。

(4) 由于采用双质量飞轮后，空间变大，限制和约束减少，所以可以尝试着使用其他形式的弹性和阻尼，如液力阻尼、橡胶弹簧等，以期达到最佳减振效果。

(5) 改善传动系统的布置，延长传动系统零部件寿命。由于双质量飞轮式扭转减振器的减振效果好，使得变速器、传动轴等零部件受到的载荷波动变小，有利于提高它们的寿命。同时还可以简化传动系统的布置，减少一些零部件，如离合器从动盘打滑控制系统等。

4. 双质量飞轮式扭转减振器的缺点

(1) 结构较离合器从动盘式复杂，加工制造困难且成本高。

(2) 减振弹簧分布半径增大，在发动机高速转动下，弹簧径向的离心力和切向的变形量增加，使弹簧的磨损加剧。

造成这些缺点的原因如下。

(1) 由于飞轮上靠近中心的位置用于安装与曲轴法兰盘连接的螺栓和支撑第二质量的轴承，因此减振器弹簧在径向上向外移动了一定距离，使分布半径变大，因而，在同样的转速下意味着弹簧要承受更大的离心力。

(2) 在同样的转速下，由于半径增大，弹簧在切向上的运动量也会加大，这也会加大弹簧的磨损速度。

(3) 为了适应双质量飞轮式扭转减振器的功能要求，双质量飞轮式扭转减振器要吸收更大的转速波动，这也会导致弹簧运动量加大而加速弹簧的磨损。

双质量飞轮的工作性能已经远远超出从动盘式离合器，并且还有很大的发展空间，所以应对该型号产品要不断地进行研发和改进，以使其性能能够不断地完善。

2.2.3 双质量飞轮式扭转减振器的典型结构和特点

1. 双质量飞轮的分类

双质量飞轮相当于一个低通滤波器，通过重新分配弹性机构两侧的转动惯量，并引入低刚度环节和阻尼元件，实现对汽车动力传动系统扭转振动的综合控制，降低发动机扭转波动对动力传动系统的影响，减小汽车扭转噪声，改善汽车的乘坐舒适性。

(1) 就双质量飞轮采用的弹性元件而言，有螺旋弹簧式和橡胶弹簧式两种，螺旋弹簧式又可根据弹簧的布置分为径向弹簧式和周向弹簧式，其中周向弹簧式又有长曲线弹簧式和短轻直弹簧式之分。

(2) 就双质量飞轮采用的摩擦阻尼类型而言，有干摩擦阻尼式、黏性摩擦阻尼式和空气阻尼式。

(3) 就双质量飞轮采用的轴承类型而言，有滚动轴承式、滑动轴承式和推力轴承式。

2. 双质量飞轮的典型结构及特点

不同结构的双质量飞轮具有不同的性能及不同的使用条件。下面介绍双质量飞轮的几种典型结构及性能特点。

(1) 采用长螺旋弹簧的双质量飞轮（Double Mass Flywheel - Circumferential Spring，DMF - CS）。这种双质量飞轮式扭转减振器在飞轮第一质量和减振器之间形成一个封闭的隔腔，在隔腔内布置长弧形螺旋弹簧，并采用内、外组合式弹簧或长、短弹簧分层布置等多种设计方案，从而实现弹性分级。同时，在隔腔内充满了油脂，由于油脂在对运动起阻尼作用的同时也能润滑弹簧，此时弹簧的磨损成为次要问题，因而可以加长弹簧长度，增加其有效压缩量，进而使飞轮两质量间有较大的相对扭转角（一般可达 20°～30°），最高可达 45°。由于其扭转刚度小，共振频率低，因而控制扭振和噪声的能力增强，是一种具有代表性的双质量飞轮（图 2.25）。

这种双质量飞轮的主要缺点：为了减小减振器的扭转刚度，则弹簧的刚度要小，所以弹簧较长，而弹簧与固定、保持弹簧的构件间会产生摩擦，摩擦将会使减振器的扭转特性受到影响；弹簧的磨损将影响减振器的寿命；密封困难；阻尼的大小不易控制；加工精度要求高等。

(2) 采用短轻直弹簧的双质量飞轮（Double Mass Flywheel - Circumferential Short Spring，DMF - CSS）。DMF - CSS 扭转减振器采用直螺旋弹簧作为弹性元件，通过选择弹簧的线性刚度、弹簧帽与滑块或滑块之间的初始距离等实现多级非线性弹性特性。

由于在双质量飞轮式扭转减振器中，减振弹簧分布的半径较大，所受的离心力大，在与传统从动盘式扭转减振器减振弹簧分布角相同的情况下，其弹簧的长度增加，因此弹簧易发生径向变形，导致弹簧与窗口接触，加剧弹簧的磨损。为了解决这个问题，选

图 2.25　长弧形螺旋弹簧双质量飞轮

择较轻的弹簧，使其离心力减小，同时又因其较短，径向弯曲和周向变形也小，因而较好地解决了弹簧的寿命问题。同时，弹簧帽和滑块大大降低了弹簧的磨损程度，也减小了弹性机构在制造、装配等环节的难度。为了保证传递足够大的转矩，通常由多组弹簧共同工作(图 2.26)。

这种双质量飞轮式扭转减振器较多地沿用了传统离合器从动盘式扭转减振器的概念。为了使减振器在各种不同工况下均能很好地工作，常将弹簧分组，各组弹簧的刚度不一样，起作用的时间不一样，从而获得良好的非线性特性。带急速减振级的减振器就是将先起作用的一组弹簧刚度设计得很低，专门用于减缓急速时的噪声(图 2.27)。

图 2.26　短轻直弹簧双质量飞轮

图 2.27　带急速减振级的 DMF – CSS

按其与摩擦阻尼元件的连接方式还可以分为串联式和并联式两种，前者的实际使用效果更好些，但结构复杂，设计和布置较困难。为了更好地发挥减振性能，人们还采用了行星齿轮机构，如图 2.28 所示。

为了更好地减缓弹簧的磨损，可将弹簧与窗口隔开，使二者根本不可能发生滑磨，这样使减振弹簧的寿命大大提高，可靠性也得以增强。具体的控制措施如下：在弹簧中间安装可滑动式弹性支持架；采用变螺距减振弹簧，并安装保持架，有些还加装小型动力吸振器，这样既减轻了振动噪声，还可获得变刚度特性；设置长的弹簧支座，使其具有弹簧导杆的作用，借以限制弹簧的位置。

图 2.28　带行星齿轮机构的 DMF－CSS

采用短轻直弹簧需要增加弹簧座和弹簧滑套，这就增加了零件的数目，提高了制造精度的要求，并增加了生产和装配的复杂度。

（3）采用径向双质量飞轮（Double Mass Flywheel－Radial Spring，DMF－RS）。如图 2.29 所示，DMF－RS 扭转减振器的结构特点是其减振弹簧为直弹簧，并分组安装在由减振器侧板、从动板组成的沿飞轮径向的弹簧室中，侧板和从动板通过两个传动销分别与第一飞轮和第二飞轮相连。当减振器不承受扭矩时，弹性机构组件处于沿飞轮径向的初始位置；当其受到扭矩作用时，第一飞轮、第二飞轮之间产生相对转角，而减振弹簧只产生简单的轴向压缩变形。这样布置弹簧可使减振器具有非常理想的光滑渐近的非线性弹性特性，其扭转刚度随着传递转矩的增加而逐渐增大。该非线性弹性特性的设计分析是 DMF－RS 减振器设计的关键。与弹簧周向布置的减振器相比，径向双质量飞轮式扭转减振器还有如下优点：弹性特性和阻尼特性比较稳定；受离心力的影响比较小；结构比较简单。

（4）采用橡胶弹簧的双质量飞轮。图 2.30 所示的减振器用橡胶弹簧代替了前一方案中钢丝螺旋弹簧，这样就不存在前述的弹簧磨损问题，同时由于橡胶的非线性弹性特性和较高的内阻尼，使得减振器的弹性特性更为合理，同时还简化了结构。

这种减振器的主要缺点：橡胶弹簧容易老化；长时间工作后橡胶发热，会使其阻尼下降。

（5）采用空气阻尼的双质量飞轮（Double Mass Flywheel－Air Damper，DMF－AD）。大多数双质量飞轮采用的都是干摩擦阻尼或黏性阻尼，这两种阻尼都很好实现。黏性阻尼一般都是将弹簧舱密封，并在里面注满黏性材料来实现的。干摩擦阻尼一般是在两个飞轮之间添加摩擦材料来实现的。除此之外，还有一种概念，就是采用空气阻尼来实现减振。空气阻尼双质量飞轮通常是由 3 组行驶级弹簧和 3 组怠速级弹簧交叉布置，如图 2.31 所示。其中每组怠速级弹簧由两个端头、中间柱状橡胶块及两个弹簧组成，端头与柱状橡胶块形成封闭腔室，传递转矩时封闭室受压，空气经端头中间的排气孔排出，起到阻尼的作用。

图 2.29　径向双质量飞轮

图 2.30　橡胶弹簧双质量飞轮

图 2.31　采用空气阻尼的双质量飞轮

（6）采用滑动轴承、推力轴承的双质量飞轮。绝大部分双质量飞轮都使用滚动轴承,但也有一些使用滑动轴承和推力轴承的。采用滑动轴承的双质量飞轮如图 2.32 所示,这种结构的飞轮减振器其两个飞轮之间采用滑动轴承连接,使得弹簧的布置空间变大,但加工和制造相对困难一些。采用推力轴承的双质量飞轮如图 2.33 所示,这种结构的飞轮减振器结构更简单,加工和制造也更方便。

图 2.32　采用滑动轴承的双质量飞轮

图 2.33　采用推力轴承的双质量飞轮

(7) 采用液力双质量飞轮(图2.34)。它从根本上摆脱了传统离合器从动盘式扭转减振器设计思想的束缚，为扭转减振器的设计开辟了一个新思路。

液力双质量飞轮的基本原理：油路连接飞轮的第一质量和第二质量，液压泵驱动油液传递动力，在不同的工况下，不同的阀体处于不同的工作状态，从而控制阻尼的大小，利用减振弹簧室来平滑转矩波动，并由弹簧室的大小来控制其极限转角。这种形式的双质量飞轮式扭转减振器性能优良、结构紧凑，但加工制造成本较高，而且控制系统也较复杂。

图 2.34 液力双质量飞轮

(8) 采用摆式双质量飞轮。这种结构的双质量飞轮有两种实现方案：一种是将离心摆安装在第一飞轮上，另一种是将离心摆安装在第二飞轮上。离心摆安装在第一飞轮上时，它可同时对作用在附件上的激励起到减振作用，第一飞轮密封舱内的润滑材料也可以对它起到润滑作用，但所需的离心摆的质量很大，为3～5kg。离心摆安装在第二飞轮上时，不能对作用在附件上的激励起作用，但却可将离心摆的质量降低到约1kg。摆式双质量飞轮的具体结构如图2.35所示。

图 2.35 摆式双质量飞轮

(9) 采用其他形式的双质量飞轮。英国机动车产品有限公司开发了一种用于平衡传动系统交变转矩和摆振的装置。它是在一个共同的壳体内安装了三个回转质量及一个离合器，前两个回转质量构成一个双质量飞轮，用于减小由曲轴传至变速器的转速波动，第三个回转质量通过支撑在固定于壳体上的行星齿轮由第一回转质量驱动，第三回转质量的转动方向与曲轴相反，还包括若干连杆，用来控制飞轮质量的相对运动。这种双质量飞轮还包括端止装置，以有效地限制飞轮质量在驱动与超速方向的相对运动，并且还可附加端止弹性装置，在飞轮质量就要接触端止装置之前缓冲飞轮质量的相对运动。

2.3 汽车双离合器变速器技术

2.3.1 概况

【汽车双离合器变速器新技术】

手动变速器换挡时要求驾驶人踩下离合器踏板，用换挡杆进行操作，而自动变速器可以使用离合器、变矩器和行星齿轮组为驾驶人完成全部换挡工作。但是还有一种介于二者之间并综合了二者各自优点的变速器：双离合器变速器，如图2.36所示。这种变速器也称为半自动变速器、无离合手动变速器和自动手动变速器。

图 2.36　M-DCT 双离合器自动变速器

2.3.2 双离合器变速器的结构

双离合器变速器相当于将两个手动变速器的功能集成到一个变速器中。为更好地理解这个意思，这里首先介绍传统手动变速器是如何工作的。在标准的装备换挡杆的车辆中，驾驶人想从某个挡位切换到另一个挡位时，首先需要踩下离合器踏板，这将使一个单离合器开始工作，将发动机与变速器脱开并中断传递到变速器的动力。然后驾驶人用换挡杆选择一个新挡位，这是一个驱使齿套从一个齿轮移动到另一个不同尺寸齿轮的过程。被称为同步器的装置在啮合前发挥作用，使齿面线速度一致，以防止发生齿面碰撞。一旦切入了新的挡位，驾驶人松掉离合器踏板，这将重新使发动机和变速器连接，将动力传递到车轮。因此在传统的手动变速器中，不存在从发动机到车轮的连续不断的动力传递。相反，在换挡过程中，动力传递经历了传递—中断—传递的变化过程，这将引起被称作"换挡冲击"或"转矩中断"的现象。对一个不熟练的驾驶人来说，这可能导致换挡时乘员一次次被推向前和抛向后。

与手动变速器形成对照的是，双离合器变速器使用两个离合器，但没有离合器踏板，由电子系统和液压系统控制着离合器，正如标准的自动变速器中的一样。在双离合器变速器中，离合器是独立工作的。如图 2.37 所示，一个离合器控制了奇数挡位（如 1 挡、3 挡、5 挡和倒挡），而另一个离合器控制了偶数挡位（如 2 挡、4 挡和 6 挡）。使用了这个布局，由于变速器控制器根据速度变化，提前啮合了下一个顺序挡位，因此换挡时没有动力中断。

【PowerShift 福特双离合变速器运行及工作原理】

图 2.37 双离合器自动变速器结构简图

双离合器变速器主要由双离合器、机械部分变速器、自动换挡机构、电子控制液压控制系统组成。其中最具创意的核心部分是双离合器和机械部分变速器中的两轴式的输入轴。这个精巧的两轴式结构分开了奇数挡和偶数挡。不像传统的手动变速器将所有挡位集中在一根输入轴上，双离合器变速器将奇数挡和偶数挡分布在两根输入轴上。外部输入轴被挖空，给内部输入轴留出嵌入的空间。以 6 挡变速器为例，内部输入轴上安装了 1 挡、3 挡、5 挡和倒挡的齿轮，外部输入轴上安装了 2 挡、4 挡和 6 挡的齿轮。这使得快速换挡成为可能，维持了换挡时的动力传递。标准的手动变速器是做不到这点的，因为它必须使用一个离合器来控制所有的奇数挡和偶数挡。

传统的自动变速器必须装备变矩器来将发动机转矩传递到变速器，然而双离合器变速器并不需要这样的变矩器。目前市场上的双离合器变速器使用了湿式多片式离合器。湿式离合器（图 2.38）就是将离合器零部件浸入润滑油中以减少摩擦和限制热量的产生。

类似于变矩器，湿式多片式离合器是利用液压压力来驱动齿轮的。当离合器接合时，离合器活塞内的液压使一组螺旋弹簧零件受力，这将驱使一组离合器盘和摩擦盘压在固定的压力盘上，油压的建立是由变速器控制器指令电磁阀来控制的。摩擦片内缘处有内花键齿，以便与离合器鼓上的外花键相啮合。离合器毂与齿轮组相连，这样就可以接收传递过来的力。为分离离合器，离合器活塞中的液压就会降低，在弹簧的作用下，离合器就会分开。奥迪的 DSG 变速器在湿式多片式离合器中既有小的螺旋弹簧也有大的膜片弹簧。

双离合器变速器中有两个离合器，它们的工作状态是相反的，不会发生两个离合器同时接合的情形，如图 2.39 所示。

图 2.38　湿式离合器结构图

图 2.39　双离合器变速器的工作过程

双离合器变速器的挡位切换是由挡位选择器来操作的，挡位选择器实际上是液压马达，推动拨叉就可以进入相应的挡位，由液压控制系统来控制它们的工作。以一个典型的 6 挡双离合器变速器为例，液压控制系统中有 6 个油压调节电磁阀，用来调节 2 个离合器和 4 个挡位选择器中的油压压力，还有 5 个开关电磁阀，分别控制挡位选择器和离合器的工作。

2.3.3　双离合器自动变速器的工作原理

1. 换挡工作过程

首先，我们以一个较典型的双离合器自动变速器原理为例，介绍双离合器的换挡工作原理。

图 2.40 所示为一个双离合器自动变速器的工作原理，为了实现动力换挡，将挡位按奇数挡（1 挡、3 挡、5 挡）与偶数挡（2 挡、4 挡）分开配置，分别与两个湿式离合器相连。

图 2.40　双离合器自动变速器的工作原理

其 1 挡、3 挡、5 挡与离合器 C_1 连接在一起,而 2 挡、4 挡连接在离合器 C_2 上。离合器 C_1 的输出轴为一个实心轴,而离合器 C_2 的输出轴是套在 C_1 输出轴外面的一个空心轴,两个输出轴是同心的。

在车辆处于停车状态时,两个离合器都是常开式的,即在平时两个离合器均处于分离状态,不传递动力。当车辆起步时,因离合器 C_1 分离,自动换挡机构将挡位切换为 1 挡,然后离合器 C_1 接合,车辆开始起步运行,这时的控制过程与电控机械式自动变速器类似。车辆换入 1 挡运行后,因为此时离合器 C_2 处于分离状态,不传递动力,当车辆加速,达到接近 2 挡的换挡点时,自动换挡机构可以将挡位提前换入 2 挡,离合器 C_1 开始分离,同时离合器 C_2 开始接合,两个离合器交替切换,直到离合器 C_1 完全分离,离合器 C_2 完全接合,整个换挡过程结束,与目前的自动变速器相同。车辆进入 2 挡运行后,车辆自动变速器电控单元可以根据相关传感器信号知道车辆当前运行状态,进而判断车辆即将进入运行的挡位,如果车辆加速,则下一个挡位为 3 挡,如果车辆减速,则下一个挡位为 1 挡。而 1 挡和 3 挡均连接在离合器 C_1 上,因为该离合器处于分离状态,不传递动力,故可以指令自动换挡机构十分方便地预先换入即将进入工作的挡位,当车辆运行达到换挡点时,只需要将正在工作的离合器 C_2 分离,同时将离合器 C_1 接合,配合好两个离合器的切换时序,整个换挡动作全部完成。车辆继续运行时,其他挡位的切换过程也都类似,在此不再一一叙述。

2. 离合器切换控制

在换挡过程中,发动机的动力始终不断地传递到车轮,所以这样完成的换挡过程为动力换挡。但是在两个离合器切换过程中,与液力自动变速器一样,必然存在工作重叠的部分,其控制压力的切换过程如图 2.41 所示。如何控制好离合器 C_1 与 C_2 的配合时序,是双离合器控制策略中最重要的问题之一。在这方面,经过摸索,已经总结出了成熟的控制规律。如果两个离合器重叠量过大,则会出现双锁死的情况,会产生破坏作用;如果两个离合器重叠量过少,则仍会出现少量动力切换中断的情况。所以,需要对两个离合器的工作进行精确的调节。

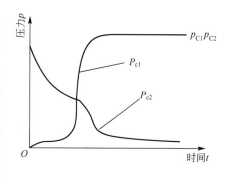

图 2.41 双离合器工作切换过程

在车辆起步、爬行等工况中,也可以对离合器进行滑差控制,即可以控制离合器在不完全接合的状态下通过滑磨传递动力。

3. 换挡机构与扭转减振器

双离合器自动变速器在挡位切换时的同步器与齿轮的啮合动作同样也要实现自动化操作,而且它的工作原理和结构设计与电控机械式自动变速器中的换挡机构几乎完全相同,可以借用已经成熟的经验。并且,在双离合器自动变速器中不再有选挡过程,每一个换挡同步器需要一个换挡执行机构控制其工作,直接推动同步器换挡。因为这种自动变速器的离合器为湿式的,其自动换挡机构也往往采用液压控制方式,利用电磁阀来控制液压换挡执行机构。这样,液压能源既可以驱动双离合器,也可以驱动换挡执行机构,还可以为湿式离合器提供冷却油源,提高了系统的集成度。

我们在此介绍的双离合器自动变速器是由湿式离合器和液压换挡机构构成的，同样也可以由双干式离合器及电动换挡执行机构组成，其工作原理完全相同。但是，由于干式离合器的结构尺寸较大，特别是轴向尺寸长，而且两个离合器的操纵机构布置起来也相对比较困难，这在一定程度上限制了在双离合器自动变速器中采用干式离合器的可能。但是，在一些特殊的用途中，如在混合动力车辆的传动系统中，考虑两个离合器具体的布置方案，也有采用双干式离合器，以及电控换挡执行机构等，这要根据具体的车型来决定。

因为在双离合器自动变速器中没有液力变矩器，所以必须采用扭转减振器来吸收扭转振动。这个扭转减振器通常布置在发动机飞轮和湿式离合器的动力输入部件之间，这样，在设计扭转减振器的过程中，可以应用双质量飞轮的设计原理，设计基于双质量飞轮的扭转减振器，它的第一质量由质量减少了的发动机飞轮构成，而它的第二质量则由湿式离合器构成。通过精确设计扭转减振器和湿式离合器的参数，既可以将其结构高度集成化，减小安装尺寸，又可以大大地改善其吸收扭转振动的效果。

4. 系统框图

双离合器自动变速器的控制系统框图如图2.42所示。

图 2.42　双离合器自动变速器控制系统框图

自动变速器控制单元（Transmission Control Unit，TCU）采集各个传感器的信号，实时在线地对车辆的运行状态进行判断。在需要进行换挡等操作时，TCU发出指令，控制离合器及换挡操纵机构操纵两个离合器和变速器进行工作。湿式离合器和换挡操纵机构的动力由液压动力源提供。

双离合器自动变速器在换挡工作过程中同样也需要对发动机进行控制。对电喷发动机的控制往往需要通过CAN总线等进行整体匹配；而对于还没有电喷化的发动机，则需要增加电子节气门进行控制。

2.3.4　双离合器变速器的工作过程

下面以德国大众的DSG（Direct Shift Gearbox）变速器（图2.43）为例，简单介绍双离合器变速器的工作过程。

【DSG 的工作原理】

图 2.43 德国大众的 DSG 变速器

在 1 挡起步行驶时，动力传递路线如图 2.43 中直线和箭头所示，外部离合器接合，通过内部输入轴到 1 挡齿轮，再输出到差速器。同时，图 2.43 中虚线和箭头所示的路线是 2 挡时的动力传输路线，由于离合器 2 是分离的，这条路线实际上还没有动力在传输，是预先选好挡位，为接下来的升挡做准备。当变速器进入 2 挡后，退出 1 挡，同时 3 挡预先结合。所以在 DSG 变速器的工作过程中总是有两个挡位是结合的，一个正在工作，另一个则为下一步做好准备。

DSG 变速器在降挡时，同样有两个挡位是结合的，如果 6 挡正在工作，则 5 挡作为预选挡位而结合。DSG 变速器的升挡或降挡是由变速器控制器（TCU）进行判断的，踩加速踏板时，TCU 判定为升挡过程，做好升挡准备；踩制动踏板时，TCU 判定为降挡过程，做好降挡准备。

一般变速器升挡总是一挡一挡地进行的，而降挡经常会跳跃地降挡，DSG 变速器在手动控制模式下也可以进行跳跃降挡，例如，从 6 挡降到 3 挡，连续按三下降挡按钮，变速器就会从 6 挡直接降到 3 挡，但是如果从 6 挡降到 2 挡时，变速器会降到 5 挡，再从 5 挡直接降到 2 挡。在跳跃降挡时，如果起始挡位和最终挡位是由同一个离合器控制的，则会通过另一离合器控制的挡位转换一下，如果起始挡位和最终挡位不是由同一个离合器控制的，则可以直接跳跃降至所定挡位。

各个挡位的动力传递如图 2.44 所示。

驾驶人也可以选择一个全自动模式，将所有挡位变化的任务交予 TCU 处理。在这种模式中，驾驶经验与传统的自动变速器非常类似。由于双离合器变速器能逐步淡出一个挡位并逐步进入下一个挡位，换挡冲击减少。更重要的是，挡位变化发生在负载情况下，因此持续不断的动力传递得以维持。

1挡: 外部离合器→内部驱动轴→输入轴1→差速器

2挡: 内部离合器→外部驱动轴→输出轴1→差速器

3挡: 外部离合器→内部驱动轴→输出轴1→差速器

4挡: 内部离合器→外部驱动轴→输出轴1→差速器

5挡: 外部离合器→内部驱动轴→输出轴2→差速器

6挡: 内部离合器→外部驱动轴→输出轴2→差速器

倒挡: 外部离合器→内部驱动轴→倒挡轴→输出

图 2.44　DSG 变速器各挡位动力传递路线

2.3.5　七速双离合器变速器的传动分析

某一款全时四驱车型,配置了七速双离合器变速器与托森差速器,纵向安装在车上,通过托森差速器将动力分配给前驱动桥和后驱动桥,构成全时四驱系统。变速器传动机构的传动原理如图 2.45 所示。该变速器具有 7 个前进挡和 1 个倒挡,全部采用电子控制液压操纵锁环式惯性同步器换挡。

图 2.45　七速双离合器变速器与托森差速器的传动原理

1. 传动分析

如图 2.45 所示，双离器变速器有一个由实心轴及空心轴组合而成的变速器双输入轴机构，两个离合器 K1 与 K2 分别连接输入轴 1 和输入轴 2，离合器 K1 负责控制奇数挡（1 挡、3 挡、5 挡、7 挡），离合器 K2 负责控制偶数挡（2 挡、4 挡、6 挡及倒挡），相当于将两套变速系统合二为一。发动机动力通过曲轴和一个双质量飞轮传递到双离合器。变速器的各挡动力传递路线如下。

1）1 挡

如图 2.46 所示，离合器 K1 接合，1 挡、3 挡接合装置使 1 挡从动齿轮锁定在输出轴上，输入轴 1 驱动 1 挡主动齿轮顺时针转动，使 1 挡从动齿轮逆时针转动，通过 1 挡、3 挡接合装置将动力传递到输出轴，输出轴驱动轴间差速器将动力分配到前后驱动桥。

图 2.46　1 挡和 3 挡的传动路线

2) 2 挡

如图 2.47 所示，离合器 K2 接合，2 挡、倒挡接合装置使 2 挡主动齿轮锁定在输入轴 2 上，输入轴 2 通过接合装置使 2 挡主动齿轮顺时针转动，逆时针地驱动 2 挡从动齿轮，从而将动力传递到输出轴，输出轴驱动轴间差速器将动力分配到前后驱动桥。

图 2.47　2 挡传动路线

3) 3 挡

如图 2.48 所示，离合器 K1 接合，1 挡、3 挡接合装置使 3 挡从动齿轮锁定在输出轴上，输入轴 1 驱动 3 挡主动齿轮顺时针转动，使 3 挡从动齿轮逆时针转动，动力通过 1 挡、3 挡接合装置传递到输出轴，输出轴驱动轴间差速器将动力分配到前后驱动桥。

图 2.48　4 挡和 6 挡传动路线

4) 4 挡

如图 2.49 所示，离合器 K2 接合，4 挡、6 挡接合装置将 4 挡主动齿轮固锁在输入轴 2 上，输入轴 2 通过接合装置使 4 挡主动齿轮顺时针转动，逆时针地驱动 4 挡从动齿轮，从而将动力传递到输出轴，输出轴驱动轴间差速器将动力分配到前后驱动桥。

图 2.49 5 挡和 7 挡传动路线

5）5 挡

如图 2.49 所示，离合器 K1 接合，5 挡、7 挡接合装置使 5 挡主动齿轮锁定在输入轴上，输入轴 1 通过接合装置使 5 挡主动齿轮顺时针转动，逆时针地驱动 5 挡从动齿轮，从而将动力传递到输出轴，输出轴驱动轴间差速器将动力分配到前后驱动桥。

6）6 挡

如图 2.48 所示，离合器 K2 接合，4 挡、6 挡接合装置将 6 挡主动齿轮固锁在输入轴 2 上，输入轴 2 通过接合装置使 6 挡主动齿轮顺时针转动，逆时针地驱动 6 挡从动齿轮，从而将动力传递到输出轴，输出轴驱动轴间差速器将动力分配到前后驱动桥。

7）7 挡

如图 2.49 所示，离合器 K1 接合，5 挡、7 挡接合装置使 7 挡主动齿轮锁定在输入轴上，输入轴 1 通过接合装置使 7 挡主动齿轮顺时针转动，逆时针地驱动 7 挡从动齿轮，从而将动力传递到输出轴，输出轴驱动轴间差速器将动力分配到前后驱动桥。

8）倒挡

如图 2.50 所示，离合器 K2 接合，2 挡、倒挡接合装置使倒挡主动齿轮固锁在输入轴 2 上，输入轴 2 通过同步装置使倒挡主动齿轮顺时针转动，逆时针地驱动倒挡中间齿轮，使倒挡从动齿轮顺时针转动，从而将动力传递到输出轴，输出轴驱动轴间差速器将动力分配到前后驱动桥，实现车辆的倒挡行驶。

2. 七速双离合器变速器的特点

装备的七速双离合器变速器采用了"直接动力传递"换挡，换挡时间短，使驾驶人能获得一种特殊的驾驶体验。传动过程中的能耗损失非常有限，大大提高了车辆的燃油经济性；反应非常灵敏；车辆在加速过程中不会有动力中断的感觉，使车辆的加速更加强劲、平稳。

托森差速器是全时四驱系统的核心，这种差速器有很好的自动防滑性能，当前、后驱动桥中某一桥因附着力小而出现滑转时，差速器起作用，将转矩的大部分分配给附着力好的另一驱动桥（最大可达 3.5 倍），从而提高了汽车通过坏路面的能力。若后桥分配到的

图2.50 倒挡传动路线

转矩大到一定程度而出现滑转时,则后桥转速升高一点,转矩又立刻重新分配给前桥一些,所以驱动力的分配可根据转弯的要求自动调节,使汽车转弯时具有良好的驾驶性。

2.3.6 双离合器变速器的应用和特点性能

1. 双离合器自动变速器的应用

双离合器自动变速器也是基于平行轴式手动变速器发展而来的,它继承了手动变速器传动效率高、安装空间紧凑、质量轻、价格便宜等许多优点,而且实现了换挡过程的动力换挡,即在换挡过程中不中断动力,保留了液力变速器、无级变速器等换挡品质好的优点。这使得车辆在换挡过程中,发动机的动力始终可以传递到车轮,换挡迅速平稳,不仅保证了车辆的加速性,而且由于车辆不再产生由于换挡引起的急剧减速情况,也极大地提高了车辆运行的舒适性。这对电控机械式自动变速器来说,是一个巨大的改进。

运用这种双离合器自动变速器动力换挡的原理,不但可以直接开发设计自动变速器,而且它的一些结构构成也是目前国内外重点研究的混合动力车辆项目中传动系统的基本组成部分。因此,研究这种双离合器的工作过程和控制规律,对于开发新型的自动变速器和促进车辆混合动力传动技术的研究,既有实用价值,又具有理论意义。

双离合器自动变速器的应用范围很大,既可以应用在大型车、中型车上,而且由于它很短的换挡时间,也可以应用在运动车上。并且,通常在较高转矩的车辆中,它的应用更为有利。这是因为,它的两个传动轴一般情况下是同心的,即中间的一个传动轴是实心的,而套在它外面的则是一个空心轴,由于轴的刚度、强度及结构尺寸等方面的原因,较大的传动轴轴径有利于双离合器自动变速器的设计,多适合发动机排量较大的车辆。

对于较小发动机排量的车辆,如果要开发设计双离合器自动变速器,也可以采用双中间轴的布置方案,这种方案不再采用轴套轴的方式,而是采用了两个独立的中间轴,其刚度和强度都不再有问题,而且这样设计的双离合器自动变速器轴向尺寸非常紧凑。

2. 双离合器自动变速器的性能特点

双离合器自动变速器不仅继承了手动变速器传动效率高的特点,并且比手动变速器换挡更快，通过两套动力传递路线进行交错传递。

与传统的手动变速器相比，双离合器自动变速器使用更方便，因为说到底，它还是一个自动变速器，只是使用了双离合器自动变速器的新技术，使得手动变速器具备自动性能，同时大大改善了汽车燃油经济性，双离合器自动变速器比手动变速器换挡更加快捷、顺畅，动力输出不间断。

与传统的自动变速器相比，双离合器自动变速器有着明显的区别，双离合器自动变速器没有采用转矩变换器，自动转换更加灵活，而且也不是在传统概念自动变速器基础上开发出来的，设计双离合器自动变速器的工程师们开创了全新的技术。

与无级变速器相比，双离合器自动变速器可以承受更高的转矩要求。

总体而言，双离合器变速器的行为就像一个标准的手动变速器：它具有装配了齿轮的输入轴、输出轴和倒挡轴，同步器和离合器，只是少了离合器踏板，多了执行换挡的变速器控制器、电磁阀和液压单元。在没有离合器踏板的情况下，驾驶人可以通过转向盘上的扳键、按钮或换挡杆来"告诉"变速器控制器(TCU)进行换挡。

驾驶人的体验是双离合器自动变速器很多优点的一个。少于8ms的升挡时间使很多人感觉到在市面上所有的整车中装备双离合器自动变速器的能提供最优的动态加速性。当然通过减少换挡冲击，双离合器自动变速器也提供了更平顺的换挡。

可能双离合器自动变速器最引人注目的优势是改善了燃油消耗。由于换挡过程中没有动力中断，燃油效率显著提高。有数据表明6挡双离合器自动变速器与传统5挡自动变速器相比，燃油效率可增加10%。与无级变速器相比，双离合器自动变速器可以承受更高的转矩要求。在欧洲由于消费者更关注驾驶感受和燃油经济性，双离合器自动变速器被认为是一个理想的解决方案。

双离合器自动变速器是基于平行轴式手动变速器发展而来的，它保留了手动变速器结构简单、传动效率高等优点，并且通过自动控制实现了动力换挡过程，具有很好的换挡品质，解决了电控机械式自动变速器非动力换挡的缺点。

2.4 驱动防滑系统

2.4.1 概述

防滑控制系统主要包括制动防滑系统和驱动防滑系统两种。前者的功能是防止汽车在制动过程中车轮被抱死滑移，使汽车的制动力达到最大，缩短车辆的制动距离，并且能提高汽车在制动过程中的方向稳定性和转向操纵能力，被称为制动防抱死系统(Anti-lock Brake System，ABS)；但是当汽车在驱动过程(如起步、转弯、加速等过程)中，ABS不能防止车轮的滑转，因此针对这个要求又出现了防止驱动车轮发生滑转的驱动防滑系统(Acceleration Slip Regulation，ASR，也称为TRC)。由于驱动防滑系统是通过调节驱动车轮的驱动力来实现工作的，故它也常被称为牵引力控制系统(Traction Control System，TCS)。

2.4.2 驱动防滑系统的理论基础

在驾驶人、汽车、道路三者组成的行车系统中,影响车辆行驶状态的基本因素是车轮与路面之间的作用力,而该作用力又是由车辆行驶方向的纵向作用力和垂直于车辆行驶方向的水平横向作用力组成的。驾驶人对车辆的控制实质是控制车轮与路面之间的作用力,而该作用力又受车轮与路面间的附着条件(即附着系数)的限制。车辆纵向驱动力受纵向附着系数限制,而抵抗外界横向力则是受横向附着系数限制。

在硬质路面上,车轮与路面之间的附着力就是车轮与路面之间的摩擦力。由摩擦定律可推知,车轮与地面之间的附着力取决于车轮的垂直载荷与附着系数,即

$$F_\delta = G \cdot \varphi \tag{2-7}$$

式中,F_δ 为车轮与地面之间的附着力(N);G 为车轮与地面之间的垂直载荷(N);φ 为车轮与地面之间的附着系数。

实际在汽车行驶过程中,车轮与地面之间的垂直载荷和附着系数都会随很多因素的变化而变化,所以,车轮与地面之间的附着力也是变化的。假设忽略车轮垂直载荷的变化,那么,附着力就只取决于车轮与地面之间的附着系数,而附着系数主要取决于道路状况(道路种类、干湿程度等)、车轮状况(车轮的类型、气压、新旧程度等)及车轮相对于路面的运动状态。而要设法对驱动轮进行控制,道路状况与车轮状况是不能随时改变的,因此只有从车轮相对于地面的运动状态角度进行考虑。

1. 车轮滑动率对附着系数的影响

在汽车的整个行驶过程中,在汽车的纵向行驶方向上,车轮相对于地面的运动形式可以分为纯滑动、纯滚动和边滚边滑三种。而边滚边滑的运动中又有两种情况:一种是车轮滚过的计算距离大于汽车纵向实际走过的距离(即车轮存在原地打转的情况);另一种是车轮滚过的计算距离小于汽车纵向实际走过的距离(即车轮存在被拖着向前的情况)。习惯把前一种称为滑转,而后一种称为滑移。汽车驱动防滑系统研究的就是车轮滑转的情况。

下面引入一个表征车轮滑转时滑动部分所占比例的概念——滑动率。汽车在驱动过程中滑动率由式(2-8)进行确定:

$$S = \frac{r\omega - v}{r\omega} \times 100\% \tag{2-8}$$

式中,S 表示车轮的滑动率;r 表示车轮的自由滚动半径;ω 表示车轮的转动角速度;v 表示车轮中心的纵向速度。

若 $S=0$,说明车轮中心的纵向速度与车轮滚动的计算速度相等,即车轮做自由滚动(纯滚动 $r\omega = v$);若 $S=100\%$,说明车轮中心点的纵向移动速度为零(纯滑动 $v=0$);若 $0<S<100\%$,说明车轮处于边滚边滑状态,且 S 值越大,车轮滑转越严重。

实验研究表明,滑动率 S 与附着系数 μ 有图2.51所示的对应关系,可以看出,当车轮在地面上做纯滚动($S=0$)时,其与路面之间的横向附着系数达到最大,随着车轮的滑动率的增大,横向附着系数迅速减小;当车轮在路面上产生纯滑动时,横向附着系数减到几乎为零,车轮则完全失去抵抗外界横向干扰力的能力,此时若车轮上存在外界横向的干扰力(如汽车重力的横向分力、路面不平产生的横向力以及横向风力等),车轮将会发生横向滑移。

图 2.51 附着系数与车轮滑动率之间的关系

当车轮的滑动率处于 $S_驱$（$S_驱$ 为最大纵向附着系数时的滑动率）左右时，横向附着系数达到了 50%～70%，则车辆能达到最佳的行驶效果，因为此时纵向方向上的附着力最大，车轮具有最大的驱动力，而此时横向附着力也较大，有利于车辆的操纵和抵抗横向的滑移。

2. 驱动防滑系统的功能

为了使汽车获得较大的纵向和横向附着力，现代汽车中很多都已经装备了驱动防滑系统，其功能就是使汽车能够自动地将车轮控制在纵向和横向附着系数都比较大的滑动率范围内，一般滑动率为 15%～20%。

前面在讨论最大附着力时，假设了车轮垂直载荷是不变的，而在车辆的实际运行过程中，垂直载荷不但与汽车实际装载质量及静态分布有关外，还与汽车的行驶状态有关。例如，汽车上坡时，后轮的垂直载荷会增大，而前轮的垂直载荷会减小；汽车下坡时，情况的变化与上述刚好相反；汽车转弯时，内侧车轮的垂直载荷会减小，而外侧车轮的垂直载荷会增大；汽车加速时，前轮的垂直载荷会减小，而后轮的垂直载荷会增大；此外，空气的作用和路面干扰引起的车轮跳动也会使车轮的垂直载荷发生变化。

综上所述可知，实际车轮附着力受很多因素影响，它是一个随机的变量。因此，为了控制车轮的滑动率，就要对作用于车轮上的力矩进行实时的自适应调节，即要求防滑控制系统具有足够快的反应速度和足够高的调节精度，否则，就难以将车轮的滑动率控制在最理想的范围内。

2.4.3 驱动防滑系统的控制方式

汽车驱动轮滑转是由于驱动力矩超过了轮胎与地面间的附着极限，因此合理地减小汽车发动机转矩或动力传动中任何一环节都可以改变驱动轮上的驱动力矩，实现防滑控制的目的。可以通过许多途径来实现牵引力控制，如发动机管理、离合器控制、改变传动比、主动制动干涉等。

【制动防抱死和驱动防滑转系统】

1. 调节发动机转矩（图 2.52）

发动机输出力矩调节主要有 3 种方式：点火参数的调节、燃油供给调节和节气门（油门）位置调节。对于汽油机，控制方法主要有燃油供给控制、点火正时控制、节气门开度控制（化油器式）或喷油量控制（燃油直接喷射式）。

图 2.52　发动机转矩调节

从加速度变化的平顺性、发动机负荷及排放气体成分来考虑，控制节气门开度是最好的，但这种方法响应较慢，可以采用供油或点火作为辅助控制手段来弥补这一缺陷。采用点火正时控制，是通过减小点火提前角的方法来减小发动机转矩，如果这样还不够，则可以采用中止气缸点火的方法，但为满足排放要求，同时必须中止供油。对于柴油机，则可采用调节喷油量的方法，这种方法的响应时间足够短。随着发动机电喷技术的应用，对于发动机转矩的调节更加精确，响应时间更短，性能更好，也更方便。但仅靠调节发动机输出转矩来进行控制的方法属于低选控制，可以改善方向稳定性，无法获得最佳牵引力。因此这种方法适用于两侧驱动轮都发生过度滑转或在高速下某驱动轮发生过度滑转的工况。

2. 驱动轮制动调节

当驱动车轮出现打滑时，直接向该轮上施加制动力矩，使车轮转速降至最佳的滑动率范围内。由于制动压力直接施加到打滑的车轮上，因此，这种方法的响应时间是最短的。它可与发动机转矩控制联合使用，当汽车在附着系数分离的路面上行驶时，通过对处于低附着系数路面上的驱动车轮施加一定的制动力矩，使高附着系数路面上的驱动轮产生更大的驱动力矩，从而提高汽车的总驱动力。这种方法需要对制动时间进行限制以免制动器过热。此外，如果汽车处于附着系数分离路面，只对打滑驱动轮施加制动，可能导致两侧驱动轮驱动力相差较大，产生横摆力矩，在车辆高速行驶时，这种情况对车辆的稳定性不利，因此这种方法适用于车速较低的工况。

如图 2.53 所示，高附着系数路面上驱动轮的驱动力为 F_H；低附着系数路面上驱动轮的驱动力为 F_L；根据差速器转矩等量分配特性，汽车驱动力只取决于低附着系数路面上的驱动力 F_L，此时，汽车的最大驱动力 $F_{max}=2F_L$。

为了阻止低附着系数路面上行驶的驱动轮滑转，对其施加一个制动力 F_B，这样便可获得更大的驱动力。此时，汽车的最大驱动力 $F_{max}=F_H+F_L=2F_L+F_B$。

3. 差速器锁止控制

普通的开式差速器左右轮输出相同的转矩，在路面两侧附着系数相差很大时，高附着系数一侧驱动轮的驱动力得不到充分发挥，限制了车辆的牵引性。锁定差速器和黏性耦合差速器虽然提高了车辆的牵引性，但损害了车辆的稳定性。防滑差速器可以根据路面条件在一定程度上锁止，使左右驱动轮的输出转矩根据锁定比和路面情况而不同。该控制方式只适合于后轮驱动车，较驱动轮制动力矩控制成本要高。

差速器锁止控制如图 2.54 所示。

图 2.53　驱动轮制动调节　　　　图 2.54　差速器锁止控制

调节作用在离合片上的油液压力，即可调节差速器的锁止程度。油压逐渐降低时，差速器锁止程度逐渐减小，传递给驱动轮的驱动力就逐渐减小；反之油压升高时，驱动力将逐渐增大。

4. 离合器或变速器控制

离合器控制是指当发现汽车驱动轮发生过度滑转时，减弱离合器的接合程度，使离合器主、从动盘出现部分相对滑转，从而减小传递到半轴的发动机输出转矩；变速器控制通过改变传动比来改变传递到驱动轮的驱动转矩，以减小驱动轮滑转程度的一种驱动防滑控制。由于离合器和变速器控制响应较慢，变化突然，所以一般不作为单独的控制方式，而且由于压力和磨损等问题，使其应用也受到很大限制。

5. 采用电控悬架实现车轮载荷分配

在各驱动车轮的附着条件不一致时，可以通过电控悬架的主动调整使载荷较多地分配在附着条件较好的驱动轮上，使各驱动轮附着力的总和有所增大，从而有利于增大汽车的牵引力，提高汽车的起步加速性能；也可以通过悬架的主动调整使载荷较多地分配在附着条件较差的驱动轮上，使各驱动轮的附着力差异减小，从而有利于各驱动轮之间牵引力的平衡，提高汽车的行驶方向稳定性。

上述几种控制方式各有其优点和局限性，实际应用中通常是多种控制手段组合应用。表 2-1 对比了上面介绍的几种方式及其组合方式的特点。目前在驱动防滑系统中，广泛采用的是发动机节气门调节和驱动轮制动力矩调节的控制方式。

表 2-1 不同控制方式的 ASR 性能对比

控制方式	驱动性	操纵性	稳定性	舒适性	积极性
节气门开度调节	－－	－	－	＋＋	＋
点火参数及燃油供给调节	0	＋	＋	－	＋＋
驱动轮制动力矩调节(快)	＋＋	－	－	－－	－
驱动轮制动力矩调节(慢)	＋	0	0	0	0
差速器锁止控制	＋＋	＋	＋	0	0
离合器或变速器控制	＋	＋	＋	－－	0
节气门开度＋制动力矩控制(快)	＋＋	＋＋	＋＋	＋	＋
节气门开度＋制动力矩控制(慢)	＋	0	0	＋	＋
点火参数＋制动力矩控制	＋	＋＋	＋＋	＋	＋
节气门开度＋差速器锁止控制	＋＋	＋	＋	＋	－－
点火参数＋差速器锁止控制	＋＋	＋	＋	＋	＋

注："－－"表示很差,"－"表示较差,"0"表示基本无影响,"＋"表示较好,"＋＋"表示很好。

2.4.4 防滑转控制系统的控制过程和结构特点

1. 防滑转控制系统的控制过程

丰田汽车发动机的输出转矩利用步进电动机调节副节气门开度进行调节,驱动轮的制动力利用 ASR 执行器结合 ABS 进行控制。在制动驱动轮产生差速作用(即驱动轮转速不同,两个半轴产生差动作用)时,控制驱动轮的制动力可使驱动力得到充分发挥,从而改善行驶稳定性和转向性能,这种作用对于两侧车轮所处路面的附着系数不同时更显著。因此这种控制系统特别适用于装备燃油喷射式发动机和 ABS 的前轮驱动乘用车。

当发动机起动后,ABS/ASR ECU 根据轮速传感器产生的车轮转速信号并参考车速,计算确定驱动轮的滑移率和滑转率。当 ABS/ASR ECU 判定驱动轮的滑转率超过设定门限值时,ABS/ASR ECU 就会控制发动机输出转矩并对驱动轮施加制动来避免发生滑转现象。

控制发动机输出转矩时,ABS/ASR ECU 首先向发动机与自动变速器 ECU 发出控制指令,然后由发动机与自动变速器 ECU 向副节气门执行器(步进电动机)发出控制指令进行控制。当 ASR 起作用时,步进电动机步进转动时,其轴一端的驱动齿轮就驱动节气门轴上的扇形齿轮转动,使节气门的开度减小(副节气门在 ASR 不起作用时处于全开状态),即使主节气门开度不变,发动机的进气量也会因副节气门开度减小而减小,从而使发动机输出转矩减小,驱动轮的驱动力随之减小。

控制驱动轮的驱动力时,ABS/ASR ECU 直接向 ABS 和 ASR 的液压调节装置发出控制指令,通过调节制动液压力"降低""保持"或"升高"来调节滑转率。当滑转率降低到设定值后,ABS/ASR ECU 便发出减少或停止制动的指令,从而达到防止驱动轮滑转的目的。当驱动轮再次滑转,其滑转率超出设定值范围时,ABS/ASR ECU 和发动机与自动变速器 ECU 再次发出控制指令,重新开始控制循环,直到滑转率减小到设定值范围为止。

在 ASR 处于防滑转控制过程中，如果驾驶人踩下制动踏板进行制动，ASR 会自动退出控制状态，不会影响制动过程正常进行。

尽管不同车上的 ASR 的具体结构有所差别，但它们都具有以下特点。

（1）ASR 是否进入工作状态可以由驾驶人通过操纵 ASR 选择开关进行控制。当 ASR 工作时，ASR 工作指示灯就会自动点亮；如果关闭 ASR，则 ASR 关闭指示灯就会自动点亮。

（2）当 ASR 处于关闭状态时，副节气门就会自动处于打开状态；ASR 的制动压力调节器不会影响车辆制动系统的正常工作。

（3）当 ASR 处于工作状态时，若驾驶人踏下制动踏板，则 ASR 就会自动退出工作状态，而不会影响车辆的正常制动过程。

（4）ASR 的工作是有速度条件的，当车速超过某一值（一般为 120km/h 或 80km/h）后，ASR 就会自动退出工作状态。

（5）ASR 在其工作范围内具有不同的优先选择性，当车速较低时，以提高牵引力为优先选择，此时，对两驱动轮所加的制动力矩可以不一样，即对两后制动轮缸进行独立调节。当车速较高时，以提高行驶的方向稳定性作为优先选择，此时，对两驱动轮所加的制动力矩是相同的，即对两后制动轮缸进行统一调节。

（6）ASR 具有故障自诊断功能，当 ASR 发生故障时，它将会自动关闭，同时向驾驶人发出警告信号。

2. 防滑转控制系统的结构特点

在汽车实际装备的 ASR 中，为了充分发挥电子控制系统的控制功能并有效地防止驱动轮滑转，一般都将不同的控制方法组合在一起进行控制。常用的组合方式有组合控制发动机的输出转矩和驱动轮的制动力、组合控制发动机的输出转矩和控制差速器的锁止程度。下面以采用组合控制发动机输出转矩和驱动轮制动力的丰田系列乘用车防滑转控制系统为例，说明 ASR 的结构特点与控制过程。

丰田雷克萨斯 LS300、LS400 乘用车 ASR 与 ABS 组合构成的简图如图 2.55 所示。

由图 2.55 可见，ASR 和 ABS 都是由液压控制系统和电子控制系统两个子系统组成，并组合在一起的。该系统不仅能够实现 ABS 功能，而且能够实现 ASR 功能。

实践经验表明：在控制驱动轮的制动力时，将 ASR 与 ABS 结合在一起是控制驱动轮制动力的最佳方案。这是因为对于前驱动汽车，考虑到舒适性和操纵稳定性，对 ASR 和 ABS 制动压力的建立速度有不同要求。一般来说，ASR 制动压力的建立速度比 ABS 制动压力的建立速度要慢。驱动轮的制动力可直接使用 ABS 的液压系统进行控制，只需在 ABS 的液压控制系统中增设一些 ASR 液压调节装置即可。

ASR 是在 ABS 的基础上，增设液压调节器（即 ASR 执行器）、ASR 液压泵和蓄压器等构成的。

ABS/ASR 控制部件的安装位置如图 2.56 所示，主要由轮速传感器、防滑转电控单元（ASR ECU）、发动机副节气门位置传感器及其控制步进电动机、ASR 液压调节器、各种控制开关、继电器和指示灯等组成。4 只轮速传感器为 ABS 和 ASR 公用，ABS ECU 与 ASR ECU 组合为一体，称为 ABS/ASR ECU。在 ABS 的基础上，增设了 ASR 执行器、发动机副节气门控制步进电动机及 ASR 控制开关和显示灯等。其中，副节气门控制步进电动机和 ASR 液压调节器是电子控制系统的执行元件。

图 2.55 丰田汽车 ABS/ASR 系统的组成

1—右前车轮转速传感器；2—比例阀和差压阀；3—制动主缸；4—ASR 制动压力调节器；
5—右后车轮转速传感器；6—左后车轮转速传感器；7—发动机/变速器电子控制单元(ECU)；
8—ABS/ASR 电子控制单元(ECU)；9—ASR 关闭指示灯；10—ASR 工作指示灯；
11—ASR 选择开关；12—左前车轮转速传感器；13—主节气门开度传感器；
14—副节气门开度传感器；15—副节气门驱动步进电动机；16—ABS 制动压力调节器

图 2.56 丰田汽车 ABS/ASR 控制部件的安装位置

1—ABS 执行器；2—ASR 隔离电磁阀总成；3—副节气门位置传感器；4—主节气门位置传感器；
5—副节气门位置控制步进电动机；6—副节气门步进电动机继电器；
7—防抱死制动与防滑转控制电控单元(ABS/ASR ECU)；8—发动机与自动变速器电控单元；
9—防滑转控制系统关闭开关；10—防滑转控制指示灯与防滑转控制系统关闭指示灯；
11—后轮速传感器；12—制动灯开关；13—空挡起动开关；14—防滑转控制液压泵；
15—防滑转控制液压泵继电器；16—防滑转控制蓄压器；
17—制动液位警告灯开关；18—防滑转控制主继电器；19—前轮速传感器

2.5 四轮驱动系统

所谓四轮驱动（4 Wheel Driver，4WD），又称全轮驱动，简称四驱，是指汽车前后轮都具备动力。装备四轮驱动系统的汽车可按行驶路面状态不同而将发动机输出转矩按不同比例分布在前后所有的轮子上，简单理解为四个车轮作为驱动轮，以提高汽车的行驶能力，一般用4×4或4WD来表示。图2.57所示为四轮驱动汽车的构造。

图 2.57 四轮驱动汽车的构造

四轮驱动汽车有两大优势，一是提高通过性，二是提高主动安全性。由于四驱汽车的四个车轮都可以驱动汽车，如果在一些复杂路段出现前轮或后轮打滑，另外两个车轮还可以继续驱动汽车行驶，不至于无法动弹。特别是在冰雪或湿滑路面行驶时，更不容易出现打滑现象，比一般的两驱车更稳定。但四轮驱动汽车油耗也大。

常见的四驱形式可以分为三大类：分时四驱、全时四驱、适时四驱。不同的四驱形式，所擅长的领域不同，优缺点也很明显。

2.5.1 分时四驱

分时四驱（Part-Time 4WD）是一种驾驶人可以在两驱和四驱之间手动选择的四轮驱动系统，由驾驶人根据路面情况，通过接通或断开分动器来变化两轮驱动或四轮驱动模式。如在湿滑草地、泥泞、沙漠等复杂路况行驶时，可切换至四驱模式，提高车辆通过性。如在公路上行驶，可切换至两驱模式，避免车辆转向时发生干涉现象，降低油耗等。这也是越野车或四驱SUV最常见的驱动模式。图2.58所示为分时四驱汽车结构图。

一般来说，配备分时四驱系统的汽车前后轴间会装配一个分动器，如图2.59所示，可

图 2.58 分时四驱汽车结构

将前后轴进行硬性连接（图 2.60）。但由于有些车型的分动器内没有中央差速器，所以挂上四驱后不能在铺装路面上行驶，其原因是硬连接的前后轴转速分配值较固定，转向将变得非常困难，不仅对分动器、传动轴等零件有损害，安全性能也受到了一定影响。不过也有厂商的分动器是带有中央差速器的，比如三菱汽车，可以在四驱模式下正常行驶在城市路面。

图 2.59 分动器

1—变速器第一轴；2—单列向心球轴承；3—3、4挡同步器；4—3、4挡拨叉；5—第二轴3挡齿轮；6—第二轴2挡齿轮；7—2、3挡同步器；8—1挡齿轮；9—单列向心球轴承；10—换挡杆轴；11—变速杆；12—变速器壳体；13—变速器第二轴（动力输出轴）；14—油封；15—中间2轴（中间轴）；16—变速器壳体；17—单列向心短圆柱滚子轴承；18—变速器前部壳体；19—加强筋；20—单列向心短圆柱滚子轴承；21—轴承盖；22—滚针轴承

有些分时四驱的汽车不能在硬地面上使用四驱，特别是在弯道上不能顺利转向。这是因为分时四驱在分动器内没有中央差速器，而无法调整前后轴的转速所致。现在也有车型

图 2.60　分动器动力传递示意图

分时四驱车型带有中央差速器,能够顺利解决这样的问题,也就可以在正常路面上使用四驱模式,即使是高速行驶也没有任何问题。分时四驱汽车有无中央差速器转向受力示意图如图 2.61 所示。

图 2.61　有无中央差速器转向受力示意图

分时四驱系统一般分为 2H、4H、4L 三种挡位,也就是常说的两驱、高速四驱、低速四驱三种形式。如图 2.62 所示,2H 两驱模式比较适合在市区道路或是铺装路面下行驶,4H 高速四驱适合走砂石路面或是雨雪天气下使用,4L 低速四驱则适合越野爬坡等脱困环境下使用。

2H(两驱):适合在市区道路或城市路面行驶

4H(高速四驱):适合在需要快速通过的砂石路面、雨雪天气等环境下使用

4L(低速四驱):适合在越野脱困、爬坡等需要较大转矩的情况下使用

图 2.62　分时四驱挡位切换适用路况

分时四驱结构简单，既能保证车辆的动力性和通过性又兼顾燃油经济性，但是其操作略微烦琐，部分车型不宜长时间在铺装路面行驶。

2.5.2　全时四驱

全时四驱（All Wheel Drive，AWD），也称全时全轮驱动，就是在汽车行驶的任何时间、四个轮子都能获得驱动力，因此具有很好的越野性与操控性。通常搭载这种全时四驱形式的车型往往是大型 SUV。全时四驱车辆会比两驱车型拥有更优异与安全的驾驶基础，尤其是碰到极限路况或是激烈驾驶时。全时四驱汽车构造如图 2.63 所示。

【全时四驱汽车传动图】

图 2.63　全时四驱汽车构造

全时四驱汽车传动系统中，设置了一个中央差速器。发动机动力先传递到中央差速器，将动力分配到前后驱动桥。特别注意的是，没有中央差速锁的全时四驱车越野性能有限，因为如果一侧车轮空转，动力就会流向低阻力的这边，而不会分配到有摩擦力的那边车轮，从而容易使车不易脱困。中央差速器带有自锁功能，全时四驱的车型，如果没有这个关键的锁，那么一个轮子打滑，其他轮子就没动力，其性能将骤降。

由于四驱系统没有了两驱和四驱之间切换的响应时间，稳定性高、操控能力好，主动安全性更好，不过相对于适时四驱来说，其复杂度更高，结构质量更大，能量传动效率会更低一些，油耗会更高。其代表车型有奥迪 Q7、大众途锐、奔驰 GL 等。

2.5.3　适时四驱

适时四驱（Real-Time 4WD）就是根据车辆的行驶路况，系统会自动切换为两驱或四驱模式，不需要人为操控。单纯从字面来理解，就是指只有在适当的时候才会四轮驱动，而在其他情况下仍然是两轮驱动的驱动系统。这个名称是有别于需要手动切换两驱和四驱的分时四驱，以及所有工况下都是四轮驱动的全时四驱而来的。这是目前广泛使用的一种四驱形式，适时四驱成本低，汽车操控简便，而且油耗相对较低，广泛应用于如本田 CR-V、丰田 RAV-4、福特翼虎、起亚狮跑等一些城市 SUV 或轿车上，它能最大限度满足 SUV 的对道路的通过要求，不是太恶劣的泥地脱困都能做到。

适时四驱车的传动系统（图 2.64）中，只需从前驱动桥引一根传动轴，并通过一个多片耦合器连接到后桥。当主驱动轮失去抓地力（打滑）后，另外的驱动轮才会被动介入，所以它的响应速度较慢。相对来说，适时四驱车的主动安全性不如全时四驱车高。适时四驱汽车控制部件如图 2.65 所示。

图 2.64　适时四驱传动结构

图 2.65　适时四驱汽车控制部件

适时四驱系统结构简单、质量轻、传动效率高。适时四驱铺装路和越野路都能跑，但适时四驱的控制电脑反应慢，它在检测到打滑之后才会介入，脱困能力和稳定性一般，这也决定了它只能跑一般的烂路，越野的脱困能力就有限。所以其越野能力较低、恶劣路面通过性有限。

2.6　混合动力汽车的传动技术

2.6.1　概述

传统内燃机(Internal Combustion Engine，ICE)车辆提供了良好的运行性能，并利用石油燃料高能量密度的优点可实现远距离的行驶里程。然而，传统内燃机车辆具有不良的燃油经济性和污染环境的缺点。形成其不良燃油经济性的主要原因在于：①发动机燃油效率特性与实际的运行要求不匹配；②制动期间车辆动能的消耗，当车辆在市区中运行时尤其明显；③在采用停车起动行驶形式的现代汽车中，其液压传动装置的低效率等。另外，配置蓄电池的电动汽车（Electric Vehicle，EV）具有一些优于传统内燃机车辆的优点，例如，高能量效率和零环境污染。但是，由于就汽油的能量容量而言，蓄电池组较低的能量容量使电动汽车性能远不能与内燃机车辆性能相竞争，尤其体现在蓄电池每次充电所对应的行驶里程上。混合动力是一种节能技术，混合动力电动汽车（Hybrid Electric Vehicle，HEV）利用两个能源，一个基本能源和一个辅助能源，它具有内燃机车辆和电动汽车两者的优点，并克服了它们的缺点。

本质上，任何车辆的动力系统都要求：①产生足够的动力以满足车辆性能的需要；②配置充分的车载能量以保证车辆行驶给定的路程；③高效率的显示；④少量环境污染的排放。一般来说，一台车辆可有多个能源及其能量变换器，例如，汽油（或柴油）热机系统；氢-燃料电池-电动机系统；化学蓄电池-电动机系统等。配置有两个或更多个能源及其能量变换器的车辆被称作混合动力车，当其携带有电气的动力系统（能源及其能量变换器）时，被称为混合动力电动汽车。图 2.66 所示为 Proton 插电式混合动力车底盘。

图 2.66　Proton 插电式混合动力车底盘

由于混合动力汽车采用两种动力源作为动力装置，它的各个组成部件、布置方式及控制策略不同，因而形成了各式各样的结构形式。混合动力汽车的分类方法有多种：根据动力源的数量及动力传递方式的不同，分为串联型、并联型和混联型；根据发动机和电动机的功率比的大小，分为里程延长型、动力辅助型和双模式型；根据发动机运行模式的不同，分为发动机开/关模式和发动机连续运行模式；根据发动机和电动机是否布置在同一轴线上，分为单轴式和双轴式；根据蓄电池组的荷电状态（State of Charge，SOC）的变化情况，可分为荷电消耗型和荷电维持型。本节根据动力源的数量及动力传递方式的不同，对混合动力汽车的结构类型及特点进行分析。

2.6.2　串联式 HEV 动力传动系统

串联式 HEV（Series Schedule，SHEV）动力传动系统的结构组成如图 2.67 所示，其结构特点是发动机带动发电机发电，发出的电能通过电机控制器输送给电动机，由电动机产生电磁力矩驱动汽车行驶。在发动机与传动系统之间通过电动机实现动力传递。蓄电池

(也可以是其他储能装置,如超级电容、机械飞轮等)是发电机与电动机之间的储能装置,起到功率平衡的作用,即当发电机发出的功率大于电动机所需的功率时(如汽车减速滑行、低速行驶或短时停车等工况),发电机向电池充电;而当发电机发出的功率低于电动机所需的功率时(如汽车起步、加速、爬坡、高速行驶等工况),蓄电池则向电动机提供额外的电能,补充发电机功率的不足,满足车辆峰值功率要求。

图 2.67 串联式 HEV 动力传动系统结构图

由于串联式 HEV 动力传动系统中的发动机与汽车驱动轮之间无机械连接,具有独立于汽车行驶工况对发动机进行控制的优点,适用于市内常见的频繁起步、加速和低速运行工况,可以使发动机稳定于高效区或低排放区附近工作。该结构尤其适合于那些与驱动轮难以进行机械连接的高效发动机。但串联式 HEV 动力传动系统的综合效率较低,这是因为发动机输出的机械能由发电机转化为电能,再由电动机将电能转化为机械能用以驱动汽车,途经两次能量转换,中间必然会伴随着能量的损失。另外,它的 3 个动力总成(发动机、发电机、电动机)也会给系统总布置带来困难并使成本增加。因此,一般只有在以下两种情况下,才有可能选用串联式 HEV 动力传动系统布置方案:①发动机仅用于增加电动车辆的续驶里程,而用于驱动汽车的绝大部分能量来源于蓄电池,结果整个系统能量转化损失较小;②发电机和电动机的综合效率达到或超过传统车辆动力传动系统的水平,研究人员希望能采用配备有磁能密度极高的永久磁铁作为电极的高速同步发电机和电动机来达到这一水平。这种系统主要用于城市大客车,在乘用车中很少见。

串联混合动力电动车上的发动机与道路负荷不相耦合,就排放和效率来说,不必考虑传动系统的要求,就可对发动机工作进行优化,使它在某一固定工作点上(或是在某一固定工作点周围很窄的区域内)运行。发动机可以是内燃机,也可以是其他不适用于直接驱动车轮的发动机,如微型燃气轮机、斯特林发动机等。发动机-发电机组作为一个整体也可以是燃料电池系统。采用液化石油气、天然气、氢气或氢气与天然气的混合气体(Hythene),发动机的混合动力车排放比较低。装有柴油机的混合动力车燃油经济性比较好。发动机-发电机所输出的平均功率与蓄电池为满足峰值功率要求而提供的补充功率之间的比例,通常由车辆的应用特点决定,特别要考虑车辆行驶循环的需求。串联式混合动力系统适用于目标和行驶工况相对确定的车辆,如货物分送车、城市公共汽车等在城市内走走停停的车辆。

串联式混合动力系统有 3 种基本工作模式:①主要利用电池来驱动车辆,仅当电池

SOC 降低到最小限值时，发动机才开机。同时使发动机在最高效率区以输出恒定功率的方式工作，当 SOC 回升到最大限值时发动机关机。这种策略的主要缺点是发动机的接通和关断会贯穿车辆出行的整个过程，由于发动机每次关机期间，发动机和催化转化装置的温度降低，而导致它们的效率降低。这种模式也称为"恒温器式控制"；②"负荷跟随"控制模式，保持电池的 SOC 在规定的范围内，发动机带动发电机工作并尽可能地供应接近车辆行驶所需的电能，电池只起负荷调节装置的作用。这种模式电池的充放电量较小，能量损失最小。这种模式的缺点是发动机不能工作在最佳转速和负荷下，因此其排放可能变差、效率降低；③上述两种模式（或控制策略）的一个折中方案。在电池的 SOC 较高时，主要用纯电动模式。而当电池的 SOC 降低到设定的范围时，发动机带动发电机工作，考虑到发动机的排放和效率，将其输出功率严格限制在一定的变化范围内。如果能预测车辆行程内的总能量需求，则一旦电池中储存了足够的能量，在剩余的行程中车辆就可转换为纯电动模式，到了行程终点正好耗尽电池所允许放出的电能。这种模式或策略也称为最佳串联混合动力模式。

串联式 HEV 具有如下优点。

（1）发动机工作状态不受车辆行驶工况的影响，始终在最佳的工作区域内稳定运行，因此，发动机具有良好的经济性和低的排放性能。

（2）发动机与电动机之间无机械连接，整车的结构布置自由度较大。各种驱动系统元件可以放在最适合于它的车辆位置，如在低地板公共汽车上，可以将发动机、发电机组装在车尾部或其他部位并采用电动轮驱动方式，从而降低地板高度。

（3）由于电动机的功率大，制动能量回收的潜力大，从而提高能量效率。

串联式 HEV 存在的缺点如下。

（1）发电机将发动机的机械能量转变为电能，电动机又将电能转变为机械能，还有电池的充电和放电都有能量损失，因此，发动机输出的能量利用率比较低。串联式 HEV 的发动机能保持在最佳工作区域内稳定运行。这一特点的优越性主要表现在低速、加速等行驶工况，而在车辆中、高速行驶时，由于其电传动效率较低，抵消了发动机效率高的优点。

（2）电动机是唯一驱动汽车行驶的动力装置，因此，电动机的功率要足够大。此外，蓄电池一方面要满足汽车行驶中峰值功率的需要，以补充发电机输出功率的不足；另一方面，要满足吸收制动能量的要求，这就需要较大的电池容量。所以，电动机和蓄电池的体积和质量都比较大，使得整车质量较大。根据以上特点，串联式 HEV 更适用于市内低速运行的工况，而不适合高速公路行驶工况。

2.6.3 并联式 HEV 动力传动系统

并联式 HEV(Parallel Schedule，PHEV)动力传动系统的结构组成如图 2.68 所示，并联式结构有发动机和电动机两套驱动系统。它们可分开工作，也可一起协调工作，共同驱动。所以并联式 HEV 可以在比较复杂的工况下使用，应用范围比较广。并联式结构由于电动机的数量和种类、传动系统的类型、部件的数量（如离合器的数量）和位置关系（如电动机与离合器的位置关系）的差别，具有明显的多样性。结构上可划分为两种形式，即单轴式和双轴式。

图 2.68　并联式 HEV 动力传动系统结构图

1. 单轴式并联混合动力系统

单轴式结构如图 2.69 所示。发动机通过主传动轴与变速器相连，电动机的转矩通过齿轮与发动机的转矩在变速器前进行复合，传到驱动轴上的功率是两者之和。这种形式称为转矩复合。单轴式结构的速度、转矩关系如下：

$$\begin{cases} T_s = (T_e + K T_m)\eta \\ n_s = n_e = n_m / K \end{cases} \quad (2-9)$$

式中，T_e、T_m、T_s 分别为发动机、电动机和变速器的输入转矩；n_s、n_e、n_m 分别为变速器输入轴、发动机和电动机转速；η 为传动发效率；K 为传动比。

图 2.69　单轴式并联混合动力系统

在单轴式结构中，发动机、电动机和变速器输入轴之间的转速成一定比例关系。在汽车运行中，随着路况和车速的变化，这些转速会随之变化。输入转矩的变化，可以通过式(2-9)中的转矩关系，在发动机转矩保持恒定条件下，通过调节电动机的转矩而获得。

下面介绍一种典型的单轴式混合动力结构的样车。

图 2.70 所示为本田 Insight 混合动力系统，也称为"一体化电动机/发电机助力系统"。

本田 Insight 的动力系统以汽油机为主动力，电动机为辅助动力，动力分配比为 9∶1。在车辆起动和加速时，辅助电动机发挥了低速大转矩的优点，以弥补汽油机低速转矩低、起动加速差的缺点；在减速和制动电动机作为发电机工作时，实现制动能量回收功能。在车辆短时间停车时，发动机关闭取消怠速，在加速踏板踩下后重新起动。

本田 Insight 系统结构简洁、紧凑，质量轻，成本低，电动机只在起动和加速等少数工况下工作，镍氢电池模块仅重 20kg；采用精心设计的排量为 1L 的 3 缸 12 气门低摩擦

图 2.70 本田 Insight 动力系统

的"极端稀薄燃烧"汽油机；改进驱动方式，尽可能保证发动机工作在最佳工况；采用全铝设计的车身结构，风阻系数极低的车身造型。本田 Insight 在排放、动力性和经济性上都具有较佳的效果。

2. 双轴式并联混合动力系统

如图 2.71 所示，并联混合动力系统双轴式结构中可以有两套机械变速器：发动机和电动机各自与一套变速机构相连，然后通过齿轮系统进行复合。在这种结构中，可以通过调节变速机构调节内燃机、电动机之间的转速关系，使发动机的工况调节变得更灵活，当采用行星差动系统作为动力复合机构时，行星差动动力复合机构有两个自由度，可以实现两个输入部件的转速复合，以确定输出轴的转速，而各个部件间的转矩保持一定比例关系，这种功率复合形式称为速度复合。双轴式并联混合动力系统，结构十分复杂是一个很大的缺点。

图 2.71 双轴式并联混合动力系统

并联式 HEV 具有如下特点。

（1）发动机通过机械传动机构直接驱动汽车，无机械能—电能转换损失，因此发动机输出能量的利用率相对较高，如果汽车行驶工况能保证发动机在其最佳的工作范围内运行，并联驱动系统的燃油经济性比串联的高。

（2）当电动机仅起功率"调峰"作用时，电动机、发动机的功率可适当减小，电池的容量也可减小。

（3）在繁华的市区低速行驶时，并联式 HEV 也可关闭发动机，以纯电动方式运行，实现零排放行驶，但这就需要功率足够大的电动机，所需电池容量也相应要大。

(4) 发动机与电动机并联驱动时，还需要动力复合装置，因此，并联驱动系统的传动机构较为复杂。

(5) 并联驱动系统与车轮之间直接机械连接，发动机的运行工况会受车辆行驶工况的影响，所以车辆在行驶工况频繁变化的情况下运行时，发动机有可能不在其最佳工作区域内运行，其油耗和排放指标可能不如串联式混合动力系统。并联式驱动系统最适合于汽车在中、高速工况下（如高速公路）稳定行驶。

并联式混合动力驱动系统有以下两种基本控制模式。

(1) 发动机辅助混合动力模式。这种模式主要利用电池-电动机系统来驱动车辆，仅当以较高的巡航速度行驶、爬坡和急加速时才使发动机起动。这种控制模式的优点是大多数情况下车辆都是用电池的电能来工作，车辆的排放和燃油消耗较少，同时发动机的起动机可以取消而利用车辆运动的惯性力起动发动机。这种控制模式的缺点是，由于发动机每次关机期间，发动机和催化转化装置的温度降低而导致它们的效率降低，尾气排放增加。

(2) 电动机辅助混合动力模式。这种模式主要利用发动机来驱动车辆，电动机只在两种状态下使用：一是用于瞬间加速和爬坡需要峰值功率时，可使发动机工作在最高效率区间，以降低排放和减少燃油消耗；二是在车辆减速制动时电动机被用来回收车辆的制动动能对电池进行充电。这种模式的主要缺点是车辆不具备纯电动模式，在行驶过程中若经常加速，电池的电能消耗到最低限度，则会失去电动机辅助能力，驾驶人会感到车辆动力性能有所降低。

此外，并联混合驱动系统是不适合采用燃料电池作动力源的动力系统。

2.6.4 混联式 HEV 动力传动系统

混联式驱动系统可以在串联混合模式下工作，也可以在并联混合动力模式下工作，即两种模式的综合。这就要求有两个电动机、一个比较复杂的传动系统和一个智能化控制系统。

混联式驱动系统的结构如图 2.72 所示。其工作原理如下：发动机发出的功率一部分通过功率分流装置，经机械传动系统至驱动桥，另一部分则驱动发电机发电，发出的电能输送给电动机或蓄电池，电动机的力矩同样也可通过传动系统传送给驱动桥。混联式驱动系统的控制策略：在汽车低速行驶时，驱动系统主要以串联模式工作；当汽车高速稳定行驶时，则以并联工作模式为主。

混联式驱动系统的结构形式和控制方式充分发挥了串联式和并联式的优点，能够使发动机、发电机、电动机等部件进行更优化的匹配，在结构上保证了在更复杂的工况下使系统工作在最优状态，因此更容易实现排放和油耗的控制目标。与并联式相比，混联式的动力复合形式更复杂，对动力复合装置的要求更高。目前的混联式结构一般以行星齿轮机构作为动力复合装置。

丰田公司在 Prius 车型中采用了这种方案。

图 2.73 所示为丰田公司 Prius 车的驱动力系统结构示意图，它的驱动系统被公认为是目前最成功的结构。

丰田混合动力系统 HSD 主要由 Atkinson 循环发动机、发电机、电动机、动力分离装置（以上部件进行了一体化设计）、功率控制单元和镍氢电池组组成。

该系统的核心是用行星齿轮组成的动力分离装置，采用单排行星机构作为功率分配与

图 2.72　混联式 HEV 动力传动系统结构图

图 2.73　丰田公司 Prius 车的驱动力系统结构示意图

复合装置，此行星机构中发动机与行星架相连，通过行星齿轮将动力传给齿圈和太阳轮，太阳轮轴与发电机相连，齿圈轴与电动机轴相连。功率分配装置将发动机的一部分转矩（约 70%）直接传递到驱动轴上，将另一部分转矩传送到发电机上。发电机发出的电将根据指令或用于给电池组充电，或用于驱动电动机以增加驱动力。

单排行星机构 3 个元件转速之间及力矩之间的关系推导，许多机械原理教科书中都有叙述，现列出其计算公式，先看一下转速之间的关系：

$$N_m + N_g(Z_s/Z_r) = (1 + Z_s/Z_r)N_e \tag{2-10}$$

式中，N_m 表示电动机转速；N_g 表示发电机转速；N_e 表示发动机转速；Z_s 表示太阳轮齿数，为 30；Z_r 表示齿圈齿数，为 78。

由式(2-10)可知，这 3 个元件的转速之间存在线性关系，且 N_m、N_g、N_e 这 3 个转速中有两个确定后，第 3 个也知道。

从式(2-10)可以看到，当齿圈转速确定时，通过调节发电机转速来调节发动机转速，因此，发动机转速不受车辆行驶条件的制约，发动机工作点可以通过发电机来调节。

不考虑机械损失时，力矩之间的关系如下。

$$\begin{cases} T_s = -T_c/(1+Z_r/Z_s) & (2-11) \\ T_t = -T_c(Z_r/Z_s)/(1+Z_r/Z_s) & (2-12) \end{cases}$$

式中，T_s、T_c、T_t 分别为作用在太阳轮、行星架和齿圈上的力矩。

根据发动机、发电机和行星机构各元件的连接关系，可得

$$T_c = T_e,\ T_s = T_g$$

式中，T_e 为发动机力矩；T_g 为发电机力矩。当 $Z_s = 30$，$Z_r = 78$，发动机力矩为 100% 时，有

$$T_g = -T_e/(1+Z_r/Z_s) = -100\%/(1+78/30) = -27.8\%$$

由发动机力矩分配给齿圈的力矩 T_t 为：

$$T_t = -T_e(Z_r/Z_s)/(1+Z_r/Z_s) = -100\% \times (78/30)/(1+78/30) = -72.2\%$$

以上计算表明，发动机、发电机与作用在齿圈上的力矩是按一定比例分配的。最后单独考察齿圈受力情况，可以看到，输出给驱动桥的力矩 T_w 是发动机通过行星齿轮给齿圈的力矩 T_t 和电动机给齿圈的力矩 T_m（T_m 为负时表示制动能力量回收）之和，即

$$T_w = T_t + T_m = -T_e(Z_r/Z_s)/(1+Z_r/Z_s) \qquad (2-13)$$

由此可知，已知发动机和电动机的力矩特性后，驱动桥得到的力矩特性也就确定了，这样进行车辆牵引特性计算也就不难。

前面提到过与太阳轮相连的发电机还兼作发动机的起动机，若此时它产生 100% 的力矩，则经行星齿轮机构传动后起动发动机的力矩为：

$$T_e = T_g(1+Z_r/Z_s) = 100\% \times (1+78/30) = 360\%$$

也就是说，放大了 3.6 倍后去带动发动机起动。

根据车辆行驶工况的不同，HSD 在不同的模式下工作，最大限度地适应车辆的行驶工况，使系统达到最高的燃油经济性和最低的排放。

1. 起步、低速行驶(纯电动模式)

当汽车起动时，该系统仅使用由动力电池提供能量的电动机的动力起动，这时发动机并不运转。因为发动机不能在低转速带输出大转矩，而电动机可以灵敏、顺畅、高效地进行起动。对于发动机而言，在低转速-中转速带的效率并不理想，而电动机在低转速-中转速带性能优越。因此，在低转速-中转速行驶时，该系统使用动力电池的电力，驱动电动机行驶。这种模式时，动力分离装置的行星齿轮不动，太阳轮和行星架转动。图 2.74 所示为动力分离装置，采用由齿环、小齿轮、太阳轮、行星支架组成的行星齿轮，高效率地分配动力。能量流动如图 2.75(a)所示。

图 2.74　动力分离装置

图 2.75　功率流的不同路径

2. 一般行驶（纯油模式）

这时候发动机起动，并只有发动机作为驱动源，发动机的能量一方面传输给汽车的驱动轮驱动车辆行驶，另一方面传输给发电机发电，电能再由电动机转化成驱动力传输到驱动轮上。这种模式时，动力分离装置的太阳轮不动，其他两轮同向旋转。能量流动如图 2.75(b) 所示。

3. 全速行驶（油电混合模式）

在需要强劲加速力（如爬陡坡及超车）时，发动机和电动机同时运转以获得最大的转矩。Prius 的 1.5L 发动机的功率只有 56kW，而且始终是以最优的工作模式运行。然而加上电动机的辅助，最大输出功率可以超过 100kW，最大输出转矩可以超过 500N·m，达到与高一级发动机同等水平的强劲而流畅的加速性能。这种模式时，动力分离装置的 3 轮同时同向旋转。能量流动如图 2.75(c) 所示。

4. 制动过程（动能转化为电能模式）

制动过程是 Prius 不同于燃油汽车的地方，燃油汽车在该过程中的动能只能是转化成制动钳（蹄）与制动盘（毂）之间摩擦的热能而流失，而 Prius 在该状态下则是停止发动机喷油，利用发电机将动能转化成电能向电池充电。能量流动如图 2.75(d) 所示。

5. 停车状态

停车状态时，发动机和电动机会同时停止工作，此时油耗和排放均为零。当动力电池的 SOC 较低时，发动机会继续运转驱动发电机向电池充电。此外，Prius 的环保空调完全由电力驱动，因此关闭发动机后也一样可以运行。能量流动如图 2.75(e) 所示。

2.6.5 混合动力电动汽车的特点

混合动力电动汽车是将原动机、电动机、能量储存装置（蓄电池）等组合在一起，它们之间的良好匹配和优化控制，可充分发挥内燃机汽车和电动汽车的优点。

相比纯电动汽车，混合动力电动汽车具有如下优点。

(1) 由于有原动机作为辅助动力，蓄电池的数量和质量可减少，从而降低了汽车自身质量。

(2) 汽车的续驶里程和动力性可达到内燃机的性能要求。

(3) 借助原动机的动力，可带动空调、真空助力、转向助力及其他辅助电器，不用消耗蓄电池有限的电能，因此保证了驾车和乘坐的舒适性。

相比内燃机汽车，混合动力电动汽车具有如下优点。

(1) 可使原动机在最佳的工况区域稳定运行，避免或减少了发动机变工况下的不良运行，使发动机的排污和油耗大为降低。

(2) 在人口密集的商业区、居民区等地可用纯电动方式驱动车辆，实现零排放。

(3) 可通过电动机提供动力，因此可配备功率较小的发动机，并可通过电动机回收汽车减速和制动时的能量，进一步降低了汽车的能量消耗和排污。

表 2-2 对不同类型的混合动力电动汽车在燃油经济性、尾气排放和控制难易程度等方面做了比较。表 2-3 对不同类型的混合动力电动汽车在驱动模式、传动效率、整车布置、适用条件等方面进行了比较。

表 2-2　不同类型的混合动力电动汽车类型的比较

项　　目	串联式	并联式	混联式
公路行驶燃油经济性	较优	优	优
城市行驶燃油经济性	优	较优	优
无路行驶燃油经济性	较优	优	优
低排放性能	优	较优	较优
成本	低	较低	较低
复杂程度	简单	较复杂	复杂
控制难易程度	简单	较复杂	复杂

表 2-3　不同类型的混合动力电动汽车特点的比较

结构模型	串联式	并联式	混联式
动力总成	发动机、发电机、驱动电动机三大动力总成	发动机、电动机/发电机或电动机两大动力总成	发动机、电动机/发电机、电动机三大动力总成
驱动模式	电动机是唯一的驱动模式	发动机驱动模式、电动机驱动模式、发动机-电动机混合驱动模式	发动机驱动模式、电动机驱动模式、发动机-电动机混合驱动模式、电动机-电动机混合驱动模式
传动效率	能量转换效率较低	传动效率较高	传动效率较高
制动能量回收	能够回收制动能量	能够回收制动能量	能够回收制动能量
整车总布置	三大动力总成之间没有机械式连接装置，结构布置的自由度较大，但三大动力总成的质量、尺寸都较大，一般在大型车辆上采用	发动机驱动系统保持机械式传动系统，发动机与电动机两大动力总成之间被不同的机械装置连接起来，结构复杂，使布置受到一定的限制	三大动力总成之间采用机械装置连接，三大动力总成的质量、尺寸都较小，能够在小型车辆布置，但结构更加紧凑
适用条件	适用于大型客车或货车，适应在路况较复杂的城市道路和普通公路上行驶，更加接近电动汽车性能	适用于中小型汽车，适应在城市道路和高速公路上行驶，接近普通的内燃机汽车性能	适用于各种类型的汽车，适应在各种道路上行驶，更加接近普通的内燃机汽车性能

2.7 纯电动汽车的驱动系统

电动汽车系统可分为三个子系统，即电力驱动子系统、主能源子系统和辅助控制子系统。其中，电力驱动子系统由电控单元、控制器、电动机、机械传动装置和驱动车轮组成；主能源子系统由主能源、能源管理系统和充电系统构成；辅助控制子系统具有动力转向、温度控制和辅助动力供给系统等功能。驱动电动机的作用是将电源的电能转化为机械能，通过传动装置或直接驱动车轮和工作装置。

电动汽车基本结构如图 2.76 所示，其组成部分布置位置比普通汽车发动机的布置更灵活、多样化，既可组合，也可分开，使整车质量分配合理，结构紧凑。电动汽车结构各式各样，尽管大多数的电动汽车是从发展成熟的燃油汽车体系中借鉴的，但电动汽车的结构和许多性能与技术参数有它本身的特征。

（1）电动汽车的能量主要通过柔性的电线而不是刚性联轴器和转轴传递，因此，电动汽车各部件的布置具有很大灵活性。

（2）电动汽车驱动系统的布置不同会使系统结构区别很大，采用不同类型的电机会影响到电动汽车的质量、尺寸和形状；不同类型的储能装置也会影响电动汽车的质量、尺寸和形状。

（3）不同的补充能源装置具有不同的硬件和机构，例如，蓄电池可通过感应式和接触式的充电机充电，或者采用替换蓄电池的方式，将替换下来的蓄电池集中充电。

图 2.76　电动汽车基本结构

纯电动汽车电动机驱动系统的电气系统和机械系统有多种不同的驱动组合形式。电动车的驱动形式一般有以下几种：传统机械驱动形式、机电集成驱动形式、机电一体化驱动形式和轮毂电动机驱动形式，如图 2.77 所示。

表 2-4 对以上四种常见纯电动汽车驱动系统布置结构进行对比分析。

图 2.77 纯电动汽车驱动系统布置结构图

表 2-4 纯电动汽车驱动系统布置结构对比

结构类型	传统机械驱动形式	机电集成驱动形式	机电一体化驱动形式	轮毂电动机驱动形式
结构特征	类似传统内燃机汽车传动系统	将电动机与固定速比的减速器直接相连	电动机前端盖处装配变速齿轮和差速器等驱动总成	电动机嵌入车轮轮毂中,各车轮的同步转动或差速转动由 ECU 控制
优点	结构容易实现,工作简单,有利于轴荷的合理分配;设计周期短,成本低	传动机构紧凑,传动效率高;安装方便,布置灵活	传动效率高,结构紧凑;两个驱动电动机单独控制,能够获得更好的动力性;质量小	传动效率高;结构紧凑,有利于提高车辆转向灵活性;充分利用路面附着力
缺点	结构过于冗杂,传动效率相对低;占据空间大,总质量大	对电动机的调速范围和轴承的可靠性要求较高	对电动机转速及转矩调节范围要求高;对电动机的性能及控制策略要求高,结构相对复杂	结构复杂,成本高;受空间限制,电动机功率不高

综合考虑上述驱动形式的优缺点,将电动机、自动变速器一体化,取消离合器、同步器,使其结构紧凑,传动效率高,并采用机电集成化驱动形式,不仅能够在低速下获得高的输出转矩同时拥有较高的工作效率,提高纯电动汽车的动力性和经济性。图 2.78 为纯电动汽车集成驱动系统结构简图。

图 2.78 纯电动汽车集成驱动系统结构简图

1—控制器；2—驱动桥；3—驱动轮；4—电动机；5—变速器

图 2.78(a) 所示为前置前驱。由于前轮是驱动轮，有助于提高汽车高速行驶时的操纵稳定性。但上坡时前轮附着力减少，易打滑，转向能力差；前轮驱动兼转向，结构复杂使车辆维修不便。前置前驱主要适用于大功率电机的高速车辆。图 2.78（b）所示为后置后驱。电动机位于汽车后部，传动效率高，重心靠后，转向能力较好。如图 2.79 所示为特斯拉 Model S 的驱动布置。

图 2.79 特斯拉 Model S 的驱动布置

1. 典型的无级变速器结构有哪几种？并论述各自的特点。
2. 机械式液压控制无级变速器系统是怎样工作的？
3. 论述双质量飞轮式扭转减振器与传统的从动盘式扭转减振器的区别。
4. 双离合器变速器是如何进行换挡工作的？
5. 根据七速离合器变速器与托森差速器的传动原理图，试分析变速器各挡的动力传递。
6. 简述双离合器变速器的性能特点。
7. 驱动防滑系统的控制方式有哪几种？
8. 混合动力汽车的动力传动系统的结构类型有哪几种？
9. 试画出并联式 HEV 动力传动系统的结构图。
10. 纯电动汽车的驱动形式有哪几种？简述其对比。

第3章 汽车底盘新技术

 本章教学目标

- ★ 熟悉汽车底盘的基本构造、作用及工作原理
- ★ 熟悉常见的悬架系统新技术,重点掌握空气悬架和主动悬架的结构及工作原理
- ★ 掌握常见的转向系统新技术,重点掌握电动助力转向系统的结构、工作原理
- ★ 学习常见的制动系统新技术,初步了解电子制动系统的相关知识
- ★ 了解与轮胎相关的新技术,重点了解低压安全轮胎的分类及各自的工作原理

 本章教学要点

知识要点	掌握程度	相关知识
空气悬架和主动悬架	熟悉空气悬架和主动悬架的基本结构、工作原理	空气弹簧的构造和布置方式,全主动悬架和半主动悬架
多连杆悬架	掌握多连杆悬架的基本结构;知道多连杆悬架的优缺点	多连杆悬架的结构特点、性能特征和优缺点
可变转向比转向系统	掌握可变转向比转向系统的分类及工作原理	机械式可变转向比转向系统和电子式可变转向比转向系统的结构及工作原理
电动助力转向	熟悉电动助力转向系统的构造和工作原理	电动助力转向系统的类型、主要部件及今后的发展
四轮转向	掌握四轮转向系统的工作原理	四轮转向系统的分类、工作原理及存在的不足
制动盘新技术	了解陶瓷制动盘、碳纤维制动盘、通风式制动盘、全接触式制动盘	陶瓷制动盘、碳纤维制动盘、通风式制动盘和全接触式制动盘
制动辅助系统	掌握电子制动力分配系统和电控辅助制动系统的工作原理	电子制动力分配系统和电控辅助制动系统的工作原理
电子制动系统	了解电子液压制动系统和电子机械制动系统的工作原理	电子液压制动和电子机械制动系统的结构及工作原理
低压安全轮胎	了解低压安全轮胎的分类和工作原理	自体支撑式、自封式和加物支撑式低压安全轮胎的结构及工作原理

汽车底盘新技术　第3章

导入案例

如果说发动机是汽车的心脏，那么底盘则是汽车的骨架，它在汽车构造中占有举足轻重的地位。如图 3.1 所示，现代汽车底盘主要由传动系统、行驶系统、转向系统和制动系统 4 部分组成，其作用是支承、安装汽车发动机及其各部件、总成，形成汽车的整体造型，并接受发动机的动力，使汽车产生运动，保证汽车的正常行驶。汽车底盘的好坏直接影响着整车的操控性和稳定性。随着现代汽车技术的飞速发展，底盘新技术也得到越来越广泛的应用。本章主要向读者介绍一些近年来应用在汽车底盘上的新技术。

图 3.1　现代汽车底盘典型结构

3.1　悬架系统新技术

3.1.1　空气悬架

空气悬架早期用于机械设备隔振，后来才被应用到汽车上，其优点众多。图 3.2 所示为德国 ZF 公司的 AV132 后空气悬架。

1. 空气悬架结构及其工作原理

空气悬架由空气弹簧、导向传力机构、减振阻尼装置、横向稳定器、高度阀、压气机、储能器及管路等组成。

1）空气弹簧

空气弹簧是以空气作为弹性介质，即在一个密闭的容器内装入压缩空气（气压为 0.5～

111

图 3.2　德国 ZF 公司的 AV132 后空气悬架

1MPa），利用气体的压缩弹性实现弹簧的作用。随着载荷的增加，容器内压缩空气压力升高，弹簧刚度也随之增加；载荷减少，容器内空气压力降低，弹簧刚度随之下降，因而这种弹簧具有较好的变刚度特性。空气弹簧内的空气介质摩擦极小，工作时几乎没有噪声，对于高频振动的吸收和隔音性能极好。空气弹簧可分为囊式空气弹簧和膜式空气弹簧两种，如图 3.3 和图 3.4 所示。

图 3.3　囊式空气弹簧

图 3.4　膜式空气弹簧

囊式空气弹簧主要靠橡胶气囊的挠曲获得弹性变形；膜式空气弹簧主要靠橡胶气囊的卷曲获得弹性变形。囊式空气弹簧寿命较长、制造方便、刚度较大，常用于载货汽车上；膜式空气弹簧尺寸较小、弹性特性曲线更理想、刚度较小，常用于乘用车上。

2）高度阀

车架高度控制机构包括一个高度传感器、控制机构和执行机构，其功能如下。

(1) 随车载变化保持合理的悬架行程。

(2) 高速时降低车身，保持汽车稳定性，减少空气阻力。

(3) 在起伏不平的路面情况下，提高车身高度以提高汽车通过性。

在空气弹簧悬架中，高度阀是用来控制空气弹簧内压的执行机构，其工作原理如图 3.5 所示。高度阀固定在车架上，其进、排气口分别与储气筒和空气弹簧相接。当空气弹簧上的载荷增加时，弹簧被压缩，储气筒内的气体通过高度阀的进气口向气囊注入，气囊内气压增加,空气弹簧升高,直至恢复到原来的位置,进气口关闭为止;当空气弹簧上的载荷减小时,弹簧伸张,气体通过高度阀的排气口排出,直至空气弹簧下降到原来的位置,排气口关闭为止。所以在高度阀的作用下,空气弹簧的高度可以保持在平衡位置附近波动,从而保证车身不随载荷的变化而变化。

图 3.5　高度阀工作原理

通常车身高度控制采用独立控制形式,常见的情况是,前悬架由一个高度阀来控制,后悬架由两个高度阀分别控制左右两侧的空气弹簧,控制信号取三个高度信号的平均值,不但可以保证汽车在发生偏载的情况下,始终维持汽车车身处于水平状态,而且在高速转向时,空气弹簧可显著减小车身的侧倾角。有资料表明,当车速在 24km/h 以下时,空气悬架与板簧这两种悬架的侧倾角基本相同,当车速达到 30km/h 时,空气悬架的侧倾角就可以减小约 30%。

3) 导向传力机构

导向传力机构是空气悬架中的重要部件,主要承受汽车的纵向力、侧向力及其力矩,因此要有一定的强度,布置方式要合理。空气弹簧在悬架中主要承受垂直载荷、减振、消振,如果导向机构设计得不合理,则会增加空气弹簧的负担,甚至会发生扭曲、摩擦等现象,恶化减振效果,缩短弹簧的寿命。

许多空气悬架的导向传力机构采用钢板弹簧式,钢板弹簧兼起导向元件和弹性元件的作用,如图 3.6 所示。采用这种导向机构时,易在原来的钢板弹簧基础上变型,结构简单,但是汽车的纵向力、侧向力及其力矩均由钢板弹簧来承受,这就要求钢板弹簧有一定的强度,且刚度不能太低,所以难以得到理想的弹性特性。目前,空气悬架多采用刚、柔结合的方法来设计导向机构,如图 3.7 所示,既满足了导向的要求,又具有一定的变形能力。

在大客车设计中,广泛采用双纵臂式四连杆导向机构,下纵臂一般布置在两边,上面两根纵向推力杆的布置方式则可根据需要灵活安排。一种是与下纵臂同样布置,另一种是将两根上臂合在一起,布置在中间。这两种布置方式不能承受侧向力,需要横向推力杆。

还可以将上面的两根推力杆倾斜布置，构成一个三角形架，如图3.8所示，它和下面的两根纵向推力杆构成一个四连杆机构，在设计时，应尽可能把两个斜杆的交点布置在垂直于后桥的横向平面内。又如在某些大客车的后悬架上，采用了V形架结构，如图3.9所示，将两根纵向导向臂的铰链点在车架的连接处合并在一起，空气弹簧布置在后轮附近，增加了弹簧中心距，提高了汽车的抗侧倾能力。

图3.6　柔性梁式导向机构

图3.7　混合式导向机构

图3.8　双纵臂式四连杆导向机构

图3.9　V形导向机构

空气悬架导向杆系统的布置方式多种多样，各有利弊，总的原则是要根据整车的整体布置需要来选择。

2. 空气弹簧的布置方式

空气弹簧在悬架系统中的布置对整车性能有极大的影响。在布置允许的情况下，应尽可能把空气弹簧布置在车架以外，以便于加大弹簧的中心距，获得充分大的侧倾角刚度。

1）转向桥空气悬架

转向桥空气悬架的空气弹簧一般与主销的方向保持一致，利于转向的实现，如图3.10所示。因空气弹簧直径一般较大，若偏离主销位置，在车轮转向时易与车轮相碰引起摩擦，一方面缩短了弹簧的寿命，另一方面限制了转向轮的最大转向角。

2）驱动桥空气悬架

驱动桥空气悬架一般要承受更大的力，因此空气弹簧布置在驱动轴的后面，以提高承载能力，如图3.11所示。刚性导向杆可以控制驱动桥的位置，承受驱动和制动作用力及垂直载荷。重型车可以采用串联桥结构。图3.12所示的重型驱动桥空气悬架特别适合于重型载货汽车，尤其是一些专用汽车，如自卸车、搅拌车、垃圾车和救火车等，而且只要安装正确，也可用于大多数拖车。

在纽威、日野、奔驰等大客车的后悬架上，采用了一种变梁结构，如图 3.13 所示，在每个弯梁的端部都安装了与前悬架气囊尺寸相同的两个气囊，这样就可以加大气囊与气囊之间的中心距。

图 3.10　转向桥空气悬架的布置方式

图 3.11　驱动桥空气悬架的布置方式

图 3.12　串联式驱动桥空气悬架

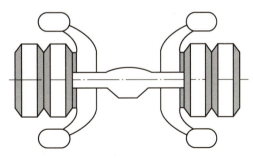

图 3.13　托臂梁式空气悬架

3.1.2 可调阻尼减振器

传统悬架的减振器(即阻尼装置)的阻尼特性一般是固定不变的,因此装备有传统悬架系统的汽车在行驶过程中,其悬架性能也是不变的,这使得汽车的行驶平顺性和乘坐舒适性受到了限制。现代汽车对悬架系统的减振器有更高的要求,希望悬架的阻尼可以根据汽车具体的行驶状况进行动态的调节。可调阻尼减振器便可满足这一需求。下面介绍两种可调阻尼减振器:阻尼连续可调减振器和电磁减振器。

1. 阻尼连续可调减振器

采用电控技术调节阻尼特性的筒式液阻减振器的调节机构通常由传感器、控制装置及执行机构等组成,阻尼既可以分级调节又可以连续调节,通常由电控执行器改变节流阀通流面积,调节减振器的阻尼特性。由传感器采集的信号包括车速、转向盘转角、节气门开度、制动管路压力及纵向加速度等。

这种系统通常在驾驶室内设置驾驶风格选择装置,系统根据驾驶人选择的不同驾驶风格按软、中、硬三级或软、硬两级转换阻尼特性。目前阻尼分级调节的电子控制式减振器使用得较多,其执行器一般采用置于减振器上方的步进电动机,由步进电动机的旋转带动空心活塞杆内部的转子阀旋转,从而改变转子阀节流孔与活塞节流孔的相对位置,进而改变活塞两侧腔室之间的节流面积以实现阻尼特性的转换。对于阻尼分级调节的减振器,转子阀的位置在短时间内改变往往会产生冲击,导致阻尼力出现不连续的问题。电控式液阻型减振器技术发展的理想目标是实现对阻尼的连续调节,目前已有这样的产品推向市场。

图 3.14 所示是德国 ZF 公司下属的 Sachs 公司生产的阻尼连续调节(Continuous Damping Control,CDC)系统。这套减振系统完全摒弃了传统悬架的螺旋弹簧,采用电控方式调节悬架刚度和阻尼。

图 3.14　Sachs 公司的阻尼连续调节系统

如图 3.15 所示,阻尼连续调节系统的核心部件由电控单元(ECU)、CDC 减振器、车身加速度传感器、车轮加速度传感器及 CDC 控制阀组成。其中 CDC 减振器是基于传统的液力减振器制造的,减振器内有油液,分为内、外两个腔室,油液可通过连通两个腔室间的孔隙流动。在车轮颠簸时,减振器内的活塞便会在套筒内上下移动,其腔内的油液便在活塞的往复运动作用下在两个腔室间往返流动。油液分子间的相互摩擦及油液与孔壁之间的摩擦对活塞的运动形成阻尼,将振动能量转化为热能散发到空气中,实现减振作用。

图 3.15　阻尼连续调节系统组成示意图
1—前减振器；2—后减振器；3—电控单元；4—CDC 减振器；
5—车身加速度传感器；6—车轮加速度传感器；7—CDC 控制阀

阻尼连续调节系统通过电控阀来改变两个腔室间连通部分的截面积,在油液流量一定时,截面积的大小与油液的阻尼成反比,这样就改变了油液在腔室间往复运动的阻力,从而实现对减振器阻尼的改变。阻尼连续调节系统不仅可以达到每秒 100 次以上的监测收录并处理路面颠簸,还能在汽车加速、减速、转弯过程中有效控制车身姿态,给驱动轮提供最好的下压力。在控制策略上,阻尼连续调节系统采用一种称为 Skyhook 的控制策略,根据行驶状况为每个车轮提供独立的悬架阻尼控制,尽最大可能保证车身的行驶平顺性,使汽车在行驶时,像是被悬吊在空中滑行一样平稳。

采用电子控制悬架减振器可有效防止汽车加速、换挡和制动时车身的纵倾以及转弯时的侧倾,改善汽车低速行驶时的乘坐舒适性,并保证汽车高速行驶时具有良好的车轮-地面附着性能。除悬架减振器外,某些转向系统减振器也采用了电子控制装置,可适应不同行驶工况的要求,其控制信号一般包括车速和转向盘转角。

2. 电磁减振器

电磁减振器(Electromagnetic Absorber)也常称为磁流变液减振器。电磁减振器是利用电磁反应的一种新型智能化独立悬架系统。它利用多种传感器检测路面状况和各种行驶工况,传输给电子控制器(ECU),控制电磁减振器瞬间做出反应,抑制振动,保持车身稳定,特别是在车速很高,突遇障碍物时更能显出它的优势。

磁流变液(Magnetorheological Fluid, MRF)是一种新型智能材料。它可用于电磁减振器,制成阻尼力连续顺逆可调的新一代高性能、智能化减振装置。该装置结构简洁,功耗极低,控制应力范围大,并可实现对阻尼力的瞬间精确控制,且对杂质不敏感,工作温度范围宽,可在 -50～140℃工作。电磁减振器可以直接通过普通低伏电源(一般的蓄电池)供电,避免高伏电压带来的危险和不便。与传统的汽车减振器相比,其运动部件大为减少,几乎无碰撞,故噪声低。

如图 3.16 所示,在电磁减振器内采用的不是普通油液,而是上面提到的磁流变液,它是由合成碳氢化合物及 3～$10\mu m$ 大小的磁性颗粒组成的。一旦悬架控制单元发出脉冲信号，线圈内便会产生电压，从而形成一个磁场，并改变粒子的排列方式。这些粒子马上会按垂直于压力的方向排列，阻碍油液在活塞通道内流动的效果，从而提高阻尼系数，调整悬架的减振效果。没有加高电压时，处于无磁状态的磁流变液的阻尼系数会相对较低，悬架变得较软。这样便可以根据汽车的实际行驶状况动态地调节悬架的阻尼特性。

图 3.16　电磁减振器的工作原理

3.1.3　主动悬架

　　传统悬架系统的刚度和阻尼是按经验或优化设计的方法确定的。根据这些参数设计的悬架结构，在汽车行驶过程中，其性能是不变的，也是无法进行调节的。也就是说，传统的悬架系统只能保证在一种特定的道路状态和行驶速度下达到最佳性能，从而使汽车行驶平顺性和乘坐舒适性受到了限制。随着高速公路网的发展和路面条件的改善，人们希望汽车不仅有很高的行驶速度，而且还要有很好的行驶平顺性、安全性和乘坐舒适性。因而在 20 世纪 60 年代，国外提出了可根据汽车行驶条件（车辆的运动状态和路面状况及载荷等）的变化，对悬架的刚度和阻尼进行动态的调节，使悬架系统始终处于最佳减振状态的主动悬架系统。

　　主动悬架系统按其是否包含动力源可分为全主动悬架（有源主动悬架）和半主动悬架（无源主动悬架）系统两大类。

1. 全主动悬架

　　悬架的主动控制就是根据汽车在行驶过程中的实际需要，对悬架弹簧的刚度和阻尼进行动态的自适应调节，从而使汽车达到最佳的行驶平顺性和乘坐舒适性。例如，在好路面上汽车正常行驶时，希望悬架刚度软一点，而在坏路面上行驶或起步、制动时，希望悬架刚度硬一点，以减少车身姿态的变化，从而改善汽车的行驶平顺性；低速时希望悬架软一点，高速时又希望悬架硬一点，但是汽车在高速行驶时，为了提高行驶稳定性，又希望悬架变软来降低车身高度；而当车身垂直振动位移过大时，又希望增加悬架系统的刚度和阻尼，从而使悬架变硬。因此主动悬架就是能根据汽车的运动状态和路面状况，适时地调节悬架的刚度和阻尼，使其处于最佳减振状态的悬架。它是在被动悬架系统（弹性元件、减振器、导向装置）中附加一个可控制作用力的装置而成的，通常由执行机构、检测系统、反馈控制系统和能源系统 4 部分组成。

执行机构的作用是执行控制系统的指令，一般为力发生器或转矩发生器（液压缸、气缸、伺服电动机、电磁阀等）。

检测系统的作用是检测系统的各种状态，为控制系统提供依据。检测系统包括各种传感器：车身加速度传感器、车身高度传感器、车速传感器、转向盘转角传感器、节气门位置传感器等。它们检测出汽车行驶的速度、起动、加速度、转向、制动和路面状况、汽车振动状况、车身高度等信号，并输送给电子控制模块。

控制系统的作用是处理数据和发出各种控制指令，其核心部件是电子计算机。

能源系统的作用是为以上各部分提供能量。

目前全主动悬架系统主要有全主动油气悬架、全主动空气悬架和全主动液力悬架 3 种类型，但最常见的是全主动空气悬架。

图 3.17 所示为空气弹簧非独立悬架的结构原理简图，囊式空气弹簧 5 的上下端分别固定在车架和车桥上，由压气机 1 产生的压缩空气经油水分离器 10 和压力调节器 9 进入储气筒 8。压力调节器可使储气筒中的压缩空气保持一定压力。储气罐 6 通过管路与两个空气弹簧相通。储气罐和空气弹簧中的空气压力由车身高度控制阀 3 控制。空气弹簧只承受垂直载荷，因而必须加设导向装置，车轮受到的纵向力和横向力及其力矩由悬架中的纵向推力杆和横向推力杆来传递。

图 3.17 空气弹簧非独立悬架

1—压气机；2、7—空气滤清器；3—高度控制阀；4—控制杆；5—空气弹簧；
6—储气罐；8—储气筒；9—压力调节器；10—油水分离器

尽管空气悬架本身性能优良，而且其性能方便调整，但是如果能根据汽车行驶时的特点随时调整，将会更好地发挥它的优势，计算机的出现为其创造了技术上可行的条件。下面将较详细地介绍电控主动空气悬架。

电控主动空气悬架系统的工作原理如图 3.18 所示。它由悬架控制开关、制动灯开关、节气门位置传感器、车速传感器、车门传感器、转向盘转角传感器、车身高度传感器、悬架 ECU、高度控制电磁阀及空气悬架等装置组成。系统工作时，控制模块根据车身高度、转向盘转角、车速、制动等传感器的信号，经过运算分析后输出控制信号，控制各种电磁阀和步进电动机，以便及时改变悬架的刚度、阻尼系数和车身高度，以适应各种复杂的行驶工况对悬架特性的不同要求，保证汽车行驶过程中的乘坐舒适性和操纵稳定性。

图 3.18 主动式空气悬架系统的工作原理

【主动式空气悬架系统】

电控空气悬架系统中，悬架系统的刚度和阻尼有"NORM"（软）和"SPORT"（硬）两种模式，每种模式下按照刚度与阻尼的大小，依次又有低、中、高 3 种状态。"NORM"和"SPORT"模式可以通过手动开关选择，也有的悬架系统是由控制模块通过计算后决定的。一旦模式选定后，就由悬架 ECU 根据各种传感器的输入信号在低、中、高 3 种状态间自动调节刚度和阻尼系数。

一般汽车减振器在硬阻尼状态下会获得较好的汽车高度控制，在软阻尼状态下会获得更好的乘坐舒适性。此外，在紧急制动、加速、减速、高速行驶和路面崎岖不平时，需要使减振器在硬阻尼状态下工作。

电控空气悬架系统的控制功能主要包括以下 3 方面的控制。

（1）车速与路面感应控制。这种控制主要是随着车速和路面的变化，改变悬架的刚度和阻尼，使之处于低、中、高 3 种状态。车速和路面感应主要有以下 3 种。

① 高速感应。当车速很高时，控制模块输出控制信号，使悬架的刚度和阻尼相应增大，以提高汽车高速行驶时的操纵稳定性。

② 前后车轮关联感应。当汽车前轮在遇到路面单个的突起时，控制模块输出控制信号，相应减小后轮悬架的刚度和阻尼，以减小车身的振动和冲击。

③ 坏路面感应。当汽车进入坏路面行驶时，为了抑制车身产生大的振动，控制模块输出控制信号，相应增大悬架的刚度和阻尼。

（2）车身姿态控制。当车速急剧变化（起步、制动等）及转向时，会造成车身姿态的急剧改变。这种车身姿态的改变既降低了汽车的乘坐舒适性，又造成车身的过度倾斜，容易使汽车失去稳定性，所以应该对其进行控制。车身姿态控制主要包括以下3个方面。

① 转向时车身的倾斜控制。当驾驶人紧急转动转向盘使汽车急转弯时，转向盘转角传感器将转向盘的转角及旋转速度信号输入悬架ECU，悬架ECU经过计算分析向悬架执行元件输出控制信号，增加或减小相应悬架的刚度和阻尼，以抑制车身的倾斜。

② 制动时车身的点头控制。当汽车在紧急制动时（图3.19），车速传感器将车速信号和制动灯开关信号输入悬架ECU，悬架ECU经过计算分析后输出控制信号，增加相应悬架的刚度和阻尼，以抑制车身的点头。

当汽车突然起步或急加速时（图3.20），车速传感器将车速信号和节气门开度信号输入悬架ECU，悬架ECU经过计算分析后输出控制信号，增加相应悬架的刚度和阻尼，以抑制汽车的后坐（抬头）。

图3.19 汽车紧急制动时的点头

图3.20 汽车突然起步或急加速时的后坐

（3）车身高度控制。车身高度控制是在汽车行驶车速和路面变化时，悬架ECU对执行元件输出控制信号，控制调节车身的高度，以确保汽车行驶的稳定性和通过性。

车身高度根据高度控制开关的位置有两种控制模式，即"NORM"和"HIGH"，每一种模式又有低、中、高3种状态。在"NORM"模式时，车身常处于"低"状态；在"HIGH"模式时，车身高度常处于"高"状态。

车身高度控制主要有两个方面。

① 高速感应控制。当车速高于某一设定值（如90km/h或120km/h）时，为了提高汽车的行驶稳定性和减少空气阻力，控制器输出控制信号，降低车身的高度；当车速低于某一设定值（如60km/h）时，汽车恢复原有的高度。

② 连续差路面行驶控制。汽车在连续颠簸不平的路面行驶，车身高度传感器连续2.5s以上输出大幅度的振动信号，如果此时车速在40～90km/h，悬架ECU就会输出控制信号，以提高车身高度，减弱来自路面的突然起伏感，提高汽车的通过性能；但如果此时的车速在90km/h以上，悬架ECU会输出控制信号，降低车身高度，以保证汽车行驶的稳定性。

此外，有些悬架系统当点火开关处在运行位置超过45s时，还会有下列动作：当一个车门打开，制动踏板松开时，悬架 ECU 会输出控制信号提高车身高度，车门关好后，又降低车身高度，这样可以阻止开着的车门碰到人行道凸边或其他物体；制动器工作且一个车门打开时，悬架 ECU 输出控制信号，提高车身高度。

表 3-1 列出了雷克萨斯 LS400 乘用车电控空气悬架系统的控制功能。

表 3-1　雷克萨斯 LS400 乘用车电控空气悬架系统的控制功能

控制项目	功　能
防侧滑控制	使弹簧刚度和减振力变成"坚硬"状态，能抑制侧倾而使汽车的姿势变化减至最小，以改善操纵性
防点头控制	使弹簧刚度和减振力变成"坚硬"状态，能抑制制动时点头而使汽车的姿势变化减至最小
防下挫控制	使弹簧刚度和减振力变成"坚硬"状态，能抑制汽车加速时后部下挫而使汽车的姿势变化减至最小
高车速控制	使弹簧刚度变成"坚硬"状态或使减振力变成"中等"状态，能改善汽车高速时的行驶稳定性和操纵性
不平整路面控制	使弹簧刚度和减振力视需要变成"中等"或"坚硬"状态，以抑制汽车车身在悬架上下垂，从而改善汽车在不平坦路面上行驶时的乘坐舒适性
颠动控制	使弹簧刚度和减振力视需要变成"中等"或"坚硬"状态，抑制汽车在不平坦路面上行驶时的颠动
跳振控制	使弹簧刚度和减振力视需要变成"中等"或"坚硬"状态，能抑制汽车在不平坦路面上行驶时的上下跳振
自动高度控制	不管乘客和行李的质量情况如何，使汽车高度保持某一恒定的高度位置，操作高度控制开关使汽车的目标高度变为"正常"或"高"的状态
高车速控制	当高度控制开关在 HIGH（高）位置时，汽车高度会降低至正常状态，从而改善高速行驶时的稳定性
点火开关 OFF 控制	当点火开关关闭后因乘客和行李质量变化而使汽车高度变为高于目标高度时，能使汽车高度降低至目标高度，从而改善汽车驻车时的姿势

主动液力悬架和主动空气悬架或油气悬架完全不一样的地方是没有弹性介质——气体，执行器（液压缸）中所采用的介质是不可压缩的油液，故其响应的灵敏度较高。当执行器（液压缸）发生作用时，液压缸中的活塞从上、下两侧接受油压，一侧油压上升，另一侧油压下降，从而使活塞产生往复伸缩运动，以适应路面的凸凹，保持车身的平稳。

瑞典的沃尔沃公司在 Volvo740 乘用车上开发了试验性的主动液力悬架系统，如图 3.21 所示。它采用了计算机控制的液压伺服系统，计算机接收并处理传感器测得的汽车操纵系统及车身和车轮的状态信息，不仅能控制液压缸的动作，而且可以根据需要改变悬架的刚度和阻尼，对各车轮进行单独控制，实现需要的任意运动。在不良路面上进行高速行驶试验时，车身非常平稳，轮胎噪声较小，转向和制动时车身能够保持水平。

图3.21　Volvo740乘用车的主动液力悬架系统

1—控制面板；2、13—蓄能器；3—前作动器液压缸；4—液压泵；5—转向角传感器；6—油箱；
7—横摆陀螺仪；8—纵向和侧向加速度传感器；9—后作动器液压缸；10—伺服阀门；
11—轮毂加速度传感器；12—控制计算机

2. 半主动悬架

半主动悬架与主动悬架的区别是，半主动悬架用可控阻尼的减振器取代执行器。因此它不考虑改变悬架的刚度，而只考虑改变悬架阻尼的悬架系统。半主动悬架由无动力源且可控的阻尼元件（减振器）和支持悬架质量的弹性元件（与减振器并联）组成。减振器则通过调节阻尼力来控制所耗散掉的能量的多少。

半主动悬架与主动悬架相比，具有如下优点：结构简单（省去了油泵、蓄能器、油管、滤油器、油罐等）；工作时几乎不消耗车辆的动力；而且制造可控阻尼器没有制造电液伺服的液力执行元件那么复杂，故制造成本低。因而半主动悬架有较好的应用前景。

半主动悬架按阻尼级别又可分成有级式和无级式两种。

（1）有级式半主动悬架。它将悬架系统中的阻尼分成两级、三级或更多级，可由驾驶人选择或根据传感器信号自动进行选择所需要的阻尼级。也就是说，可以根据路面条件（好路或坏路）和汽车的行驶状态（转弯或制动）等，来调节悬架的阻尼级，使悬架适应外界环境的变化，从而可较大幅度地提高汽车的行驶平顺性和操纵稳定性。

（2）无级式半主动悬架。它根据汽车行驶的路面条件和行驶状态，对悬架系统的阻尼在几毫秒内由最小变到最大进行无级调节。

下面以油气悬架为例作介绍。

半主动油气悬架是在普通油气弹簧悬架的基础上，通过增设电子控制系统演变而成的。下面先介绍普通油气弹簧的一般情况，然后介绍半主动油气悬架。

油气弹簧装于汽车上，和其他弹簧一样，可以构成独立悬架或非独立悬架。图3.22所示为某矿用自卸汽车前轮的油气弹簧非独立悬架的示意图。两个油气弹簧1的两端分别固定在前桥上的支架10和纵梁上的支架2上。左、右两侧各有一根下纵向推力杆11，装在前桥6和箱型断面纵梁4之间。一根上纵向推力杆8安装在前桥上的支架9和纵梁4的内侧支架上。上、下两纵向推力杆构成平行四边形，既可传递纵向力，承受制动力引起的反作用力矩,又可保证车轮上下跳动时主销倾角不变,有利于汽车操纵稳定性。一根横向推力杆3装在左侧纵梁与前桥右侧的支架上,传递侧向力。在两纵梁下面装有缓冲块7,以避免在很大的冲击载荷下前桥直接碰撞车架。

图 3.22　某矿用自卸汽车前轮的油气弹簧非独立悬架示意图

1—油气弹簧；2、9、10—支架；3—横向推力杆；4—箱型断面纵梁；5—车轮；
6—前桥；7—缓冲块；8—上纵向推力杆；11—下纵向推力杆

大吨位的自卸汽车采用油气弹簧悬架(简称油气悬架),与钢板弹簧悬架相比有以下特点：油气悬架具有变刚度特性,可保证汽车具有良好的行驶平顺性,特别是工地和矿山用车,其道路条件和装载条件都很恶劣(用大型电铲将矿石从空中往车厢里倾装时,会产生很大的冲击),采用油气悬架后,可显著地缓和冲击,减少颠簸,从而改善驾驶人的劳动条件和提高平均车速；油气弹簧结构紧凑、尺寸小,对整车总布置有利,有的自卸汽车采用了烛式独立前悬架,能使转向轮偏转角达45°,大大减小了汽车的转弯半径；改变缸筒工作腔的油量和气室的充气压力,可得到不同的变刚度特性,从而使油气弹簧的主要部件可以在不同吨位的汽车上通用,尤其在大型工矿用自卸汽车上越来越广泛地获得应用。

同样,如在乘用车上采用油气悬架就可很好地改变车身高度,调平车身。若在一般油气悬架系统再加上电子控制,乘用车性能可获得极大改善。

图 3.23 所示为雪铁龙 XM 乘用车半主动式油气悬架系统的组成与布置示意图。

雪铁龙 XM 乘用车半主动油气悬架是在油气弹簧悬架的基础上增设电子控制系统而开发的。它由电子控制装置(ECU)16、转向盘转角传感器7、制动和加速踏板传感器9、制动压力传感器13、车速传感器14、车身位移传感器17、油气弹簧的刚度调节器和电磁阀等组成。

该系统能提供两种弹簧刚度和两种阻尼力(软和硬),从图 3.23 中可以看到,在前、后轴的中部增加了一个油气室 2(刚度调节器),实际上它也是油气弹簧。在正常行驶时,依据 ECU 的命令,该油气弹簧(油气室 2)和各相应车轴上车轮的油气弹簧相通,这样,油气弹簧中的压缩气体体积增加了50%,悬架的刚度降低。图中的前、后电磁阀 10 和 4 若各自将一个节流孔打开,阻尼力下降,此时悬架就为软设置；反之就变成硬设置。

该电控油气悬架由于无动力消耗,虽然其刚度也能调整但仍属于半主动悬架。

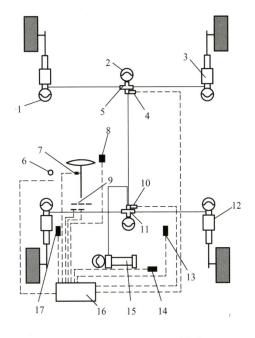

图 3.23　雪铁龙 XM 乘用车半主动式油气悬架系统示意图

1—油气弹簧；2—中间油气室(刚度调节器)；3—后悬架；4—后电磁阀；5—后悬架刚度调节器；
6—指示灯；7—转向盘转角传感器；8—控制开关；9—制动和加速踏板传感器；10—前电磁阀；
11—前悬架刚度调节器；12—前悬架；13—制动压力传感器；14—车速传感器；15—油泵；
16—电子控制装置(ECU)；17—车身位移传感器

3.1.4　多连杆悬架

1. 概述

多连杆悬架是 1982 年梅赛德斯-奔驰公司为 190 系列车首次开发的，如图 3.24 所示。多连杆悬架属于独立悬架的一种，是一种较为先进、复杂、精确的悬架系统。多连杆悬架的连杆比一般悬架要多些，一般可分为多连杆前悬架和多连杆后悬架。其中前悬架一般为三连杆或四连杆式独立悬架；后悬架则一般为四连杆或五连杆式独立悬架，其中又以五连杆式后悬架应用最为广泛。

【多连杆悬挂原理——以福克斯 ST 为例】

图 3.24　梅赛德斯-奔驰 190 系列汽车的多连杆后悬架

多连杆悬架通过各种连杆配置，使车轮绕着与汽车纵轴线成一定角度的轴线内摆动，是横臂式和纵臂式悬架的折中方案。适当地选择摆臂轴线与汽车纵轴线所成的夹角，可不同程度地获得横臂式与纵臂式悬架的优点，能满足不同的使用性能要求。多连杆式悬架能实现双摇臂悬架的所有性能，在双摇臂的基础上通过连杆连接轴的约束作用使得轮胎在上下运动时，前束角也能相应改变，这就意味着弯道适应性更好，当用在前驱车的前悬架，可以在一定程度上缓解转向不足，给人带来精确转向的感觉；当用在后悬架上，能在转向侧倾的作用下改变后轮的前束角，这样后轮可以一定程度地随前轮一同转向，达到舒适操控两不误的目的。

多连杆悬架结构相对复杂，材料成本、研发实验成本及制造成本远高于其他类型的悬架，而且它占用空间大，中小型车出于成本和空间的考虑，极少使用这种悬架。但多连杆悬架的舒适性能是所有悬架中最好的，操控性能也可媲美双叉臂式悬架。中、高档乘用车由于空间充裕且注重舒适性与操控稳定性，所以大多使用多连杆悬架。

2. 多连杆悬架的结构特点

多连杆悬架是指由 3 根或 3 根以上连杆构成，并且能提供多个方向的控制力，使轮胎具有更加可靠的行驶轨迹的悬架结构。由于三连杆结构已不能满足人们对于操控性能的更高追求，只有结构更精确、定位更准确的四连杆式和五连杆式悬架才能称得上是真正的多连杆悬架，因此其结构要比双叉臂悬架和麦弗逊悬架复杂很多。

以应用最为广泛的五连杆悬架为例，多连杆悬架一般包括前置定位臂、后置定位臂、上臂、下臂及主控制臂。图 3.25 所示是本田雅阁乘用车的五连杆后悬架。

图 3.25　本田雅阁乘用车的五连杆后悬架

图 3.26 所示为奥迪 A6 乘用车的前悬架。该悬架为四连杆机构，可以说是双 A 形双横臂独立悬架的改进型。图 3.27 所示为梅赛德斯-奔驰 E 级乘用车的后悬架，该悬架采用五连杆机构。

图 3.26 奥迪 A6 乘用车的前悬架(四连杆机构)
1—导向杆；2—支座；
3—弹簧/减速器总成；
4—上控制臂；5—转向节；
6—车轮轴承/轮毂；7—下支承臂；
8—副车架；9—稳定杆

图 3.27 梅赛德斯-奔驰 E 级乘用车后悬架
(五连杆机构)
1—后桥；2—后差速器；3—稳定杆；
4—上控制臂；5—减振器；
6—定位臂；7—下控制臂；
8—前控制臂；9—制动油管

3. 多连杆悬架的性能特征

以五连杆悬架为例,主控制臂可以起到调整后轮前束的作用,以提高行驶稳定性,有效降低轮胎的偏磨。位于上端的支柱减振器与车身相连,下端的叉臂变成了两根连杆,在性能表现上两连杆与麦弗逊悬架有许多相似之处,优点在于质量轻、减振响应速度快,但缺点也非常明显,在刚度、路面支撑、减振方面都不及真正的多连杆悬架。例如,因车速过快造成车辆失控并冲上隔离带,两连杆式后悬架的刚度就会因此而受到考验,同时因为冲上隔离带致使撞击力过大导致后悬架的两根连杆断裂,于是整个后悬架就有脱落的可能性。

多连杆悬架的工作原理是连杆共同作用的组合效应。与这种优化过的麦弗逊悬架相比,真正的多连杆悬架的构造不仅增加了对车轮上方的控制力,对车轮的前后方也有相应的连杆产生作用力。多连杆悬架的主要作用就像一个锁止机构一样,将车轮牢牢地固定在半轴末端,使车轮行进轨迹移位减小,增强悬架的整体性和可靠性。

五连杆悬架的各连杆分别对各个方向的作用力进行抵消。比如,当车辆进行左转弯时,后车轮的位移方向正好与前转向轮相反,如果位移过大则会使车身失去稳定性,摇摆不定。此时,前、后置定位臂的作用就开始显现,它们主要对后轮的前束角进行约束,使其在可控范围内;相反,由于后轮的前束角被约束在可控范围内,如果后轮外倾角过大则会使车辆的横向稳定性降低,所以在多连杆悬架中增加了对车轮上下进行约束的控制臂,一方面是更好地使车轮定位;另一方面则使悬架的可靠性和刚度进一步提高。

从车辆操控性角度来看,多连杆悬架的吊悬结构能通过前、后置定位臂和上、下控制臂有效控制车轮的外倾角及前束角。例如,当车轮驶过坑洼路面时,首先上、下控制臂开始在可控范围内摆动,及时给予车轮足够的弹跳行程;如果路面继续不平,同时车辆的速度加快，此时前、后置定位臂的作用就是把车轮始终固定在一个行程范围值内，同时液压减振器也会伴随上、下控制臂的摆动吸收振动，而主控制臂的工作就是上下摆动配合上、下控制臂，使车轮保持自由弹跳，令车身始终处于相对平稳的状态。正是因为多连杆悬架具备多根连接杆，并且连杆可对车轮进行多个方向作用力控制，所以在做轮胎定位时可对车轮进行单独调整，并且多连杆悬架有很大的调校空间及改装可能性。

尽管多连杆悬架拥有众多的优点，但这并不意味着它的运用范围就非常广，相反在一些车身紧凑甚至结构特殊的车型上，多连杆悬架尤其是五连杆悬架更是无用武之地，究其原因主要是5根连杆的结构布置会占用不少横向空间，使发动机不便于安置，复杂的悬架结构还会对发动机的维修保养造成不便，所以五连杆式悬架通常只应用于后轮。

多连杆悬架的优势非常明显，这使得它逐步被广泛地应用。对于多连杆悬架来说，完善的结构能使前后轮的主销倾角同时达到最佳位置，当然前提条件是厂方工程师在设计之初，就要有周全的考虑和精密的数据计算。由于多连杆悬架的连杆达到4根甚至5根，所以必须通过车架（通常所说的大梁）连接固定，而车架和车身又为柔性连接。此时，车架的作用就相当于前悬采用的副车架，可使悬架的整体性得到加强。在众多连杆的作用下，可大幅度降低来自路面的冲击，通过前后定位臂的抑制作用，可改善加速或制动时车内乘员仰头和点头动作；结合后轮结构紧凑的螺旋弹簧的拉伸或压缩，还可使车轮的横向偏移量保持在最小值，提高车辆直线和弯道行驶的稳定性。同时，配合阻尼调校到位的减振器，多连杆悬架在车辆上具体表现为转弯时侧倾较小，并且对波形路面的吸振也更加到位。

4. 多连杆悬架的优缺点

多连杆悬架具有如下优点。
（1）可以自由独立地确定主销偏移距，减小因径向载荷引起的干扰力和力矩。
（2）很好地控制了在制动和加速期间车的纵向点头运动。
（3）有利于控制车轮的前束、外倾和轮距宽度的变化，因此具有良好操纵稳定性。
（4）可有效降低轮胎的磨损，延长其使用寿命。
（5）从弹性运动学角度来看，在侧向力和纵向力条件下，前束角的改变及行驶舒适性都能得到精确的控制。
（6）车轮受力点分散，因此连杆可以做得细小，减轻了质量。

多连杆悬架的缺点如下。
（1）由于连杆和衬套增多，导致成本增加。
（2）悬架运动过程中过约束的可能性增加。因此，在车轮垂直和纵向运动过程中衬套必须有必要的变形，对连接衬套的磨损比较敏感。
（3）对于相关的几何体位置和衬套硬度公差要求较高。

总的来说，多连杆悬架不仅可以保证有一定的舒适性（因为它是完全独立式悬架），而且由于连杆较多，可以允许车轮与地面尽最大可能保持垂直、减小车身倾斜、维持轮胎的贴地性，因此装备多连杆悬架的汽车，操控性一般都很好。可以说，从理论上讲，多连杆悬架是目前解决舒适性和操控性矛盾的最佳方案。

3.2 转向系统新技术

3.2.1 可变转向比转向系统

一般来说，转向器必须具有如下品质：在汽车直线行驶时没有晃动；低摩擦，从而具有高效率；高刚性；可调整性。目前，只有两种类型的转向器能达到上述要求，即齿轮齿条式转向器和循环球式转向器。普通车辆的转向系统中一般采用这两种转向器。一般乘用车的转向传动比固定在16∶1～18∶1，也就是说如果要让转向轮转动1°，不论行驶车速如何，转向盘都需要转动16°～18°。而实际情况往往是：在低车速下，驾驶人需要通过将转向盘转动一个相对较小的角度，使转向轮转动一个较大的角度，以提高转向的效率；而在高车速下，即使转向盘转动角度相对较大，转向轮也不会产生大角度转向，以保证转向的稳定性和行车安全性。可变齿比转向系统正是应这一需求而产生的。

由于目前尚无明确的分类，这里将它们简单地分为机械式和电子式。

1. 机械式可变转向比转向系统

机械式可变转向比转向系统对传统的齿轮齿条转向器进行了改进，得到了可变齿比转向（VGRS）机构。

它通过特殊工艺加工出齿距间隙不相等的齿条（图3.28），这样转向盘在转向时，齿轮与齿距不相等的齿条啮合，转向比就会发生变化。齿条中间位置的齿距较细密，因此在转动转向盘时，齿条在这一范围内的位移较小，在小幅度转向时（如变线、方向轻微调整时），车辆会显得沉稳。齿条两侧远端的齿距较稀疏，在这个范围内转动转向盘，齿条的相对位移会变大，所以在大幅度转向（如泊车、掉头等）时，车轮会变得更加灵活。

图3.28 机械式可变齿比转向机构

这种技术对齿条的机械加工工艺要求比较严格，并未涉及电子方面的技术，故将其归为机械式可变转向比转向机构。该转向机构的缺点在于齿比变化范围有限，并且不能灵活变化。但它的优势也很明显，由于完全是机械结构，因此可靠性较高，耐用性好，结构也非常简单。这就是所谓的可变齿比转向技术。通过这种改进，实现了车辆在转向操作时，转向比可变。

本田公司在1997年首次将可变齿比转向技术应用到汽车上。奔驰的直接转向系统也可归为可变齿比转向系统。

2. 电子式可变转向比转向系统

电子式可变转向比转向系统的典型代表是宝马汽车的前轮主动转向（Active Front Steering，AFS）系统，下面主要以该系统为例介绍电子式可变转向比转向系统，其他汽车公司的可变转向比技术只简单提及。

前轮主动转向系统的主要功能包括两方面：一是根据汽车行驶状况实时调节转向器的等效传动比，从而为驾驶人提供最适宜的转向灵敏度；二是在底盘一体化控制中，通过使前轮主动转向产生使汽车行驶稳定的力矩。这里仅介绍主动转向系统结构及改变转向传动比的原理。

根据反映汽车行驶状况的信号对转向传动比进行控制，一般将控制转向器转动的输入自由度由一个（转向盘转角）增加到两个（转向盘转角和电动机的转角），通过叠加机构输出理想的转角。图3.29所示为通过电动机驱动角度叠加机构的AFS系统示意图。该系统中，转向齿轮的转角等于转向盘转角与角度叠加机构产生的转角（与转向盘转角同向或反向）之和。

图 3.29　AFS 系统示意图

图3.30和图3.31所示分别为德国ZF公司的主动转向系统示意图和透视图。该系统是在电控液压助力转向系统的基础上增加电动机5、蜗轮蜗杆机构、双排行星齿轮机构、

图 3.30　德国 ZF 公司的 AFS 系统示意图

1—转向控制阀；2—电磁锁止装置；3—行星架；4—蜗杆；5—电动机；6—角度传感器；
7—齿条；8—转向齿轮；9—蜗轮；10—行星齿轮；11—上太阳轮

电磁锁止装置2及电控单元(图中未绘出)等组成的。作为角度叠加装置的双排行星齿轮机构，有两个输入和一个输出。两个输入分别为上太阳轮11(与转向传动轴相连)及电动机驱动的蜗轮9(与行星架3固连)。作为输出件的下太阳轮则固定在转向齿轮8的上端。当电动机不工作时，转向盘转角通过转向操纵机构、转向控制阀传给上太阳轮，再通过上、下行星轮传给下太阳轮(即转向齿轮)，从而使车轮偏转；当电动机工作时，电动机的转角通过蜗轮蜗杆传给行星架，再通过行星齿轮轴、下行星轮传给下太阳轮，使转向齿轮在转向盘转动引起的转角基础上叠加一个电动机转动所引起的转角。电动机转动方向不同，叠加转角的方向可能与转向盘转角同向或反向，使转向齿轮的转角增大或减小，从而改变了转向器的等效传动比。当AFS系统出现故障时，电控单元使电动机停止转动，同时电磁锁止装置2将蜗杆4锁死，使角度叠加机构不起作用。

图3.31　德国ZF公司AFS系统透视图

通过上述机构的协同作用，AFS系统的转向传动比可在10∶1～18∶1连续调节。

雷克萨斯的诸多车型所使用的可变转向比转向系统也是依靠行星齿轮结构对转向盘的转向动作进行放大或缩小的，原理与宝马的AFS系统一致，只是在电动机的布置位置和结构的设计上有所差异。在这里只简单介绍其转向效果，对其结构不进行详尽介绍。

如图3.32所示，在汽车前轮转角相同的情况下，高车速时，需要将转向盘转动一个较大的角度，而在低车速下，只需将转向盘转动一个小角度。这样就保证了汽车在高速行驶时转向精准、平稳，而在低速行驶时转向迅速、高效，实现了在不同行驶状况下的可变转向比转向。

奥迪汽车的可变转向比系统与宝马和雷克萨斯的都不相同。奥迪动态转向系统(Audi Dynamic Steering，ADS)的核心部件是一套以谐波齿轮传动机构为核心的电控系统。它利用柔轮、刚轮和波发生器的相对运动，特别是柔轮的可控弹性变形(形状改变)来实现运动和动力传递，从而实现转向比在一定范围内的连续变化。图3.33所示为奥迪汽车的动态转向系统。

图 3.32　雷克萨斯汽车的可变转向比转向

图 3.33　奥迪汽车的动态转向系统

3.2.2　电动助力转向

【详解液压助力和电子助力转向系统】

随着电控技术在发动机、变速器、制动器和悬架等汽车系统中的广泛应用，现代汽车正逐步以电动助力转向（Electric Power Steering，EPS）系统取代传统液压助力转向系统，电动助力转向已成为世界汽车新技术发展的研究热点。

EPS 技术用电动机直接提供助力，助力大小由电控单元（ECU）控制。它能节约燃料，提高主动安全性，且有利于环保，是一项紧扣现代汽车发展主题的高新技术，所以一出现就受到广泛重视。近年来，随着电子技术的发展，大幅度降低 EPS 系统的成本已成为可能，加上 EPS 系统具有的其他一系列优点，使得它越来越受到人们的青睐。

1. 概述

EPS 系统是一种直接依靠电动机提供辅助转矩的动力转向系统，是为了满足人们对驾驶轻便性的要求而产生的。它可以根据不同的使用工况控制电动机提供不同的辅助动力，这也符合当前电控技术与汽车技术相结合的趋势。

EPS 系统主要包括机械式转向器、转矩传感器、减速机构、离合器、电动机、电子控制单元（ECU）和车速传感器等。图 3.35 所示为 EPS 系统的示意图。转矩传感器 1 通过扭杆连接在转向轴 2 中间。当转向轴转动时，转矩传感器开始工作，把两段转向轴在扭杆作

图 3.34　德国 ZF 公司的 Servolectric 电动助力转向器

用下产生的相对转角转变成电信号传给电子控制单元（ECU）7，ECU 根据车速传感器和转矩传感器的信号决定电动机 6 的旋转方向和助力电流的大小，并将指令传递给电动机，通过离合器 5 和减速机构 3 将辅助动力施加到转向系统（转向轴）中，从而完成实时控制的助力转向。EPS 系统可以方便地实现在不同车速下提供不同的助力效果，保证汽车在低速转向行驶时轻便灵活，高速转向行驶时稳定可靠。因此，EPS 系统助力特性的设置具有较高的自由度。

图 3.35　EPS 系统示意图

1—转矩传感器；2—转向轴；3—减速机构；4—齿轮齿条式转向器；
5—离合器；6—电动机；7—电子控制单元（ECU）

EPS 系统与传统的液压助力转向系统相比较，具有以下优点。

（1）节省空间。因为电动机和减速机构集成在转向柱或者转向器壳体中，此外也省略了液压泵和辅助管路。

（2）质量小。因为仅仅是在机械转向系统的基础上增加了一套电动机和减速机构。

（3）节省动力。因为设计的控制电路使电动机只在需要时才工作，而省去了不断工作的液压泵。

(4) 因为部件更少且不需要充入液体或滤清空气，所以更加容易集成。

但是，由于使用了电动机和减速机构等部件，增加了系统的成本；另外，减速机构、电动机等部件产生的摩擦力和惯性力可能会影响转向特性(如产生过多转向)，或者改变了转向盘的自动回正作用及它的阻尼特性等。因此，正确匹配整车性能至关重要。

由此可见，EPS系统尤其适合使用在对空间、重量要求更高的使用小排量发动机的微型车上。

2. EPS系统的类型

根据电动机布置位置不同，EPS系统可以分为以下3种类型：转向轴助力式、齿轮助力式和齿条助力式，如图3.36所示。

(a) 转向轴助力式　　(b) 齿轮助力式　　(c) 齿条助力式

图3.36　EPS系统的类型

转向轴助力式EPS系统的电动机固定在转向轴一侧，并装有一个电磁控制的离合器，通过减速机构与转向轴相连，直接驱动转向轴助力转向。例如，Alto乘用车就采用了这种类型和布置方式，其控制单元安装在驾驶人座椅下。

齿轮助力式EPS系统的电动机和减速机构与小齿轮相连，直接驱动齿轮助力转向。例如，在Minica微型汽车上，转速传感器、电动机和减速机构及离合器集成在一起，电动机直接通过减速机构驱动齿轮轴进行助力。它的控制单元安装在前排乘客一侧。

齿条助力式EPS系统的电动机和减速机构则直接驱动齿条提供助力。例如，在Mira微型汽车中，转矩传感器单独安装在转向小齿轮附近，而电动机和减速机构集成在一起安装在小齿轮另一面的齿条上，电动机的动力直接作用到齿条上。控制单元安装在乘员一侧仪表板的后面。

EPS系统是根据车速进行控制的，随着车速的提高所提供的辅助转向力就逐渐减小。根据提供辅助转向力的车速范围不同，EPS系统可以分为全速助力型和低速助力型。Mira汽车在所有的车速范围内都提供转向助力，而Alto和Minica汽车则只在低速范围内提供助力。Alto和Minica汽车的助力车速上限分别是45km/h和30km/h。

低速助力型系统的成本较低，但在不同车速下，即有助力和没有助力的情况下转向路感会不同。尤其是处于辅助动力系统开始起作用的车速附近时，对转向手感会有显著的影响。

3. EPS系统的主要部件

1) 转矩传感器

转矩传感器的作用是测量驾驶人作用在转向盘上力矩的大小与方向，有的转矩传感器还能够测量转向盘转角的大小和方向。转矩测量系统比较复杂且成本较高,所以精确、可靠、低成本的转矩传感器是决定 EPS 系统能否占领市场的关键因素之一。

转矩传感器有接触式与非接触式两种。图 3.37 所示为一种接触式转矩传感器,它在转向轴 1 与转向小齿轮 5 之间安装了一个扭杆 2。当转向系统工作时,利用滑环 6 和电位计 4 测量扭杆的变形量并转换为电压信号,通过信号输出端 3 将信号输出并转换得到所产生的转矩。

图 3.37　接触式转矩传感器

1—转向轴；2—扭杆；3—信号输出端；
4—电位计；5—转向小齿轮；6—滑环

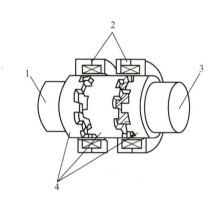

图 3.38　非接触式转矩传感器

1—输入轴；2—线圈；3—输出轴；4—磁极环

图 3.38 所示非接触式转矩传感器中有两对磁极环 4,当输入轴 1 与输出轴 3 之间发生相对转动时,磁极环之间的空气间隙发生变化,从而引起电磁感应系数的变化,在线圈 2 中产生感应电压,并将电压信号转换为转矩信号。非接触式转矩传感器的优点是体积小、精度高,缺点是成本较高。

汽车的行驶速度也是 EPS 系统的控制信号,它是由车速传感器来测量的。

2) 电动机

电动机是 EPS 系统的动力源,其功能是根据电子控制单元的指令输出适当的辅助转矩。目前采用较多的是永磁式直流电动机,分为有刷式和无刷式两种。电动机对 EPS 系统的性能有很大影响,所以 EPS 系统对电动机有很高的要求,不仅要求转矩大、转矩波动小、转动惯量小、尺寸小、质量轻,而且要求可靠性高、易控制。为此,设计时常针对 EPS 系统的特点,对电动机的结构做一些特殊的处理,如沿转子的表面开出斜槽或螺旋槽,定子磁铁设计成不等厚等。

3) 减速机构

EPS 系统的减速机构与电动机相连,起降速增矩作用。常采用蜗轮蜗杆机构、滚珠螺杆螺母机构和行星齿轮机构等。蜗轮蜗杆减速系统一般应用在转向轴助力式 EPS 系统上,而行星齿轮式减速机构则应用在齿条助力式 EPS 系统和齿轮助力式 EPS 系统上。

图 3.39 所示的蜗轮蜗杆减速机构中,蜗杆 5 与电动机 3 的输出轴相连,通过蜗轮 6 和蜗杆的啮合传动将电动机的转矩作用到转向轴 1 上,以实现转向助力。

低速助力型 EPS 系统还采用了离合器,如图 3.39 所示。它装在减速机构与电动机之

图 3.39 蜗轮蜗杆减速机构

1—转向轴；2—扭杆；3—电动机；4—离合器；5—蜗杆；6—蜗轮

间，其作用是保证 EPS 系统只在设定的行驶车速范围内起作用。当车速达到界限值时，离合器分离，电动机停止工作，转向系统成为手动转向系统。此时，系统不再受电动机部件惯性力的影响。另外，当电动机发生故障时，离合器将自动分离。

4）电子控制单元

ECU 的功能是根据转矩传感器和车速传感器传来的信号，进行逻辑分析与计算后发出指令，然后由 ECU 控制电动机和离合器的动作。EPS 系统控制原理框图如图 3.40 所示。

图 3.40 EPS 系统控制原理图

1—警示灯；2—蓄电池；3—车速传感器；4—转矩传感器；5—转速传感器；
6—接口电路；7—微处理器；8—监测电路；9—电控单元；10—驱动电路；
11—继电器；12—功率放大器；13—电动机；14—场效应管桥式电路；
15—转矩校验电路；16—稳压电路

此外，ECU 还有安全保护和自我诊断功能。通过采集电动机的电流、发电机电压、发动机工况等信号，判断系统工作状况是否正常。一旦系统工作异常，将自动取消助力作用，同时还将进行故障诊断分析。ECU 通常是一个 8 位单片机系统，也有采用数字信号处理器（Digital Signal Processing，DSP）作为控制单元的。控制系统与控制算法也是 EPS

系统的关键之一。控制系统应有很强的抗干扰能力,以适应汽车多变的行驶环境。控制算法应快速、正确,满足实时控制的要求,并能有效地实现理想的助力规律与特性。

目前 EPS 系统主要应用在微型车上,其低速转向操纵力在泊车过程中显著降低,这一优点已经得到用户的广泛认可。在 EPS 系统未来的发展中,一方面要提高控制性能、改善转向路感,以适应中、高级乘用车的需求;另一方面要在降低成本、提高可靠性和耐久性方面进行研究,并充分发挥 EPS 系统的优点,使它适用于更广泛的车型。

4. EPS 系统今后的发展

当前 EPS 系统已在轻型乘用车上得到应用,其性能已得到人们的普遍认可。随着直流电动机性能的改进,EPS 系统助力能力的提高,其应用范围将进一步拓宽,现在 3L 级的运动型跑车上也安装了 EPS 系统。EPS 代表未来动力转向技术的发展方向,将作为标准件装备到汽车上,并将在动力转向领域占据主导地位。特别是低排放汽车、混合动力汽车、燃料电池汽车、电动汽车将构成未来汽车发展的主体,这给 EPS 系统带来了更加广阔的应用前景。

尽管 EPS 系统已达到了其最初的设计目的,但仍然存在一些问题需要解决。其中,进一步改善电动机的性能是关键问题。这是因为电动机的性能是影响控制系统性能的主要因素,电动机本身的性能及其与电动助力转向系统的匹配都将影响到转向操纵力、转向路感等问题。概括地说,电动助力转向技术的发展方向主要为改进控制系统性能和降低控制系统的制造成本。只有进一步改进控制系统性能,才能满足更高档乘用车的使用要求。另外,EPS 系统的控制信号将不再仅仅依靠车速与转矩,而是根据转向角、转向速度、横向加速度、前轴重力等多种信号,进行与汽车特性相吻合的综合控制,以获得更好的转向路感。未来的 EPS 系统将朝着电子四轮转向的方向发展,并与电子悬架统一协调控制。

目前国外各大汽车公司都在研制 EPS 系统,已完成批量生产 EPS 系统的技术储备。人们已普遍认识到 EPS 系统的优越性,所以现在 EPS 系统的市场增长很快。

3.2.3 线控转向

1. 线控技术

线控技术发迹于航空航天领域。近几年来,线控技术开始在高级乘用车、赛车及概念车上得到应用,为自动驾驶提供了良好的平台。目前应用在汽车上的线控系统包括线控换挡系统、线控制动系统、线控悬架系统、线控加速踏板系统及线控转向系统。目前线控技术在汽车上的应用主要集中在工业车辆上,在普通乘用车上的应用还很少,可以预计,将来随着线控技术的成熟和成本的降低,线控技术将会越来越多地应用于普通车辆。下面简要介绍线控转向技术。

【英菲尼迪 Q50 详解线控主动转向系统】

2. 线控转向技术的发展概况

德国奔驰公司在 1990 年开始了前轮线控转向的研究,并将它开发的线控转向系统应用于概念车 F400 Carving 上。日本 Koyo 也开发了线控转向系统,但为了保证系统的安全,仍然保留了转向盘与转向轮之间的机械部分,即通过离合器连接,当线控转向失效时通过离合器接合转为机械转向。宝马汽车公司的概念车 BMW Z22 应用了线控转向技术,转向盘的转动范围减小到 160°,使紧急转向时驾驶人的忙碌程度得到了很大降低。意大利 Bertone 设计开发的概念车 FILO、雪铁龙越野车 C-Crosser、Daimler-Chrysler 概念车

R129，都采用了线控转向系统。2003年日本本田公司在纽约国际车展上推出了Lexus - HPX概念车，该车也采用了线控转向系统，在仪表板上集成了各种控制功能，实现车辆的自动控制。不久的将来，机械系统将由电缆与电子信号取代。

3. 线控转向系统的结构及特点

线控转向系统的最大特点是转向盘与转向轮之间没有机械连接，如图3.41所示。系统主要由转向盘转角传感器3、反馈电动机4、转向执行机构5、转向齿轮转角传感器6和转向助力单元7等组成。反馈电动机与传动带共同作用，为驾驶人提供合适的路感，转向执行机构和转向助力单元的作用是使转向轮产生偏转，达到转向的目的。

图3.41 线控转向系统简图
1—转向盘；2—传动带；3—转向盘转角传感器；4—反馈电动机；
5—转向执行机构；6—转向齿轮转角传感器；7—转向助力单元

汽车线控转向系统主要是由转向盘模块、前轮转向模块、主控制器(ECU)及自动防故障系统组成的。

（1）转向盘模块。转向盘模块包括转向盘组件、转向盘转角传感器、力矩传感器、转向盘回正力矩电动机。其主要功能是将驾驶人的转向意图（通过测量转向盘转角）转换为数字信号并传递给主控制器，同时主控制器向转向盘回正力矩电动机发送控制信号，产生转向盘回正力矩，以提供给驾驶人相应的路感信息。

（2）前轮转向模块。前轮转向模块包括前轮转角传感器、转向执行电动机、电动机控制器和前轮转向组件等。其功能是将测得的前轮转角信号反馈给主控制器，并接收主控制器的命令，控制转向盘完成所要求的前轮转角，实现驾驶人的转向意图。

（3）主控制器。主控制器对采集的信号进行分析处理，判别汽车的运动状态，向转向盘回正力矩电动机和转向电动机发送命令，控制两个电动机协调工作。主控制器还可以对驾驶人的操作指令进行识别，判定在当前状态下驾驶人的转向操作是否合理。当汽车处于非稳定状态或驾驶人发出错误指令时，前轮线控转向系统将自动进行稳定控制或将驾驶人错误的转向操作屏蔽，以合理的方式自动驾驶车辆，使汽车尽快恢复到稳定状态。

（4）自动防故障系统。自动防故障系统是线控转向系统的重要模块，包括一系列的监控和实施算法，针对不同的故障形式和故障等级做出相应的处理，以求最大限度地保持汽车的正常行驶。线控转向技术采用严密的故障检测和处理逻辑,以最大限度地提高汽车安全性能。

由于线控转向系统中的转向盘和转向轮之间没有机械连接,是断开的,通过总线传输必要的信息,故线控转向系统也称作柔性转向系统。线控转向系统具有如下性能特点。

(1) 没有转向传动轴从发动机舱中穿过,发动机及其附件布置自由度较大。

(2) 转向盘与前轮间无机械连接,路面对车轮的冲击不会传到转向盘上。

(3) 汽车发生正面碰撞时,可以避免转向管柱挤撞驾驶人。

(4) 可以根据驾驶人的喜好,通过软件改变操纵路感。

(5) 可以方便地与汽车上的其他电子控制装置集成,对整车进行自动控制。

但是,由于线控系统价格较贵,而且全电子系统的可靠性不如机械或液压系统,因此要达到实用化程度,还需要经历一个艰难的历程。

4. 线控转向系统的前景展望

汽车线控转向系统的设计以减轻驾驶人的体力和脑力劳动,提高整车主动安全性为根本出发点,使汽车性能适合于更多非职业驾驶人的要求,对广大消费者有着巨大的吸引力。下面从几方面来说明其前景。

从生产成本来看,随着电子芯片和电子元器件成本的降低,而处理能力和可靠性却大大提高,这将使得线控转向系统的成本在不久的将来达到消费者可接受的水平。

再从其实现的条件看,预计42V电源将会得到快速发展,各种传感器精度将会有所提高、成本会有所降低,以及模拟路感的电动机振动控制技术将会更加成熟,这些为其在汽车上的应用创造了条件。

另外,从现代汽车的发展趋势来看,未来汽车的主体是低排放汽车(LEV)、混合动力汽车(HEV)、燃料电池汽车(FCEV)、纯电动汽车(EV)四大电动汽车,辅助驾驶系统和无人驾驶是现在新兴的热门研究领域,实现车辆智能转向的最佳方案就是采用线控转向系统,因而线控转向系统的研制开发也为自动驾驶车辆的开发提供了良好的科研平台,其自身也具有良好的应用前景。线控转向系统由汽车产业向工程车辆转移,是工程车辆发展的必然趋势,虽然国内外生产厂商刚开始注意这个问题,但我们相信线控转向系统以其特有的优势,必然会在工程车辆中得到广泛的应用。

综上所述,汽车线控转向技术要求获得最佳的汽车转向性能,提高汽车的操纵性、稳定性和安全性,使汽车具有一定的智能化。汽车线控转向技术的发展代表未来汽车转向技术的发展方向,并将在汽车转向领域中占据主导地位。我国的线控转向技术研究还是空白,无法与国外相比。从我国现有条件出发,对该系统进行深入、细致的研究,对于拓展电气传动技术的应用、加快国产汽车的电子化发展及提供未来智能汽车驾驶技术的支持,都将有深远的意义。

3.2.4 四轮转向技术

1. 概述

除了传统两前轮转向外,两后轮也是转向轮的汽车,称为四轮转向(Four Wheel Steering,4WS)汽车。汽车的四轮转向系统在20世纪80年代中期开始发展。与传统的两轮转向汽车相比,四轮转向汽车具有以下优点:提高了汽车在高速行驶时和在滑溜路面上的转向性能;驾驶人操纵转向盘反应灵敏,动作准

【奥迪全新四轮转向系统】

确；在不良路面和侧风等条件下，汽车也具有较好的方向稳定性，提高了高速下的直线行驶稳定性；提高了汽车高速转弯的行驶稳定性，不但便于转向操纵，而且在进行急转弯时，也能保持汽车的行驶稳定性；通过使后轮转向与前轮转向相反，减小了低速行驶时的转弯半径，不但便于在狭窄路面上进行U形转弯，而且在驶入车库等情况下便于驾驶。

对于四轮转向汽车，主要控制后轮的转向角。当后轮与前轮的转向相同时称同相位转向，当后轮与前轮的转向相反时称为逆相位转向，如图3.42所示。

(a) 同相位转向　　　　(b) 逆相位转向

图3.42　4WS汽车后轮的两种转向方式

2. 四轮转向系统的分类

四轮转向系统可按后轮的偏转角与前轮偏转角或车速之间的关系分为转角传感型与车速传感型两种。

（1）转角传感型。后轮的偏转角与前轮的偏转角之间存在某种函数关系，即后轮可以按与前轮旋转方向相同的方向旋转，即同相位偏转；也可以按与前轮旋转方向相反的方向旋转，即反相位偏转。此外前后轮转角值之间也有一定关系。

（2）车速传感型。根据设计程序，当车速达到某一预定值（通常为35～40km/h）时，后轮能与前轮同方向偏转，而当低于这一预定值时，则反方向偏转。

按照四轮转向系统的控制种类，四轮转向系统又可分为以下5类。

（1）机械控制式。

（2）机械＋电子控制式。

（3）电子控制液压工作式。

（4）液压控制液压工作式。

（5）电子控制电动工作式。

3. 四轮转向系统的工作原理

不同的四轮转向系统工作原理也不相同。这里仅以本田公司四轮转向机构为例介绍四轮转向系统的工作原理。

日本本田四轮转向机构属于机械控制式四轮转向机构。本田公司从1987年即已开始生产由机械系统操纵的四轮转向 Prelude 乘用车，如图 3.43 所示。此车前轮采用的是液压助力的齿轮齿条式转向器。该转向器附带一套辅助齿轮，其功能是将齿条的轴向移动转变为辅助齿轮的转动。同时，辅助齿轮用一根埋设在车厢地板之下的长轴与后轮转向机构的输入轴即偏心轴相连。

图 3.43　本田 Prelude 乘用车的四轮转向系统

如图 3.44 所示，当偏心轴旋转时，与偏心轴相连但不同轴的曲柄 1 带动行星齿轮绕固定的齿圈做自转和公转，与此同时行星齿轮带动曲柄 2 运动，从而通过滑块和滑块导向器驱动输出杆轴向运动，使后轮偏转。这种机构可保证在高速行驶而转向盘转角较小时使后轮与前轮一起在同一方向做有限的偏转；而当低速行驶而转向盘转角较大，如急转弯时，可使前、后轮做相反方向偏转。只要适当选择行星齿轮系的传动比和两个曲柄的偏心距就可实现上述功能，而关键在于行星齿轮上曲柄 2 的运动轨迹。曲柄 2 运动轨迹的形状由偏心轴上的曲柄 1 至偏心轴的轴线的距离与行星齿轮上的曲柄 2 至行星齿轮轴线的距离及行星齿轮系的传动比共同决定。

图 3.44　本田公司的机械控制式四轮转向机构
1—偏心轴；2—齿圈（固定的）；3—滑块；4—滑块导向器；
5—输出杆；6—壳体；7—行星齿轮（偏心齿轮）；
8—曲柄 1；9—曲柄 2

本田公司的四轮转向系统属于转角传感型，其后轮的偏转情况与车速无关，而只与转向盘转角有一定关系。

当转向盘的转角为120°左右时，后轮与前轮转向一致，但其角度不如前轮大；继续转动转向盘，后轮偏转角逐渐恢复直线行驶；当转向盘转角为240°左右时，后轮与汽车前进方向一致；当转向盘转角大于240°时，后轮转向与前轮相反，如图3.45所示。

图 3.45　转向盘转角与车轮转角的关系

这样设计的理由是汽车在高速行驶时，转向角是很小的，后轮向同样方向转动角度就更小了。转向角度较大时，一般车速较低，后轮可不动；而当转向盘转角很大时，后轮转向与前轮反向，这样缩短了转弯半径，适合于停车场地泊车。

4. 四轮转向系统的不足

尽管四轮转向能提高车辆高速稳定性和在停车场进出的灵活性，但目前仍有人对四轮转向提出异议，其理由如下。

（1）现在的前轮转向是非常完善的，可以充分地满足汽车行驶需要，四轮转向并不能使汽车转向性能有明显改善。

（2）四轮转向与两轮转向在性能上仅有极微小的差别，但四轮转向成本高，并把汽车设计得很复杂。

（3）如何组合汽车的平移和转动这两种运动，使得汽车每一瞬时都处于最佳转向行驶状态，这无论在理论上还是在实用性技术上目前还没达到成熟的地步。

（4）如果能把同样的研制费用用于提高汽车轮胎性能和改善悬架设计上，很可能在操纵性良好的两轮转向汽车上收到更好的效果。

3.3 制动系统新技术

3.3.1 制动盘新技术

1. 陶瓷制动盘

陶瓷具有质地坚硬、耐磨性好及抗高温等优点,因此由陶瓷制成的产品在汽车上不断得到应用。利用陶瓷在高温下具有良好的刚度和形状变化很小的特性,陶瓷被制成了制动盘、三元催化器、涡轮增压器的涡轮和泵轮、轴承、发动机活塞及气门等部件。图3.46所示为安装在梅赛德斯-奔驰AMG乘用车上的陶瓷制动盘。

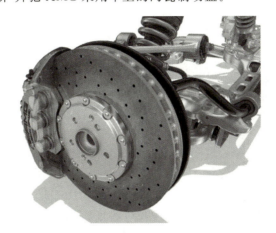

图3.46 梅赛德斯-奔驰AMG乘用车陶瓷制动盘

事实上,采用铸铁材料制造制动盘相对更容易一些,只需要经过铸造过程和简单的机械加工就可以完成,而用陶瓷制造制动盘的过程则要复杂得多。首先,需要将碳纤维和合成树脂及其他液态聚合物混合在一起,再注入模具中压缩,冷却烘干后成为坚硬的制动盘毛坯。将毛坯放入充满氮气的高温分解炉中加热至1000℃,直到碳聚合物完全转化成碳元素,这样就制成了碳纤维制动盘。最后一步是将碳纤维制动盘置于硅化炉中,加热到1500℃,使制动盘的表面吸收液态硅,冷却后制动盘的表面就形成了硅碳化合物,也就是通常所说的陶瓷材料,这种材料的硬度几乎和金刚石一样。同时,这种陶瓷制动盘内部的碳纤维材料可以使制动盘具有很好的刚度。

陶瓷制动盘克服了碳纤维制动盘的缺点,它在低温时也具有很好的制动效果,能承受1400℃的高温而不变形、不产生裂缝、不抖动。陶瓷制动盘与铸铁制动盘相比具有更明显的优势。

(1) 陶瓷制动盘比铸铁制动盘的质量降低了50%左右,减轻了簧下质量。例如,安装在保时捷911 Turbo跑车上的陶瓷制动盘的直径比传统制动盘直径大2cm,但4个车轮的制动器总质量却减少了16kg。

(2) 陶瓷制动盘的摩擦系数比铸铁制动盘高25%左右,大大提高了制动效率。

(3) 铸铁制动盘在连续高速制动后会因为温度过高而变形,制动盘表面会形成波纹,导致制动时车轮发生抖动，降低制动效率。在高温下，陶瓷制动盘的摩擦系数和刚度几乎不会发生变化，所以陶瓷制动盘不会出现上述问题。

（4）由于陶瓷制动盘的表面硬度很高，因此它在制动时的磨损很小。测试结果表明，陶瓷制动盘的使用寿命能够超过 30 万 km，是钢制制动盘平均寿命的 4 倍。

尽管陶瓷制动盘能够承受很高的温度，但制动系统中的其他部件，如车轮转速传感器等却不具备抗高温的能力，因此很多陶瓷制动盘上开有贯通的通风孔，在制动盘内部也铸有冷却管，在制动盘和制动器活塞之间还有一层起隔温作用的特制陶瓷护板。

目前，陶瓷制动盘的价格仍然很高，因为制造所需的时间很长。强化的碳纤维制动盘已经出现，这种制动盘的制动性能能够与陶瓷制动盘相媲美，而且其制造周期更短，所以其经济性更好。

2. 碳纤维制动盘

碳纤维材料具有质量小、强度高、耐高温等优点，由于这些原因，它作为一种轻量化材料被广泛用于高档汽车的车身材料上。近年来，由碳纤维材料制成的碳纤维制动盘也在一些汽车上开始使用。与传统的制动盘相比，碳纤维制动盘性能更加稳定，质量更小，更能耐受制动时产生的高温。

图 3.47　高性能摩托车上的碳纤维制动盘

碳纤维制动盘广泛用于竞赛用汽车和高性能摩托车上（图 3.47），如 F1 赛车。碳纤维制动盘能够在 50m 的距离内将汽车的速度从 300km/h 降低到 50km/h，此时制动盘的温度会升高到 900℃ 以上，制动盘会因为吸收大量的热能而变红。碳纤维制动盘能够承受 2500℃ 的高温，而且具有非常优秀的制动稳定性。

虽然碳纤维制动盘具有性能卓越的减速性能，但是目前在量产的汽车上使用碳纤维制动盘却并不实际，因为碳纤维制动盘的性能在温度达到 800℃ 以上时才能够达到最好。也就是说，必须在行驶了数公里之后，汽车的制动装置才能进入最佳工作状态，这对于大多数只是短途行驶的车辆并不适用。另外，碳纤维制动盘的磨损速度很快，制造成本也非常高。

3. 通风式制动盘

汽车的制动过程实际上是把汽车行驶的动能通过制动器吸收转换为热能的过程，所以制动器温度升高后能否保持在冷状态时的制动效能，已成为设计制动器时要考虑的一个重要问题。对于安装普通铸铁或钢制实心制动盘的汽车，高速行驶时紧急制动或下长坡时连续制动，都会使制动盘的温度急剧升高，如果这些热量不能及时散发出去，就会严重降低制动盘的摩擦系数，从而大大降低汽车制动时的制动效能。

通风式制动盘（Ventilated Disc Brake）设计的初衷就是为了改善传统实心式制动盘的散热效果，通风式制动盘具有更好的散热效果，制动盘内有许多沿径向按一定规律设计排列的通风槽（图 3.48），汽车制动时产生的热量，会随着制动盘高速旋转产生的离心力，沿着这些通风槽快速散发到空气中去，从而有效避免了制动时产生的热量在制动盘内积聚使制动盘温度急剧升高而降低制动效能。此外很多通风式制动盘不仅在内部开有通风槽，在

图 3.48 通风盘式制动盘散热效果示意图

其表面还加工有许多小孔,其目的也是改善汽车制动时制动盘的散热效果。

尽管具有良好的散热效果,但由于制造工艺与成本的关系,一般乘用车基本还是使用实心盘式制动器,有些乘用车往往还是前轮实心盘式制动器,后轮鼓式制动器。即便是在中高级乘用车中,也普遍采用的是前通风盘、后实心盘的配置。一般只在豪华商务车和对制动性能要求很高的高档跑车及经常需要制动的高档大货车上才在前后轮制动器上全部都采用通风盘式制动器。

4. 全接触式制动盘

全接触式制动盘(Full Contact Disc Brake)是由加拿大的 NewTech 公司设计研发的一种新型制动盘,这种制动盘可以说是汽车制动器的一次革命性改进。如图 3.49 所示,全接触式制动盘主要由内侧制动块、外侧制动块、浮式制动盘、毂盘、散热片等组成。

图 3.49 全接触式制动盘
1—散热片;2—浮式制动盘;3—外侧制动块;4—毂盘;
5—驱动轴;6—内侧制动块;7—轮毂总成

传统的汽车盘式制动器在制动时,制动块与制动盘的接触面积只占制动盘总面积的 15%。而全接触盘式制动盘在制动盘的两侧都另加了 5 个制动块,这样在汽车制动的时候，制动盘与制动块的接触面积将高达75%，大大提高了汽车的制动效率。全接触式制动盘外部盖着毂盘，毂盘内部有6个制动块。制动时，液压系统推动内侧制动块，与外侧制动块一起夹紧制动盘，这样制动盘与所有12个制动块接触并产生摩擦，提供制动力。另外，为了使制动器能够在合适的温度下工作，在外侧制动块及轮毂总成中都有散热片，这些散热片可以将制动时产生的热量及时散发出去，保证制动器制动效能的稳定性。

3.3.2 制动辅助系统

1. 电子制动力分配系统

汽车制动时，如果4个轮胎附着地面的条件不同，比如，左侧轮附着在湿滑路面，而右侧轮附着于干燥路面，4个轮子与地面的附着力不同，在制动时(4个轮子的制动力相同)就容易产生打滑、倾斜和侧翻等现象。电子制动力分配(Electronic Brake force Distribution，EBD)系统的功能就是在汽车制动的瞬间，高速计算出4个轮胎由于附着条件不同而导致的附着力数值，然后调整制动装置，使制动力与附着力相匹配，以保证车辆的平稳和安全。

本质上讲EBD系统是ABS的辅助功能，它可以提高ABS的功效。所以在安全指标上，汽车的性能更胜一筹。当驾驶人用力踩制动踏板时，EBD系统在ABS作用之前，依据车辆的质量和路面条件，自动以前轮为基准去比较后轮轮胎的滑动率，如发觉此差异程度必须被调整时，制动油压系统将会调整传至后轮的油压，以得到更平衡且更接近理想化制动力的分布。所以EBD＋ABS就是在ABS的基础上，平衡每一个轮的有效地面附着力，改善制动力的平衡，防止出现甩尾和侧滑，并缩短汽车制动距离。

现在，一般配备ABS的车辆都配有EBD系统，即许多车型制动系统的说明已经改为EBD＋ABS。从文字上，就不难看出EBD＋ABS是ABS的升级版本。图3.50所示为有无ABS＋EBD时汽车制动效果图。EBD系统和ABS共用同样的传感器，以及EBD和执行机构(制动装置)，并且EBD系统必须配合ABS使用，在汽车制动的瞬间，分别对4个轮胎附着的不同地面进行感应、计算，得出附着力数值，根据各轮附着力数值的不同分配相应的制动力，避免因各轮制动力不同而导致的打滑、倾斜和侧翻等危险。

图3.50 有无 ABS＋EBD 时汽车制动效果图

像任何汽车安全装置一样，EBD系统只能有限地减少行车事故的发生，而不能完全避免事故的发生。

2. 电控辅助制动系统

在正常情况下，大多数驾驶人开始制动时只施加很小的力，然后根据情况增加或调整对制动踏板施加的制动力。如果必须突然施加非常大的制动力，或驾驶人反应过慢，这种方法会阻碍他们及时施加最大的制动力。许多驾驶人也对需要施加比较大的制动力没有准备，或者他们反应得太晚。

据统计，在紧急情况下有90%的汽车驾驶人踩制动踏板时缺乏果断，另外传统的制动系统，其设计是将驾驶人施加于制动踏板上的力以固定的倍数放大，因此对于体力较弱的驾驶人而言，其可能面临制动力不足的问题，而在紧急的状况下，将可能造成事故的发生。汽车电控辅助制动（Electronic Brake Assist，EBA）系统正是针对上述情况设计的。

如图3.51所示，EBA系统通过驾驶人踩踏制动踏板的速率来理解制动行为，如果察觉到制动踏板的制动压力恐慌性增加，EBA系统会在几毫秒内起动全部制动力，其速度要比大多数驾驶人移动脚的速度快得多，因此EBA系统可显著缩短紧急制动距离并有助于防止在停停走走的交通中发生追尾事故，以提高行车安全。

图3.51　EBA系统工作原理示意图

EBA系统通过驾驶人踩踏制动踏板时制动压力增长的速率来判断制动行为：靠时基监控制动踏板的运动，一旦监测到踩踏制动踏板的速度陡增，而且驾驶人继续大力踩踏制动踏板，则确认制动压力是急速性增加，EBA系统就会启动，释放出储存的18MPa的液压，施加最大的制动力，从而自动大幅度提高制动压力，其速度要比驾驶人用脚所产生的压力快得多。驾驶人一旦释放制动踏板，EBA系统就转入待机模式，而对于正常情况制动，EBA系统则会通过判断不予启动。

通常情况下，EBA系统的响应速度都会远远快于驾驶人，这对缩短制动距离，增强安全性非常有利。此外，对于脚力较差的女性驾驶人及高龄驾驶人闪避紧急危险的制动有很大帮助。有关测试表明，EBA系统可以使车速高达200km/h的汽车完全停下的距离缩短21m之多，尤其是对在高速公路上行驶的车辆，EBA系统可以有效防止常见的"追尾"意外。

3.3.3 电子制动系统

【电子机械制动系统】

1. 概述

随着汽车技术及电子技术的迅猛发展,现代车辆制动控制技术正朝着电子制动的方向发展。

传统的汽车制动系统管路长,阀类元件多。对于长轴距汽车或多轴汽车或汽车列车,气体传输路线长,速度慢,常产生制动滞后现象,制动距离增加,安全性降低,而且制动系统的成本也比较高。如果将制动系统的许多阀省去,制动管路以电线代替,用电控元件来控制制动力的大小和各轴制动力的分配,便是汽车的电子制动系统(Electronic Braking System,EBS)。

ABS 的制动系统可以沿用传统的阀类控制元件,而 EBS 则是完全的电控制动系统。EBS 可以实现 ABS 的功能,只需在 EBS 的控制器里设计相应的防抱死程序即可。汽车制动系统的电子化,还能方便地与其他电控系统结合在一起,如汽车发动机燃油和点火的控制、主动或半主动悬架、自动换挡和防碰撞系统的控制等,为汽车实现电子化提供了良好条件。此外,EBS 还具有监控作用,在汽车起步、匀速或加(减)速过程中,电子控制器还可监视各车轮的速度或加速度,一旦发现某一车轮有打滑趋势,便可对打滑车轮实现部分制动,使其他车轮获得更大的驱动力矩,以便顺利起步或加速。同时 EBS 还容易实现系统的故障自动诊断,随时将制动系统的故障通过警报系统报告驾驶人,以便及时进行修复,保证行车安全。

电子制动系统主要分为电子液压制动(Electro-Hydraulic Brake,EHB)系统和电子机械制动(Electromechanical Brake,EMB)系统两种。它们的比较见表 3-2。

表 3-2 EHB 系统和 EMB 系统的共同点和不同点

	EHB 系统	EMB 系统
共同点	取消制动主缸及真空助力等零部件,使制动系统的结构变得更加简洁、紧凑	
	采用电子制动踏板代替传统制动踏板,易实现驾驶人制动意图识别,能提供良好的踏板感觉,ABS 起作用时无踏板抖动的感觉	
	使用非人力作为动力源,驱动制动器产生制动力矩,提高制动性能	
不同点	使用非人力作为动力源	使用电动机作为动力源,响应更快
	仍保留部分液压管路	完全取消液压管路,摒弃制动液,提高了制动响应,更加环保

2. 电子液压制动系统

EHB 系统是在传统的液压制动器基础上发展而来的。与传统的汽车制动系统有所不同,EHB 系统以电子元件替代部分机械元件,是一个先进的机电一体化系统。传统制动系统制动主缸与制动轮缸通过制动管路相连,制动压力直接由人力通过制动踏板输入,而真空助力器作为辅助动力源也要受到发动机真空度的限制。这种结构特点限制了制动压力建立，各轮制动力的分配及与其他系统的集成控制等，在进一步提高制动效果方面潜力有限。EHB 系统由于改变了压力建立方式，踏板力不再影响制动力，弥补了传统制动系统设计和原理所导致的不足。

1) EHB 系统的组成

EHB 系统是将电子系统与液压系统相结合的制动系统，结构如图 3.52 所示。该系统主要由电子踏板、电子控制单元(ECU)、液压执行元件(阀类元件)及传感器等组成。电子踏板主要由制动踏板和踏板传感器(角度位置传感器)组成。踏板传感器用于检测踏板转角，并将转角信号转换为电信号传输给 EHB 电控单元，踏板转角和力可按比例进行调控。

图 3.52　EHB 系统结构图

(1) 制动踏板单元。包括踏板感觉模拟器、踏板力传感器或踏板行程传感器及制动踏板。踏板感觉模拟器是 EHB 系统的重要组成部分，为驾驶人提供与传统制动系统相似的踏板感觉(踏板反力和踏板行程)，使其能够按照自己的习惯和经验进行制动操作。踏板传感器用于监测驾驶人的操纵意图，一般采用踏板行程传感器，采用踏板力传感器的较少，也有二者同时应用的，以提供冗余传感器且可用于故障诊断。

(2) 液压控制单元(Hydraulic Control Unit，HCU)。制动压力调节装置用于实现车轮增减压操作。液压控制单元中一般包括如下几个部分。

① 独立于制动踏板的液压控制系统。该系统带有由电动机、泵和高压蓄能器组成的供能系统，经制动管路和方向控制阀与制动轮缸相连，控制制动液流入、流出制动轮缸，从而实现制动压力控制。

② 人力驱动的应急制动系统。当伺服系统出现严重故障时，制动液由人力驱动的主缸进入制动轮缸，保证最基本的制动力使车辆减速停车。

③ 平衡阀。同轴的两个制动轮缸之间设置有平衡阀，除需对车轮进行独立制动控制的工况之外，平衡阀均处于断电开启状态，以保证同轴两侧车轮制动力的平衡。

(3) 传感器。包括轮速传感器、压力传感器和温度传感器，用于监测车轮运动状态、轮缸压力的反馈控制及不同温度范围的修正控制等。

2）工作原理

EHB系统采用电子踏板取代传统制动系统中的制动踏板，用来接受驾驶人的制动意图，产生并传递制动信号给ECU和执行机构，并根据一定的算法进行模拟，然后将信息反馈给驾驶人，保证驾驶人有足够的踏板感。制动过程中，车轮制动力由ECU和执行器控制，踏板转角传感器不断地将踏板转角信号转换为电信号，并将其输入ECU。ECU将控制信号及电流分别输入到阀驱动器和电液制动阀，阀驱动器根据两个输入信号中的较大值产生控制电流输入电液制动阀。电液制动阀根据输入电流调整输出至制动器的压力大小。在制动过程中，ECU还可以根据轮速传感器等其他各种信号进行分析计算，实现ABS、ASR等功能。为了保证在系统发生故障时也能安全停车，系统中设计有后备液压系统，以保证控制系统在失灵时仍有制动能力，确保行车安全。

与传统制动系统相比，EHB系统具有以下优点。

（1）EHB系统可以提供平稳的制动功能，使制动过程变得平顺柔和，大大提高了车辆制动的舒适性。

（2）整个制动系统结构简单紧凑，省去了传统制动系统中的部分管路系统及液压阀等部件，且不需要真空助力装置，使整车质量降低，节省汽车前部的大量空间，因此提高了汽车碰撞安全性，同时还使发动机性能得到改善，提高了汽车燃油经济性。

（3）取消了部分液压部件而采用模块结构，汽车装配变得更加灵活，维护更加方便，适应汽车未来发展方向。

（4）传统汽车制动系统制动管路长，阀类元件多，制动系统反应慢，安全性较差；而EHB系统采用踏板模拟器，踏板特性得以改善，有效地缩短了制动响应时间，从而缩短了制动距离提高了制动灵敏度及制动安全性。

（5）EHB系统不仅能缩短制动距离，而且能保持车辆良好的行驶方向稳定性；还能弱化由制动器摩擦片磨损等原因造成的制动效果下降，提高了制动效能。

（6）EHB系统所需的制动踏板力较小，踏板没有脉冲回振，从而提高了驾驶人的驾乘舒适性。

（7）EHB系统还具有清干功能，当车辆在湿滑路面上行驶，微弱的制动脉冲可以清干制动片上的水膜，确保制动的充分性。

同时，EHB系统也存在不足：相对来讲，EHB系统制造成本较高，距离市场化还有很长一段距离；EHB系统工作的可靠性相对于传统的制动系统来说，还有待进一步提高；EHB系统要比传统的机械制动更容易受到电磁干扰。

3. 电子机械制动系统

EHB系统具有传统制动系统无法比拟的优越性，但EHB系统仍然采用电液控制方式，严格意义上说并不是纯粹的线控制动系统，与EMB系统相比，EHB系统在当前技术更加成熟，因而在短期内有极佳的发展前景。但据相关研究调查表明，EHB系统作为传统制动系统与EMB系统的过渡产品，生命周期非常短，将在5～8年内被EMB系统取代。

EMB系统与传统的液压、气压制动系统相比，取消了液压或气压管路等部件，采用电子制动踏板取代了传统的制动踏板，同时取消了真空助力装置。

如图3.53所示，采用EMB系统后，汽车制动系统的组成包括安装在4个车轮上的独立的 EMB 执行器及相应的 EMB 控制器，制动踏板模拟器，车辆行驶动力学调整系统（VDC）等中心控制单元，电源系统，轮速、横摆角速度等各种传感器。中心控制单元根据踏板模拟器传来的信号，识别驾驶人的意图，再根据车速、轮速等多种传感器来获得整个车辆的运行状态，综合处理各种信息后，发送相应的目标制动压力信号给 4 个 EMB 控制器，控制器得到信号后将控制 4 个 EMB 执行器分别对 4 个车轮独立进行制动。通过传感器再将每个制动器对制动盘的实际夹紧力等信息反馈给中心控制单元，形成闭环控制，从而保证最佳制动效果。

图 3.53　装备有 EMB 系统的整车制动系统结构

EMB 使制动系统更加简洁，从而减轻了整车质量，实施和解除制动的响应速度更快；无须增加其他附件就可集成 ABS、TCS、ESP、ACC 等控制系统；直接控制电动机，能进行制动压力的精确调节；EMB 采用电能作为驱动能源，不使用制动液，绿色环保。

EMB 系统最早应用于飞机上，后来才慢慢转化运用到汽车上。最近几年，一些国际大型汽车零配件厂商和汽车厂进行了一些对于 EMB 系统的研究工作，并已经取得了一定的研究成果，但由于 EMB 系统取消了制动踏板与制动执行器之间的机械及液压连接，不符合现有法规的要求而不能实现装车应用。图 3.54 所示是德国西门子 VDO 公司研制出的电子楔块制动器（Electronic Wedge Brake，EWB）样机。

如图 3.55 所示，EMB 系统主要由 EMB 控制器和 EMB 执行器组成，EMB 控制器的输入是电子制动踏板或其他控制单元传来的目标制动压力，经过相应的控制算法后，输出电压信号给 EMB 执行器，从而得到所需大小的制动压力。EMB 执行器作为制动系统的执行机构，也是其核心部件，一般有 3 个基本组成部分：电动机、传动装置和制动钳。其工作原理是电动机的输出经减速装置减速增矩，再由运动转换装置将旋转运动转换为直线运动。驱动制动钳对制动盘进行夹紧、放松，实施对车轮的制动。电动机的运动由 EMB 控制器控制，它的性能直接影响制动的效果。

下面以西门子 VDO 公司的电子楔块制动器为例说明 EMB 系统的工作原理。该制动器是在 2005 年法兰克福车展上由西门子 VDO 公司推出的。该新型制动技术源于德国航空航天空间中心。

如图 3.56 所示，该制动器主要由电动机、螺杆传动机构、楔块 1、楔块 2、滚柱、制动块、制动盘等组成。当制动时，电动机通过螺杆传动机构（传动装置）推动楔块 1，使之沿螺杆轴向平动，与此同时，两楔块之间的滚柱也随着楔块 1 的运动而沿着楔块上波浪形

图 3.54　西门子 VDO 公司的电子楔块制动器(EWB)样机

图 3.55　EMB 系统的结构

的凹槽滚动，并推动连接到楔块 1 上的制动块，使制动块和制动盘压紧从而产生制动摩擦力，完成对车辆的制动。

图 3.56　西门子 VDO 电子楔块制动器结构
1、7—电动机；2—制动盘；3—滚柱；4—制动块；5—楔块 1；6—楔块 2；8—螺杆传动机构

EWB 系统产生的摩擦力能够随着车轮的旋转被放大,因而用很小的力就可以产生不同程度的制动力。EWB 系统比现有的液压制动更快,而且仅需要现有能量的 1/10 就可以制动。配备 EWB 的车辆每一个车轮配备一个独立的智能制动模块,模块中的传感器系统每秒对每一个车轮的转速测量 100 次。对于制动力的大小和楔块的位置,测量的分辨率更高。当驾驶人踩制动踏板时,该系统将电子制动信号传输给系统的网络模块。根据传感器搜集的信号和所接收的制动信号强度,电动机将制动楔块推到需要的位置,将制动块与制动盘压在一起。

3.4 轮胎新技术

现代汽车几乎都采用充气轮胎。轮胎安装在轮辋上,直接与路面接触,与汽车行驶安全直接相关。轮胎的作用如下。

(1) 和汽车悬架共同作用来缓和汽车行驶时所受到的冲击,并衰减由此而产生的振动,以保证汽车具有良好的乘坐舒适性和行驶平顺性。

(2) 保证车轮和路面有良好的附着性,以提高汽车的牵引性、制动性和通过性。

(3) 承受汽车的重力,并传递其他方向的力和力矩。

因此,轮胎必须有适宜的弹性和承受载荷的能力。同时,在其与路面直接接触的胎面部分,应具有用以增强附着作用的花纹。

此外,车轮滚动时,轮胎在所承受的重力和由于道路不平而产生的冲击载荷作用下受到压缩。压缩消耗的功,在载荷去除后并不能完全回收,有一部分消耗于橡胶的内摩擦,结果使得轮胎发热。温度过高将严重地影响橡胶的性能和轮胎的组织,从而大大增加轮胎的磨损而缩短轮胎的使用寿命。

轮胎是一个典型的黏弹性结构,其材料组成十分复杂。实际上,橡胶混合物的材料构成、胎面花纹及内部结构都是决定轮胎品质的重要因素。

轮胎的结构特性很大程度上影响了轮胎的物理特性,包括前进方向所受的滚动阻力、所能提供的垂向减振与缓冲作用,以及为车辆提供转向的能力。因此,现代车辆设计中对轮胎的设计提出了很高的要求。

随着汽车技术的发展,传统的轮胎在某些方面已经不能满足现代汽车的需求。各种轮胎新技术应运而生。一般来说对未来轮胎的要求包括注意车轮、轮胎组件的相互影响;减少当前繁多的轮胎品种;在开发新轮胎时,至少要达到或超过目前对轮胎安全性、经济性和寿命的要求;减小轮胎阻力;统一的车轮轮胎;减轻轮胎质量;能兼容防雪链;降低轮胎滚动噪声;较小的轮胎不均匀性;具有高的纵向、横向附着系数,能与其他汽车轮胎兼容;及早得到轮胎特性场,以试验和优化行驶动力学设计。

另外,在对轮胎进行研究和设计时,常常使用各种轮胎模型来研究轮胎输入与输出之间的关系,轮胎模型描述了轮胎六分力与车轮运动之间的数学关系,即轮胎在特定工作条件下的输入和输出之间的关系,如图 3.57 所示。

图 3.57 轮胎输入和输出之间的关系

3.4.1 低压安全轮胎

1. 概述

为了预防由于轮胎失压或爆胎带来的行车安全隐患,各大轮胎厂商几乎都研制出了自己的低压安全轮胎。

低压安全轮胎(Run - Flat Tyre)往往又被称为"防爆轮胎",但这种叫法并不准确,因为这种轮胎并不能防爆,只要是充气轮胎,都有可能爆胎。低压安全轮胎技术的核心在于如何让轮胎即使失压也可以支撑车体重量。低压安全轮胎一般是用非常坚韧的材料作为轮胎胎壁,这样即使汽车爆胎,仍然可以依靠胎壁来支撑汽车重量,使轮胎不会立刻变形扁掉。各轮胎厂商生产的低压安全轮胎,一般来说在完全没有空气的状况下也能够以 80～90km/h 的车速行驶 80km 以上。

2. 低压安全轮胎的分类

低压安全轮胎具体可分为 3 类:自体支撑式(Self - supporting)、自封式(Self - sealing)和加物支撑式(Auxiliary - supported)。

1) 自体支撑式

如图 3.58 所示,自体支撑式低压安全轮胎在轮胎内部结构上比普通轮胎强度更高,因为它的胎侧比普通轮胎更厚,这样,高强度的胎侧可以在轮胎失压后暂时支承汽车的重量。

这种轮胎在应对轮胎失压方面表现极佳,因此往往需要另外安装轮胎压力监控装置,用来提醒驾驶人轮胎处于失压状态,以防止驾驶人未注意到轮胎已经失压而继续正常行车,从而对车轮造成更大的损坏。

与普通轮胎相比,自体支撑式低压安全轮胎要重 15%～27%,由于附加的质量主要集中在轮胎的外缘,增加了簧下质量和旋转质量,使得安装自体支撑式低压安全轮胎的汽车,在燃油经济性上有一定程度的降低,由于胎侧刚度较大,其操控性也不如普通轮胎。

采用这一技术的厂家有普利司通 RFT(Run Flat Tire)、邓禄普 DSST(Dunlop Self -

图 3.58　自体支撑式低压安全轮胎

Supporting Technology)，固特异 EMT(Extended Mobility Technology)，米其林 ZP(Zero Pressure)，横滨 ZPS(Zero Pressure System)等。

2）自封式

与普通轮胎相比，自封式低压安全轮胎在轮胎内有一层特殊的密封胶，可以在轮胎被扎破时（扎破的地方不能太大），从轮胎内部永久密封住被扎破的地方。与自体支撑式低压安全轮胎相比，自封式低压安全轮胎无需额外加装轮胎气压监控装置，因为轮胎被扎破后立即就能被密封胶密封住，多数驾驶人甚至都不知道自己汽车的轮胎被扎破过。采用这一技术的代表厂家有德国大陆轮胎公司的 ContiSeal 技术，如图 3.59 所示。

图 3.59　自封式低压安全轮胎

3）加物支撑式

加物支撑式低压安全轮胎在轮辋外缘加装一圈支承圈，如图 3.60 所示。在轮胎失压后，主要由支承圈来承担车身重量。支承圈的等效刚度与轮胎正常行驶情况下的刚度相仿。加物支撑式安全轮胎的胎侧厚度与普通轮胎相同，因此其操控性能并未削弱。由于在轮辋外缘安装有支承圈，加物支撑式轮胎需要使用特殊的车胎，而且这种轮胎价格昂贵，普通消费者还承担不起。米其林的 PAX 系统是这种低压安全轮胎的典型代表。

图 3.60　加物支撑式低压安全轮胎

3.4.2 防滑水轮胎

轮胎在湿路面上的行驶性能与汽车的安全性密切相关。据统计，雨天的行车事故约为晴天的两倍，其中的原因，除了雨天驾驶人视野不好以外，主要是轮胎在湿路面上附着性能不好引起的。近几年各大轮胎公司加强了提高轮胎在湿路面上行驶性能的研究工作，并开发出了具有良好湿路面行驶性能的防滑水轮胎。

汽车行驶时可能遇到两种附着能力很小的危险情况：一是刚开始下雨，路面上只有少量雨水时，雨水与路面上的尘土、油污相混合，形成黏度高的水液，滚动的轮胎无法排挤出胎面与路面间的水液膜，由于水液膜的润滑作用，附着性能将大大降低，平滑的路面有时会同冰雪路面一样滑溜；另外一种情况是高速行驶的汽车经过有积水层的路面，出现了滑水现象。如图3.61所示，轮胎低速在有积水层的路面上滚动时，由于水的黏滞性，接触面前部的水需要一定时间才能挤出，所以接触面中轮胎胎面的前部将越过楔形水膜滚动。车速提高后，高速滚动的轮胎迅速排挤水层，由于水的惯性，接触区的前部水中产生动压力，其值与车速的平方成正比。压力使胎面与地面分开，随着车速继续增加，在某一车速下，当胎面下的动水压力的升力等于垂直载荷时，轮胎将完全漂浮在水膜上面而与路面毫不接触，轮胎与路面的附着系数几乎为零，这就是滑水现象。

图 3.61　滑水现象示意图

对于光滑胎面、细花纹胎面等胎面无排水沟槽的轮胎及一般花纹轮胎，在路面水层深度超过轮胎沟槽深度的情况下，汽车高速经过路面水层时极易发生滑水现象，严重影响行车安全。防滑水轮胎就是为了改善汽车在湿滑路面上的行驶性能而设计的。

要提高轮胎在湿路面上的行驶性能，应以不降低其在干路面上的行驶性能为前提，着重提高轮胎在湿路面上的抗滑水和抗湿滑性能，即着重提高轮胎的滑水临界速度和降低湿路面制动距离，同时兼顾对轮胎的低滚动阻力、低磨耗和低噪声等方面的使用要求。轮胎的滑水性能主要与轮胎的花纹设计有关。防滑水轮胎有着与普通轮胎明显不同的外观，其胎面至少有一条周向深花纹沟（图3.62），形成独特的双胎冠或多胎冠轮廓，从而大大地提高了汽车在湿滑路面上行驶的安全性。

图 3.62　德国新倍力(Semperit)公司的防滑水轮胎

1. 简述空气悬架系统中高度阀的工作原理。
2. 简述电磁悬架的工作原理。
3. 简述主动悬架的分类与工作原理。
4. 与传统悬架系统相比，多连杆悬架具有哪些优点？
5. 简述机械式可变齿比转向机构的工作原理。
6. 线控转向系统具有哪些特点？
7. 四轮转向系统存在哪些不足？
8. 简述 EMB 系统的工作原理。
9. 哪些结构可以提高制动盘的散热能力？
10. 简述电子楔块制动器的工作原理。
11. 对未来汽车轮胎的要求包括哪些？
12. 简述低压安全轮胎的分类及原理。

第 4 章
先进汽车安全技术

本章教学目标

★ 了解国内外碰撞法规和新车碰撞测试对新车的评价指标
★ 熟悉代表性的主动安全技术及被动安全技术
★ 掌握电子稳定程序(ESP)、轮胎压力监控预警系统(TPMS)、智能安全气囊和发动机盖弹升的结构及其工作原理
★ 掌握 ISO-FIX 标准及 LATCH 标准

本章教学要点

知识要点	掌握程度	相关知识
电子稳定程序(ESP)	了解电子稳定程序的功能； 熟悉电子稳定程序的组成子系统； 掌握电子稳定程序结构及工作原理	制动防抱死系统(ABS)； 牵引力控制系统(TCS)； 直接横摆力矩控制(DYC)
轮胎压力监控预警系统(TPMS)	了解直接型轮胎压力监控预警系统； 掌握轮胎压力监控预警系统结构及工作原理	直接型轮胎压力监控预警系统
自适应巡航控制(ACC)	了解自适应巡航控制系统的功能； 熟悉自适应巡航控制系统的4种典型操作； 掌握自适应巡航控制系统结构及工作原理	自动巡航控制系统； 车辆前向撞击报警系统
智能乘员安全约束技术	熟悉安全带气囊和主动头部保护系统； 掌握智能安全气囊的工作原理和两个关键技术	传统的安全带结构； 传统的电子安全气囊结构及工作原理
侧面碰撞保护技术	了解最新新车评价程序对新车侧面碰撞的评价； 熟悉侧面安全气囊； 掌握车身结构的优化技术	侧面碰撞伤害机理； 新车评价程序的评价方法； 碰撞测试用假人相关知识
行人碰撞保护	了解行人法规和新车评价程序对行人碰撞的评价； 掌握发动机盖弹升技术	行人碰撞伤害机理
儿童乘员保护	了解我国儿童保护现状和法规； 掌握 ISO-FIX 标准和 LATCH 标准	欧洲的 ECE-R44 和美国的 FM-VSS 231 两大儿童保护法规体系

导入案例

根据联合国和世界卫生组织的报告,在诸多日常交通事故中,汽车交通事故(图4.1)伤害是最危险的。世界卫生组织的报告指出,全世界每天有3000多人死于汽车交通事故伤害。因汽车交通事故伤害引起的死亡人数中的85%及由此导致的90%的伤残发生在中等收入和低收入国家。

【汽车交通事故瞬间车祸现场】

图4.1 汽车交通事故

研究表明,在2000—2020年,汽车交通事故死亡人数在高收入国家将下降30%左右,而在中等收入和低收入国家则会大幅度增加。如果不采取适当措施,预计到2020年,汽车交通事故伤害将成为导致全球疾病与伤害的原因中的第3位。

汽车交通事故伤害在给人的生命造成巨大损失同时,还造成巨大的经济损失。根据有关报告,汽车交通事故伤害的经济损失在低收入国家约占国民生产总值的1%,在中等收入国家为1.5%,在高收入国家为2%。每年全球汽车交通事故伤害的损失估计为5180亿美元,其中中等收入和低收入国家的每年损失为650亿美元。因此,世界各国政府都将治理汽车交通事故伤害问题列为重要的事项,而且提出了具体的目标。在此基础上,许多国家和地区还制定了具体的政策和分解目标。这些政策的提出,大大刺激了汽车安全技术的发展,对汽车安全性能提出了更高的要求。

4.1 先进汽车主动安全控制技术

主动安全性是指事故要发生时,操纵制动或转向系统,防止事故发生的能力,以及汽车正常行驶时保证其动力性、操纵稳定性、驾驶舒适性正常的能力,又叫事故前汽车安全性。主动安全性包括行驶安全性、环境安全性、感觉安全性和操作安全性。汽车主动安全性主要包括制动性能、操纵稳定性能、动力性能、轮胎性能、照明灯和信号灯的性能及汽车前后视野性能等。它们综合起来,形成了对汽车主动安全性的一个评价体系,也是对整车性能的全面考量的多因素。

4.1.1 电子稳定程序

1. 概述

德国 Bosch 公司将直接横摆力偶矩控制(Direct Yaw Control,DYC)跟制动防抱死系统(Antilock Brake System,ABS)及牵引力控制系统(Traction Control System,TCS)结合起来,开发出了基于制动力横向分配的电子稳定程序(Electronic Stability Program,ESP),形成了同时控制车轮滑移率和整车横摆运动的综合系统。ESP 是汽车上的一个重要的系统,通常支持 ABS 及驱动防滑(Acceleration Slip Regulation,ASR)系统的功能,该技术通过对从各传感器传来的车辆行驶状态信息进行分析,合理分配纵向和侧向轮胎力,然后向 ABS、ASR 发出纠偏指令,来帮助车辆维持动态平衡。ESP 技术也被公认为是汽车安全技术中继安全带、安全气囊、ABS 之后的又一项里程碑式的突破。ESP 是 ABS 和 TCS 两种系统功能的延伸,它们之间的差别在于 ABS 或 ASR 只能被动地做出反应,而 ESP 则能够探测和分析车况并纠正驾驶的错误,防患于未然。在汽车行驶过程中,ESP 通过不同传感器实时监控驾驶人转弯方向、车速、节气门开度、制动力及车身倾斜度和侧倾速度,并以此判断汽车正常安全行驶和驾驶人操纵汽车意图的差距;然后通过调整发动机的转速和车轮上的制动力分布,修正过度转向或转向不足。

行业中车企对车身电子稳定控制系统有不同称谓,各厂商开发类似 ESP 的基本情况见表 4-1。

表 4-1 各厂商类似 ESP 基本情况

厂　家	名　　称	
博世	电子稳定系统	Electronic Stability Program,ESP
宝马	动态稳定控制系统	Dynamic Stability Control,DSC
丰田	车辆稳定控制系统	Vehicle Stability Control,VSC
本田	车辆稳定辅助系统	Vehicle Stability Assist,VSA
沃尔沃	动态稳定与牵引控制系统	Dynamic Stability Tracing Control,DSTC
日产	车辆行驶动力学调整系统	Vehicle Dynamic Control,VDC

类似系统的结构、功能、作用和原理基本相同,名称不同,ESP 最早投入,影响力最大。

ESP 系统在提高汽车行驶稳定性方面效果显著,图 4.2 所示是 ESP 的典型工作工况,装备 ESP 的乘用车在躲避前方突然出现障碍物、在急转弯车道上高速行驶及在不同地面附着力路面上行驶的运动工况均有很好的行驶稳定性。

美国交通部国家公路交通安全管理局(National Highway Traffic Safety Administration,NHTSA)调查统计显示:ESP 能够降低 26% 的碰撞事故,而这一比例对于越野车及 SUV 更高,为 48%;并且该机构认为 ESP 能够减少 64% 的侧翻事故,对于 SUV 为 85%。FMVSS 126 法规规定:2011 年 9 月后在北美生产和销售的 4.5t 以下汽车均需安装 ESP/

ESC 系统。美国交通部预测，安装 ESP 后将有可能每年减少交通事故中人员死亡数量近 1 万。同时新车碰撞测试（NCAP）对汽车碰撞安全等级测试中引入了汽车主动安全控制技术评分准则，只有安装 ESP 系统等主动安全电子控制产品的汽车才可能获得较高的安全等级。

(a) 在急转弯车道上高速行驶时运动工况

(b) 躲避前方突然出现障碍物运动工况

(c) 在地面附着力不同的路面装备与未装备ESP车辆行驶效果对比

【博世电子稳定程序 ESP】

图 4.2　ESP 典型工作工况

2. ESP 的结构及其工作原理

ESP 是一项综合控制技术，整合了下列多项电子制动技术，通过对制动系统、发动机管理系统和自动变速器施加控制，防止车辆滑移。

（1）制动防抱死系统。防止制动时车轮抱死，并保持良好行驶稳定性和转向性能，缩短制动距离。

（2）驱动防滑控制系统。通过对驱动轮制动并降低发动机转矩来阻止驱动轮空转打滑，如在砂石及冰面上。

（3）电子制动力分配（EBV/EBD）。在 ABS 起作用前，或者 ABS 失效后，防止后轴出现过度制动导致甩尾。

（4）电子差速锁（EDS/EDL）。驱动轮在附着系数低的路面出现打滑空转时，对其采取制动，使车辆能起步行驶。

（5）发动机牵引力力矩调整（MSR/EBC）。当突然松开加速踏板或挂入低挡时，阻止可能由发动机制动过大产生的驱动轮抱死。

在不同的工况下，各个子系统能起到控制汽车稳定性的作用都有各自有效工作范围，如图 4.3 所示，图中离圆心越远表示受地面切向力越大。4WS 在附着圆中心部位，作用在侧向力、纵向力较小的轮胎线性区；TCS 作用在大驱动力附近的极限区；ABS

图 4.3　子系统的有效工作范围

作用在大制动力附近的极限区；ESP/VSC 作用在大侧偏力的极限区；其余在较大地面反作用力的轮胎非线性区。

ESP 主要部件：电控单元（ECU）、转向盘转角传感器、轮速传感器、横向偏摆率传感器、横/纵向加速度传感器及液压系统等。典型组成部件如图 4.4 所示，各主要部件介绍如下。

图 4.4　ESP 系统组成及控制示意图

1—ESP 控制单元；2—液压控制单元；3—制动压力传感器；4—侧向加速度传感器；
5—横向偏摆率传感器；6—ASR/ESP 按钮；7—转向盘转角传感器；8—制动灯开关；
9～12—轮速传感器；13—自诊断接口；14—制动系统报警灯；15—ABS 报警灯；
16—ASR/ESP 报警灯；17—车辆和驾驶状态；18—发动机控制调整；19—变速器控制调整

（1）ESP 控制单元 1 是控制核心，为确保高可靠性，采用冗余控制，用两个相同的处理器同时处理信号，并相互比较监控。接通点火开关后，系统进入自检，连续监控所有电气连接，并周期性检查电磁阀功能。若 ECU 出现故障，仍可按常规制动，但 ABS/EBS/ASR/ESP 功能失效。

（2）转向盘转角传感器 7 依据光栅原理测量转向盘转角，ECU 以此获得预定的行驶方向。若无此信号则无法确定行驶方向，ESP 失效。

（3）制动压力传感器 3 检测实际制动管路压力大小，ECU 由此算出车轮上的制动力和整车的纵向力大小。如果 ESP 正在对不稳定状态进行调整，ECU 将该数值包含在侧向力计算范围内。若无此信号则无法准确算出侧向力，ESP 失效。

（4）横向偏摆率传感器 5 检测车辆绕其纵轴旋转角度和转动速率，ECU 以此来获得车辆的实际行驶方向，使用音叉形振荡式陀螺仪原理工作。若无此信号则 ECU 无法确定车辆是否发生横向偏摆，ESP 失效。

（5）纵向加速度传感器只安装在四驱车上。对于单轴驱动车辆，通过计算制动压力、车轮转速信号及发动机管理系统信息，得出纵向加速度。

（6）侧向加速度传感器 4 检测车辆侧向力大小。若无该信号则 ECU 无法算出车辆的实际行驶状态，ESP 失效。

（7）ASR/ESP 按钮 6 在积雪路面或松软路面上起步时、安装了防滑链的车辆、在测功机上检测时,应关闭 ESP。

ESP 控制框图如图 4.5 所示。通过传感器收集转向盘转角、横摆角速度、侧向加速度等信息,输入电控单元,检测转向盘转角输入和实际行驶状态,一旦识别出车辆不稳定状态,立刻对制动系统、发动机管理系统和变速器管理系统等综合协调控制,来降低车辆横向滑移,防止在制动时车轮抱死、起步时打滑和车辆侧滑。一般情况下,如果单独制动某个或某几个车轮不足以稳定车辆,ESP 将通过降低发动机转矩输出或其他方式来进一步控制。在不踩制动踏板时,制动预压力一般来源于 ABS 液压控制单元。

图 4.5　ESP 控制框图

ESP 工作原理和控制措施如下。

(1) 通过转向盘转角传感器及各车轮转速传感器识别驾驶人转弯方向(驾驶人意愿)→A。

(2) 由横摆角速度传感器识别车辆绕重心的旋转角度,侧向加速度传感器识别车辆实际运动方向→B。

(3) 若 A>B,ESP 判定为出现转向不足,则制动内侧后轮,使车辆进一步增大转向。

(4) 若 A<B,ESP 判定为出现转向过度,则制动外侧前轮,防止出现甩尾并减弱过度转向趋势。

(5) 若单独制动某个车轮不足以稳定车辆,ESP 则进一步降低发动机转矩输出或制动其他车轮以达到要求。

① 转向不足:

出现转向不足时,后内侧车轮制动,ESP 液压系统控制示意如图 4.6 所示。

ESP 的 ECU 监测并比较来自横向偏摆率传感器、转向盘转角传感器和每个车轮速度传感器等信号,以

图 4.6　ESP 液压系统控制示意图

确定车轮是否滑移。当 ECU 检测到车辆转向不足时，控制液压调节器过程为关闭前/后隔离阀→打开前/后起动阀→关闭右前/右后进口阀→运行液压泵。

这将促使以下操作。

a. 当液压泵积累了液压力时，关闭后隔离阀，后轮制动回路与总泵隔开，防止制动液返回总泵。

b. 右前和右后进口阀关闭，以隔离右轮液压回路，液压调节器只向左轮提供制动液压力。

c. 后起动阀打开，制动液从总泵进入液压泵中。

d. 液压泵将合适的制动液压力施加到左轮制动钳上，使车辆朝驾驶人想要的方向偏转。

e. 液压控制单元像在 TCS 模式下那样调节左前和左后进口阀及出口阀，以便获得最大的路面牵引力。

② 转向过度：

出现转向过度时，液压系统控制过程与转向不足相似。

综合控制过程实例：

无 ESP 的车辆在行驶时，躲避突然出现的障碍物，首先向左急打接着又向右急打转向盘，出现甩尾现象，车辆沿垂直轴线转动出现失控状态，如图 4.7(a) 所示。

装备 ESP 的车辆在突然遇到障碍物时，其行驶示意如图 4.7(b) 所示，具体分析见表 4-2。

(a) 无ESP

(b) 有ESP

图 4.7　有无 ESP 车辆遇障碍物时躲避情况对比

表 4-2 装备 ESP 乘用车躲避突然遇到障碍物时行驶状况分析

工作过程	车辆转向	行驶状态	受制动车轮	目的
第 1 阶段	向左	不足转向	左后轮	前轮保留侧向力,有效保证车辆的转向
第 2 阶段	向右	不足转向	右前轮	保证后轴的最佳侧向力,后轴车轮自由转动
第 3 阶段	向左	过度转向	左前轮	为阻止车辆出现甩尾并限制前轴产生侧向力,在特殊危险情形下该车轮将强烈制动
第 4 阶段	中间	稳定	无	在所有不稳定行驶状态被校正后,ESP 结束调整

3. 电子稳定程序的展望

在汽车安全系统日益增多的情况下,如果分别独立地去考虑和设计各种汽车主动安全系统,然后将它们融合起来,难免会出现某些控制功能不兼容甚至是冲突的现象,这与汽车主动安全控制的目标是背道而驰的,而且造成了控制资源的浪费,使系统可靠性降低。所以在设计阶段就应将各种汽车主动安全系统综合考虑,实现多层面集成式的全局优化控制,实现底盘一体化控制,这对汽车主动安全是十分重要且十分必要的。

德国大陆公司正在研发 ESPⅡ,ESPⅡ体现了"集成控制"思想,革新点主要体现在控制器及其功能的集成通信上。在设计 ESPⅡ之初,设计人员就对汽车主动安全系统综合考虑,以 ESP 技术为平台,拓展和集成各种新型制动技术、汽车悬架及车身控制技术,如图 4.8 所示,如辅助制动系统(Brake Assist,BA)、电控制动技术(Electric Control Braking,ECB)、电子制动力分配(Electric Brake-force Distribution,EBD)、主动悬架技术(Active Suspension,AS)、前轮主动转向(Active Front Steering,AFS)或者四轮转向(Four-Wheel Drive,4WD)及防侧翻控制技术等,实现了制动、驱动和转向联合控制和多层面集成式的全局优化控制,使得各个系统之间相互兼容,对汽车的控制也更加平滑,从而提高了车辆的舒适性和安全性。

图 4.8 ESPⅡ功能和主要部件

ESPⅡ在开发时的主要目标就是实现对底盘进行全局控制。整个系统采用 CAN 总线连接所有执行器和传感器,达到共用的目的,节省了冗余的部件;通过采用状态估计器进一步节约了一定数量的传感器;通过采用协调控制算法,按照工况决定 AFS 和 ESP 的工作负荷,既提高了对车辆的控制效果,又延长了制动器、转向器的工作寿命。整个系统的控制结构如图 4.9 所示。实现集成底盘控制将是未来底盘技术发展的方向。

图 4.9　ESPⅡ控制结构

另外,基于"集成控制"思想的还有丰田公司的汽车动力学集成管理(Vehicle Dynamics Integrated Management,VDIM),它以制动控制系统(Brake Control System,BCS)为集成控制平台,进一步将电动助力转向技术(Electrical Power Steering,EPS)和变传动比转向控制技术(VCRS)集成到 VDIM 平台中,如图 4.10 所示。VDIM 综合了 ABS、电子制动力分配(Electronic Brake-force Distribution,EBD)、陡坡起步辅助控制(Hill-start Assist Control,HAC)、制动力辅助控制(Brake Assist,BA)、牵引力控制(Traction Control,TRC)和车辆稳定控制(Vehicle Stability Control,VSC)功能,并加以融合,从而获取整车动力学状态及实现整车稳定性最优的控制方式。

图 4.10　基于 VDIM 控制方案

传统的 VSC、TRC、ABS 是在车辆达到动态极限时才各自独立运行,而 VDIM 起动得更早,在车辆达到动态极限之前就开始介入,能在发生侧滑之前对车辆实行控制,不仅保证了更高的预防安全性能,同时还使"加速、转弯、制动"这一车辆的基本运动性能迈上了一个更高的台阶,车辆行驶更加流畅,如图 4.11 所示。为了使车辆真正达到人车一

先进汽车安全技术 第4章

体的境界，VDIM 还采纳了通过 ASV 等培育起来的识别及判断技术，并将在今后对这些技术进行更进一步的改进。

【VDIM 与传统系统的区别及 VDIM 讲解】

图 4.11 VDIM 与传统系统的区别示意图

4.1.2 轮胎压力监控预警系统

轮胎压力监控预警系统（Tire Pressure Monitoring System，TPMS）是一种采用无线传输技术，利用固定于汽车轮胎内的高灵敏度微型无线传感装置在行车或静止的状态下采集汽车轮胎压力、温度等数据，并将数据传送到驾驶室内的主机中，以数字化的形式实时显示汽车轮胎压力和温度等相关数据，并在轮胎出现异常时（预防爆胎）以蜂鸣或语音等形式提醒驾驶人进行预警的汽车主动安全系统。

轮胎的使用状况直接影响汽车安全性，轻者导致爆胎，重者导致车辆失控，造成重大交通事故。因此，轮胎压力监控预警系统（图 4.12）显得非常重要。当轮胎处于 25% 的亚充气状态时，TPMS 将向驾驶人发出警告，以有效地防止轮胎破损，从而避免汽车在轮胎充气不足情况下负重行驶而导致交通事故。

图 4.12 轮胎压力监控预警系统

【TPMS 胎压监控系统】

167

TPMS包括间接型TPMS和直接型TPMS。间接型TPMS是通过ABS的轮速传感器来比较轮胎之间的转速差别，以达到监测胎压的目的，特点是性能差，价格低。直接型TPMS是利用安装在每一个轮胎里的压力传感器来直接测量轮胎的气压，利用无线发射器将压力信息从轮胎内部发送到中央接收器模块上的系统，然后对各轮胎气压数据进行显示，直接型TPMS是未来的趋势。

1. 轮胎压力监控预警系统的结构及工作原理

下面以Audi A6的新一代TPMS为例介绍直接型TPMS，其结构如图4.13所示。

图4.13 轮胎压力监控系统的结构

(1) 轮胎压力监控系统控制单元J502连接在CAN舒适总线上。
(2) 每个车轮罩内都安装了一个轮胎压力监控发射器（G431、G432、G433、G434）。
(3) 后部轮胎压力监控系统天线R96位于车顶上的车内灯和滑动车顶模块之间。
(4) 发射器和天线通过LIN总线与控制单元相连，每个车轮（分别是左前、右前、左后、右后和备用胎）还有一个轮胎压力传感器G222～G226。

轮胎压力监控系统的工作原理如下。

如图4.14所示，当打开驾驶人侧车门时，系统开始初始化过程，然后控制单元给轮胎压力监控发射器G431～G434和天线R96各分配一个LIN地址。初始化完成后，发射器发射出无线电信号，由于这种无线电信号的作用半径很小，所以它们只会分别被相应的轮胎压力传感器所接收，传感器被这个无线电信号激活，然后就会发送出测量到的当前压力和温度值，这些测量值由天线接收后再经LIN总线传送到控制单元。

轮胎压力传感器上装有离心力传感器，该传感器可以识别出车轮是否在转动，只要是车在停着，就不再进行任何通信联系了。

车辆起步时，传感器在约2min后开始与车轮位置进行匹配。当车速超过约20km/h时，每个传感器会自动发射当前的测量值，而不需等待来自各自发射器的信号。

图4.14 TPMS工作原理流程图

发射出的无线电信号中包含有传感器的 ID，这样控制单元就可识别出是哪个传感器发出的信息及其位置。正常情况下，发射器每隔约 30s 就发射一次信号。如果传感器发现压力变化较快（>0.2bar/min），那么传感器会自动切换到快速发送模式，这时每隔 1s 就发送一次当前测量值。

2. 轮胎压力传感器结构及工作原理

1）结构

轮胎压力传感器安装在车轮金属气门嘴处，由 4 个部分组成，如图 4.15 所示，各部分相互协调通信（图 4.16），这 4 个部分如下。

（1）压力/温度传感器。具有压力、温度、加速度、电压检测和后信号处理 ASIC 芯片组合的智能传感器 SOC，如图 4.17 所示。

图 4.15　轮胎压力传感器元件结构图
1—发射天线；2—压力/温度传感器；
3—测量和控制电子装置；4—锂亚电池；
5—金属气门嘴；6—轮胎压力传感器

图 4.16　轮胎压力传感器逻辑结构图

（2）测量和控制电子装置。4～8 位单片机（MCU）、RF 射频发射芯片。

（3）锂亚电池。

（4）发射天线。

在新型的发射模块中还可能包含唤醒电路，用于节省电池，外壳选用高强度塑料，所有器件、材料都要满足 −40～+125℃ 的使用温度范围。

图 4.17　轮胎压力传感器

2）工作原理

轮胎压力传感器工作时会向 LIN 总线发送信息，其中包括轮胎压力、轮胎温度、专用识别号、集成的电池的状态和为保证数据传输所要用到的状态、同步及控制信息。

轮胎压力传感器有以下两个关键技术。

（1）电池低功耗技术。为了实现 TPMS 发射模块在一节锂电池下能工作 3～5 年，甚至更长时间的目标，系统节电是十分重要的。因此只有在大多数时间让系统进入睡眠状态，才能省电与延长电池寿命，唤醒 TPMS 则是重中之重。汽车激活和进入高速行驶时，唤醒 TPMS 的方法一般有两种：一是利用软件设定定时检测，在发射模块上要安置 Wake-up 芯片，由接收器发出 Wake-up 信号；二是在传感器模块中增加惯性传感器（Inertial sensor），利用对物体移动的感应性，自动进入系统自检，行驶时可依照行驶速度自动调整检测周期。

（2）信号的可靠性传输及其抗干扰性技术。TPMS 涉及信号的无线收发，系统信号的可靠性是设计中始终要考虑的问题，特别是高速行驶时信号传输的稳定性。由于高速行驶下工作环境比较恶劣，且汽车内电子产品众多，信号会出现漂移及时有时无的情况；另外在使用手机、汽车音响等产品时，信号相互产生干扰，信号的稳定性会受到影响，因此，系统的屏蔽和抗干扰等问题就显得尤为重要。这些问题的解决主要还是在 RF 发射器和 RF 接收器芯片的选择上。

3. 轮胎压力监控预警系统的展望

TPMS 将是未来智能型汽车不可缺少的功能要素之一。图 4.18 所示为集成的 TPMS。目前 TPMS 技术还处在相对较低的发展水平，已有的产品还不完善。随着人们越来越关注汽车安全问题，对 TPMS 的研究也在不断深入，TPMS 技术的发展趋势可概括为以下几个方面。

图 4.18 集成的 TPMS

1）TPMS 向着功耗低、配重低、成本低的方向发展

功耗跟电池使用寿命有绝对关系；而配重则牵涉 TPMS 发射模块的安装。故 TPMS 设计方案的发展也依此考量为蓝图，如图 4.19 所示。为降低功耗，设计趋势第一步走向内建惯性传感器，侦测到车辆移动才唤醒发射模块借以节省电能，最终目标走向无电源模块，即内建 MEMS 电源以提供电能。至于配重及成本，整合型芯片为设计趋势。整合胎压传感器与 MCU，再将 RF 发射也包含进来，至最后将 MEMS 也设计在一起，不但可减小模块体积，也节省成本提高市场竞争性。

2）TPMS 的多功能化

随着体积小、集成度高、功能多的新型传感器系统的出现，除了测量轮胎压力和温度外，TPMS 还能够反馈轮胎载荷、滑动摩擦因数、胎面磨耗、道路表面质量等参数，从而为行车安全提供更好的服务。

图 4.19　TPMS 发展趋势

3）TPMS 与其他汽车电子系统相融合

这种融合可提升整车性能并降低成本。比如，TPMS 与 ESP 相结合，可将轮胎的重力、气压和温度、路况、轮胎类型等附加信息提供给 ESP，从而能改善汽车在任何情况下的稳定性。又如，TPMS 与 ABS 相结合，形成所谓的爆胎监测与制动系统（TPMBS），可以在驾驶人无法做出反应时，自动实施制动，从而避免爆胎的危险。

4）TPMS 的无源化

使系统不依赖于电池而工作是 TPMS 技术发展的重要方向。无源（无电池）TPMS 可彻底避免现有 PSB TPMS 因电池存在而产生的诸多问题：如体积和重量较大、无法全天候监控（为省电）、稳定性和可靠性不高（电池易受温度影响）等；同时也可避免在低功耗设计方面的技术困扰。目前已经有压电发电、磁场电磁耦合、声表面波等 TPMS 无源化设计方案出现，但真正实现无源 TPMS 还需时日。

工业和信息化部发布消息称，2019 年，轮胎压力监测将成为汽车标准配置。目前，强制性国家标准 GB 26149—2017《乘用车轮胎压力监测系统的性能要求和试验方法》送审稿通过了审查，修改完善后上报国家标准委批准发布并将正式实施。我国将于 2019 年 1 月 1 日起，在 M1 类车型上强制安装 TPMS，2020 年 1 月 1 日起，在所有车上强制安装。

4.1.3　安全预警技术

1. 自适应巡航控制系统

自适应巡航控制（Adaptive Cruise Control，ACC）系统将自动巡航控制系统（Cruise Control System，CCS）和车辆向前撞击报警系统（Forward Collision Warning System，FCWS）有机地结合起来，既有定速巡航功能，实现在前方无目标车辆时按驾驶人设定车速稳定行驶，又有跟车巡航系统，完成前方有目标车辆时，根据前车状态跟车巡航的功能。

1）ACC 系统组成

图 4.20 所示为 ACC 系统的组成和互联主件系统。不同模块之间通过一个串行通信网络左右通信方法，俗称控制器区域网络（CAN）。

（1）ACC 模块。ACC 模块的主要功能是处理雷达信息并判断附近是否存在前方车辆。

图 4.20 ACC 组成

当 ACC 系统处于"时间间隙控制状态"时，它会发出信息到发动机控制和制动器控制模块，以控制 ACC 车辆和目标车辆之间的时间间隙。

（2）发动机控制模块。发动机控制模块的主要功能是接收来自 ACC 模块和仪表板的信息并根据这些信息调整车速。发动机控制模块通过控制发动机节气门（油门）控制车速。

（3）制动控制模块。制动控制模块的主要功能是在 ACC 控制模块的要求下通过对每个轮胎进行制动从而降低车速。制动系统采用电子增强液压式的，如 ABS 制动系统，而不是通过有线全权制动。

（4）仪表群。仪表群的主要功能是处理巡航开关和将它们的信息发送至 ACC 系统和发动机控制模块。同时，仪表群也将显示信息，以便于驾驶人了解 ACC 系统的运行状态。

（5）CAN。控制器局域网（CAN）是一个机动车网络标准，它使用 2 线总线来传递和接收数据。网络上的每个节点都具备每个消息帧发送 0～8B 数据的能力。一个消息帧由一个 0～8B 的前端消息和一个校验消息组成。前端消息是一个独特的标识符，用于确定优先级。在总线空闲时网络上的每个节点都可以发送数据。若有多个节点在同一时间发送数据，将会有一个仲裁机制来确定由哪个节点来控制总线。具有最高优先级的消息将赢得仲裁，其信息将被传送。一旦检测到总线空闲，发送失败的消息将重试发送。

（6）巡航开关。巡航开关是装在转向盘上的几个按钮，以便于驾驶人命令和操作 ACC 系统。

开关包括以下几个。

① "ON"：将系统置于 "ACC 待机状态"。

② "OFF"：取消 ACC 操作并将系统置于 "ACC 关闭状态"。

③ "SET+"：启动 ACC 并设置设定速度或加速。

④ "COAST"：减速。

⑤ "RESUME"：恢复到设定速度。

⑥ "TIME GAP +"：增加时间间隙。

⑦ "TIME GAP −"：减小时间间隙。

（7）制动开关。共有两个制动开关，分别为制动开关1（BS1）和制动开关2（BS2）；当其中任何一个开关被激活时，巡航控制操作取消，系统进入 "ACC 待机状态"。

（8）制动灯开关。当制动控制模块响应 ACC 要求进行制动时，将会打开制动灯提醒后方车辆注意本车正在减速。

2）ACC 系统的 5 种状态

ACC 关闭状态——ACC 系统处于禁用状态。

ACC 待机状态——系统处于准备被驾驶人激活的状态。

ACC 起动状态——ACC 系统处于起动并控制车速的状态。

ACC 速度控制状态——ACC 启动状态的一个子状态，在前方没有车辆的情况下其控制系统使车速达到设定速度是典型的传统巡航控制系统。

ACC 时间间隙控制状态——ACC 启动状态的一个子状态，用于控制 ACC 车辆与目标车辆间的时间间隙。

图 4.21 所示为 ACC 状态及其过渡。

图 4.21　ACC 状态及其过渡

3）当 ACC 被激活后的典型的操作

（1）速度控制状态时的操作（ACC 速度控制）。如图 4.22(a)所示，当主车前方无行驶车辆时，主车将处于普通的巡航行驶状态，ACC 系统按照设定的行驶车速对车辆进行匀速控制。

（2）跟车模式时的操作（ACC 时间间隙控制）。ACC 系统进入跟车模式或 "ACC 时间间隙控制状态"，若雷达侦测到有前方车辆进入间隙距离之内，在此模式的操作下，ACC

图 4.22 ACC 系统 4 种典型操作

系统将发送一个目标速度给发动机控制模块并向制动控制模块下达减速指令,以保证车辆间设定的时间间隙。

① 减速控制。如图 4.22(b)所示,当主车前方有目标车辆,且目标车辆的行驶速度小于主车的行驶速度时,ACC 系统将控制主车进行减速,确保两车间的距离为所设定的安全距离。

② 跟随控制。如图 4.22(c)所示,当 ACC 系统将主车减速至理想的目标值之后采用跟随控制,与目标车辆以相同的速度行驶。

③ 加速控制。如图 4.22(d)所示,当前方的目标车辆发生移线,或主车移线行驶使得主车前方又无行驶车辆时,ACC 系统将对主车进行加速控制,使主车恢复至设定的行驶速度。在恢复行驶速度后,ACC 系统又转入对主车的匀速控制。当驾驶人参与车辆驾驶后,ACC 系统将自动退出对车辆的控制。

ACC 系统可在速度控制模式和时间间隙(跟车)模式间自动转换,此运作模式取决于相对设定速度更慢的目标速度,以维持 ACC 车辆和前方车辆之间的间隙。总的来说,如果没有车辆处于间隙距离内,该系统处于速度控制模式,否则,它将维持时间间隙模式。另外,驾驶人可以通过"TIME GAP+"和"TIME GAP-"的开关调整时间间隙。按"TIME GAP+"开关,时间间隙值增加,两车之间的间隙也随之增加。按"TIME GAP-"的开关,时间间隙值降低,因此两车之间的间隙也随之减少。

ACC 系统是一个允许车辆巡航控制系统通过调整速度以适应交通状况的汽车功能。ACC 系统最大的好处就是降低驾驶疲劳。ACC 系统加上车道偏离辅助系统,可以使驾驶人在较好的城市路况中极大地解放双脚甚至双手。特别是轻微堵车的路况驾驶疲劳感很大部分来源于不停踩制动踏板,利用 ACC 系统可以轻松保持车距。但是,智能系统还是不能完全替代人工。为了行车安全,ACC 系统最小的跟车距离也不会很小,在拥堵严重的路况下易被加塞或者强行变道。道路情况较复杂时,在遇到前车紧急制动或者路口突然出现车辆的情况下,ACC 系统很难精确控制,不能保证安全。遇到一些运载货物的车辆,当货物本身超出了车身尺寸时,雷达的精准识别率较低,难以保证安全。

2. 预防碰撞系统

预防碰撞安全系统(Automatic Warning System,AWS)可分为对车内人员的保护和车外人员的保护两类,但安全保障的核心都是对碰撞动作的积极准备和防护措施。对于车内预防碰撞安全系统，当相关传感器或雷达探测到潜在的碰撞危险时，会首先向车内驾驶人发出警告，如警告无效则在 0.6s 内启动自动制动系统，根据驾驶人的制动力量增加辅助油压以充分降低车速，避免碰撞。同时，预防碰撞安全系统也会在车内为被动防护提供支持，如关闭车窗、调整座椅角度或安全带松紧程度以减轻碰撞强度和使安全气囊发挥更大作用等。在车外，预防碰撞安全系统也可通过一系列措施尽量保护被撞对象的安全。如碰撞不可避免，安全系统会打开与行人受撞击面相对的外部安全气囊（如保险杠、风窗玻璃等处），尽量减少对其头、胸、腰等脆弱和致命部位的撞击力。图 4.23 所示为预防碰撞安全系统工作流程图。

图 4.23　预防碰撞安全系统工作流程图

如图 4.24 所示，日产汽车公司首次成功开发并推出了全方位碰撞预防系统，它能够通过电脑自动控制车辆与周边汽车的距离，在突发状况下有效地防止撞车事故的发生。

图 4.24　日产的全方位碰撞预防系统

侧面碰撞预防系统（Side Collision Prevention，SCP）的元件图如图4.25所示，其工作过程如图4.26所示，安装在车辆后侧方的传感器检测邻道车辆。当邻道有车时，如果驾驶人开始变道，就会在以图像和声音发出警示的同时，通过分别控制每个车轮的制动器产生横摆力矩（车辆的回转力），帮助驾驶人驾驶操作不接近邻道车辆。

图4.25　侧面碰撞预防系统元件图

图4.26　侧面碰撞预防系统工作过程

倒车碰撞预防系统（Back-up Collision Prevention，BCP）以安装在车辆后部和后侧方的传感器来检测周围的障碍物。倒车离开停车场时，如果倒车时检测出接近障碍物，则发出警示并控制制动，帮助驾驶人操作不接近障碍物。

这两项技术与车道偏离警示（Lane Departure Prevention，LDP）系统及车距控制辅助（Distance Control Assist，DCA）系统相配合，从整体上为车辆形成了一种"安全盾"的概念，保证驾驶车辆与周围汽车的合理安全距离，帮助驾驶人防止多方向的碰撞危险，为车辆及乘员提供多角度的保护。

3. 安全预警技术的展望

安全预警技术是集计算机、现代传感、信息融合、通信、人工智能及自动控制等技术于一体的集成系统，是今后汽车技术的主流发展方向。随着更加先进的传感器、快速响应的执行器、高性能 ECU、先进的控制策略、计算机网络、通信技术及雷达技术在汽车上的广泛应用，安全预警技术已经明显向集成化、智能化和网络化3个主要方向发展。开发高性能的行车安全状态监控技术和信息服务平台，可为驾驶人提供有效的驾驶辅助，有效降低交通事故的发生率。由于这类技术在事故预防方面的显著效果，已成为世界各国重点研究的汽车主动安全技术之一。

行驶车辆自适应巡航控制系统、车道保持辅助系统与车辆底盘一体化控制技术协调控制，将车辆行驶性能控制到最佳水平，形成一体化的主动安全控制系统。先进汽车主动安全控制技术将会整合和优化各项独立的主动安全装置和措施，最终将会形成"人-车-路"三者协同的主动安全技术，如图4.27所示。

先进汽车安全技术 第4章

图 4.27 "人-车-路"协同的主动安全技术

4.2 智能乘员约束技术

乘员约束系统是在车祸意外发生、车辆已经失控的状况之下，对于乘坐人员进行被动的保护作用，希望通过固定装置，让车室内的乘员固定在安全的位置，并利用结构上的导引与溃缩，尽量吸收撞击的力量，确保车室内乘员的安全。汽车乘员约束系统主要包括安全带（含预紧器、限力器）、安全气囊、安全座椅、压溃式转向柱和膝垫等。其中安全带和安全气囊是汽车碰撞事故中最有效的乘员保护设施。

随着电子技术和汽车安全技术的发展，发展智能乘员约束技术来增加汽车被动安全性能成为国内外汽车界的普遍共识。智能约束系统就是通过自动判断乘员的类型和碰撞发生时的车速，来自动调整约束系统的参数，通常可控的参数如下：安全气囊多级点火气体发生器点火的级数、排气孔的面积、安全带预紧器和限力器的特性、压溃转向柱特性。

4.2.1 智能安全气囊

安全气囊系统（Supplemental Restraint System，SRS），相对于安全带，只是一个辅助保护设备。安全气囊是用带橡胶衬里的特种织物尼龙制成的，工作时用无害的氮气填充。安全气囊的基本原理是在发生一次碰撞后、二次碰撞前，迅速在乘员和汽车内部结构之间打开一个充满气体的袋子，让乘员扑在气囊上，从而降低乘员的伤害指标。安全气囊发展至今，技术上已经非常成熟，能够对乘员起到更好的保护作用，同时为了降低安全气囊点爆过程中对于乘员的伤害，出现了更多更智能化、低能量化、多级化的安全气囊，在保护乘员的同时避免了对乘员的伤害。

智能安全气囊就是在普通型的基础上增加传感器，以探测出座椅上的乘员是儿童还是成年人，他们系好的安全带及所处的位置是怎样的高度，通过采集这些数据，由电子计算机软件分析和处理控制安全气囊的膨胀，使其发挥最佳作用，避免安全气囊出现无必要的膨胀，从而极大地提高其安全作用。

1. 智能安全气囊结构及工作原理

传统安全气囊系统由碰撞传感器、缓冲气囊、气体发生器及控制块（电脑）等组成，如图4.28所示。

【安全气囊系统】

图4.28　传统电子安全气囊结构图
1—微控制器；2—加速度传感器；3—点火芯片

传统电子安全气囊的工作过程如下。

（1）碰撞发生。

（2）加速度传感器输出响应信号给微控制器。

（3）微控制器分析"碰撞判断算法"，然后决定安全气囊的打开和打开定时。

（4）微控制器命令点火芯片打开气囊。

（5）点火芯片送点火信号给充气机，然后气囊打开。

智能安全气囊系统增加了乘员识别技术，在上述过程（2）中，乘员识别传感器把获得的座椅上乘员身材、体重、是否系好安全带、人在座椅上所处位置等信息一并传递给微控制器,微控制器能根据车辆碰撞时的车速、撞击程度及乘员信息,除了要确定是否打开气囊并且是在高阈值或低阈值下打开气囊以外,还要根据乘员位置和重量信息来确定向对应的安全气囊采取不同的充气级别,使安全气囊对乘客提供最合理和最有效的保护,特别是减少对儿童等身体矮小者的伤害。

图 4.29 所示是某气囊厂商研制的智能安全气囊系统的组成,包括 4 种传感器,如图 4.30 所示,为微控制器提供乘员的身材、体重、是否系好安全带、人在座椅上所处位置等信息。

(1) 超声波传感器 1,通过发射超声波,然后分析遇到物体后的反射波探明乘员的存在和位置。

(2) 重量传感器 2,通过应变片测量乘员重量的乘员识别系统。每个乘员底座下分布 4 个应变片,通过应变片电阻的变化测量乘员重量的变化,从而起到乘员识别的效果。

(3) 带扣传感器 3,判断乘员是否佩戴安全带。

(4) 座椅位置传感器 6,提供座椅位置信息。

图 4.29 智能安全气囊系统组成

图 4.30 智能 ECU 传感系统

1—超声波位置传感器;2—重量传感器;
3—带扣传感器;4—副驾驶人安全气囊;
5—主驾驶人安全气囊;6—座椅位置传感器

其工作原理:4 个超声波位置传感器 1 和座椅位置传感器 6 可以判别乘员与气囊之间的位置关系,重量传感器 2 判断乘员是否为儿童或者没有乘员,带扣传感器 3 判断乘员是否系好安全带。通过以上传感器的输入信号,微控制单元决定气囊是否点爆,以什么方式点爆。

其中,有两个关键技术,一是乘员识别技术,二是分级气囊点爆技术。

2. 多方位乘员保护系统

图 4.31 所示是德国 Bosch 公司开发的多方位乘员保护系统。它基本包括如下组成部分:3 个前部预碰撞传感器(能够更快感知正面碰撞信号,从而提高点火的快速性),1 个儿童座椅传感器(当前排座椅安装背向儿童座椅的时候禁止气囊的点爆),1 个集成滚翻传感器的主控单元(主要的控制单元,同时集成了滚翻传感器,能够进行滚翻事故的气囊点火控制),4 个侧面传感器(感知侧面碰撞,包括加速度传感器和压力传感器),1 个乘员离位传感器(判断乘员是否处于离位状态),2 个乘员识别传感器(感知乘员的

重量及位置)。各个传感器之间通过总线方式进行数据传递。同时,为了起到更好的保护效果,驾驶人侧和乘员侧使用了 2 级气体发生器,同时为每个乘员配备了一个侧面气囊及相应的安全带预紧器,因此整个系统相对比较复杂,但是保护效果却大幅提高。

图 4.31 多方位乘员保护系统结构示意图

图 4.32 所示是宝马 7 系车所采用的乘员识别系统,主要是采用分布式电容技术感知乘员类型及乘员乘坐姿势的变化,进而采取不同的点火策略。9 个电极分布在座椅的靠背和底座上。当不同类型的乘员乘坐时,各个电极的电容是不一样的,同样,当乘员的坐姿发生变化时,各个电极之间的测量值也有所不同,通过测量电极之间电容的差别,从而获知关键的乘员参数,进而采取合适的点火方式,从而起到更好的乘员保护效果。

图像识别技术在乘员识别系统中也有一定的应用,部分厂家使用摄像头拍摄驾驶人侧和乘员侧的乘员,判断乘员的类型及乘员的实际乘坐位置,如果乘员距离转向盘或者仪表板过近,则采用低能量级别点爆气囊或者禁止气囊的点爆。但是图像识别技术由于摄像头成本较高,加上图像数据处理设备对于硬件要求较高,因此整体的造价比较高,如果要得到更为广泛的使用还有待时日。乘员识别系统的类型各异,原理上也有一定的差异,但是基本上需要有主控 ECU 设备、乘员信息感知设备等模块。

3. 分级气囊点爆技术

智能型安全气囊中装备的气体发生器都是多级气体发生器,由两级单独的电雷管和相应的装药组成,可以视作两个单独的气体发生器,它们的充气强度(充气量)是不相同的,视汽车碰撞的严重程度和乘员身体参数,以及坐姿和安全带等的使用情况不同,由传感器将感应到的信号输送到 ECU,ECU 通过预先设定的计算程序进行运算,确定是否应该点爆气体发生器。如需要点爆气体发生器时则判定是点爆强充气挡,还是点爆弱充气挡,通常碰撞强度越是激烈,乘员的体重越重,气囊的充气强度要求越高,此时设置两级气体发生器同时向气囊充气。在乘员体重较轻、碰撞情况较弱时,除了点爆其中单级气体发生器外,还可以改变点爆第一级气体发生器的起始时间和点爆第一级和第二级气体发生器的间

图 4.32 宝马 7 系汽车乘员识别系统

隔时间来改变气囊不同的充气强度,以适应不同类型乘员撞到气囊上时得到更好保护效果的对应充气程度。使气囊的充气时间和充气强度与乘员相应的静态和动态状况相适应,以取得最佳的保护效果。

4. 智能安全气囊的展望

未来智能安全气囊技术将主要朝着以下几个方向发展。

(1) 新的技术可以更好地识别乘客类型,采取不同的保护措施。通过传感器,气囊系统可以判断出车辆当前经历的碰撞形式,是正面碰撞还是角度碰撞,侧面碰撞还是整车的翻滚运动,以便驱动车身不同位置的气囊,形成对乘客的最佳保护。

(2) 小型、轻型化。安全气囊总成将采用体积小的新型气体发生器,它采用压缩气体的混合式气体发生器及采用有机气体的纯气体式气体发生器。另外,安全气囊作为一个高度集成化的系统和模块,德尔福传感器公司推出了世界上最小的安全气囊模块,使转向盘既美观简洁,又有足够的空间来集成更多的控制系统。德尔福的技术可以提供高度紧凑型的乘员正面保护安全气囊,而且气囊系统的盖板与转向盘的接缝非常细小,几乎看不出来;安装的位置也比较独特,且转向盘看上去更漂亮。

(3) 保护全方位化。安全气囊不再仅局限于保护驾驶人与前座乘员。现代汽车还将采用窗帘一般的侧气囊,这样即使是侧面被撞,车内乘员的安全也能得到充分的保证。图 4.33 所示为前排全方位安全气囊。

外用安全气囊已经投入实用，并且在欧洲市场通过了第一阶段的实际情况检验。只是这种外用气囊主要是用来保护行人。例如，沃尔沃 V40 便搭载了奥托立夫设计的外部气囊（图 4.34），置于发动机舱下部，若车辆撞及行人，气囊将立即展开，包裹住 A 柱和风窗玻璃刮水器，在车辆和人员之间形成缓冲，同时发动机舱盖后部将抬起，进一步削弱人车相撞的后果。

【外部安全气囊】

图 4.33　前排全方位安全气囊

图 4.34　外部气囊

4.2.2　气囊式安全带

佩戴安全带的乘员在汽车发生正面碰撞事故时，织带直接与乘员胸部和腿部相接触，织带的线性特性使乘员受的约束力几乎直线增大，过大的胸部压力甚至造成致命伤害。有一个非常简单和合理的想法，就是结合传统的安全带和安全气囊技术，在汽车碰撞时，安全带在乘员躯干和肩膀处展开成气囊。这个想法已经由福特公司实现。

如图 4.35 所示，最新开发出的气囊式安全带得益于福特公司在气囊充气和安全带构造技术方面的领先性，它的气囊能在碰撞发生的 40ms 内在乘客的躯干和肩膀处展开。在日常使用时，气囊式安全带与传统安全带的作用相同，而且适用于儿童安全座椅。福特的调研结果显示，90% 以上参与测试气囊式安全带的人员认为，气囊式安全带的舒适度等同或优于传统安全带，因为它使人感到有衬垫且更柔软。

【福特气囊式安全带】

图 4.35　福特后排座椅气囊式安全带

带有气囊的安全带的工作原理如下。

图4.36(a)：带有气囊的安全带是在三点式安全带的肩带上设计一个气囊。

图4.36(b)：带有气囊的安全带由腰带、带有气囊的肩带、特殊带扣和气体储存器组成。

图4.36(c)：该气囊折叠成带状藏于织带内，织带比普通织带略微厚一点。

图4.36(d)：气囊充气膨胀时，会撕开织带上的气囊保护层，展开气囊于乘员胸前和汽车内饰之间。

图4.36 带有气囊的安全带的工作原理

腰带横跨佩戴者骨盆部位前方，肩带从臀部斜跨前胸至另一侧肩部、特殊的带扣除了使佩戴者能够被安全带固定住和能快速解脱外，还能快速连接和脱卸气囊进气口，气体储存器安装在座椅底下，与锁扣上的气体控制阀相连。气体储存器内装有冷压缩气体，这种气体没有传统安全气囊系统通常采用的发热化学反应气体高温，意味着气囊式安全带充气时，不会使佩戴者感到处于高温环境中。气囊随安全带贴附在乘员展开，其体积设计得较小，因此从汽车碰撞到气囊安全带在乘客躯干和肩膀处展开是在一个极短的时间内完成的。

一旦汽车发生碰撞，该车的安全系统传感器会在瞬间测定碰撞信号，安全系统的控制器接收到该信号，辨认碰撞的严重程度。判定需要展开气囊式安全带时，会发出信号给气囊式安全带，打开通气阀，位于座位底下的气体储存器内的气体通过特殊设计的扣环充入安全带气囊内的折叠气囊，充气到一定压力气囊会突破安全带上的气囊保护层的纤维，由内向外扩展到覆盖乘客身体。

气囊式安全带将撞击能量分散到乘客身体上的功能比传统的安全带高出5倍，它通过把撞击压力扩散到更大的面积来扩大保护范围，即通过减少汽车撞击时对乘客胸部的压力来降低发生伤害的风险。同时，可对乘客的头部和颈部提供额外支持，这样将有助于控制后座乘客头部和颈部在碰撞中的移位。安全带上的气囊展开后，在其内部的气体通过气囊上的小孔散发出去之前，安全带气囊会在数秒内保持膨胀状态。

4.2.3 乘员头颈部保护系统

头颈部受损伤是交通事故中最常见的伤害。在瑞典，每年就有2.5万人蒙受这类伤害。永久性头颈部受伤害的比例约占受伤人员总数的 1/10，而且这类伤害往往很难被确诊。如图 4.37 所示，乘员头颈部保护系统（Whiplash Protection System，WHIPS）已成为所有型号 Volvo 汽车的标准配置，可在发生追尾撞击事故时使永久性颈部伤害的危险减少一半。

【头颈部保护系统（WHIPS）工作过程】

图 4.37　头颈部保护系统

WHIPS 一般设置于前排座椅。当乘用车受到后部的撞击时，头颈部保护系统会迅速充气膨胀起来，其整个靠背都会随乘坐者一起后倾，乘坐者的整个背部和靠背安稳地贴近在一起，靠背则会后倾以最大限度地降低头部向后甩的力量，座椅的椅背和头枕会向后水平移动，使身体的上部和头部得到轻柔、均衡的支撑与保护，以减轻脊椎及颈部所承受的冲击力，并防止头部向后甩所带来的伤害。

WHIPS 工作过程（图 4.38）：追尾事故发生时，人的背部会陷入椅背，当弹簧拉长到一定程度后，逆时针转动，椅背和头枕会向后水平移动 50mm，如图 4.38(b)所示，接着弹簧被压缩，椅背和头枕向后倾斜 15°，如图 4.38(c)所示，在此过程中，身体的上部和头部得到轻柔、均衡的支撑和保护，与未配备 WHIPS 的座椅相比，可将颈部所受到的冲击力削减 40%～60%，防止人体最脆弱的颈部受到终身或致命的伤害。这一装置可以大大降低相对车速 30km/h 以下的追尾事故对人的伤害，而这正是大多数追尾事故发生的速度范围。

专家们根据对实际交通事故的分析，并结合利用先进的计算机模拟实验而得出的结果，对乘员在不同场合下所发生的人体运动模式进行深入研究。所有类型的交通事故都存在造成头颈部伤害的危险，尤其是正面撞击事故，因为这类事故的数量要比追尾事故多一倍。

Volvo 汽车专家的主要观点是，应着重研究在正面撞击和追尾撞击事故中都可导致受伤害概率增加的因素。此外，对实际发生的交通事故的分析证明，影响受伤害概率的因素除撞击强度外，还包括性别、年龄、身高、体重和坐姿等。结果证明，WHIPS 系统可使交通事故所导致的急性颈部疾病数量减少 33%，并使持续时间超过一年的慢性颈椎病的数量减少 53%。

(a) 座椅处于正常状态

(b) 座椅向后水平移动50mm

(c) 座椅向后向后倾斜15°

图 4.38　WHIPS 工作过程示意图

4.3　汽车侧面碰撞保护技术

在道路交通事故中汽车的碰撞位置千变万化，其中来自侧面的碰撞属于汽车侧面碰撞。汽车侧面碰撞可以分为直接碰撞和间接碰撞两种形式，直接碰撞是指车与车之间的碰撞，而间接碰撞是指由于车辆的滑移、跑偏等引起的与障碍物的碰撞，如树木、柱子等，侧面碰撞位居正面碰撞之后，是第二种最常见的碰撞形式。对于整个车辆来说，最薄弱的部位是汽车的侧面，对汽车中占比例最大的乘用车来说，乘用车的前部及后部、发动机、行李箱、相关车身及底盘部分的结构强度设计要大于车辆侧面结构部分，在正面或者后面碰撞过程中可以通过这些部分的结构变形来吸收碰撞能量。乘用车发生侧面碰撞时吸能区域小，没有其前部、后部那样的足够空间发生结构变形来吸收碰撞能量，而且被撞部分与乘员的距离比较近，易直接撞击乘员。因此与正面、后面碰撞相比，车辆侧面碰撞对乘员造成的伤害更大，对乘员的保护也就显得尤为重要。

4.3.1 汽车侧面碰撞的研究

1. 国内侧面碰撞的研究意义

我国人口众多，道路环境多种多样，车辆的质量参差不齐，人们的安全意识还不太高，交通事故频发，每年因为车祸造成的经济损失高达10亿元。在交通事故统计数据中（图4.39），车辆正面碰撞占所有交通事故的62%，侧面碰撞占23%。从图4.40所示的交通事故形态柱状图可以看出，交通事故中侧面碰撞的比重仅为正面碰撞的1/3，但二者造成的死亡人数相差不大。交通事故中，侧面碰撞事故发生概率较高，其致死率和致伤率分别居所有交通事故的第二位和第一位。

图 4.39　汽车事故形式饼状图

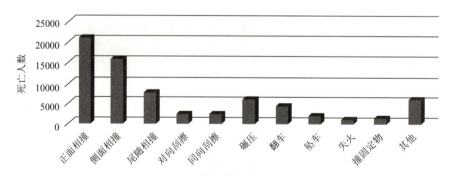

图 4.40　车辆事故形态柱状图

2. 新车评价程序对侧面碰撞测试的规定

2017年4月20日，由乘员保护、行人保护、主动安全三大版块构成的全新《C-NCAP管理规则（2018年版）》正式发布，并将于2018年7月1日开始正式实施。2018年版规则进一步提升了侧碰试验的难度，最大的改进就是侧碰移动壁障的变更。和2015年版规则相比，台车的质量增加了450kg，防撞梁中心高度也增加了50mm（具体性能参数见表4-3）。这样的改变，对于侧面车身结构强度提出了新的要求，同时可以进一步促进侧面安全气囊与气帘装配率的提升。

表 4-3 2018 年版 C-NCAP 壁障性能参数

主要技术指标	2018 年版 C-NCAP 壁障性能参数
台车质量/kg	1400±20
重心位置/mm	纵向中垂面±10，前轴向后 1000±30，地面向上 500～0/±30
碰撞块/mm	碰撞块前面至台车重心间的距离：2000±30
壁障高度/mm	梁单元前面最上部分距离地平面：600±5
台车轴距/mm	3000±10
轮间距/mm	前轮（或后轮）外侧间距：1500±10
假人	WS50th+SID-IIS
前端吸能壁障	AE-MDB V3.9

4.3.2　车身结构新技术

提高整车结构安全性能，加强车身横向结构刚度，可以控制能量转移，使更多的能量转换为被撞击车辆的系统动能，并且减少侧围的侵入量，保证乘员的生存空间，降低由挤压造成的伤害。

如图 4.41 所示，宝马汽车配备高效的侧面撞击保护系统，包括高度稳定的车门和特别坚固的 B 柱，以及专用的头部和侧面保护安全气囊。每扇门内均内置对角铝横梁，确保车门和侧壁具有非同一般的刚度和强度，防止外部物体突入车厢，同时合理设计 B 柱上、下端与车体的连接部位使撞击力尽可能地通过地板横梁和车顶横梁向非撞击侧传递。此外，极其坚固的车门锁和铰链、座椅和扶手区域内的加强件及附加的合成吸能元件都有助于降低传导至车厢的撞击力。

图 4.41　宝马汽车在车门增加防撞梁

新马自达 6 通过优化车身结构设计以达到提高整车碰撞安全性能。与大多数汽车制造商所遵循的"碰撞能量分散与吸收"原理一样，马自达应用的 MAIDAS 方案（Mazda Advanced Impact Distribution and Absorption System，马自达先进碰撞能量分散与吸收方案），也是通过车身结构的优化使得碰撞时产生的能量可以沿着预设的方向向车身分散吸收。当车身结构在碰撞时吸收和分散撞击的能量后，大幅降低对乘员舱的冲击负荷，同时由超高强度钢板加强的乘员舱不会发生严重的变形，保证乘员的生存空间。

马自达采用"3H"车身结构,在障壁车的碰撞区域内布置足够的横向承载结构。局部进行加强以加快载荷传递的速度,稳定载荷传递路径的结构。如图 4.42 所示,"3H"是指在车身的底部、侧面和顶部的骨架都呈现"H"形,并组成立体框架的设计,这一车身结构为高刚度、封闭式承载式车身。"3H"形结构能合理地分流在碰撞中传导的力,提高车身横向承载能力,减少车体的变形量,从而改善整车的碰撞性能。

图 4.42 马自达"3H"形结构方案

4.3.3 侧面安全气囊和气帘

统计发现侧面碰撞对车内乘员的身体和头部的伤害程度比正面碰撞还要严重,在侧面碰撞死亡事故中头部伤害占 59.27%,胸部伤害占 21.98%,而其他部位伤害占 18.75%。车辆在发生侧面碰撞时,侧面安全气囊将乘客身体移出危险区域,在侧面碰撞期间降低施加在身体上的力,从而有效地保护头部和胸部。

奔驰 S 级乘用车在侧面碰撞时,为了保护乘员的侧面部位,侧面安全气囊以极快的速度(20ms)在乘员和车门之间在很小间隙全部展开,如图 4.43 所示,这些安全气囊系统包括以下几类。

图 4.43 奔驰侧面安全气帘

(1) 胸部安全气囊。
(2) 头部/胸部安全气囊。
(3) 胸部/骨盆安全气囊。
(4) 在典型侧面碰撞中,在乘员和车门及 B 柱之间的实际间隙必须迅速加以闭合。
该车还会在独特的位置展开安全气囊,如图 4.44 所示,一个安全气囊在驾驶人和前排乘员之间弹开,就像一个"空气墙"一样,减轻乘员在发生二次碰撞时的伤害。

如图 4.45 所示,2011 款捷达所配备的安全气囊主要由以下几部分组成:驾驶座安全气囊、前排乘客安全气囊、两侧安全气囊和侧面气帘。

侧面安全气囊则安装在前排座椅的侧面,能使前排乘员在侧面碰撞时不至于受到由于车厢变形而造成的严重伤害,可在车身两侧 60°范围内实施监控;侧气帘安装在 B 柱、C 柱,对前后排乘员的头部提供保护。

图 4.44 乘员之间独特的安全气囊

图 4.45 2011 款捷达全方位安全气囊

4.4 行人碰撞保护技术

4.4.1 行人碰撞法规的新进展

根据 Euro NCAP 的统计,欧洲约有 14% 的交通事故死亡人数为行人,其中儿童和老人的风险最大;在国内,这一比例明显更高。近年来,我国通过法规对行人进行保护,GB/T 244550—2009《汽车对行人的碰撞保护》已于 2009 年 10 月 30 日发布,2010 年 7 月 1 日实施。欧洲、日本、美国等地在很早以前便有行人保护技术的研究,Euro NCAP 于 1997 年便引入了行人保护试验,如图 4.46 所示。鉴于国内行人保护观念落后,再加上这方面的技术研发还比较匮乏,2018 年版 C-NCAP 规则引入了行人保护试验,以促进国内汽车厂商在行人保护安全技术上的提升。

图 4.46 Euro NCAP 行人保护试验

1. 我国《汽车对行人的碰撞保护》标准的制定

我国已从 2007 年初开始对欧洲和日本的行人保护法规、全球技术法规进行了全面研究，决定采用全球技术法规(GTR9)《关于机动车碰撞时对行人及弱势道路使用者加强保护和减轻严重伤害的认证统一规定》(2008 年版)全部技术内容。国家标准 GB/T 24550—2009《汽车对行人的碰撞保护》通过小腿冲击器与保险杠撞击试验、大腿冲击器与发动机罩前缘的撞击试验、头部冲击器与发动机罩上表面的撞击试验来评价汽车前部结构对行人的保护性能。

2. 2018 年版 C‐NCAP 规则引入行人保护试验

当行人与车辆发生交通事故时，最主要的死亡原因是行人头部的伤害，而最主要的重伤部位是腿部。2018 年版 C‐NCAP 规则对于行人保护试验的重点集中在头部和腿部（图 4.47）。根据 2018 年版 C‐NCAP 规则，行人保护试验评分权重为 15%，试验项目包括头型试验和腿型试验，可得到的最高分数为 15 分（头型试验区域最高得分为 12 分，腿型试验区域最高得分为 3 分）。头型试验中，成人头型和儿童头型分别以 40km/h 的速度按照规定的角度冲击被试车辆特定部位，通过每次获得的 HIC 值（头部伤害指数）进行综合评分。腿型试验中，根据被试车辆保险杠下部高度选择上腿型或下腿型冲击器以 40km/h 的速度按照规定的方向撞击保险杠，通过每次获得的腿部弯矩以及膝部韧带伸长量等性能指标进行评分。

图 4.47　2018 年版 C‐NCAP 行人保护试验

4.4.2　车辆智能安全保障系统

车辆智能安全保障系统能对行人采取主动的保护，在事故发生以前就及时通知驾驶人，避免车祸的发生，将事故的损伤降到最低程度。车辆智能安全保障系统是先进的车辆控制系统的一部分，包括安全系统、危险预警系统、防撞系统等，涉及传感器技术、通信技术、信息显示技术、驾驶状态监控技术等。这些车载设备包括安装在车身各个部位的传感器、激光雷达、红外线、超声波传感器、盲点探测器等，具有事故监测功能，能随时通过声音、图像等方式向驾驶人提供车辆周围及车辆本身的必要信息，并可以自动或半自动地进行车辆控制，从而有效地防止事故的发生。智能安全保障系统是车辆安全技术未来发展的主要方向，目前已经比较成熟，只不过成本太高，只应用于部分高级车。沃尔沃新推出了带全自动制动的行人探测系统(Pedestrian Detection with Full Auto Brake)，装备于V60 Sports Wagon车型上，当该系统检测到一行人步行在车前的前进路上时，如果驾驶人没有进行制动的话，汽车则自动启动制动系统进行制动。

如图4.48所示，当汽车接近行人，到达紧急情况时，驾驶人接收到一个声音警告，并且风窗玻璃显示器上出现类似于制动灯的闪烁警告，以提醒驾驶人做出迅速的反应。与此同时，汽车的制动系统油路进入预备状态，如果驾驶人进行制动而事故迫在眉睫，此时，则自动制动系统启动，进行紧急制动。当汽车速度在34km/h以下时，在驾驶人没有及时做出反应情况下，带全自动制动的行人探测系统能避免撞人事故的发生。在更高的速度时，带全自动制动的行人探测系统可以把汽车速度降低到24km/h，以尽可能减少行人的受伤程度。统计数据显示，汽车碰撞行人时，降低车速可以大大减少行人受伤程度。

图4.48 带全自动制动的行人探测系统

带全自动制动的行人探测系统为了探测行人，采用了新开发的雷达和摄像头。雷达采用检测角度较广的产品，摄像头采用分辨率高的产品。利用雷达检测与前方障碍物之间的距离，利用摄像头识别该障碍物是否是行人。

4.4.3 主动式发动机舱盖技术

汽车与行人发生碰撞时，如果车速很快的话，行人就会被撞得飞起，然后头部撞向发动机罩或前风窗玻璃上。发动机罩下面就是坚硬的发动机，如果直接相撞的话，会对行人造成非常严重的伤害。因此，要想保护好行人的头部，发动机罩与发动机之间就必须有足够的缓冲距离，但是这个距离很高的话会增加发动机舱的高度，影响整车的风阻系数。发动机盖弹升技术很好地解决了这个问题，当车辆撞到行人时，发动机盖会自动弹升以留出较大的缓冲距离，在碰撞中能更有效地降低行人头部的伤害。

如图4.49所示，发动机盖弹升系统包括ECU、致动器、保险杠加速度传感器。

图 4.49　发动机盖弹升元件图

发动机盖弹升系统的工作过程如图 4.50 所示。当车速在 25km/h 以上时，发动机盖弹升系统则进入监测状态，对保险杠加速度传感器进行监测，如果检测到撞人，保险杠加速度值超过设定值后，就会启动发动机罩弹升控制模块，微型气体发生器在点火后瞬间产生气体，使顶杆上升，便可瞬间将发动机罩提高。

图 4.50　发动机盖弹升系统工作过程

发动机盖弹升技术由于成本较高，目前应用于少量的高端车型上。日产的 Skyline Coupe 就搭载了发动机盖弹升系统；本田局部改进了乘用车"里程"，就采用了提高行人头部保护性能的发动机盖弹升技术。

按照以往的技术，使用燃爆弹火药弹起发动机盖后，需要到专营店由技师进行修复。新奔驰 E 级推出可复原的弹起式发动机盖技术。通过前保险杠感应器，使用弹簧产生上弹力，利用电磁螺线管开锁，可弹起 50mm，弹起后驾驶人可以自行关闭发动机盖，系统自动复原。

可复原的弹起式发动机盖系统包括以下 4 个部件，如图 4.51 所示。

（1）电子控制单元。该控制单元内置于安全气囊控制单元里面。

（2）加速度传感器。2 个安装在保险杠上，1 个安装在横梁上。

（3）复原装置。手动操作即可把发动机盖复原到原有的位置。

（4）弹簧执行机构。由电磁控制，每个弹簧执行机构可弹升 50mm，如图 4.52 所示。

图 4.51 可复原的弹起式发动机盖元件图
1—电子控制单元；2—加速度传感器；3—复原装置；4—弹簧执行机构

图 4.52 弹簧执行机构

4.5 儿童乘员保护技术

近几年来对儿童乘员的保护方面的研究在欧美日等国家和地区得到了极大的重视，他们不但在提高儿童约束保护研究方面做了大量的研究开发工作，同时出台了相应的法规、标准，使儿童乘员在车辆碰撞事故发生中能得到有效的保护。在我国，目前对儿童保护方面的研究还处在起步阶段，还没有正式的技术标准、法规，还不具备完善的试验能力。实际上，近几年来随着乘用车不断进入家庭，儿童乘员数量也在不断增加，如何为他们提供安全的乘车保护，是全社会乃至每个家庭关心的问题。汽车安全儿童约束系统是专门为儿童乘员提供的约束保护系统，以保证在车辆碰撞事故发生时，为儿童提供安全保护，从而减少儿童的死亡数量及伤亡程度。

4.5.1 儿童乘员保护的意义

近年来，随着我国汽车工业的不断发展，私人汽车的保有量正逐年增加。随着汽车进入家庭，将面临一些新的问题，其中包括儿童乘员的碰撞安全性。据公安部交通管理局提供的数字显示，在2006年的各类事故死亡人数中，因交通事故而致死亡人数为89455人，而12岁以下的儿童在交通事故中的死亡人数为4167人，所占比例为4.67%，其中在车内死亡的有683人，占到儿童交通事故死亡人数的16.4%。

目前，国内在保护儿童乘车安全方面，存在非常突出的三大问题。

(1) 中国作为世界最大的汽车保有量国家之一，没有任何针对儿童监护人、保护儿童乘车安全的法规。

(2) 儿童汽车座椅产品充斥市场但没有任何针对生产者的强制性制造标准。

(3) 家长对孩子充分疼爱但普遍缺乏对儿童乘车安全的正确认知。

研究表明，正确使用儿童约束系统(Child Restraint System, CRS)能有效地减少交通事故中儿童的伤亡，但是，在我国，CRS的使用率是很低的。中国汽车技术研究中心进行了CRS使用率的问卷调查和儿童事故数据的初步调查，据目前对几个私家车保有量较大城市(如北京、上海、成都、天津等)的问卷调查得出，这几大城市的平均CRS使用率为5%左右，但CRS的正确使用率估计不超过2%。而对2007年上半年儿童乘坐乘用车在事故中死伤数据来看，发生在乘用车内的12岁以下儿童的死亡率达6.8%(占所有乘用车和客车内儿童乘员死伤数量的比例)。如果能有越来越多的消费者意识到儿童乘车的危险性，正确使用CRS，势必将挽救许多孩子的生命。图4.53所示为Volvo汽车事故中儿童伤害比例。

图4.53 Volvo汽车事故中儿童伤害比例

4.5.2 我国儿童乘员保护法规

1.《机动车儿童乘员用约束系统》国家标准

中国汽车技术研究中心作为标准主要起草单位，2003年就开始进行有关CRS的标准研究和试验研究工作，考虑到我国汽车标准体系与欧洲接近，选定了欧洲ECE R44号法规作为主要参照，开始对ECE R44进行了翻译和整理，并对其中重要的动态试验方法进行了研究。2006年，国家标准委批准立项，项目号为：20067132-Q-303，完成年限：2008年。之后，全国汽车标准化技术委员会组织了由部分汽车生产企业、研究机构及一些有技术实力的儿童约束系统生产厂参与的标准起草组共同制定本标准，并吸收武汉理工大学为标准执笔单位。

经过几年对标准的制定以及试验验证工作，2010年2月，我国首部有关儿童乘车安全的强制性国家标准GB 27887—2011《机动车儿童乘员用约束系统》已上报审批，于2012年7月实施。这是我国第一部有关儿童乘车安全的强制性国家标准，其中，规定了机动车儿童乘员约束系统术语、定义，在车辆上的安装及固定要求，约束系统的结构，以及对约束系统总成及其组成部件的性能要求和试验方法。

该标准定义了儿童约束系统：带有保护带扣的织带或相应柔软的部件、调整装置、连接装置及辅助装置（如手提式婴儿床、婴儿携带装置、辅助座椅和/或碰撞防护），且能将其稳固放置在机动车上的装置。通过限制佩戴者身体的移动来减轻在车辆碰撞事故或突然减速情况下对佩戴人员的伤害。

2. C-NCAP 强调儿童安全

C-NCAP 2009版增加了对儿童约束系统的评价和考核，并从2010年1月1日起正式执行。

C-NCAP 2009版的评价规程中，在正面100%碰撞试验中，在第二排右侧放置一个3岁的儿童假人（连同相应的儿童座椅），使用车辆自身的约束装置（如ISO-FIX或者安全带）将儿童座椅固定。这一项目只考核评价车辆相应的约束系统，暂不对假人的伤害指标进行定量评价。对于采用成人安全带固定的车型，如果成人安全带失效或由于成人安全带的原因导致儿童假人的头部与车辆内饰发生碰撞，那么将扣掉1分。对于配置ISO-FIX装置的车型，如果ISO-FIX装置出现断裂或脱开，或由于ISO-FIX装置的原因导致儿童假人的头部与车辆内饰发生接触，那么其该项目试验也将扣1分。此外，如果测试车型配备了ISO-FIX装置，并且该装置在正面100%碰撞试验中有效，那么可以获得0.5分的加分。

C-NCAP 2018版将儿童的正面碰撞保护纳入了行人保护行列，已将儿童座椅作为推荐法规执行。

4.5.3　ISO-FIX标准和LATCH标准

图4.54所示为安装在高尔夫汽车上的ISO-FIX儿童座椅。制定ISO-FIX（International Standards Organization FIX，即国际标准化组织固定装置）的目标是，让ISO-FIX儿童座椅适合各种车型，只需简单地将它插入儿童座椅接口就可以。ISO-FIX装置使CRS安装简单，能很好地减少因使用成人安全带固定CRS的错误使用率，以有效提高儿童乘车安全性；另外，ISO-FIX可以在儿童座椅和汽车之间建立刚性连接以使其更加稳固。

图 4.54　安装在高尔夫汽车上的 ISO-FIX 儿童座椅

如图 4.55 所示，当汽车出厂时座位与靠背之间安装有 ISO-FIX 接口，儿童座椅生产商在儿童座椅上安装有两个刚性 ISO-FIX 接头，这样 ISO-FIX 儿童座椅就可以轻易地固定至汽车的 ISO-FIX 接口中。遗憾的是制定 ISO-FIX 标准的技术细节需要很长时间，完成这一工作之后，法规 ECE R44.03 必须更新以将新标准添加进来。现在市场上有售的 ISO-FIX 座椅目前只适用于一些对其进行过测试的车型之上，比如，英国百代适（Britax）的 Duo ISO-FIX 座椅已经过测试并被证实可以在 80 多种车型上使用。

【ISO-FIX 儿童座椅及结构】

图 4.55 ISO-FIX 结构图

1—ISO-FIX 接头；2—ISO-FIX 接口；3—ISO-FIX 支架

宝马车安装有 ISO-FIX 接口，宝马汽车车主可以轻松地为他们 15 岁以下的孩子安装儿童座椅。

图 4.56(a)所示的婴儿座椅，可供 18 个月以下、体重约 13kg 的婴儿乘坐。

图 4.56(b)所示的儿童座椅(小)，高度和倾斜均可调节，增加了安全性能，可供 9 个月～7 岁、体重 9～25kg 的儿童乘坐。

图 4.56(c)所示的儿童座椅(大)，可供 3～12 岁、体重 15～36kg 的儿童乘坐。

(a) BMW婴儿座椅　　　　(b) BMW儿童座椅(小)　　　　(c) BMW儿童座椅(大)

图 4.56 宝马系列儿童座椅

美国法规所使用的 LATCH 装置的全称是"Lower Anchors and Tethers for Children"，中文意思是用来固定儿童安全座椅的位置较低的挂钩和系绳，统称为儿童座椅固定系统。这种系统可以独立于安全带而独立的工作，并且对于儿童座椅的安装也是非常简

图 4.57 LATCH 系统安装示意图

1—底部系带；2—顶部系带；
3—儿童座椅上的锁扣；4、5—汽车上的接头

便，也可以减少错误使用儿童座椅的可能。图 4.57 所示为 LATCH 系统安装示意图。

美国国家道路交通安全管理局规定，所有在 2002 年 9 月 1 日以后出厂的新车都必须安装 LATCH 系统，而且，大多数的儿童座椅都将被要求安装一个位置较低的附加装置，以便可以将座椅与挂钩扣在一起。大多数的面向前方的儿童座椅也被要求在上部配备一条可与车内挂钩相连的皮带。

LATCH 装置与 ISO‑FIX 装置的主要区别在于：ISO‑FIX 是一种刚性固定装置，CRS 与车身的连接是刚性的；而 LATCH 则是锁扣通过织带连接在 CRS 上，锁舌与车身的连接是柔性的。ISO‑FIX 和 LATCH 两种装置各有优缺点，欧美意见尚未统一。其主要优缺点见表 4‑4。

表 4‑4　ISO‑FIX 装置和 LATCH 装置的优缺点

装置	ISO‑FIX	LATCH
优点	概念简单； 稳定，装上后稳固； 金属支架刚性好，耐用	质量轻，车外可使用； 成熟的设计和连接； 在不使用说明书的情况下，容易正确操作
缺点	笨重及难看； 当儿童座椅没放在车上时，金属部分对儿童和车可能存在隐患； 系统在车外无法使用； 硬固定点容易积攒杂物	对比较柔弱的用户来说，不太容易将座椅拉紧； 连接儿童座椅侧的铰链很弱； 锁扣有可能被儿童解脱

 思考题

1. 装备有电子稳定程序的车辆，在紧急避让障碍物时，电子稳定程序是怎样工作的？
2. ESP 与 ABS、TCS 有哪些区别？
3. ESP Ⅱ 和汽车动力学集成管理有哪些共同点？各以哪项技术为控制平台？

4. 简述轮胎压力监控预警系统的工作原理。
5. 简述轮胎压力监控预警系统的发展趋势。
6. 自适应巡航控制系统有哪几种操作模式？各是怎样工作的？
7. 乘员识别系统有哪些传感器？各有什么作用？
8. 中国新车评价规程对侧面碰撞有哪些新规定？
9. 普通发动机盖弹升技术和可复原的弹起式发动机盖技术有什么不同？各是怎么工作的？
10. 简述 ISO‑FIX 装置和 LATCH 装置的不同之处。

第 5 章
汽车新材料及轻量化

 本章教学目标

★ 了解汽车新材料的种类及在汽车轻量化的作用
★ 了解汽车新材料的特点及在汽车结构的应用
★ 了解未来汽车轻量化的发展动向

 本章教学要点

知识要点	掌握程度	相关知识
汽车新材料分类和轻量化研究方法	了解汽车轻量化的意义；掌握汽车新材料的分类和轻量化的研究方法	节能、环保的需要，轻质材料和结构的优化设计
车用高强度钢和轻质合金材料	掌握高强度钢和轻质合金在汽车各个部件的应用范围	高强度钢的分类和应用，镁铝合金的应用范围
复合材料和塑料制品	了解复合材料和塑料在汽车的应用领域；掌握碳纤维复合材料和铝蜂窝复合材料的特点	复合材料的组成和分类，应用范围，碳纤维和铝蜂窝复合材料的特点及应用，塑料制品的应用及发展趋势
轻型钢结构	了解轻型钢结构的特点	激光焊接板、连续变截面板、空心变截面钢管技术
轻量化技术的发展	了解国内外的汽车发展趋势和我国未来重点发展材料	世界汽车材料技术发展的主要特征及我国材料的发展趋势

导入案例

早在1998年3月,国际钢协开始在全球实施UISAB-AVC计划,从整体上研究开发新一代钢铁材料汽车结构(车身、覆盖件、悬挂系统、发动机支架及所有与结构、安全相关的部件)。世界各大铝业公司同时也结成联盟,如美国汽车材料合作伙伴(US-AMP)。影响美国最深的当属"平均燃油率标准"(CAFE)和"新一代汽车共同开发计划"(PNGV)。PNGV计划于1993年开始实施,政府每年投资2亿美元,主要用于家庭用车的减重。近十几年来,美国国家标准一直在加码。

和美国类似的是,欧洲和日本不仅在减耗排放方面推行了相关政策,而且对废旧车辆回收做出了严格规定。如日本2001年规划由抛弃型进入循环型的社会发展模式,推行全回收或零废弃的观念。其实2001年以前,日本已有相关法令推行绿色设计及绿色采购。如图5.1所示,2010年本田Native概念车采用了轻质的车身材料,并且在车身部分区域还采用了具有彩色照相技术的材料,因此该车可根据温度、灯光或者其他的环境变化而改变车身的颜色。

图5.1 日本本田Native概念车

通过一系列法规刺激,欧美汽车企业制造的产品,质量同过去相比减轻了20%~26%,预计未来,乘用车平均质量还将继续减轻。特别是铝合金、镁合金、工程塑料、复合材料和高强度钢、超高强度钢等轻量化材料,在汽车轻量化过程中将被广泛采用。

欧美和日本等汽车消费大国在排放标准上,口袋正在越收越紧。为了应对迫切的全球气候变暖和能源危机,节能减排已经成为全球汽车企业的集体课题。在新能源路线迟迟不清晰的形势下,轻量化已经成为全球主流汽车企业的主要折中路线。

5.1 概 述

随着人们对汽车安全性、舒适性、环保性能要求的提高,汽车安装空调、安全气囊、隔热隔音装置、废气净化装置、卫星导航系统等越来越普及,这无形中增加了汽车的质量、耗油量和耗材量,自20世纪80年代以来,汽车自重逐渐增加,图5.2所示为美国新款乘用车平均自重演变图,该图根据美国国家高速公路交通安全协会(the National Highway Traffic Safety Administration,NHTSA)公布的数据绘制而成。从图中可以看出汽车近20年的质量变化。欧洲乘用车质量变化趋势与美国相似。

当今时代,节能减排是汽车行业亟待解决的重点问题,而汽车轻量化作为节约能源和提高燃油经济性的基本途径,成为21世纪行业优先设计和发展方向。

1. 汽车轻量化是节能的需要

汽车的燃油消耗与车重的关系很难用简单的数学关系式表达，但可以从理论分析和试验两个方面找到它们之间的关系。汽车行驶的阻力 F 可由式(6-1)表达：

$$F=\mu_0 W+W\sin\theta+a(1+\beta)W+\lambda AV^2 \quad (5-1)$$

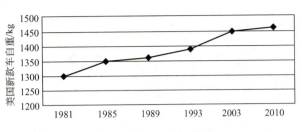

图 5.2　美国历年新款车质量变化图

式中：W 为汽车重量；μ_0 为滚动阻力系数；θ 为斜率；a 为加速度；β 为等价旋转重量比；λ 为空气阻力系数；A 为迎风面积；V 为车速。

由式(5-1)可知，汽车行驶阻力由滚动阻力、爬坡阻力、加速阻力和空气阻力 4 部分组成，除了空气阻力主要与车身形状有关外，其他 3 项均与整车质量成正比。因此，从汽车行驶阻力来看，汽车轻量化是提高燃油经济性的一项有效措施。

图 5.3 所示为某款乘用车，在平坦路面上定速(60km/h)行驶时，车重和燃料消耗之间的关系，可以看出减轻汽车的质量对于提高燃油经济性的显著效果。

图 5.3　车重和定速燃料消耗的关系

关于减轻汽车自身质量与燃油消耗下降的关系，国内外不少机构和学者对此作了相应的研究，归纳起来主要有以下 5 种说法。

(1) 汽车质量每减小 100kg，则 100km 油耗可以减少 0.2～0.8L，一般为 4.5% 左右。

(2) 汽车质量每减小 3%，则可节油 1%～3%。

(3) 汽车质量减小 1%，其油耗可以减少 0.7%；汽车质量减小 330～440kg，可以节约燃油费用 20% 左右。

(4) 汽车质量每减小 50kg，则每升燃油行驶的距离可以增加 1km；若质量减小 10%，则燃油经济性可提高 5.5% 左右。

(5) 乘用车质量每减小 10%，则油耗可下降 8%～10%。对于 16～20t 级载货汽车而言，每减小质量 1000kg，则油耗可降低 6%～7%。

以上观点虽然稍微不同，但是显而易见都说明了汽车轻量化的重要性。

2. 汽车轻量化是环保的要求

随着汽车市场的蓬勃发展，汽车尾气污染发展到了十分严重的程度。资料表明：2010年，我国在大中型城市的汽车尾气污染已占大气污染的20%～40%。汽车尾气已经成为环境恶化的主要根源之一。我国也制定了一系列的法规限制汽车尾气排放，2005年4月27日，国家环保总局公布了5项更为严格的机动车污染物排放新标准，以替代原有的机动车排放和检测方法标准。

汽车轻量化能有效减少汽车尾气排放总量。在发动机燃油效率，石油质量、点火系统状态等条件不变的前提下，汽车轻量化能降低燃油消耗，减少汽车尾气排放量。我国汽车总量基数大，总的汽车尾气排放量的减少是十分巨大的。因此，汽车轻量化对环境保护具有重大的影响。

3. 汽车轻量化研究方法

目前，汽车轻量化的主要途径包括使用轻质材料和结构的优化设计，此外，先进成形工艺或连接工艺的应用也能带来明显的轻量化效果。全钢结构白车身通过优化设计可以减重7%左右，采用铝合金的车身可以带来30%～50%的轻量化效果。优化结构目的在于提高零部件的精简、整体化和集成化。利用有限元和优化设计技术，准确实现车身整体结构设计和布局设计，对各构件的形状、配置、板材厚度变化进行分析，并配合刚度强度设计，以减小零部件的质量和数量。

采用轻质材料在目前看来具有巨大的潜力，是汽车轻量化的主流。汽车行业普遍注重于开发轻量化材料来解决这一难题。在确保汽车综合性能指标的前提下，使用轻质材料来制造车身，可以很大程度减轻车身的质量。目前，在国内外汽车上应用较多的轻量化材料有铝合金、镁合金、高强度钢、塑料及复合材料等。表5-1列出了某国中型乘用车主要材料构成比例，从中可以看出，汽车上使用钢铁材料的比例逐年减少，而使用铝合金等轻量化材料的比例不断上升。但是，高强度钢仍是颇具竞争力的汽车轻量化材料，它在抗碰撞性能、耐蚀性能和成本、回收等方面较其他材料仍具有较大的优势，尤其是用于车身结构件与覆盖件、悬挂件、车轮等零部件。最新的应用情况表明，有些铝、镁合金零件，如保险杠、车轮、骨架、前门、后门、横梁等，又转而采用（高强度）钢设计。所以目前汽车车身主导地位的制造材料仍然是钢材。

表5-1 某国中型乘用车主要材料构成比例

年　代	钢铁/(%)	铝合金/(%)	塑料/(%)	其他材料/(%)
1980	69	4	9	18
1990	60	5.5	12.5	20
2000	51	12	18	19
2010	44	16	20	20

现在已应用于汽车工业的轻质材料可分为两大类：一类是低密度材料，如铝合金、镁合金、钛合金、塑料和复合材料等；另一类是高强度材料，如高强度钢和高强度不锈钢。镁合金与铝合金、钢铁和塑料的物理机械特性的比较见表5-2，而表5-3列出了常用几种轻量化材料的减重效果及相对成本。

表 5-2　镁合金与铝合金、钢铁和塑料物理机械特性的比较

材　料		密度/(g/cm³)	熔点/℃	热导率/[W/(cm·k)]	抗拉强度/MPa	屈服强度/MPa	比强度	弹性模量/GPa
镁合金	AZ91D	1.81	598	54	250	160	138	45
镁合金	AM60B	1.8	615	61	240	130	133	45
铝合金	A380	2.7	595	100	315	260	116	71
钢铁	碳素钢	7.86	1520	42	517	400	80	200
塑料	ABS	1.03		0.9	96		93	
塑料	PC	1.23			118		95	

表 5-3　轻量化材料减重效果及相对成本

轻量化材料	被替代的材料	减小质量/(%)	相对成本(每个零件)
高强度钢	普通低碳钢	10	1
铝合金	钢、铸铁	40～60	1.3～2
镁合金	钢、铸铁	60～75	1.5～2.5
镁合金	铝合金	25～35	1～1.5
玻璃纤维增强复合材料	钢	25～35	1～1.5

现代汽车为了节省资源、满足轻量化、防腐蚀、低成本和美观的要求，汽车上采用塑料、复合材料和陶瓷等。塑料具有密度小、成型性好、耐腐蚀、防振、隔音和隔热等性能，同时又具有金属钢板所不具备的外观(颜色、光泽)和触感，在汽车上应用较快，如车身的内外饰件，车身附件的壳体、罩盖、支架和手柄、前后保险杠、挡泥板、车门外板、行李箱盖、座椅支架等。精细陶瓷材料具有耐热性、耐磨性和抗腐蚀等优点，在汽车上已局部得到应用，如氧传感器、PZT爆燃传感器、NET热敏电阻冷却液温度传感器、密封垫、火花塞、隔热板、摩擦片等。

4. 车身新材料

在车身、底盘、发动机和电子设备四大汽车部件中，车身对于整车轻量化的贡献越来越受到人们的重视。从质量分析上来看，乘用车车身占整车的40%～60%，载重车车身(驾驶室)占整车的20%～30%；对汽车本身来说，约70%的油耗用在车身质量上；从制造成本上来看，乘用车车身占整车的15%～30%，且档次越高的汽车，车身成本所占比例越大；从汽车的发展趋势来看，人们对汽车的安全性、舒适性、新颖性及豪华档次等特色的要求越来越高，而这些特色很多要通过汽车车身来实现。

在新一代的奥迪A8乘用车上，其车身材料首次采用了碳纤维复合材料。车身整体框架为铝型材，关键部位采用铝制铸件连接，进而确保强度，在车身表面则使用铝制钣金件，此外为了进一步降低车重，在车厢后部采用了碳纤维材料。车厢部分采用高强度合金钢。据统计，在新一代奥迪A8乘用车上，使用材料种类总计29种，其中铝材16种，钢材11种，镁材1种，碳纤维复合材料1种，如图5.4所示。

【奥迪 A8 乘用车车身结构材料图】

图 5.4　奥迪 A8 乘用车车身结构材料图

目前，现代乘用车中占自重 90% 的 6 类主要材料各自所占质量份额大体为钢 55%～60%，铸铁 5%～12%，塑料 8%～12%，铝 6%～10%，橡胶 4%，玻璃 3%。除此之外，其他材料共占车重的 10%，它们是各种有色金属、液体和诸如油漆等杂项材料。汽车车身主要由钢、铸铁、铝等材料组成，轻量化潜力巨大，所以车身是轻量化设计的关键部件。

由于不断推广使用各种性能优异的轻质材料，世界汽车轻量化成果显著。尤其是 20 世纪 90 年代以后，该趋势更加明显。图 5.5 所示为汽车车身结构的变化和发展。

图 5.5　车身结构发展趋势

5.2　高强度钢

汽车车身用高强度钢是指为了达到车身轻量化的目标，也是为了应对来自其他轻质材料（如铝合金、镁合金、复合材料）的挑战，钢铁企业开发的一些新型钢种，即屈服强度大于 210MPa，高强度钢是常规高强度钢（屈服强度大于 210MPa）、超高强度钢（屈服强度大于 550MPa）和先进高强度钢（AHSS）的总称，图 5.6 所示是以高强度钢制作的车身。

图 5.6　某款高强度钢车身

高强度钢板主要有固溶强化型极低碳深冲性钢板、烘烤硬化型深冲性钢板、残留奥氏体组织 TRIP 型高延展性钢板。在后热处理中通过 Cu 析出使强度提高的 Cu 添加钢、弯曲性与辊成型性优异的超高强度钢板、冲压成型性优异的高延伸凸缘型钢板。这些钢板不仅强度高，而且大大改善了加工性能。汽车用高强度钢板的开发进程如图 5.7 所示。

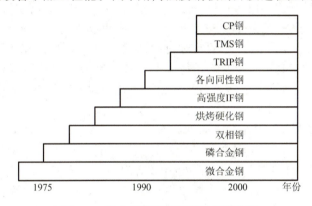

图 5.7　汽车用高强度钢板的开发进程

高强度钢材使用对象分为两部分，一部分是汽车车身、减振及车轮用部件，另一部分是底盘和排气系统。如需要具备防碰撞功能的零件，汽车门内防撞梁，汽车前后保险杠防撞板，车身 A 柱、B 柱，发动机支撑梁，仪表板支架，门槛加强板，汽车座椅骨架等车身部件；车轮钢架，车轮轮辐和轮辋高强度钢板；连接传动机构，高强度弹簧、高碳传动轴管、高强度发动机螺栓等。汽车结构件用各种特殊钢强度一般都达到 1000MPa，如汽车转向节、转向扭杆等。

图 5.8 列出了某国汽车高强度钢板到 2014 年前的发展及使用预测。到 2014 年高强度钢材使用比例将从目前的 40% 多提高到 60%。高强度材料采用比例急剧增加、汽车材料高强度化将成为汽车发展的重要特征。

图 5.8　某国汽车高强度钢材料 2014 年前发展和预测

高强度钢板在车身上应用的目的主要是改善车身的变形特性和提高疲劳强度。塑性变形特性的利用模式可分为以下几种。

（1）增加构件的变形抵抗力，对提高车身构件和加强件在受冲击时的抗破坏强度有利。

（2）提高能量吸收能力，这对提高车身的耐撞性有利。

（3）扩大弹性应变区，这主要应用于外力作用下变形不大的场合，当外力去除后能恢复原有的形状。

目前，对于高强度钢和超高强度钢，并无统一的定义，一般认为抗拉强度超过340MPa的称为高强度钢。高强度钢又可分为传统高强度钢和先进高强度钢两类。传统高强度钢种包括低碳钢、无间隙原子钢、各向同性钢、烘烤硬化钢、碳锰钢、低合金高强度钢。先进高强度钢是金相组织强化的钢种，包含相变诱导塑性钢、复相钢、马氏体钢、双相钢等，在提高强度的同时具备了良好的延展性和塑性。传统高强度钢和先进高强度钢之间的主要区别在于其显微组织。就通常的钢种而言，强度提高带来的问题就是成型性降低。为了进一步促进汽车结构的轻量化，开发新的高强度钢种就必须解决这个问题，而多相显微组织的系列钢种的开发就更注重成型性能。

按照ULSAB(Ultra Light Steel Auto Body)所采用的定义，将屈服强度小于210MPa的钢称为软钢，将屈服强度在210~550MPa的钢称为高强度钢，屈服强度高于550MPa的钢称为超高强度钢。为了同普通的高强度钢板区分开来，把双相钢（DP）、变诱导塑性钢（TRIP）和MART等以相变强化为主的钢板统称为先进高强度钢板，其强度范围为500~1500MPa，这类钢板具有高的减重潜力、高的碰撞吸收能、高的疲劳强度、高的成型性和平面各向异性等优点。

汽车用高强度钢板按照轧制方式又可以分为冷轧钢板（抗拉强度在340MPa以上）、热轧钢板（抗拉强度在370MPa以上）及以它们为基底进行表面处理的钢板。在车身制造领域，为了使它们在各自的适用部位上满足所必需的性能，不但要求其具有特定的强度特性，而且要具有优良的冲压成型性、焊接性、疲劳强度、可涂装性等各种特性的综合指标。厚度在0.15~3.2mm的高强度冷轧钢板是首选。车身多采用厚度在0.6~0.8mm的薄钢板，这种钢板的尺寸精度高、表面光滑，具有良好的力学性能、加工性能、成型性能和焊接性能，主要用于车身侧围板、顶盖、发动机罩、翼子板、行李箱盖、车门板和仪表板等覆盖件。图5.9所示为高强度钢在汽车上的应用。图5.10所示为全新迈腾HSB高强度车身结构，74%采用了高强度和超高强度钢板，其中16%为强度更高的轻质热成型钢板，分布于A柱、B柱等关键部位。

【超高强度车身】

■高强度钢

图5.9 高强度钢在汽车上的应用

图5.10 全新迈腾HSB高强度车身结构

目前，汽车车身上用到的高强度钢板主要有固溶强化型高强度钢板、烘烤硬化型高强度钢板、组织强化型高强度钢板、高强度合金化热镀锌型钢板等几种。

1. 固溶强化型高强度钢板

固溶强化型钢板属于深拉深型，多用于车身内外覆盖件。汽车车身覆盖件用高强度钢板的必要条件是高应力比和低屈服强度。要求低屈服强度是为了防止冲压时板面变形，由经验得知屈服强度必须在240MPa以下。这种钢板由于不存在固溶碳和固溶氮，基本上无时效性。但不存在固溶碳，容易引起二次加工时发生脆化，为防止这种脆化有时也在钢中加入微量磷元素。

2. 烘烤硬化型高强度钢板

烘烤硬化型钢板在轧制成型时质软，而在涂漆烘烤（相当于1700℃，保温20min的热处理）时硬化。这种钢板是使适量固溶碳残留于钢板中，利用涂漆烘烤时的热量将压制成型时引入的位错用固溶碳固定，以提高屈服点的钢板。由于烘烤硬化量随压制成型时的变形量而变化，且在低变形区域较大，所以烘烤硬化型钢板适宜用于四门两盖等加工度低的部件。

日本川崎制铁公司新开发的440MPa涂装烘烤硬化型高强度热轧板，解决了高强度与高成型性相矛盾的问题，不仅屈服强度提高，而且实现了原来烘烤硬化型钢板达不到的抗拉强度的增加量（由加工前的440MPa提高到加工后的500MPa），所以不仅可用作汽车外板，还可用作抗冲击部件和加强部件。该钢板用作高成型性有要求的加强部件及抗冲击部件，可使用更薄的钢板，从而减轻了汽车车身质量。还有，原来需焊接的部件可一体化成型，大大提高了作业效率。在实车上的使用结果表明，这种钢在提高耐变形载荷方面是有效的，成功地使部件减轻10%以上。

3. 组织强化型高强度钢板

利用低温转变相的组织强化型钢，即从软质铁素体母相中分散出微细珠光体、贝氏体和马氏体等低温度变态相成为双相或多相组织，使钢板强化。根据构成微观组织的相结构不同，其特性有很大的变化，所得强度在440~1470MPa的较大范围内。

1) 双相钢

双相钢（DP）主要由铁素体和马氏体构成。由于在和马氏体相邻的铁素体内存在可动位错，即使在相同抗拉强度下屈服强度也低，也就是具有低的屈强比，因此加工时弹性回复量小，成型性好。另外，由于与析出强化钢相比延伸率大，凸肚成型性优良，疲劳耐久性也好，因此还可用来制造轮辐等。但是其延伸翻边性稍差。

双相钢板的商业化开发已近30年，包括热轧、冷轧、电镀和热镀锌产品。强度范围为200~500MPa。双相钢还具有低的屈强比、高的加工硬化指数、高的烘烤硬化性能，没有屈服延伸和室温时效等特点。双相钢与低合金高强度钢力学性能比较如图5.11所示。

双相钢一般用于需高强度、高的抗碰撞吸能性且成型要求也较严格的汽车零件，如车轮、保险杠、悬架系统及其加强件等，随着钢种性能和成型技术的进步，双相钢也被用在汽车的内外板等零件上。

2) 变诱导塑性钢

变诱导塑性钢（TRIP）是利用相变诱发塑性效应开发的超延性钢板，是一种主要组织

图 5.11 双相钢与低合金高强度钢力学性能比较

是铁素体、贝氏体和含量在5%～15%残余奥氏体的钢板，强度范围为600～800MPa。变诱导塑性钢是近十多年才商业化开发的钢种，包括热轧、冷轧、电镀和热镀锌。变诱导塑性钢板的二值（加工硬化指数，与加工性成正比）高，凸肚成型性好，深冲性能也优。一般认为钢板的深冲性能由 r 值控制。尽管变诱导塑性钢由于其织构杂乱导致 r 值低，但之所以深冲性仍优良，本质是应变诱发残余奥氏体转变为马氏体，同时相变引起的体积膨胀伴随着局部加工硬化指数增加，使得变形很难集中在局部区域。变诱导塑性钢的奥氏体在加工中被诱导转变为马氏体的相变功随变形方式而变化。在收缩翻边变形部位的残留奥氏体难以转变为马氏体，从而得以保持低的变形抗力。而在延伸变形部位，因残留奥氏体转变为马氏体而发生硬化，抗断裂能力提高。也就是说，深冲性好的原因是形成了收缩翻边阻力低、抗断强度高的适合深冲变形的应力状态。同双相钢相比，变诱导塑性钢的起始加工硬化指数小于双相钢，但是变诱导塑性钢的加工硬化指数在很长的应变范围内仍保持较高，特别适合要求具有高的胀型情况。日本某公司通过适当控制铁素体、贝氏体与奥氏体3种组织的体积百分比，开发出具有高延伸凸缘型590MPa级变诱导塑性钢板，其力学性能见表5-4。

表 5-4 590MPa级残留奥氏体热、冷轧钢板的力学性能

钢		YP/MPa	TS/MPa	EI/(%)	λ 值	厚度/mm
热轧	开发钢	470	610	35	90%	2.3
	传统钢	530	610	24	60%	
冷轧	开发钢	390	600	37	60%	1.4
	传统钢	420	600	25	60%	

3）复相钢

复相钢（CP）同变诱导塑性钢的冷却模式相同，但是需要对化学成分进行调整以形成强化马氏体和贝氏体的析出相，强度范围为800～1000MPa，具有高的吸能性和好的扩孔性能，特别适合于车门防撞杆、保险杠和B立柱等安全零件。

4）马氏体钢

马氏体钢是通过高温的奥氏体组织快速淬火转变为板条马氏体组织，可通过热轧、冷

轧连续退火或成型后退火实现，其最高强度可达 1500MPa，是目前商业化高强度钢板中强度级别最高的钢种，主要用于成型要求不高的车门防撞杆等零件，代替管状零件，减少制造成本。

5）贝氏体钢

贝氏体钢是以贝氏体为主体的热轧钢板，强度范围为 440～880MPa，其特点是延伸翻边性好，这是因为该钢种的微观组织均匀，适用于对翻边条件要求苛刻的零件。

6）超高强度钢

为满足汽车增强部件的要求，开发了利用贝氏体或回火马氏体的强度级别为 980～1470MPa 级的超高强度冷轧钢板。保险杠等加强部件主要通过弯曲成型加工而成，必须确保弯曲成型性能。超高强度钢板的弯曲成型性与显微组织的均匀性有很大关系。

4. 高强度合金化热镀锌板

使用高强度钢板是通过减少钢板厚度来达到降低车身质量的目的的，但是钢板厚度的减薄使得钢板更容易被腐蚀锈穿。为了防止腐蚀，提高车身材料的抗高温、抗氧化能力，世界各主要汽车制造商纷纷展开了对钢板表面处理的研究工作。目前，车身采用的表面处理主要是镀锌。在热镀锌钢板中，添加合金元素增强钢板强度时经常会引起热镀缺陷与（或）抑制镀锌层的扩散反应。

据预测，高强度钢板在汽车上的使用份额，将由现在的每车 14%～45%（100～294kg）提高到将来的每车 30%～70%，其中高强度钢板中约 70% 为镀锌钢板。表 5-5 显示了 ULSAB-AVC(Ultra Light Steel Auto Body-Advance Vehicle Concept)项目中使用的各种高强度钢板的细分情况。由表可见，双相钢成为车身用的主要材料，约占 74%。

表 5-5 ULSAB-AVC 项目中汽车用高强度钢板在高强度钢板中的比例

类型	所占比例	类型	所占比例
DP700/1000	31%	MART1250/1520	1%
DP500/800	21%	MISC	2%
DP400/700	4%	BH260/370	6%
TRIP450/800	4%	BH210/340	4%
CP700/800	1%	IF300/420	4%
MART950/1200	3%	HSLA350/450	1%
DP300/500	8%	DP280/600	7%
DP350/600	3%	DP400/700	4%

目前，汽车用高强度钢板种类选用的情况大致为属于深拉深型的固溶强化型高强度钢板多用于车身内外覆盖件；轧制时质地较软，烘烤时质地变硬的烘烤硬化型钢板多用于门和盖罩等加工度低的部件；加工时弹性回复量小，成型性好，凸肚成型性优良，疲劳耐久性也好的组织强化型高强度钢板多用来制造轮辐、减振器支座等；高强度合金化热镀

锌板多用于需要防腐蚀性的部件。今后钢板高强度化的目标是开发 780MPa 或以上抗拉强度级条件下，成型性等各种性能优异的钢板。

除高强度钢外，钢铁行业还在致力发展低密度钢板。所谓低密度钢板，是在铁基上加入 3‰~30‰ 的铝生产出高含铝量钢板，其密度在 6.09~7.5g/cm³。低密度钢板兼有钢的高强度、良好塑性和铝的低密度等特点。

5.3 车用轻质合金

5.3.1 铝合金

铝的密度为 2.70g/cm³，铝的机械性能与其纯度关系密切，纯铝软、强度低，但与某些金属组成铝合金后，不仅在某种程度上保持铝固有的特点，同时又显著地提高了它的硬度和强度，使之几乎可与软钢甚至结构钢相媲美。车用铝材料皆以铝合金的形式出现。铝合金在汽车上的应用，最初主要是以铸造的方法生产发动机及其零部件，随后应用于轮毂等构件。以推出的全铝空间框架式车身为其主要代表。

1. 高密度铝合金在汽车车身

随着科学技术的飞速发展，现代汽车制造材料的构成也发生了较大的变化，高密度材铝合金在汽车车身中的运用，主要经历了下面 3 个阶段。

1) "四门两盖"车身阶段

汽车企业开始对发动机罩、行李箱盖、汽车挡泥板和车门等部件采用铝合金材料，其目的主要在于通过轻质材料和轻量化结构来降低油耗。这种轻量化结构是一种比较昂贵的权宜之计，并且所应用的对象都非自车身上的焊接结构件，对车身承载性影响不大。

2) "壳式支撑结构"车身阶段

这种结构方式很大程度上只是现今比较流行的带加强筋钢结构的一种替代品。奥迪公司在 1985 年就已经做过此方面的研究实验，本田汽车公司在 1990 年已开始把这种方法用于其产品 NSX 中。但对于铝合金装配方式的优越性在当时并没有得到实际运用。

3) "空间框架结构"车身阶段

各个覆盖件相互连接在一起。它与在传统的车身骨架基础上覆盖件形成的车身结构大不相同。根据铝合金材料多种多样的装配方式，现已实现了全铝车身设计制造。图 5.12 所示为奥迪汽车的铝合金车身。

2. 铝合金分类

传统铝合金根据合金元素的含量和加工工艺性能特征可分为铸造铝合金和变形铝合金两类。

图 5.12 奥迪汽车的铝合金车身

1）铸造铝合金

铸造铝合金是直接用铸造方法浇注或压铸成零件或毛坯的铝合金，其中又分为重力铸造件、低压铸造件等。其合金元素的含量比较高，合金元素的质量分数在8%～25%。一般铸造铝合金铸造性能好，压力加工性能差，且在实际使用中还要求铸件具有足够的力学性能，因此，铸造铝合金的成分并不完全都是共晶合金，只是合金元素的含量比变形铝合金高一些。

铸造铝合金可根据使用目的、零件形状、尺寸精度、数量、质量标准、机械性能等各方面的要求和经济效益，选择最适宜的合金和铸造的方法。采用压铸法生产的铝合金零件，成品率高，能减少壁厚和后续加工量，表面质量好，尺寸精度高，很适于大批量生产。因此铸造铝合金在汽车上的使用量最多，占80%以上。铸造铝合金主要用于制造离合器壳体、变速器壳体、后桥壳、转向器壳体、摇臂盖、正时齿轮壳体等壳体类零件和发动机部件以及保险杠、轮辋、发动机框架、转向节液压泵体、制动钳、油缸及制动盘等非发动机结构件，且今后有进一步扩大应用的趋势。

2）变形铝合金

变形铝合金与铸造铝合金不同之处在于，变形铝合金是经熔炼铸成铸锭后，再经过热挤压加工形成各种型材、棒材、管材和板材。变形铝合金中合金元素含量比较低。常用的变形铝合金中合金元素总量小于5%，但在高强度变形铝合金中可达8%～14%。

变形铝合金按其成分和性能特点可以分为不能热处理强化铝合金和可热处理强化铝合金。不能热处理强化铝合金具备良好的抗腐蚀性，故称为防锈铝。可热处理强化铝合金的合金元素含量比防锈铝高一些，这类铝合金通过热处理能显著提高力学性能，它包括硬铝、锻铝和超硬铝。

变形铝合金在汽车上主要用于制造保险杠、发动机罩、发动机体、车门、行李箱盖等车身面板，车轮的轮辐、轮毂罩、车轮外饰罩、制动器总成的保护罩、消声罩、防抱死制动系统、热交换器、车身框架、座椅骨架、车厢底板等结构件及仪表板等装饰件，如图5.13～图5.16所示。变形铝合金车轮的轮毂、轮辐在成型加工时会产生加工硬化，强度增加，故与铸件相比，强度、韧性都大大具有优越性。目前，汽车用变形铝合金量正在逐渐增加。

图 5.13　铝合金轮毂

图 5.14　铝合金发动机体

图 5.15 铝合金汽车保险杠

图 5.16 铝合金发动机保护底板

3）铝合金新材料

铝是最适用于不产生高应力的壳状结构件的轻量化代用材料，如罩类、箱类、管类等形状的零件。铝经过合金化可使抗拉强度提高到相当于 45 钢水平，所以用于高应力零件时，必须加大零件厚度来弥补强度的不足。

铝挤压型材、铝真空压铸件及铝合金板是奥迪 A8 铝车身的 3 种基本元素。这种铝制车身比同类产品的钢制车身质量减轻 40%，铝合金空间框架的设计使车身的静态扭转刚度提高 40%。由于铝材的吸能性好，是钢的 2 倍，在碰撞中的安全性有明显的优势。汽车前部的变形区在碰撞时会产生皱折，能吸收大量的冲击能量，从而保护了乘坐区中的乘员，使其受到的冲击能量比较小。除了铝合金的吸能性好外，由于车身质量的减轻，故可能缩短制动距离，这样对驾驶人、行人或对方车辆的安全性都有利。即使是发生碰撞，在碰撞时产生的动能也会减小，也能相应降低冲击力。

常用车身铝合金材料的力学性能见表 5-6。

表 5-6 主要铝合金板的力学性能

种类	屈服极限/MPa	拉伸强度/MPa	延伸率/(%)	平均延伸率/(%)	硬度 HV	n 值	r 值
5052-0	107	213	24	22	52	0.32	0.74
5052-H24	212	269	13	10	80	0.13	1.05
5182-0	125	264	31	28	26	0.31	0.61
5182-H24	273	350	11	10	91	0.13	0.75
6061-0	45	125	30	25		0.28	0.66
6061-T4	197	271	24	20	64	0.2	0.74
冷轧钢板	181	298	46	23	45	0.21	2

5.3.2 镁合金

镁是比铝更轻的金属材料，而且几乎 5.3.1 节提到的所有铝合金中都含有镁元素，它可在铝减重基础上再减轻 15%～20%。尽管镁在当前汽车用材中所占的比例不到 1%，但是在轻量化的驱动下，镁材料技术开发的力度不断加大，它已步入快速发展阶段。到目前为止，汽车上采用镁合金的零部件至少超过 60 多种。

目前，汽车仪表、座位架、方向操纵系统部件、发动机盖、变速器、进气歧管、轮毂、发动机和安全部件上都有镁合金压铸产品的应用，质量从 0.2～24kg 不等。镁合金压铸件在汽车上的应用已经显示出长期的增长态势。在过去几年里，其年增长速度超过 15%。北美是汽车用镁量最大的地区，其次是欧洲、日本和韩国。福特汽车公司于 1999 年推出轻质镁合金概念车 P2000，整车计划使用 103kg 的镁合金零部件。2004 年 6 月，德国宝马开发出采用镁合金的直列六缸发动机，曲轴箱内部采用铝合金，而外部则采用镁合金。通过使用镁合金等手段使汽车发动机质量降低了 10kg。拥有自有独立知识产权的长安汽车也以单车使用 8kg 镁合金创国内第一。图 5.17 和图 5.18 所示分别为镁铝合金发动机和镁铝合金骨架的转向盘。

图 5.17　镁铝合金发动机　　　　图 5.18　镁铝合金骨架转向盘

1. 车身用镁合金的分类与适用性

根据镁合金是否含锆划分为无锆镁合金和含锆镁合金两类。根据加工工艺划分，镁合金可分为铸造镁合金和变形镁合金两大类，两者在成分、组织性能上存在很大的差异。铸造镁合金多用于压铸工艺生产，其特点是生产效率高、精度高、铸件表面质量好、铸态组织优良、可生产薄壁及复杂形状的构件；变形镁合金指可用挤压、轧制、锻造和冲压等塑性成型方法加工的镁合金，与铸造镁合金相比，变形镁合金具有更高的强度、更好的塑性和更多的样式规格。

汽车所用的镁合金材料目前还多以铸造镁合金为主，如 AM(Mg-Al)、AZ(Mg-Al-Zn)，AS(Mg-Al-Si)，AE(Mg-Re)四大系列铸造镁合金，其中 AZ91D 用量最大。根据不同汽车零部件对镁合金性能的特定要求，新型镁合金材料的开发一直致力于提高强度、改善塑性、增强高温蠕变抗力。为适应发动机零件工作温度较高的需要，近年来欧美等国家先后开发了 AE、Mg-Al-Ca、Mg-Al-Ca-Re、AJ 系列和 ZAC8506 等高强度抗蠕变镁合金，以及 MRI201S、MRI202S 与 MRI203S 等高温镁合金。

变形镁合金主要有 Mg-Al-Zn 系合金(AZ31C、AZ61A、AZ80A)和 Mg-Zn-Zr 系合金(ZK60)两大类。变形镁合金主要用于车身组件(车门、行李箱、发动机罩等)的外板、车门窗框架、座椅框架、底盘框架、车身框架等。变形镁合金在车身上的应用具有很大的潜力。

最近正在开发或已开发成功的新型镁合金有耐蚀镁合金、阻燃镁合金、高强高韧镁合金和变形镁合金等。

2. 车身用镁合金的特征和性能

（1）质量轻，这一特性将显著地减少其起动惯性，并节省燃料消耗。

（2）具有较高的比强度、比弹性模量和刚性，比强度约为铝的1.8倍。

（3）有较高的稳定性，稳定的收缩率，铸件和加工件尺寸精度高。

（4）镁合金具有良好的阻尼系数，良好的降噪减振性能，这对用作壳类零件减小噪声传递，防冲击与凹陷损坏是重要的，可以提高汽车的安全性和舒适性。

（5）导热性好，适用于设计集成度高的电子产品；电磁屏蔽性能较好，尤其适用于电动汽车的电磁干扰防护。

（6）与塑料相比，可回收性能好，符合环保要求。

（7）切削加工性能极好，镁合金与铝合金、铸铁、低合金钢切削功率的比值分别为1∶1，8∶3，5∶6.3。

（8）铸造成型性能好，镁合金压铸件最小壁厚可达0.6mm，而铝合金为1.2～1.5mm；模铸生产率高，与铝相比镁的结晶潜热小，镁在模具内凝固快，一般来说，其生产率比铝高出40%～50%，最高时可达铝的两倍；镁与铁的反应性低，压铸时压铸模烧损少，与铝合金相比，压铸模使用寿命提高2～3倍，通常可维持20万次以上。

除以上主要特性外，镁合金还具有长期使用条件下的良好抗疲劳性能，较低的裂纹倾向，以及无毒、无磁性等一些特点。

目前常用的铸造镁合金，即AZ系列、AM系列、AS系列、AE系列的力学性能见表5-7，表5-8给出了镁合金AZ91D与其他材料的性能比较。

表5-7 镁合金的力学性能

牌号	抗拉强度/MPa	屈服强度/MPa	延伸率/(%)	疲劳强度/MPa	布氏硬度/HB	弹性模量/GPa	减振系数/(%)
AZ91D	240	160	3	50～70	70	45	25
AM60B	225	130	8	50～70	65	43	45
AM50A	210	125	10	—	60	45	—
AS41A	215	140	6	50～70	60	45	40
AS21	172	110	4	—	63	—	60
AE42	230	145	10	—	60	45	—

表5-8 镁合金与其他材料的性能比较

特性	AZ91D	铝合金A380	ABS塑料	工程塑料PET	工程塑料PBT
密度/(g/cm³)	1.81	2.74	1.07	1.61	1.72
抗拉强度/MPa	240	331	43	193	172
屈服强度/MPa	160	165	39	152	117
延伸率/(%)	3	3	16.5	4.5	3
弹性模量/GPa	45	71	2.1	8.3	10.3
屈服重量比	100	—	41	107	77

(续)

特　　性	AZ91D	铝合金 A380	ABS 塑料	工程塑料 PET	工程塑料 PBT
吸水性/(%)	0	0	0.33	0.05	0.07
热导率/[W/(m·K)]	51	96.2	0.28	0.28	0.29
熔化温度/℃	598	595	260	260	260
膨胀系数/(μm/K)	26	—	76.5	27	25
刚　　度	100	—	7.8	21	24

5.3.3　钛合金

钛合金是一种新型结构及功能材料，它具有优异的综合性能，密度小，比强度高。钛的密度为 4.51g/cm³，介于铝(2.7g/cm³)和铁(7.6g/cm³)之间。钛合金的比强度高于铝合金和钢，韧性也与钢铁相当。钛及钛合金抗蚀性能好，优于不锈钢，特别是针对海洋大气环境中氯离子和微氧化下耐蚀性好，钛合金的工作温度较宽，低温钛合金在 -253℃ 时还能保持良好的塑性，而耐热钛合金的工作温度可达 550℃ 左右，其耐热性明显高于铝合金和镁合金，同时具有良好的加工性、焊接性能。

钛及钛合金优异的性能备受各尖端行业关注，伴随着钛行业的起步，在 20 世纪 50 年代中期，钛材进入了汽车工业。20 世纪 90 年代，随着世界性能源短缺及人们环保意识的加强，尤其是汽车工业，美国、日本和欧洲等国家和地区先后颁布了系列生态法规，对燃油利用率、二氧化碳排放量、汽车减重、汽车的安全性、可靠性等提出了更高的要求。

钛在汽车上的用途主要分两大类，第一类是用来减少内燃机往复运动件的质量（对做往复运动的内燃机零件来讲，即使减少几克质量都是重要的）；第二类是用来减少汽车总质量。根据设计和材料特性，钛在新一代汽车上主要分布在发动机元件和底盘部件上。在发动机系统，钛可制作阀门、阀簧、阀簧承座和连杆等部件；在底盘部件主要为弹簧、排气系统、半轴和紧固件等。除了上述所举重点外，还有发动机部件的摇臂、悬簧、活塞销、涡轮增压器转子、紧固件、挂耳螺帽、车挡支架、门突入梁、制动器卡钳活塞、销轴栓、离合器圆板、压力板、变速按钮等，图 5.19 所示为用钛合金制成的排气系统，图 5.20 所示为含有多个钛合金部件的发动机。

图 5.19　钛合金排气系统

图 5.20　含钛合金部件的发动机

5.4 车用新型材料

5.4.1 复合材料

21世纪材料科学的发展动态是使材料复合化、智能化、多功能化和高性能化,其中把复合材料研究放在首位,这里包括采用各种基体制作的结构型和功能型的复合材料。

复合材料是指将两种或两种以上物理性质和化学性质不同的物质结合起来而制得的一种多相固体材料。复合材料通常是由基体和增强体复合而成的。在工程上,所谓复合材料通常是指将一种材料人为均匀地分散在另一种材料中,以克服单一材料的某些弱点,使之优于各组分材料的综合性能,有时甚至成为各组分材料所没有的优良性能的新材料。一般来说,复合材料应能满足以下条件。

(1)复合材料必须由两种或两种以上化学、物理性质不同的材料组成,材料之间有明显的界面。

(2)复合材料是用人工方法制造的,各组分的形状、比例和分布均能人为地控制。

(3)复合材料的性能优于各组分单独存在时的性能,具有协同增强的特点。

复合材料有近200个的品种,基体主要是高分子化学材料通过聚合生产的高强度、高韧性的胶脂、树脂(如"环氧""聚酯""赛康""PUAPB")等。在制造时将一些无机材料加入进行改性并复合碳素纤维、硼纤维、凯尔乐纤维、尼龙纤维、玻璃纤维、金属纤维及涤纶纤维等增强体进行增强,以提高弹性模量和高静面矩。FRP(Falser Reinforced Plastics)是纤维增强塑料的总称,还有金属基复合材料和陶瓷基复合材料。图5.21和图5.22所示分别为用复合材料制作的汽车结构。

图5.21 玻纤增强热塑性材料制作的车身

图5.22 增强聚酰胺制作的轮胎凹槽

一般来说,金属是一种延展性和韧性好的材料,随着强化相含量的增加,金属基复合材料的延展性和韧性会下降,而强度会增加,这就是金属基复合材料以牺牲延展性与韧性为代价获取高强度的特点。陶瓷基复合材料由于陶瓷本身多为脆性材料,其塑性形变能力几乎为零(超塑性陶瓷现象例外),韧性很差,因此陶瓷韧化具有特别重要的意义。

1. 复合材料的组成及分类

1)组成

复合材料主要由基体与增强材料组成。增强材料是复合材料的主要承力组分,它能大幅度地提高基体树脂的强度和弹性模量,而且能减少复合材料成型过程中的收缩,提高热变形温度。未经增强的基体树脂是不能作为结构件使用的,而由增强材料与基体树脂制成的复合材料作为结构件在各领域得到了广泛的应用。

(1) 聚合物基体。复合材料聚合物基体可分为热固性和热塑性两大类,其中又以热固性树脂为主,主要品种有环氧树脂、不饱和聚酯树脂和酚醛树脂等。用以制造复合材料的热塑性树脂基体主要有聚酰胺、聚乙烯、聚丙烯、聚苯乙烯和聚醚醚酮等,其中尤以聚醚醚酮的性能最优越。

在所有的工程塑料中,聚醚醚酮具有良好的耐热水性和耐水蒸气性,同时还有优异的阻燃特性,是一种有极大发展前途的新型复合材料树脂基体。

(2) 增强材料。增强用纤维的选用是根据制品的性能要求,如力学性能、耐热性能、耐腐蚀性能、电性能等,以及制品的成形工艺和成本要求来确定的。复合材料中的增强用纤维主要有玻璃纤维、碳纤维、芳香族聚酰胺纤维、无机纤维、硼纤维、碳纤维、碳化硅纤维、氧化铝纤维和金属纤维等,其中应用最广泛的是玻璃纤维。对于以聚合物为基体的复合材料来说,所采用的增强纤维主要是前3种。玻璃纤维对乙烯基酯树脂的增强作用见表5-9。

表5-9 玻璃纤维对乙烯基酯树脂的增强作用

性　　能	未增强	增　　强
拉伸强度/MPa	80	260
弯曲强度/MPa	120	360
冲击强度/(kJ/m²)	10	300

2) 分类

(1) 复合材料按其组成分为金属与金属复合材料、非金属与金属复合材料、非金属与非金属复合材料。

(2) 复合材料按其结构特点又分为纤维复合材料、夹层复合材料、细粒混合材料和混杂复合材料。

① 纤维复合材料。该材料将各种纤维增强体置于基体材料内复合而成,如纤维增强塑料、纤维增强金属等。

② 夹层复合材料。该材料由性质不同的表面材料和芯材组合而成。通常面材强度高、薄,芯材质轻、强度低,但具有一定刚度和厚度。夹层复合材料又可分为实心夹层和蜂窝夹层两种。

③ 细粒复合材料。该材料将硬质细粒均匀分布于基体中,如弥散强化合金、金属陶瓷等。

④ 混杂复合材料。该材料由两种或两种以上的增强相材料混杂于一种基体相材料中构成。与普通单增强相复合材料相比,其冲击强度、疲劳强度和断裂韧性显著提高,并具有特殊的热膨胀性能。混杂复合材料又分为层内混杂、层间混杂、夹芯混杂、层内/层间混杂和超混杂复合材料。

(3) 复合材料按其基体材料又可分为热固性复合材料和热塑性复合材料两大类。

① 热固性复合材料。热固性复合材料是指以热固性树脂（如不饱和聚酯树脂、环氧树脂、酚醛树脂、乙烯基酯树脂等）为基体，以玻璃纤维、碳纤维、芳纶纤维、超高分子量聚乙烯纤维等为增强材料制成的复合材料。环氧树脂的特点是具有优良的化学稳定性、电绝缘性、耐腐蚀性，以及良好的黏结性能和较高的机械强度。酚醛树脂具有优良的耐热性、耐摩擦性，机械强度高、电绝缘性优异、低发烟性和耐酸性优异等特点。

② 热塑性复合材料。热塑性复合材料是指以热塑性树脂为基体，以纤维为增强材料制成的复合材料。不同种类的热塑性树脂、不同种类的纤维制造的复合材料，其性能差别极大。

按复合材料的性能可以将其分为普通型热塑性复合材料和高性能热塑性复合材料两类。前者是指用玻璃纤维增强的通用型树脂，如聚丙烯、聚乙烯、聚氯乙烯、锦纶等；后者是指用连续的碳纤维、芳纶纤维、高强度玻璃纤维或其他高性能纤维增强的高性能热塑性树脂，如聚醚醚酮、聚苯硫醚、热塑性聚酰亚胺、聚醚砜等。

热塑性塑料与热固性塑料两类材料的比较见表 5-10。

表 5-10 热塑性塑料与热固性塑料的比较

	成分	工艺性能特点	成型方法	优点	缺点	常用品种
热塑性塑料	聚合树脂＋添加剂	受热会软化或熔化，具有可塑性，可加热再利用	注射、挤出、吸、吹、塑等	成型工艺简便，形式多样，生产效率高	耐热性和刚性差	聚乙烯、聚丙烯、乙烯聚氯、ABS工程塑料
热固性塑料	缩聚树脂＋添加剂	在一定的温度下，经过一定时间的加热或者加入固化剂后即可固定成型；固化后的塑料质地坚硬，性能稳定	压缩、压注、注射等	无冷流性、刚性大、硬度高、耐热性好、不易燃烧、制品尺寸稳定	脆性大、机械强度低，必须加入填料或者增强材料以改善性能、提高强度，因而成型工艺复杂、生产效率低	酚醛树脂、环氧树脂、有机硅、不饱和聚酯和聚氨酯

2. 车身用复合材料特征及其应用

复合材料是由多种组分的材料组成，许多性能优于单一组分的材料。如纤维增强的树脂基复合材料，具有质量轻、强度高、可设计性好、耐化学腐蚀、介电性能好等优点。

1）轻质高强

玻璃纤维增强树脂基复合材料的密度为 $1.5 \sim 2.0 \text{g/cm}^3$，只有普通碳钢的 $1/5 \sim 1/4$，比铝合金还要轻 1/3 左右，而机械强度却能超过普通碳钢的水平。若按比强度（强度与密度的比值）计算，玻璃纤维增强的树脂基复合材料不仅大大超过碳钢，而且可超过某些特殊的合金钢。碳纤维复合材料、有机纤维复合材料具有比玻璃纤维复合材料更低的密度和更高的强度，因此具有更高的比强度。几种材料的密度、拉深强度及比强度见表 5-11。

表 5-11 几种材料的密度、拉深强度及比强度

材料种类	密度/(g/cm³)	拉伸强度/MPa	比强度/10³ cm
高级合金钢	8	1280	1600
A3 钢	7.85	400	510
LY12 铝合金	2.8	420	1500
玻璃纤维增强环氧树脂	1.73	500	2890
玻璃纤维增强聚酯树脂	1.8	290	1610
玻璃纤维增强酚醛树脂	1.8	290	1610
玻璃纤维增强 DAP 树脂	1.65	360	2180
Kevlar 纤维增强环氧树脂	1.28	1420	11094
碳纤维增强环氧树脂	1.55	1550	10000

2) 耐撞击，抗断裂韧性好

玻璃纤维增强复合材料的抗撞击断裂能力是钢的 5 倍以上。复合材料在抗撞击断裂方面要比一般的金属材料强得多。

3) 减振、隔音性能好

复合材料高的自振频率避免了结构工作状态下因共振而引起的早期破坏。同时，复合材料中的纤维与黏弹性聚合物基体界面具有吸振能力，因此其振动阻尼很高。此外，复合材料的抗声振特性也是很好的。用复合材料制成的汽车车身，具有良好的减振、隔声效果，从而改善了乘坐舒适性。

4) 可设计性好

复合材料可以根据不同的用途要求，灵活地进行产品设计，具有很好的可设计性。对于结构件来说，可以根据受力情况合理布置增强材料，以达到节约材料、减轻质量的目的。复合材料良好的可设计性还可以最大限度地克服其弹性模量、层间剪切强度低等缺点。

5) 电性能好

复合材料具有优良的电性能，通过选择不同的树脂基体、增强材料和辅助材料，可以将其制成绝缘材料或导电材料。例如，玻璃纤维增强的树脂基复合材料具有优良的电绝缘性能，并且在高频下仍能保持良好的介电性能，可作为高性能电动机、电器的绝缘材料。

6) 耐腐蚀性能好

聚合物基复合材料具有优异的耐酸性能、耐海水性能，也能耐碱、盐和有机溶剂，因此，它是一种优良的耐腐蚀材料，用其制造的化工管道、储罐、塔器等具有较长的使用寿命和极低的维修费用。玻璃纤维增强的聚酰基复合材料的抗腐蚀性能是金属材料的 10 倍，这就从根本上解决了作为汽车车身覆盖件材料的耐腐蚀问题。

7) 热性能好

玻璃纤维增强的聚合物基复合材料具有较低的热导率，只有金属的 1/1000～1/100，是一种优良的绝热材料。选择适当的基体材料和增强材料可以制成耐烧蚀材料和热防护材料。汽车车身外板覆盖件采用玻璃纤维增强的 SMC 材料，使用温度可以达到 200℃，并可在较宽的温度范围内保持尺寸的稳定和原有的外形。

8) 工艺性能优良

纤维增强的聚合物基复合材料具有优良的工艺性能，可以通过缠绕成型、接触成型等复合材料特有的工艺方法产生制品，特别适合于大型制品、形状复杂、数量少的制品的制造。

9) 老化现象

在自然条件下，由于紫外线、湿热、机械应力、化学腐蚀的作用，会导致复合材料的性能变差，即发生所谓的老化现象。复合材料在使用过程中发生老化现象的程度与其组成、结构和所处的环境有关。

5.4.2 碳纤维复合材料

1. 碳纤维的特点及分类

碳纤维是以有机纤维——聚丙烯腈（PAN）纤维或沥青纤维等原丝经过预氧化、碳化、石墨化等高温固相反应工艺过程制备而成的，由择优取向的石墨微晶构成，因而具有很高的强度和弹性模量。碳纤维既具有碳材料的固有本征特性，也有纺织纤维的柔软可加工性。它的密度一般为 $1.7 \sim 1.8 \text{g/cm}^3$，强度为 $1200 \sim 7000 \text{MPa}$，弹性模量为 $200 \sim 400 \text{GPa}$，热膨胀系数接近于零，甚至可为负值。各种类型的碳纤维的特性见表 6-12。

表 5-12 碳纤维的特性

种类特性	预氧化纤维	碳纤维				石墨纤维
		通用型	高强型 T300	超高强型 T1000	高模型 M40J	超高模型
密度/(g/cm³)	1.39~1.50	1.70	1.76	1.82	1.77	1.81~2.18
拉伸强度/MPa	270	1200	3530	7060	4410	2100~2700
比强度/10⁶ cm	1.8~1.9	7.1	20.1	38.8	24.9	9.6~14.9
拉深模量/GPa	4	48	230	294	377	392~827
比模量/10²	0.27~0.29	2.8~13.1	13.1	16..3	21.3	27.1~37.9
断裂应变/(%)	6.7	2.5	1.5	2.4	1.2	0.5~0.27
电阻率/(10²Ω·cm)	—	—	1.87	—	1.02	0.89~0.22
热膨胀系数/10⁵K⁻¹	—	—	−0.5	—	—	−1.44
热导率/[W/(m·K)]	—	—	8	—	38	84~640
碳质量分数/(%)	64	—	—	90~96	—	>99

碳纤维具有一般碳素材料的特性，如耐高温、耐摩擦、导电、导热及耐腐蚀等，但与一般碳素材料不同的是，其外形有显著的各向异性、柔软、可加工成各种织物，沿纤维轴向表现出很高的强度。

目前，全世界主要生产两种碳纤维：一种是 PAN 基碳纤维，以聚丙烯腈为原料；另一种是沥青基的碳纤维，由煤、石油基沥青再聚合成纤维。在强度上，PAN 基碳纤维优于沥青基的碳纤维,因此在全世界的碳纤维生产中占有绝对优势。

2. 碳纤维增强复合材料的特点

碳纤维增强树脂基复合材料(CFRP)的比强度、比模量等性能,在现有结构材料中是最高的。在硬度、刚度、质量、疲劳特性等有严格要求的领域,在要求高温、化学稳定性高的场合,碳纤维复合材料颇具优势,应用广泛。

碳纤维增强复合材料是汽车覆盖件最理想的非金属材料,在减轻车身质量的同时,也能保持防撞性能。对于汽车零部件生产商来说,碳纤维复合材料也表现出许多优点,零部件的集成化、模块化、总装成本低、投资小,避免了传统车身的喷涂过程和相应的环保处理及成本。碳纤维材料不仅比钢材轻,而且难能可贵的是具有很好的能量吸收性能(图5.23),但有承载各向异性的问题,即承载零部件在各个方向上的能力有所不同。

图5.23 各种材料吸收能量的比较

碳纤维复合材料是以各种树脂、碳、金属、陶瓷为基体材料,碳纤维为增强体的塑料,属于各向异性材料。根据基体材料可将碳纤维复合材料分为树脂基复合材料、陶瓷基复合材料(CMC)和金属基复合材料(MMC),其中以树脂和金属为基体的复合材料在车身上的应用较成熟,具有应用于车身制造的诸多优势。

(1)密度小。CFRP的密度与镁和铍基本相当,是其他几种金属材料密度的0.20~0.57(按碳纤维M40JB计算),一般来讲,采用CFRP作为结构件材料可使结构质量减轻30%~40%。

(2)比强度、比模量高。用比强度(材料的拉伸强度与密度之比)和比模量(弹性模量与密度之比)的比较,很好地说明了CFRP在轻质高强方面的优越性。CFRP的轻质高强性能非常显著,其比强度比钢高5倍,比铝合金高4倍;比模量则是其他结构材料的1.3~12.3倍。用其制成与高强度钢具有同等强度和刚度的构件时,质量可减轻70%左右。

(3)具有良好的抗疲劳特性。碳纤维复合材料的抗疲劳性能极佳。疲劳破坏是指材料在大小和方向随时间发生周期性变化的载荷(即交变载荷)作用下,产生裂纹和断裂的现

图 5.24　3 种材料的疲劳强度

象。在 CFRP 中存在许许多多的碳纤维和树脂基体界面，这些大量的界面能够阻止裂纹的扩展，延迟疲劳破坏的发生。复合材料比金属材料的耐疲劳性能高很多。通常情况下金属材料疲劳强度极限为拉伸强度的 40%～50%，而碳纤维增强聚合物基复合材料的疲劳极限可以达到拉伸强度的 70%～80%，说明在长期交变载荷条件下工作时复合材料构件的寿命高于传统材料构件。图 5.24 所示为 3 种材料疲劳强度的比较。

(4) 碰撞吸能性好。碳纤维复合材料是汽车金属材料最理想的替代材料，在碰撞中对能量的吸收率远远超过铝和钢，减轻车身质量的同时还能保证不损失强度或刚度，保持防撞性能，极大地降低了轻量化带来的汽车安全系数降低的风险。

(5) 制造工艺性好。碳纤维增强复合材料是一种各向异性材料，表现出显著的各向异性，在沿纤维轴方向和垂直于纤维轴方向的电、磁、导热、比热、热膨胀系数及力学性能等，都有明显的差别。CFRP 的各向异性给设计带来较多的可选择性。CFRP 的铺层取向可以在很宽的范围进行调整，由于铺层的各向异性特征，可通过选择合适的铺层方向和层数来满足强度、刚度和各种特殊要求，以获得满足使用要求、具有最佳性能质量比的复合材料结构，这为结构的优化设计开阔了巨大的发展空间，是各向同性材料无法比拟的。

(6) 抗振性能好。受力结构的固有频率除与结构几何形状和尺寸有关外，还和材料的比模量平方根成正比。CFRP 具有较高的固有频率，同时复合材料基体纤维界面有较大的吸收振动能量的能力，因而材料的阻尼较高，这些特性都有利于提高复合材料结构的抗振性能。

(7) 高温性能好。铝合金在 400℃ 高温时，其弹性模量几乎下降到零，强度也显著下降。碳纤维复合材料在 400℃ 高温下，强度和弹性模量基本无变化。有的 CFRP 具有很好的烧蚀性能。

(8) 破损安全性高。从力学的角度来看，CFRP 内部存在大量界面及碳纤维本身载荷的特点，使其成为典型的超静定体系。研究表明复合材料的破坏需经历基体损伤、开裂、界面脱粘、纤维断裂等一系列过程，使用过程中，碳纤维复合材料构件即使过载而造成少量纤维断裂，其载荷也会通过基体的传递分散到其他完好的纤维上，使整个构件不会在短时期内丧失承载能力，表现出较高的结构破损安全性。

(9) 易于大面积整体成型。由于 CFRP 的树脂基体是高分子材料，虽然在 CFRP 的成型过程中，对其进行理论分析和机理预测比较困难，但是对于批量生产而言，当工艺流程文件确定后，CFRP 构件的制作比较简单。许多方法可被用于 CFRP 构件的成型，其中包括整体共固化成型，这种成型技术大大减少了零件和紧固件的数量，简化了生产工序，缩短了生产周期。此外，树脂基复合材料构件可采用拉拔、注射、缠绕、铺层技术进行，并容易实现成型自动化。

3. 碳纤维复合材料的应用

目前，宝马公司已在其开发的 Z-9、Z-22 车中大量采用碳纤维增强复合材料车身结构件。大众汽车公司在"2L 车"CC1 研究项目中，应用了较多的碳纤维复合材料，其中用于车身的比例高达 45%。日产汽车公司的"Skylinegt-r"的外装材料已使用碳纤维复合材料；丰田汽车公司自 1996 年秋起已将碳纤维复合材料用于"MARK Ⅱ"等 3 种车的内装材料，这两家公司都正与日本东丽公司共同开发碳纤维复合材料车身覆盖件，应用于载货车上。通用汽车推出碳纤维复合材料车体的概念车 Ultralite(图 5.26)充分展现碳纤维复合材料(CFRP)在车辆用途上的好处，此一体成型车体质量为 192kg，比钢坚韧，密度仅为钢的 1/4。整个硬壳式结构共有 6 个基本部分：地板、左右侧板、左右车门和尾板，车身和全车大部分结构均采用碳纤维合成材料制成。车身无中间支柱，但仍能提供足够的两侧保护。其刚度较现时汽车高出好几倍。骨架结构采用碳纤增强塑料，外覆盖件采用玻璃纤增强塑料。图 5.25～图 5.28 所示是碳纤维汽车部件。

图 5.25 某款碳纤维车身跑车

图 5.26 通用概念车 Ultralite 车身

【碳纤维复合材料的应用】

图 5.27 碳纤维发动机缸体

图 5.28 碳纤维轮毂

5.4.3 塑料制品

塑料是由非金属元素为主的有机物组成的，具有密度小、导热和电导性差、耐酸、耐碱、易老化等特性，塑料的机械性能随温度和时间而变化，塑料在汽车中的应用遍及所有总成，业内习惯将它们分为内装(饰)件、外装件和功能件(其他结构件)，汽车用塑料制品如图5.29所示。

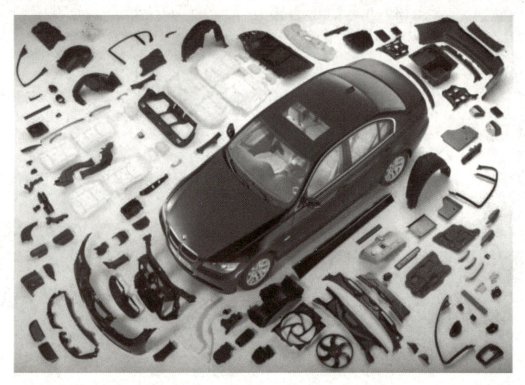

图 5.29　汽车用塑料制品

目前国产乘用车塑料的单车用量为50～110kg，所使用类型和品种与国外基本相同。我国乘用车塑料的应用水平，无论从单车用量、应用品种及塑料制件的生产技术，均已基本达到引进国外同类产品的技术水平。国产轻、中型载货车塑料用量为40～50kg，重型载货车可达80～150kg。应用主要以内饰件为主；同时散热器面罩、保险杠、轮罩、挡泥板、导流板、翼子板、脚踏板、灯壳和灯罩等塑料外装件也越来越普遍；此外还有进气管、空气滤清器、暖风机和空调零件等。

在安全、环保和成本等因素推动下，塑料技术一直在朝向高性能(高弹性模量、高强度、耐热、耐磨、耐火、抗老化)、低污染、低密度、低成本的方向发展。未来塑料新材料发展包括开发外表美观(低反光、耐磨、半透明)同时具有良好降噪性能的内饰新材料，开发具有优良高速冲击性能的内装件材料；开发耐候、耐化学侵蚀，具有良好的表面光泽和抗轻微撞击性能的外装件用聚合物体系，提高塑料零部件的表面光洁度；开发光亮、耐候的着色剂；开发先进的增强材料及增强技术等，以满足零部件高刚度、高耐热性及成形性要求；开发生产夹层构件的材料与工艺；开发满足汽车设计要求的新型塑料合金和塑料共混物、热塑性塑料、热固性塑料和工程塑料；开发耐火塑料。

表5-13列出了目前汽车中主要塑料零部件所用的材料。据统计，居前几位的汽车塑料有PP、PUR、PVC、ABS、PA和PE。

表 5-13　目前汽车的主要塑料零部件所用材料

应用部位	零部件	主要品种
外装件	保险杠及面饰、车身板、照明系统、装饰件（镜座、门把手、侧面饰条）	PTO、PC、聚酯、PP、PUR、PA、SMC、PUR-RIM、热塑性塑料、丙烯酸树脂、PS、ASA-AES、PVC、
内装件	内饰件、仪表板、转向轮、空气导管、其他（座椅、车顶蒙里、门内板等）	发泡 PUR（用于减振）、PVC 为基纤维、ABS、ABS/PC 合金、PC、PP、改性 PPE、PVC、SMA、PUR、PVC、混合 PUR-RIM、ABS、PP、SMA、GMT、ABS、PC/ABS、PVC
电气	零件盒、开关插座、接头、灯光系统、电路板、导线	PA、高耐热聚苯乙烯、PP、聚酯、乙酰树脂（开关）、PPS、PBT、再生 PET、PPA、PVC
传动系统	轴承、CV 接头、U 形接头	PA、乙酰树脂
燃料系统	燃油箱、燃油管	HDPE、PA
底盘	悬架、制动器	乙酰树脂、PA、PP 芳香族聚酯胺纤维（制动瓦）
发动机	进气系统、供油系统、冷却系统	聚酯、PA、PP（空气清洁系统）、PA（进气歧管）、PA（散热器）、PPS（水泵）

随着塑料制品的不断开发，塑料在汽车上的应用不断扩大，汽车塑料制品的发展趋势主要表现在以下 3 个方面。

1. 内装件

内装件用材的趋势：PVC 不久将从内饰件应用中退出；聚氨酯因其柔软的触感，预计在内饰件（尤其是高档车）上的应用会不断增长，而中档车在内饰 PP 化推动下可能更倾向于采用 TPO；PU 在内饰中尚难以被其他材料取代；复合材料在结构件（如座椅骨架）和吸收冲击能量的零件上的应用将会增长；金属-塑料混合材料在内装件中的应用极具潜力。未来要着力开发外表美观（低反光、耐磨、半透明）同时具有良好降噪性能（尤其是嘎嘎、吱吱声和咔嗒声）的内饰新材料；开发具有优良高速冲击性能的内装件材料；弄清塑料材料触觉特性的本质。汽车塑料内装件如图 5.30 和图 5.31 所示。

图 5.30　汽车前端内饰件

图 5.31　驾驶室顶内饰件

2. 外装件

开发耐候性（金属或覆盖层耐大气腐蚀的性能）、耐化学侵蚀，具有良好的表面光泽和抗轻微撞击性能的外装件用聚合物体系；提高塑料零部件的表面光洁度；开发光亮、耐候的着色剂；开发先进的增强材料及增强技术；开发可生产出 A 级表面、免油漆外装件的材料；开发大批量、低成本的工装技术；开发大型薄壁零件快速制造工艺；开发先进的模压机；研究虚拟原型技术。高表面质量结构复合材料的快速制备工艺开发，照明纳入总体设计，内、外装材料体系同一化。图 5.32 和图 5.33 所示为全塑 PP 材料的车身。

图 5.32 汽车外保险杠

图 5.33 汽车门板

3. 塑料密集汽车

开发生产夹层构件的材料与工艺；开发满足汽车设计要求的新型塑料合金和塑料共混物、热塑性塑料、热固性塑料和工程塑料；开发耐火塑料。

建立汽车塑料、复合材料性能数据库；研究适于塑料的低成本车身骨架设计技术；研究塑料-金属材料复合零部件设计技术；在清洁材料(生物塑料)开发的基础上，设计塑料密集汽车。图 5.34 所示是 2011 年 9 月份奥迪公司推出的一款奥迪 Urban 概念车，车身采用的是碳纤维增强的塑料。

【奥迪 Urban 概念车】

图 5.34 奥迪 Urban 概念车

5.4.4 轻量化橡胶构件

橡胶零件的轻量化主要从以 TPE 替代传统橡胶、以软质塑料替代橡胶、TPV 替代门窗密封条用 EPDM 等方面进行，具体轻量化方案见表 5-14。

表 5-14 橡胶弹性体常用轻量化方案

轻量化方案	零件	原方案	新方案
零件结构优化	缓冲块	减振器橡胶缓冲块带防尘罩	聚氨酯缓冲块＋塑料防尘罩
	轮胎	/	结构优化
	进气软管	EPDM 进气软管	EPDM 软管＋PP 波纹管
	挡水条	EPDM	PP 骨架＋TPV
以 TPE 替代传统橡胶	进气软管	EPDM	TPC、TPV
	传动轴防尘罩	CR	TPC
	减振器防尘罩	NR	TPV、TPO
	加油口密封圈	EPDM	TPV
	车窗密封条	EPDM	TPV、TPS
	橡胶垫	EPDM	TPV、TPS
	堵盖	EPDM、NR	TPV、TPS
以软质塑料替代橡胶	离合软管	EPDM	PA610、PP
	减振器防尘罩	NR	HDPE、PP
	护套	EPDM、NR	PP、HDPE
	堵盖	EPDM、NR	PP
新工艺	密封条	可变截面挤出、发泡工艺	
配方优化		低密度配方替代高密度配方	

相对于传统橡胶，TPE 具有密度低、可回收和加工效率高等特点，是未来橡胶弹性体材料的发展趋势。TPV 是目前汽车上使用量最大的热塑性弹性体。相对于 EPDM 橡胶，TPV 具有密度小、易加工、可回收、外观好和气味小等优点，广泛替代 EPDM 应用于密封条、进气软管和防尘罩等零件。从理论上讲，能用 EPDM 的地方都可以用相应的 TPV 替代。目前 EPDM 零件在一款车型中的用量在 20kg 左右，如果所有 EPDM 被 TPV 替代（单纯考虑材料替代而不考虑结构），则可减重约 3.5kg。

此外，可以用 TPV 替代门窗封条 EPDM 进行轻量化，这是 TPV 替代 EPDM 最为成功的案例之一。几乎所有的汽车门窗密封条（除发泡海绵 EPDM 胶外，由于目前 TPV 发泡技术应用还不成熟，因此发泡海绵基本上是 EPDM 材料）都可以用 TPV 替代（图 5.35）。

图 5.35　TPV 在密封条上的应用

5.4.5　各种新型轻材料

汽车整车材料使用概况如图 5.36 所示。

图 5.36　整车材料使用概况

1. 泡沫合金板

泡沫合金板由粉末合金制成，特点是密度小，仅为 $0.4 \sim 0.7 \text{g/cm}^3$，弹性好，当受力压缩变形后，可凭自身弹性恢复形状。根据整车结构需要，主要分为泡沫铝合金、锌合金、锡合金、钢等。

2. 陶瓷材料

由于陶瓷本身具有特殊力学性能和对电、光、热等物理性能，使陶瓷材料特别是特种陶瓷，更多地应用在汽车上。如工程陶瓷基复合制动材料，因其高热容、低磨损、耐冲击而著名。

3. 石棉类制动用材料

石棉类制动摩擦材料主要以石棉纤维作为增强纤维的有机基复合制动摩擦材料。

4. 制动片使用材料

制动片（图 5.37），用于制动鼓或制动盘进行摩擦车轮使车速降低，在工作状态下，其摩擦衬片及摩擦衬块承压巨大，且产生大量热能，对于材料要求很高，目前主用材料有树脂基制动材料、碳复合材料、陶瓷基材料（陶瓷制动片如图 5.38 所示）及粉末冶金材料等。

图 5.37 制动片

图 5.38 陶瓷制动片

5.5 轻量化结构设计

5.5.1 结构优化案例

1. 网络曲面结构设计

2014 年，EXO 推出的概念车如图 5.39 所示，又称为"网格曲面结构"，对于车身结构来说，利用网格状的结构不仅强度可以提高，而且在车架外部覆盖这样一个网格状的结构可以减少材质的使用，该车的发动机罩及风窗玻璃采用复合材质，更有效地降低了汽车的质量。

图 5.39 EXO 概念车

为了优化整车质量分布，汽车电力系统分为前后两部分，将电池组分别安装在了后轴和前轴位置附近，同样为了每个组件的最大功能和效率最大化，汽车内部结构都由电力驱动。在内饰部分，该车的仪表板采用与外饰相同的设计结构，即网格状多边形结构。该概念车成功实现轻量化结构的设计，具体见表 5-15。

表 5-15 EXO 轻量化结构设计

汽 车 构 造	轻量化机构
风窗玻璃、车顶部、车门框架	一体化，网格状结构球体，提高车身强度
前照灯网格状的结构	减少材料，减轻质量
发动机罩复合材质	有效降低车重
风窗玻璃复合材质	有效降低车重
汽车内饰座椅	赛车座椅设计造型

2. 蒙皮材料组合结构设计

2014 年，德国汽车公司 EDAG 所研发的 Lightcoccon 概念车（图 5.40），通过改变汽车的蒙皮材料多种组合和汽车的车身结构来重新定义这一概念汽车，车身造型类似乌龟外形的仿生设计，采用多种材质复合材料的框架来构成汽车的骨架部分，同时外部的蒙皮材料采用半透明的纺织物复合材质，可以随时改变其颜色。汽车的内部结构参考乌龟外壳实现汽车的缓冲和保护作用。该车结构轻量化技术方面采用 3D 打印，选择性激光烧结技术和增材制造的结构相结合，成功使汽车车身呈现出树叶内部分枝构造，在材质方面该车采用防风雨的复合性材质作为汽车蒙皮，达到汽车轻量化，既满足造型特征又符合节能减排的汽车轻量化目标。该车轻量化结构设计见表 5-16。

图 5.40 Lightcoccon 概念车

表 5-16 Lightcoccon 轻量化结构设计

汽 车 构 造	轻量化机构
汽车内部骨架	多种框架支撑构成，起到保护和缓冲作用，采用激光烧结技术
车顶部和车门框架	激光焊接技术构成，有效降低车重
汽车车身蒙皮	采用防风雨的复合性材质

3. 机构轻量化设计

赛车永远是最追求轻量化的产物。2014 年，McLaren Honela F1 赛车采用全新的多连杆悬架系统［图 5.41(a)］，采用碳纤维复合材质通过高温环境下制成，在保证刚性的前提下减轻质量，保证充足的抓地力，实现了轻量化改进。

该车采用铝合金锻造的轻量化轮胎［图 5.41(b)］，轮毂作为轮胎的重要支撑部分，采用的是口径极小的轮毂，使得碳纤维制动总成的体积也受到限制，这也解释了其强大的制动力与耐热性。同时，较小的轮毂也使得必须要搭配扁平率较大的轮胎，而这也在一定程度上削弱了生硬干脆的悬架系统的特性，使轮胎承担吸振工作，提高操纵稳定性。

该车的车架部分采用钛合金一体式的紧凑型驾驶舱布局［图 5.41(c)］，该设计在最大化压低车体重心的前提下，使铝合金打造的车架在刚性及质量上得以双赢，能够改善车架扭曲所造成的动力流失及操控影响。而浴缸式的坐姿也是当今民用超级跑车所效仿的设计风格。

图 5.41　赛车上的轻量化结构设计

McLaren F1 赛车轻量化结构设计见表 5-17。

表 5-17　McLaren F1 赛车轻量化结构设计

汽 车 构 造	轻量化机构
悬架系统	碳纤维复合材质高温环境下制成，弧形运动轨迹保证抓地力
轮毂	较小的轮毂搭配扁平较大的轮胎
车底盘	钛合金一体式车架，浴缸式坐姿，改善车架扭曲造成的动力流失

目前汽车车身轻量化技术主要包括结构的合理优化设计和轻质材料的使用，而在轻质材料使用方面又可分为更换材料种类和改变材料结构方式两类。将高强度钢应用于车身，虽然没有更换材料种类，但改变了材料性能。不仅如此，采用高强度钢还可以进行材料结构方式的改变。图 5.42 所示为目前车身轻量化的几种改变材料结构方式：激光拼焊板、等厚空心钢管、变截面空心钢管。为了增强比较效果，图 5.42 中也列举了普通等厚钢板和高强度等厚钢板，从图中可以看出改变材料结构方式的发展趋势。

5.5.2　铝蜂窝夹板

1. 铝蜂窝板的特点和应用

铝蜂窝是一种仿生结构产品，是根据蜜蜂巢穴的结构特点制造出来的。蜂窝具有正六面体结构，此种结构不仅美观漂亮，经实验研究，正六面体结构比三面体、四面体、圆柱等多

图 5.42 各种材料结构方式的比较

种几何集合体更耐压、耐拉。蜂窝结构以最少的耗材,创造最强的几何结构,具有优良的力学性能。人类使用芯材已有几个世纪的历史,随着铝合金及大幅宽铝箔的成功轧制,铝蜂窝板的发展达到了一个新的水平,铝蜂窝芯的拉伸、压缩、剪切强度等也得到了很大提高。

铝蜂窝复合材料作为一种超轻质新型材料,如图 5.43 所示,具有许多常规材料所不具备的特性,其综合性能十分突出。

(1) 质量轻、密度小。由于蜂窝铝板是一种多孔的不连续材料,而且实体部分的截面积很小,因而密度很小,是一种较轻的板材(常用铝蜂窝芯的密度见表 5-18)。由这种蜂窝芯制成的蜂窝铝板的密度为 3~7kg/m³,是相同体积普通铝板的 11%~14%。使得蜂窝铝板在汽车上应用时,与等量刚度的单一铝合金板相比,零部件的质量能减轻 35%,能大量节省能源。

图 5.43 铝蜂窝板的结构

表 5-18 常用铝蜂窝芯密度

孔格边长/mm	铝箔的厚度/mm	密度/(kg/m³)
3	0.03	44
	0.04	52
	0.05	68
4	0.03	33
	0.04	39
	0.05	53
5	0.03	27
	0.04	31

(2) 强度高、刚性好,抗冲击、减振性好。蜂窝板承受压力弯曲时,当上板被拉伸时,下板则被压缩,蜂窝芯结构传递剪切力。类似于工字梁,可以承受很大的侧向压力、正反向压力。这种结构不仅提高了整体刚度,而且提高了稳定性,改善了整体的力学性能。另外,由于蜂窝板高度比面板高出几倍,结构稳定性好、不易变形,具有很好的韧性

和回弹性。图 5.44 和图 5.45 所示为蜂窝芯和铝芯蜂窝在冲击吸能性能试验后的变形情况。表 5-19 为铝蜂窝复合板、普通铝板、普通钢板的刚性比较。

图 5.44 铝蜂窝结构

图 5.45 耐冲击性能试验后的变形情况

表 5-19 铝芯蜂窝复合板与普通板的刚性比较

种 类	铝蜂窝复合板	普通铝板	普通钢板
尺寸/mm×mm×mm（宽×长×厚）	900×1800×26.6	900×1800×2.7	900×1800×1.0
单位面积质量/(kg/mm^2)	7.3	7.3	7.9
弯曲刚度 EI/(10^9 N·mm^2)	19.5	0.1	0.02
扭转刚度 GJ/(10^9 N·mm^2/rad)	59.2	0.29	0.05

（3）隔音、隔热。铝是热和声音的良导体，蜂窝结构的设计，实体部分体积仅占 1%～3%，其余空间内是处于密封状态的气体，由于气体的隔热、隔音性能优于任何固体材料，如韩国的低地板客车 CKLFB（图 5.46），起到了良好的防振和隔热的效果。

图 5.46 韩国低地板客车

（4）无污染、符合新能源环保汽车的设计理念。蜂窝铝板全部用铝合金制造，使用后可以通过回收反复利用，节省资源，此外铝蜂窝板还具有电磁屏蔽等作用，在一些专用车（图 5.47 和图 5.48）等都得到应用。

图 5.47　车身结构为铝蜂窝的军用车

图 5.48　铝蜂窝底板和车厢民用运输车

2. 铝蜂窝板在汽车上的连接设计

由于铝蜂窝面板和芯材构成的铝蜂窝板的面板强度高，刚度大但厚度较薄；夹芯的强度和刚度低，但较厚。对于铝蜂窝复合材料在使用中要充分利用面板承力以提高结构效率。但夹层结构传递集中载荷的能力较弱，会因为集中载荷的作用而使局部产生拉脱挤压破坏，以至于面板和芯材剥离。为了使铝蜂窝复合材料结构提高传递集中载荷能力，在铝蜂窝材料夹层结构设计过程中要考虑夹层板边缘加强和特殊的连接形式。因此在将铝蜂窝板用在汽车结构上时要遵循以下几条原则。

（1）提高连接区域面板的挤压强度。在连接区域的连接部位要根据载荷大小，适当增加局部补强，以提高孔边挤压强度。

（2）减小铝蜂窝面板孔边挤压载荷。在连接部位可采用加强片的方法，将大部分载荷通过胶结面扩散到面板上，以减少面板孔边挤压应力。

（3）避免只与上面板或下面板单独连接。机械连接时应该避免只与一块面板单独连接，以防止连接钉的拉力造成面板夹芯间胶层剥离破坏。为此对铝蜂窝结构的连接应该设法使连接钉与夹芯固定，通过夹芯的剪切来承受钉的拉力。

铝蜂窝板与边缘加强件的连接一般采用胶结。一种方法是将边缘加强件与面板和夹芯层一次固化成型，另一种方法是对已经制备好的铝蜂窝板胶结上边缘加强件。铝蜂窝板与汽车上其他构件的螺栓连接都是通过这些加强件连接在一起，连接的形式有平直接头、T 形接头和角接头，如图 5.49～图 5.51 所示。

图 5.49　平直接头连接形式

图 5.50　T 形连接形式

图 5.51　角接头的连接形式

图 5.52　铝蜂窝板填充材料样品

（1）平直连接（图 5.49）。有些结构部件要求将两块或者多块的铝蜂窝板连接在一起，这种接法看似简单其实装配的精度还是不容易保证的。因为螺栓连接处要承受较大的剪切载荷，因此需要在螺栓连接处填充刚性较大的材料或者加一些衬套，以便承受螺钉的挤压应力并传递螺栓上传来的剪切载荷。

（2）T 形连接（图 5.50）。由图可以看出，与支架连接的垂直的面板将要承受剪切力，支架主要是铝蜂窝板的连接固定件，并且通过轴插件加强固定，这些插件主要承受板外的载荷，它的剥离强度对整个的连接强度有一个限制作用。

（3）角接头（图 5.51）。角接头是铝蜂窝结构常用的连接形式，连接时要考虑到接头边缘处的特殊处理，在角头设计时，除进行必要的内力和变形分析外，还需要进行一系列的实验。铝蜂窝板填充材料样品如图 5.52 所示。

瑞典科尼赛克（Koenigsegg）汽车股份有限公司在 2010 年广州车展推出的 CCXR 版的科尼赛克跑车（图 5.53）底盘由碳纤维和铝蜂窝结构材料制成。底盘与油箱整体成型，可以获得最优化的质量分布和安全性能。该跑车车身由预浸料碳纤维凯夫拉（Kevlar）及轻质的蜂窝夹层增强材料制成，内置抗冲击的铬强化不锈钢发动机架具与复合材料整体成型铸铝 V8 发动机，有一个碳纤维增强材料进气管和一个钨极惰性气体保护焊接的陶瓷涂覆不锈钢排气管。其锻铝车轮通过带有铝扣的陶瓷制动片实现制动。

图 5.53　CCXR 版科尼塞克跑车

大学生方程式赛车由美国汽车工程师协会（SAE）开办，主要挑战本科生、研究生团队构思、设计与制造小型方程式赛车的能力。在大学生方程式赛车的设计中必须坚持一些非常严格的规则，其中之一就是要求要有碰撞衰减器，它本质上来说就是一个防碰撞结构，安装在方程式赛车的前端，用来衰减正面碰撞冲击力的影响。传统来说有许多材料可以制作碰撞衰减器，但是由于铝蜂窝具有这种高强度比的特性而越来越受欢迎，而且在设计过程中，参赛者普遍达成一个共识，即与一些传统的泡沫材料相比，在设定等价强度下，用铝蜂窝芯结构则空间更小，而且更适合整体的设计理念，如图5.54所示。

图5.54 大学生方程式赛车和铝蜂窝芯碰撞衰减器

5.5.3 激光拼焊板

无论从高强度等厚钢板过渡到激光拼焊变截面板，还是从等厚空心钢管到变截面空心钢管，变截面技术对于车辆的轻量化、安全性和其结构本身的承载适应性都有显著提高。

目前普通应用于车身的高强度钢都是等厚钢板，例如，车顶、车门、行李箱等部件要求具有抗变形刚度和抗凹陷性，主要使用抗拉强度为340～390MPa的BH钢板。BH钢板的屈服强度在烘烤涂漆时升高，可在不损失成型性的前提下，提高抗凹陷性，减薄钢板。

其实，车身轻量化在更多地应用等厚高强度钢板的同时，还采用了改变材料结构方式的方法，比如拼焊方法。拼焊能使部件拼合，减少部件数量，去除点焊凸缘，这对汽车轻量化有很大的作用。尽管拼焊材料在使用初期以提高材料利用率为目的，仅用于小型部件上，但最近已将拼焊材料扩大应用于车身侧板和车厢底板等大型部件。图5.55所示是用于车身门板的拼焊板实例。

激光拼焊板（Tailor Welded Blanks，TWB）又称预制板材技术，就是根据车身设计的强度和刚度要求，采用激光焊接技术把不同厚度、不同表面镀层甚至不同原材料的金属薄板焊接在一起，然后进行冲压。

TWB的优点是可以根据车身各个部位的实际受力和变形的大小,预先为各车身部件定制一块理想厚度的拼接板,从而达到节省材料、减轻质量且提高车身零部件性能的目的,并且还能实现不同材料板材的焊接,从而进一步发挥了其减重的潜力。

TWB的最大缺点来源于其本身技术上的先天不足——焊缝。

(1) TWB的焊缝是一个承载的薄弱环节,设计时必须仔细考虑其位置,将它布置在受力较小的位置,但这样的限制条件制约了TWB能将不同板材任意拼接使用的优势的充分发挥。

图 5.55 高强度钢拼焊应用于车身

(2) TWB的焊缝会影响材料的成型性,在后续的冲压过程中容易产生裂纹,造成隐患,通常需要增加一道热处理工艺来消除这种硬化效应。

(3) 即使采用任何涂装措施也无法彻底掩盖外观上的焊缝,因此TWB不适宜用作车身外覆盖件材料,一般只用来制作内覆盖件或支承结构件。

(4) 板料之间的拼接处存在厚度的突变,这对于模具的设计和制造是一个不小的难题。

5.5.4 连续变截面板

正是由于TWB突然变截面的缺点,另一种通过柔性轧制生产工艺得到的连续变截面板(Tailor Rolling Blanks,TRB)技术应运而生。

图 5.56 连续变截面板的车身横梁

TRB是一种轧制的变截面板材。它的成形原理是在钢板的轧制过程中通过计算机实时控制和调整轧辊的垂直间距,以获取沿轧制方向上按预先定制的厚度连续变化的板材,设计人员可以根据后续加工中钢板各个部位的实际受力和变形,以及整个车身的承载情况,在轧制之前选定有利于连续加工的板料型面,图5.56所示为连续变截面板制成的车身横梁。

TRB的优点:首先继承了TWB根据载荷工况要求变截面的技术,而且由于是连续变截面所以不存在应力突变和焊缝;其次,由于TRB的变截面是由制造过程中辊轧轮的运动形成的,而不像TWB需要拼接不同厚度的钢板,因此TRB的截面变形次数的增加对成本不会造成任何影响。

TRB的缺点:变截面使得以往基于等截面研究得出的很多力学及冲压成形理论都无法适用,因此车身覆盖件的模具设计相当困难;同时,TRB在深冲压时,必须有多道后续的热处理工序才能保证其最终成形的精确性;此外,TRB的变截面厚度只能随钢板在压轧时的运动方向的变化而变化。

5.5.5 空心变截面钢管技术

最新的空心变截面钢管技术(Tailor Rolled Tube，TRT)是以 TRB 的为基础，在后续的成型过程中使用了管件液压成型的技术。

TRT 的优点是继承了 TRB 的连续变截面技术，并且采用空心圆环形截面结构，实现进一步的轻量化，而且与传统的矩形截面相比，具有同样的抗拉压和突出的抗扭力学性能。因此它在车身的纵梁、横梁、上边梁和 A 柱、B 柱上有广泛的应用前景。尤其对于纵梁来说，出于碰撞安全性的考虑，纵梁需要前软后硬的特性，而这对于连续变截面的 TRT 来说非常容易实现。TRT 的缺点是制造工艺复杂、成本较高。图 5.57 所示为变截面车架。

图 5.57 变截面车架

5.5.6 轻型结构对比

1. 减重效果

TWB、TRB 和 TRT 的应用都出于车辆轻量化的目的，根据工程力学中薄壁梁承载性能的基本理论，假设等厚度板、TWB、TRB、TRT 这 4 种板材制成的结构件具有同样的刚度，则其减重效果如图 5.58 所示。TRT 之所以能达到最优的减重效果是因为它实现了梁的板料厚度和结构双重变化，即变截面技术和空心结构，每一份板料都发挥了它的极限力学性能。

(a) 等厚度板　　(b) TWB减重20%　　(c) TRB减重40%　　(d) TRT减重55%

图 5.58 各种结构板料的减重效果

2. 机械性能

由于 TWB 存在厚度突变和焊缝的影响，且焊接添加金属材料与被焊接基材在材料特性上必然有一定差异，致使 TWB 在沿长度方向上的硬度也会发生跳跃式的变化，如图 5.59 所示。TWB 硬度的跳跃将为后续的成型加工带来极为不利的影响。相比之下，TRB 和 TRT 具有较好的机械性能，在沿长度方向上的硬度变化比较平缓，具有更佳的成型性能。

3. 工艺复杂程度

TWB 可以通过激光焊接工艺进行不同材质、厚度板料的任意拼接，具有很大的灵活性；TRB 则是靠柔性轧制工艺在不同厚度的板料之间形成一个连续的、缓变的过渡区，但它的不足之处是受轧制工艺和轧机设备的限制，其厚度变化只能发生在板料的初始轧制

图 5.59 TWB、TRB、TRT 的机械性质比较

方向上；此外，现有的轧制工艺还无法把不同金属材料的板料"轧制"成一块整板，即在灵活性上不如 TWB；TRT 是以 TWB 的工艺为基础，然后使用管件液压成型技术，由于需要两道复杂的工序，因此 TRT 的生产周期较长。

由以上对比分析可知，TWB 和 TRB 在减重、机械性能、制造工艺等方面各有特色和不足之处，从综合指标来看，TRB 具有更大的优势。因此，为达到汽车轻量化的目的，又提出一种更好的方案，即把 TRB 与 TWB 组合在一起，制成真正意义上的"任意拼接板"。

5.6 国内外材料和技术发展动向

在实现人类社会可持续发展的进程中，对新一代汽车产品在节能、安全和环保方面提出了更严格的要求，而以轻量化为主导的先进汽车材料技术已经成为实现这一目标的主要措施之一。目前，国外各大汽车公司及材料行业均投入了大量的人力、物力，积极开展汽车技术与汽车新材料研究，并得到了政府的支持。当前世界汽车材料技术发展的主要特征如下。

轻量化与环保是当今汽车材料发展的主要方向。

各种材料在汽车上的应用比例正在发生变化，尽管近阶段钢铁材料仍保持主导地位。主要变化趋势是高强度钢和超高强度钢、铝合金、镁合金、塑料和复合材料的用量将有较大的增长，铸铁和中、低强度钢的比例将会逐步下降，但载重车的用材变化不如乘用车明显。

轻量化材料技术与汽车产品设计、制造装备及工艺的结合将更密切，汽车车身结构材料将趋向多材料设计方向。

当前，汽车工业的主体技术正步入转型换代的新时期，以机械技术为主的传统汽车技术将被微电子信息技术、新材料技术、新工艺技术和新能源技术等高新技术所取代，轻量化、智能化、节能、安全和环保是当今汽车技术的重要发展方向。汽车技术的发展对汽

材料提出了更高的要求，材料技术是汽车工业技术创新的重要内容和物质基础。从数量上来讲，虽然汽车用材在整个材料市场中所占的比例很小，但它们往往是属于技术要求高、技术含量高、附加值高的三高产品，代表了行业的最高水平。以钢材为例，2010年我国汽车工业钢材消耗量超过 700 万吨（含进口钢材），不到当年钢材产量的 4%，但其中的板材和优质钢占 80% 以上，其平均价格是普通钢材的 1.3～2 倍。目前我国汽车用钢材约有 25% 仍然需要进口，主要是高档材料。为了改变这种局面，宝钢、鞍钢、武钢等钢铁企业纷纷加大了汽车钢材的开发力度，建立了多条高水平的汽车钢板生产线，带动了整个行业的产品升级换代，并由此产生了显著的经济效益。因此，新材料的开发与应用不仅促进了汽车的技术进步，同时也将推动材料工业本身的发展与进步，对我国国民经济的发展具有重要意义。表 5-20 列举了我国未来汽车工业发展开发的最重要的 30 种材料与技术。

表 5-20　我国未来汽车工业发展开发的最重要的 30 种材料与技术

序号	名　称	主要技术指标与规格	主要用途
1	高强度钢板	主要性能指标达到国外同类产品水平	车身及车架零件
2	镀层钢板	主要性能指标达到国外同类产品水平	车身零件
3	高性能齿轮钢	淬透性带宽不大于 4HRC，弯冲抗力	汽车齿轮与齿轮轴
4	高韧性非调质钢	抗拉强度大于 900MPa，冲击功不小于 60J	发动机零件、轴类零件
5	高延性铝合金板	抗拉强度大于 275MPa，断后伸长率大于 24%；板厚 0.8～4mm，板宽 2m	乘用车车身零件
6	高强度铝合金型材	主要性能指标达到国外同类产品水平	车身零件、座椅骨架
7	抗蠕变镁合金	主要性能指标达到国外同类产品水平	发动机零件
8	热塑性弹性体	主要性能指标达到国外同类产品水平	保险杠、仪表板等
9	高密度聚乙烯	密度大于 $0.94g/cm^3$	燃油箱、冲洗水水箱
10	高强度 PA66 尼龙	主要性能指标达到国外同类产品水平	发动机进气歧管
11	热塑性复合材料	主要性能指标达到国外同类产品水平	乘用车底板零件
12	汽车用水性涂料	主要性能指标达到国外同类产品水平	底涂、中涂与面漆
13	汽车用粉末涂料	主要性能指标达到国外同类产品水平	底涂与中涂
14	环保型密封胶粘接剂	主要性能指标达到国外同类产品水平	车身、车身内饰件及发动机的粘接与密封
15	汽车制动器无石棉摩擦材料	主要性能指标达到国外同类产品水平	制动器
16	丁基橡胶	主要性能指标达到国外同类产品水平	汽车轮胎

(续)

序号	名称	主要技术指标与规格	主要用途
17	丙烯酸酯橡胶	主要性能指标达到国外同类产品水平	
18	纳米汽车尾气净化材料		汽车尾气净化
19	燃料电池储氢材料		燃料电池
20	高性能磁性材料	主要性能指标达到国外同类产品水平	各种电动机、电磁阀
21	汽车传感器用功能材料	主要性能指标达到国外同类产品水平	传感器敏感元件
22	汽车安全气囊织物	主要性能指标达到国外同类产品水平	安全气囊
23	与代用燃料有关的功能材料开发及减摩抗磨技术		
24	汽车材料设计-工艺-零件一体化技术		
25	激光拼焊板坯制造技术		
26	管件内高压成型技术		
27	不同种类材料连接技术		
28	铝合金铸锻一体化技术		
29	铝合金半固态成形技术		
30	汽车非金属材料回收与再生技术		

1. 汽车轻量化的研究方法有哪些？
2. 高强度钢板主要应用于汽车的哪些结构？
3. 镁铝合金主要用于汽车的哪些结构？
4. 复合材料有哪些优点？
5. 简述塑料的发展趋势。
6. 简述轻型钢的特点。
7. 简述我国汽车新材料的未来发展方向。

第 6 章

智能网联与自动驾驶

 本章教学目标

★ 了解智能驾驶汽车系统的主要组成部分
★ 掌握自动驾驶汽车系统的体系结构、环境感知、自动导航、路线规划、运动控制的原理及简单方案设计
★ 掌握车联网概念与其在智能交通系统中的应用,以及车联网产业的运行模式

 本章教学要点

知识要点	掌握程度	相关知识
智能汽车概论	了解智能汽车系统技术组成; 掌握智能网联汽车主要技术分支	信息融合,智能驾驶,自动控制
自动驾驶汽车体系结构	了解分层递阶式、反应式体系结构原理; 掌握其主要特点	输入输出,系统的信息流、控制流,混合式体系结构
环境感知技术	了解环境感知技术原理; 掌握各种传感器原理及特点; 了解结构化、非结构道路检测及运动目标、交通标识识别原理	激光雷达、毫米波雷达等传感器;感知检测算法;识别算法原理
自动导航	了解 GPS 定位技术特点; 了解单点定位、相对定位和差分定位的技术原理; 了解航迹推算原理; 掌握 GPS/INS 融合导航定位原理	GPS 定位;导航定位融合技术

(续)

知识要点	掌握程度	相关知识
路线规划	了解路线规划原理； 掌握环境地图表示法分类、原理及特点； 了解路线规划法分类及原理； 了解 Dijkstra 算法与 BFS 算法； 了解经典 A*路线规划	地图表示,路径搜索,高精地图
运动控制	了解汽车纵向、横向控制的分类及主要特点	汽车纵向控制及横向控制
车联网技术与智能交通	掌握车联网与智能交通定义及技术组成； 了解车联网原理及应用现状及展望	射频技术、通信协议、telematics 系统技术

导入案例

虽然没有配备转向盘、加速踏板、制动踏板、后视镜等部件，但是通过车联网系统，自动驾驶车可以输入甚至接收地址来接送乘客。而保证汽车行驶安全的关键在传感器上。谷歌全自动无人驾驶车(图 6.1)通过传感器感知周围环境，首先辨别车辆所在的位置，监测周围的物体，预测周围物体会做出什么行动，再决定行驶轨迹及速度。在监测之下，变道的汽车或者自行车、过马路的行人，甚至是树枝都可以被无人驾驶车监测到，并且通过监测的信息做出相应反应。在这个过程中，不可忽略的是车联网的作用，通过全球定位系统(Global Positioning System，GPS)、射频识别(Radio Frequency Identification，RFID)、传感器、摄像头图像处理等装置，车辆可以完成自身环境和状态信息的采集；通过互联网技术，所有的车辆可以将自身的各种信息传输汇聚到中央处理器；通过计算机技术，这些大量的车辆信息可以被分析和处理，从而计算出不同车辆的最佳路线并及时汇报路况和安排信号灯周期。也就是说，从此之后，我们可以不用再靠着转向盘、制动系统、加速踏板来控制车辆，取而代之的是 GPS、传感器及摄像头图像处理装置。

图 6.1 谷歌全自动无人驾驶车

6.1 智能汽车概论

6.1.1 智能汽车简介

智能汽车是一个集环境感知、规划决策、多等级辅助驾驶等功能于一体的综合系统，它集中运用了计算机、现代传感、信息融合、通信、人工智能及自动控制等技术，是典型的高新技术综合体。目前对智能汽车的研究主要致力于提高汽车的安全性、舒适性，以及提供优良的人车交互方式。近年来，智能汽车已经成为世界车辆工程领域研究的热点和汽车工业增长的新动力，很多发达国家都将其纳入各自重点发展的智能交通系统当中。

作为复杂的智能系统，自动驾驶汽车涉及的内容主要包含以下几方面：

（1）体系结构。自动驾驶汽车体系结构定义了系统软、硬件组织原则，集成方法及支持程序。一个合理的体系结构可以实现系统模块之间的协调，体现系统的开放性和可扩展性。

（2）环境感知。自动驾驶汽车的环境感知像人类视听感觉一样，利用各种传感器对环境进行数据采集，获取行驶环境信息，并对信息中的数据进行处理。这是汽车实现避障、自动定位和路线规划等高级智能行为的前提条件和基础。

（3）自动导航。自动导航是自动驾驶汽车行驶的基础，常用技术有航迹推算、惯性导航、卫星导航、路标定位、地图匹配和视觉自动导航等。通常使用中，会综合两种及以上技术形成组合导航技术，提高导航性能。

（4）路线规划。路线规划是指在一定环境模型基础上，给自动驾驶汽车起始点和目标点后，按照某一性能指标规划出一条无碰撞、能安全到达目标点的有效途径。

（5）运动控制。自动驾驶汽车的运动控制分为纵向控制和横向控制。通过节气门和制动的协调，纵向控制实现对期望车速的精确跟随。在保证操纵稳定性的前提下，横向控制实现自动驾驶汽车的路径跟踪。

而在整个智能汽车驾驶过程中，信息融合技术也显得尤为重要。Body 控制回路（图 6.2）就是该技术的重要代表。

图 6.2 Body 控制回路

Body 控制回路(又称 OODA 环,即观测、定向、决策、执行环)首先应用于军事指挥处理,现在已经大量应用于信息融合。Body 控制回路使得问题的反馈迭代特性显得十分明显。它包括 4 个处理阶段:①观测,获取目标信息;②定向,确定大方向认清态势;③决策,制订反应计划;④行动,执行计划。Body 控制回路的优点是,它使各个阶段构成了一个闭环,表明了数据融合的循环性。随着融合阶段不断递进,传递到下一级融合阶段的数据量将不断减少。融合主要有数据级融合、特征级融合和决策级融合 3 种方式。

(1) 数据级融合:在传感器的原始信息未经处理之前进行的信息综合分析,以尽量多地保持景物信息。这种融合方式的信息处理量大、处理时间长、实时性较差。

(2) 特征级融合:在对信息预处理和提取特征后,对所获得的景物特征信息(如边沿、形状、轮廓、方向、区域和距离等)进行综合处理,以达到保留足够数量的重要信息和实现信息压缩,从而有利于实时处理。

(3) 决策级融合:融合之前,每种传感器的信号处理装置已完成决策或分类任务。信息融合只是根据一定的准则和决策的可信度作最优决策,以便具有良好的实时性和容错性,即使在一种或几种传感器失效时也能工作。智能汽车各种信息融合如图 6.3 所示。

图 6.3 智能汽车各种信息融合

信息融合技术给智能汽车带来了更加光明的前景,使得车辆能够利用多传感器集成技术及融合技术,结合环境信息、交通状况信息做出一个最优决策,实现车辆自动感知前方的障碍物,及时采取措施进行避让;通过对前方信号的识别,自动停车或继续运行;通过对路标的自动识别,避免违章行为等,从而可以大大降低事故发生的可能性,同时减轻驾驶人驾驶的负担,尽量降低驾驶人疲劳驾驶的可能性。

随着汽车行业的成熟和不断发展,近年来,智能驾驶汽车已经成为世界汽车行业研发的热点和大趋势,很多发达国家都将其纳入重点发展的技术领域。智能驾驶汽车(图 6.4),也被称为轮式机器人,通常具有一款高智能的计算机,工作状态时,利用各种智能传感器接收周围环境的感知信息及汽车内部的各种数据,传输到主控制单元,经过高效快速的综合整理,传输指令到汽车的执行系统,从而实现自动驾驶、智能控制等功能。

图 6.4　智能汽车构造原理

6.1.2　智能网联汽车技术原理

从技术发展路径来说，智能汽车分为 3 个发展方向（图 6.5）：网联式智能（Connected Vehicle，CV）、自主式智能（Autonomous Vehicle，AV），以及二者融合，即智能网联汽车（Connected & Automated Vehicle，CAV 或 Intelligent & Connected Vehicle，ICV）。智能网联汽车融合了自主式智能汽车与网联式智能汽车的技术优势，涉及汽车、信息通信、交通等诸多领域，其技术架构复杂，可划分为如图 6.6 所示"三横两纵"技术架构："三横"是指智能网联汽车主要涉及的车辆、信息交互与基础支撑 3 个领域技术；"两纵"是指支撑智能网联汽车发展的车载平台及基础设施条件。

图 6.5　智能汽车发展路径

图 6.6　智能汽车技术架构

智能网联汽车的"三横"架构涉及的 3 个领域的关键技术可以细分为以下 9 种：

（1）环境感知技术，包括利用机器视觉的图像识别技术，利用雷达（激光、毫米波、超声波）的周边障碍物检测技术，多源信息融合技术，传感器冗余设计技术等。

（2）智能决策技术，包括危险事态建模技术，危险预警与控制优先级划分，群体决策和协同技术，局部轨迹规划，驾驶人多样性影响分析等。

（3）控制执行技术，包括面向驱动/制动的纵向运动控制，面向转向的横向运动控制，基于驱动/制动/转向/悬架的底盘一体化控制，融合车联网（V2X）通信及车载传感器的多车队列协同和车路协同控制等。

（4）V2X 通信技术，包括车辆专用通信系统，实现车间信息共享与协同控制的通信保障机制，移动自组织网络技术，多模式通信融合技术等。

（5）云平台与大数据技术，包括智能网联汽车云平台架构与数据交互标准，云操作系统，数据高效存储和检索技术，大数据的关联分析和深度挖掘技术等。

（6）信息安全技术，包括汽车信息安全建模技术，数据存储、传输与应用三维度安全体系，汽车信息安全测试方法，信息安全漏洞应急响应机制等。

（7）高精度地图与高精度定位技术，包括高精度地图数据模型与采集式样、交换格式和物理存储的标准化技术，基于北斗地基增强的高精度定位技术，多源辅助定位技术等。

（8）标准法规，包括智能网联汽车整体标准体系及涉及汽车、交通、通信等领域的关键技术标准。

（9）测试评价，包括智能网联汽车测试评价方法与测试环境建设。

智能驾驶汽车单元组成如图 6.7 所示。智能驾驶汽车工作时，乘客可通过车载显示屏确认目的地及电子地图自动规划行驶路径，中央处理器根据行驶路径，并根据道路边界规划出合理的行驶路径。在行驶过程中，汽车利用 DGPS 导航系统测得行驶位置的动态数据，与路线规划系统数据进行实时比对补偿，并控制汽车的驱动、转向机构，确保自动驾驶汽车处于正确行驶轨迹、行驶方向及行驶速度。同时，设置在汽车前方的毫米波雷达或红外传感器检测距离测量信息，用于中央处理器判断，用作紧急避险，一旦测得汽车与障碍物或行人的距离低于危险阈值，汽车自动紧急制动，确保行车安全。

图 6.7 智能驾驶汽车单元组成

此外，智能自动驾驶系统还包含远程控制系统。通过无线通信与中央处理器连接，远程控制系统可发送指令到中央处理器，操纵汽车的转向、变速运动，实现对自动驾驶汽车的远程控制。而且，远程监视系统能够通过车前后方的摄像头获取图像信息，当出现紧急情况意外停车时，方便调取图像查看原因。

6.1.3 国内外智能汽车的发展现状及研究

智能驾驶汽车是以迅猛发展的汽车电子为背景，涵盖了自动控制、模式识别、传感技术、电子电气、机械等多个学科交叉的科技创新性设计。智能驾驶汽车结合机器学习技术，因而能够识别驾驶者的意图，通常具有自动驾驶、自动变速、自动识别道路的功能，并且车内的各种辅助设施也实现数字化。

国内外相关研究机构对智能驾驶汽车技术的研发，很多高科技公司都表现出极大的参与热情，其研制的产品技术性能不断提高，形成了第一阵营，国外有谷歌、微软、苹果等，国内有百度等积极参与自动驾驶汽车的项目。第二阵营是传统整车企业，国外的丰田、奔驰、沃尔沃、通用公司及国内的广汽、吉利、比亚迪、长安公司等，都已经投入巨资开始自动驾驶汽车新技术的研究和试用。2015年12月，百度自动驾驶汽车，在北京的市区、环路及高速的混合路况条件下测试顺利。

智能驾驶等级评价见表 6-1。智能驾驶业界时间表如图 6.8 所示。

表 6-1 智能驾驶等级评价

自动化等级	等级名称	智能网联等级定义	适用工程
1（DA）	驾驶支援辅助（已经广泛使用）	通过环境信息对方向和加速中的一项操作进行支援，其他驾驶操作都由人操作	车道内正常行驶，高速公路无车道干涉路段；无换道操作
2（PA）	部分自动化	通过环境信息对方向和加速中的多项操作进行支援，其他驾驶操作都由人操作	高速变道及泊车、环岛等市区简单工况；高速公路及市区无车道干涉路段进行换道、泊车、环岛绕行、拥堵跟车等操作

(续)

自动化等级	等级名称	智能网联等级定义	适用工程
3（CA）	有条件自动化	由无人驾驶系统完成所有驾驶操作，根据系统请求，驾驶人需要提供适当的干预	高速公路正常行驶工况：高速公路及市区无车道干涉路段时行换道、泊车、环岛绕行、拥堵跟车等操作
4（HA）	高度自动化	由无人驾驶系统完成所有驾驶操作，特定环境下系统会向驾驶人提出响应请求，驾驶人可以对系统请求不进行响应	有车道干涉路段（交叉路口、车流汇入、拥堵区域、人车混杂交通流等市区复杂工况）进行全部操作
5（FA）	完全自动化	无人驾驶系统可以完成驾驶人能完成的所有道路环境下的操作，不需要驾驶人的介入	在所有行驶工况下进行全部操作

图 6.8 智能驾驶业界时间表

智能汽车是多学科的融合，现在各国及汽车行业都在致力于智能汽车的研发，主要针对节能、环保及安全三个方面，目前智能汽车的研发更偏向于安全方面。智能汽车的各个子系统都将朝着更加安全与人性化的方向发展。

6.1.4 智能自动汽车通用技术

智能自动汽车，作为一种全新的汽车概念，与传统汽车差别很大，是根据实时获取的内外工作环境信息做出局部或全局的路线规划，能够自动做出行为决策，确保车辆能够安全可靠地行驶到预订目的地。作为这样一个多学科、多理论、多技术的综合交叉引用领域，随着研究的不断深入，逐渐分化为几个主要技术分支。

1. 智能驾驶的体系结构设计

智能自动驾驶汽车是对汽车行业的一次大革新，作为一种全新的汽车概念，随之产生的一系列汽车生产和销售的主流产品。为了规范智能自动驾驶汽车的研发、生产和销售，实现与当前汽车市场顺利有序接轨更替,在汽车新技术出现的开始就应当抓紧实现汽车新技术的标准化和规范化。智能驾驶汽车技术的标准化研究主要包含如下内容:系统功能结构标准化;质量与技术可靠性要求标准化;信息与控制系统技术指标标准化;信息的采集、处理与传输协议标准化;导航与定位技术规范标准化;智能自动驾驶汽车软件技术规范标准化等。

只有基于标准化,才能完善建立智能自动驾驶汽车的体系结构。体系结构,主要是研究智能自动驾驶汽车系统所包含的子功能系统及用户所需功能应用。各子系统应具备的功能,以及子系统之间的相互关系和集成方式,相对独立也存在信息流动。智能自动驾驶汽车体系结构能够定义划分子系统的全部功能及应用软件功能的设计,研究各子系统之间的通信方式和组织方式,体现完善性和整体性,从而能够建立智能自动驾驶汽车系统的信息模型。

2. 自动控制系统技术

智能自动驾驶汽车控制系统是智能汽车工作的决策者和执行者,是整车电控系统的核心。由于汽车驾驶任务的复杂性,汽车的中央控制器,必须采用综合智能控制策略,以提高汽车操纵响应能力和紧急躲避障碍的能力。由于交通环境的复杂性、交通信息的多边性、交通任务的多样性等,智能自动驾驶汽车控制器的研究设计困难重重,必须要实现系统可学习、可适应的能力,同时避免人工驾驶汽车的固有缺陷。智能自动驾驶汽车控制系统必须以现代微电子技术为核心来设计系统硬件,以智能控制理论为基础来设计软件控制策略,以信息技术为支撑来设计系统框架。

智能自动驾驶汽车控制系统是立足于主动安全控制,以微型计算机为控制核心的电子系统,通常由8种功能不同的主要子系统组成,见表6-2。

表6-2 智能自动驾驶汽车控制系统的子系统及作用

子系统名称	作用
制动辅助系统	在车辆雷达传感器的配合下进行自动车距控制。传感器提供前方车辆或者其他障碍物的距离信息,若系统认为通过紧急制动可减少碰撞事故发生的可能,就会采取紧急制动以降低事故发生的可能性
并线警告系统	通过车载照相机探测车道之间的分界线来判别车辆的位置,若车辆明显脱离正确的行驶路线,在可能偏离路面之前,系统会对驾驶人发出警告
限速识别系统	进行交通信号识别,并显示在车内的显示屏上。目前有两种用于识别限速的系统,一种是通过导航仪接收数字无线广播信息的系统;另一种是限速标识本身发射无线信号的系统
车距自动控制系统	具有逐步停车功能,在必要时使汽车自动地完成停车,可发出碰撞警告,在前面有显著障碍时制动,可以判别前方路况,在进入弯道时进行制动控制
综合稳定控制系统	在任何给定条件下,综合控制车上所有主动元件(驱动、制动、操纵系统等),驾驶人只需按动按钮,车载软件就能使车辆的动力输出从偏重追求速度变成偏重驾驶舒适性
泊车辅助系统	帮助驾驶人自动泊车。当到达停车位时,系统自动探测车位空间及障碍物尺寸,一旦确定数据信息,能自动计算理想泊车操纵,只需启动泊车辅助系统,脚踏加速踏板即可自动入库
周围环境识别系统	通过分析车辆全部传感器采集的数据创造一个虚拟的车辆外部环境模型,以影像方式显示,并且帮助驾驶人判断出某些危险
夜视仪系统	使用红外线单元来判断步行者或者任何可能的危险源,通过判断步行者或危险源的位置或其与车辆之间的距离,通知信息系统做出决策

3. 导航与定位技术

导航与定位技术是智能驾驶汽车技术中一个不可或缺的组成部分，是通信与信息技术、动态传感技术、车辆定位技术及计算机技术的综合应用。其硬件有中央控制器、显示器、数字地图、定位系统等。车辆数字导航技术研究已取得实质性进展，但要彻底解决安全问题，还需要更多深入精致的研究。汽车导航定位系统能够实时定位，实时导航并定位成像路线轨迹于显示器上，提供良好的人机交互，导航与定位主要的配套设备有惯性导航器、无线电导航器、GPS 定位器等。此外，必要时，车辆还可与交通监控中心通信，并使用数据库记录车辆及途径道路的历史状况信息。

6.1.5 智能自动驾驶汽车的发展方向

智能自动驾驶汽车的研究可以归纳为 3 个方面：高速公路环境、城市环境和特殊环境下的自动驾驶系统。就具体研究内容而言，3 个方面相互重叠，只是技术的侧重点不同。

【特斯拉 Autopilot 真正无人自动驾驶原理演示】

1. 高速公路环境下的自动驾驶系统

这类系统将使用在环境限定为具有良好标志的结构化高速公路上，主要完成道路标志线跟踪、车辆识别等功能。这些研究把精力集中在简单结构化环境下的高速自动驾驶上，其目标是实现进入高速公路之后的全自动驾驶。尽管这样的应用定位有一定的局限性，但它的确解决了现代社会中最常见、最危险，也是最枯燥的驾驶环节的驾驶任务。

2. 城市环境下的自动驾驶系统

与高速公路环境下的自动驾驶相比，城市环境下的自动驾驶由于速度较慢，更安全可靠，应用前景更好。城市环境下的自动驾驶系统可作为城市大容量公共交通（如地铁等）的一种补充，解决城市区域交通问题，如大型活动场所、校园、工业园、机场等。但是城市环境也更复杂，对感知和控制算法提出了更高的要求。城市环境下的无人自动驾驶将成为下一阶段的研究重点。目前这类环境的应用已进入小范围推广阶段，但其大范围应用目前仍存在一定困难，如可靠性问题、多车调度和协调问题、与其他交通参与者的交互问题、成本问题、商业模型等。

3. 特殊环境下的自动驾驶系统

自动驾驶汽车研究走在前列的国家，一直都很重视其在军事和其他一些特殊条件下的应用。但特殊环境下的自动驾驶系统的关键技术与基于高速公路和城市环境的车辆是一致的，只是在性能要求上的侧重点不同。例如，车辆的可靠性、对恶劣环境的适应性是在特殊环境下考虑的首要问题，也是在未来推广应用中要重点解决的问题。

6.1.6 高级驾驶辅助系统

随着人们对安全、舒适驾驶体验的不断追求，自动驾驶成为汽车发展的新方向。但若进行分类，目前的自动驾驶可分为两类：一类即上述目前非常火爆的无人驾驶，强调的是车的自主驾驶以实现舒适的驾驶体验或人力成本的节省；另一类是高级辅助驾驶系统（Advanced Driver Assistance System，ADAS），早在 20 世纪 70 年代就已进入车厂布局。

ADAS 是利用安装在车上的各式传感器，在汽车行驶过程中随时来感应周围的环境，收集数据，进行静态、动态物体的辨识、侦测与追踪，并结合导航仪地图数据，进行系统的运算与分析，从而预先让驾驶人察觉到可能发生的危险，有效增加汽车驾驶的舒适性和安全性，相比较无人驾驶侧重点有所不同（图 6.9）。

【揭秘 ADAS】

图 6.9 ADAS 技术的逐步发展过渡

ADAS 也可以视作无人驾驶汽车的前提，随着 ADAS 实现的功能越来越多，渐进式可实现无人驾驶。根据美国高速路安全管理局（NTHSA）的定义，汽车的自动驾驶可分为四个阶段（图 6.10），目前技术发展处于汽车自动化程度的第二阶段。

图 6.10 自动驾驶发展情况（NTHSA 标准）

ADAS 主要功能模块见表 6-3。其中，车道偏离预警、自适应巡航控制系统作为半自动驾驶的一个典型功能，渗透率仍不足 10%，仍有巨大的发展空间。

表 6-3 ADAS 功能模块表

功能模块	全称	相关硬件
ESC（ESP）	车身电子稳定系统	传感器：转向盘角度、轮速、领航角、横摆率传感器 控制器：判断驾驶人意图、车辆轨迹预测，中复杂度 执行器：电子制动系统
LDW/LKA	车道偏移报警系统	传感器：单目摄像头或激光雷达 控制器：在 ESC 基础上分析计算视觉数据，高复杂度 执行器：警示模块、主动转向系统

(续)

功能模块	全称	相关硬件
ACC	自适应巡航系统	传感器：转向盘角度、轮速、仿航角、横摆率传感器 控制器：判断驾驶人意图、车辆轨迹预测，中复杂度 执行器：电子制动系统
FCW	前向碰撞预警系统	传感器：双目摄像头、单目摄像头、激光雷达 控制器：分析计算视觉数据、传感器整合，高复杂度 执行器：警示模块
NV	夜视技术	传感器：远红外单目摄像头 控制器：图像增强，中复杂度 执行器：警示模块、显示扩展

算法和芯片的成本占到整个 ADAS 系统成本的 15%～20%，技术门槛高。其中，算法相比芯片、控制配件、车联网等领域来说，一级市场可投资性强。目前芯片和算法市场集中度高，博世、大陆集团、德尔福等国际汽车零部件巨头掌控方案整合市场，Mobileye 占据算法市场绝大部分市场份额，国内企业在 ADAS 的整条产业链上处于相对弱势地位。

6.2 自动驾驶汽车体系结构

体系结构，即系统框架，说明系统模块之间的交互关系，同时也限定了系统的软硬件设计原则，以及输入输出关系，形成面向对象的系统体系，实现系统整体统筹协调设计。体系结构简单可以分成分层递阶式体系结构、反应式体系结构和混合式体系结构，如四维实时控制系统（4 - Dimensional Real - time Control Systems，4D/RCS）就是一种经典的混合式体系结构。

6.2.1 分层递阶式体系结构

分层递阶式体系结构是一种串联体系，也称为感知-模型-行动结构，如图 6.11 所示，结构组成包含感知、建模、规划、运动控制和执行等模块。该结构具有良好的规划推理能力，自上而下对任务逐层分解，缩小模块工作范围，提高问题求解精度，易实现高层次智能化。

该体系结构系统动作是通过经历从感知、建模到规划、控制等阶段后的结果，具有处理明确描述特定任务的能力。在给定任务及约束条件后，规划组块可根据局部环境模型和已知全局模型预测下一步动作，进而层层推进完成整个任务。全局环境模型的建立，不仅根据环境各对象之间的相互关系分析判断，而且更多地建立在传感器模型的自主构造上。全局环境模型具有一定的通用性，可用于多种任务的规划设计；如果不存在这样的通用性，系统也就无法获得任务规划所需的特征。

正是因为其通用性，事实上，分层递阶式体系结构对全局环境模型的要求相对模糊、理想化，但是对于传感器却有很高的要求，以保证有足够特征进行判断决策，同时对于认

图 6.11 分层递阶式体系结构

知和模型构建也有相当高的计算要求，因此系统必然存在延时。同时串联架构也使系统存在可靠性问题，一旦某组块出现软硬件问题，可能导致整个系统的崩溃。

6.2.2 反应式体系结构

反应式体系结构类型最常见的是基于行为的反应式体系结构，又称包容结构，是一种并联式体系结构，如图 6.12 所示。该体系结构针对各种局部目标相对应地设计各种动作。根据传感器的输入，各控制层进行决策分析，进而可适应完全陌生的环境，突出了从感知到动作的行为控制原则。

图 6.12 基于行为的反应式体系结构

这种体系结构包含多个并行控制回路，封装感知、探测、避障、规划和执行任务等各种能力，用于实现各种行为。传感器数据自然也服从并行方式，系统根据传感器处理反应做出相应动作。基于行为的反应式体系结构，内存占比小，响应速度快，实时性强；整个系统可轻松实现从低层次的局部定位到高层次的障碍规避，再到漫游等各种层次的能力要求；极大地提高了系统的实时性和鲁棒性。此外，不同层系统都包含从感知到动作的完整路径，互不干扰，即使某一层模块出现故障，其他层次仍然可以产生有意义的动作。

基于行为的反应式体系结构需要克服的最大难点是，需要设计一个协调机制来解决各个控制回路对同一执行器争夺控制的冲突，实现各行为之间的相互协调，以获得有意义的结果。但反应式体系结构的最大缺点在于，随着任务复杂程度的提高，各行为交互及预测难度将几何倍增长。

6.2.3　Boss自动驾驶汽车体系结构

Boss自动驾驶汽车由美国卡耐基梅隆大学设计，整合商业线控系统，实现了加速、制动、转向、变挡等自动操作。该汽车体系结构可划分为感知层、任务规划层、行为执行层和运动规划层等部分，如图6.13所示。

图6.13　Boss的体系结构示意图

采用的传感器有Applanix POS－LV220/420GPS/IMU（APLX）、Velodyne HDL 64位激光雷达、Continental ISF172激光雷达、Point Grey摄像机等设备。

感知层的作用是处理传感器传输的外界信息，包括车辆状态、道路状态、障碍物等信息。

任务规划层能够根据数据库中的路网信息预测规划到达下一目标位置的可行路径，并根据环境信息、车辆状态及优先级命令，评估得到最优路径。

行为执行层需要结合感知层的信息按照最优路线规划实现局部任务，如车距保持、匀速行驶、特定路线行驶等。

运动规划层由两个规划器组成，分别用于结构化道路和非结构化道路的行驶路线规划。两个规划器根据行为执行层的任务，根据最优规划，直接操纵汽车达到目标位置。

6.3　环境感知技术

自动驾驶汽车作为一种智能化交通工具，能够替代驾驶人，甚至更精准地完成驾驶行为。自动驾驶技术涉及环境感知、导航定位及决策控制等技术领域。环境感知层利用集成视觉、激光雷达、超声传感器、微波雷达、GPS、里程计、磁罗盘等多种车载传感器来收集数据，通过算法软件来辨识汽车所处的环境和状态，并根据所获得的道路信息、交通信号的信息、车辆位置和障碍物信息做出分析和判断，控制车辆的转向和速度，从而实现ADAS和无人驾驶。在这些技术中，环境感知和导航定位技术是自动驾驶技术最基本但也是最关键的组成技术。环境感知技术最常用的传感器技术是雷达技术和视觉技术，根据天气状态不同，配合使用确保环境感知效果；自动导航通常与全球定位系统、电子地图配合使用，如目前的高精地图技术就是自动导航技术的重要支撑技术。目前主流的自动驾驶汽车设计主要使用激光、雷达、摄像头等传感器及全球定位系统等技术组合方案。

【自动驾驶汽车雷达、超声波等范围及应用】

图 6.14 自动驾驶汽车雷达、超声波等范围及应用

6.3.1 传感器介绍

下面介绍自动驾驶汽车技术最主流使用的几类传感器主要特性。

1. 毫米波雷达

毫米波雷达是智能汽车高级驾驶辅助系统的标配传感器。技术规定雷达选用的毫米波波长为1～10mm，频率为30～300GHz，毫米波波长具有非常强的穿透力。与超声波雷达及激光、红外等光学传感器相比，毫米波雷达具有体积小、质量轻及对光不敏感的特点，而且空间分辨率高、穿透力强，确保了环境感知的准确性。但同时也存在缺陷，在大气中传播衰减严重，加工精度要求高。目前主流的毫米波雷达主要型号见表6-4。

2. 视觉传感器

视觉传感器，大多为摄像头，主要用于检测道路车道线、路旁标识及红绿灯等。视觉传感器的优点是价格便宜，可量产，体积小，并且能够采集颜色信息。其缺点也非常明显，易受外界环境干扰，如光线太强或太暗，会导致传感器的过度曝光或失真、模糊等，进而影响传感器采

【视觉环境识别】

集信息质量，影响检测效果，乃至决策规划结果。目前主流的视觉传感器设备主要型号见表 6-5。

表 6-4 部分毫米波雷达主要型号

公司/型号	主 要 参 数	报价/万元	图 片
Continental ARS308	远距离，探测距离：20m，分辨率 2m；视角：56°，分辨率 1° 中距离，探测距离：60m，分辨率 0.25m；视角：17°，分辨率 0.1°	1～3	
Delphi ESR	远距离，探测距离：174m，分辨率 2.5m；视角：±10°，分辨率 0.5° 中距离，探测距离：60m，分辨率 0.4m；视角：±45°，分辨率 0.2°	3～5	

表 6-5 部分摄像头主要型号

公司/型号	主 要 参 数	报价/元	图 片
Point Grey Firefly	每秒帧数 60；像素单位 6.0μm×6.0μm；分辨率 752（H）×480（V）	2000～3000	
IDS uEye XS	每秒帧数 30；像素单位 1.4μm×1.4μm；分辨率 2592（H）×1944（V）	6000～8000	

与天气影响因素相同，传感器安装位置也会影响检测结果。所以，无论传感器如何使用都要做好防护，减少或避免光照带来的影响。同时汽车的运动状态也会影响传感器，由于拍摄帧数一定，当车速较快或有较高频率振动时，必然会影响传感器拍摄图像的信息质量。

3. 激光雷达

激光雷达，在自动驾驶汽车技术中的地位举足轻重，原因在于其无可取代的优点：①方向性好，测角精度高；②采用特殊压缩技术，脉冲宽度只有几十纳秒甚至皮秒（微微秒）量级，峰值功率却高达几百兆瓦，减少距离衰减影响，大大提高测距精度；③激光雷达不受地面杂波干扰，可在低仰角下工作。但其缺点也很明显：①测量精度受空气光传输效应影响（包括光速、折射率的变化和散射现象），有气候和天候使用要求限制，如雾、雨天气无法工作；②波束窄，难以捕获目标，须引导才能保持跟踪。目前主流的激光雷达主要型号见表 6-6。

可以把激光雷达简单分为二维雷达和三维雷达。三维激光雷达是目前自动驾驶汽车应用最多的传感器，通过把多条单线激光组合使用，能够获取三维信息，具有非常高的距离、角度测量精度和非常强的抗干扰能力。一般三维激光雷达的扫描范围为水平方向 360°，最远测距为 120m，除了雨、雾等恶劣天气，任何环境都可以使用。当然雷达的安装位置和摆放姿势同样可能影响检测效果，通常选择把三维激光雷达安装在车顶的位置，保证检测范围最大。

【激光雷达感知环境原理】

表 6-6 激光雷达主要型号

公司/型号	主要参数	报价/万元	图片
HDL-64E-Velodyne（64线）	扫描距离：120m，分辨率<2cm；扫描角度：360°，分辨率 0.09°；垂直扫描角度：-24.8°~+2°，分辨率约 0.4°	50~100	
HDL-32E-Velodyne（32线）	扫描距离：70m，分辨率<2cm；扫描角度：360°，分辨率 0.16°；垂直扫描角度：-30.67°~+10.67°，分辨率 1.33°	30~40	
IBEO LUX（8线）	扫描距离：200m，分辨率 10cm；水平扫描角度：110°，分辨率 0.125°；垂直扫描角度：6.4°，分辨率 0.8°	15~25	
IBEO LUX（4线）	扫描距离：200m，分辨率 4cm；水平扫描角度：110°，分辨率 0.125°；垂直扫描角度：3.2°，分辨率 0.8°	10~15	
SICK LMS511（单线）	扫描距离：26~80m，分辨率 1m；扫描角度：190°，分辨率 0.25°	3~4	

二维激光雷达则常与三维激光雷达配合使用，用于检测三维雷达存在的测量盲点及障碍物检测。

通过扫描，二维激光雷达实现对汽车周边区域内的物体距离及角度的检测，还可以设置各种角度下的分辨率和扫描的频率。

为了保证自动驾驶汽车能够及时收取雷达测量的数据，一般选用网络接口作为雷达与上机位之间的传输方式。

各种传感器在自动驾驶汽车的位置如图 6.15 所示。

图 6.15 自动驾驶汽车工作原理

对比各种传感器性能，结果见表6-7。

表6-7 各种传感器对比

指标	传感器	激光雷达	毫米波雷达	超声波雷达	摄像头
精度	探测距离	<150m	>150m	<10m	<50m
	分辨率	>1mm	10mm	差	差
	方向性	能达到1°	最小2°	90°	由镜头决定
	响应时间	快（10ms）	快（1ms）	慢（1s左右）	一般（100ms）
	整体精度	极高	较高	高	一般
环境适应性	温度稳定性	好	好	一般	一般
	传感器脏、湿度影响	差	好	差	差
	整体环境适应性	恶劣天气适应性差；穿透力强	恶劣天气适应性强；穿透力强	恶劣天气适应性差；穿透力强	恶劣天气适应性差；穿透力差
成本		高	较高	低	一般
功能		实时建立周边环境的三维模型	自适应巡航、自动紧急制动	倒车提醒、自动泊车	车道偏离预警、前向碰撞预警、交通标志识别、全景泊车、驾驶人注意力监测
优势		精度极高，扫描周边环境实时建立3D模型，暂无完美替代方案	不受天气影响，测距远，精度高	成本低、近距离测量精度高	成本低、可识别行人和交通标志
劣势		成本高，精度会受恶劣天气影响	成本高，难以识别行人	只可探测近距	依赖光线、极端天气可能失效、难以精确测距

雷达+摄像头成为自动驾驶的标配，各个传感器的优劣势不一，可良好地互补，高度自动化的ADAS功能实现需要多种传感器的融合。

(1) 激光雷达分辨率高，是构建精确汽车周边3D环境的基础，但成本高，尚未规模化生产。

(2) 毫米波雷达抗干扰能力强，稳定性高，成本较激光雷达低，其在低端车型的普及被看好。

(3) 摄像头可很好地识别人物和交通标识，以识别、评估危险，是自动驾驶不可或缺的组成。

6.3.2 结构化道路检测

结构化道路检测，针对对象为有清晰道路标志线和路牌标识的标准道路，通过采集道路信息，获取车辆相对于道路的车速、方位与方向等状态信息。

由于提高结构化检测效果，统一各地不同路况，进行道路形状假设、道路宽度和道路平坦假设、道路特征一致假设、感兴趣区域假设等，因此得到只突出特征的道路检测简化场景图像。

1. 直道检测

在行业标准下，标准道路有明显区分车道与非车道的车道线。利用视觉传感器，因为车道线方向变化不大，视觉导航系统近似用直线拟合车道线。视觉系统一般采用车道线信息分割道路区域与非道路区域，实现道路检测。通过车道线边缘点搜索和车道线边缘曲线拟合实现直道拟合，其算法流程如图6.16所示。道路边缘检测方法包括图像预处理、边缘提取和二值化。预处理一般选定图像的突出特征区域，通过滤波方式消除噪声，再强化边缘特征。主要的边缘检测方法算子有Sobel、Canny-GaussLaplacia等。根据算法执行时间和边缘检测结果，综合考虑，选取合适算子。

图6.16　算法流程

2. 弯道检测

弯道检测，需要通过采集弯曲车道线的边界、曲率半径，判断道路弯曲的方向，进而为智能汽车提供有效的信息。一般公路平面的线形主要分为直线、圆曲线与回旋线。目前主流的弯道检测方法多是基于道路模型进行检测的。建立弯道模型，简化道路形状，提取道路特征转化为像素点，进而根据特征拟合车道模型，确定最优弯道数学模型。车道线识别结果如图6.17所示。

常用的弯道模型有同心圆曲线模型、二次曲线模型、三次曲线模型和双曲线模型等。通常需要通过多次试验各种模型，才能够得到拟合度较高的最优模型。不过，根据国内外道路标准的异同，适用率较高的三种回旋线模型为回旋线型、三次抛物线型和双扭型，其中回旋线型使用率最高。

图 6.17　车道线识别结果

弯道检测与直道检测类似,提取车道线像素点,主要采用边缘检测方法。边缘检测结果如图 6.18(a)所示。

(a) 边缘检测　　　　　　　　　(b) 曲线拟合

图 6.18　曲线车道线检测

此外像素点提取方法还有模板匹配、像素扫描等。模板匹配通过建立车道线模板库,将预处理后的弯道图像与库中的模板比对,确定其类型。像素扫描,通过在二值图中设定步长沿某一方向扫描,当检测到前景像素点时,根据预设判别标准判断该像素点是否为车道线像素点。

拟合车道线模型,基于检测的像素点,根据其分布确定弯道数学模型的最优参数,主要方法有直接拟合法、似然函数法等。图 6.18(b)所示为车道线曲线拟合结果。

直接拟合法主要有最小二乘法、插值法、Catmull-Rom 样条函数法、B-样条函数法等。最小二乘法拟合通过计算像素点与拟合曲线方向的平方误差值,使其最小,确定曲线模型参数。该方法拟合速度快，遍历一遍数据点便可计算出拟合曲线的参数，但对噪声很敏感。

似然函数法根据弯道模型及投影模型建立弯道形状参数集合。它描述了在道路图像中弯道边缘所有可能出现的方式，进而通过定义一个似然函数，使该函数的值正比于特定图像中像素数据与特定的弯道参数集合的匹配程度，然后通过求这个似然函数的极大值来确定最优弯道形状参数，进一步检测出弯道。

以上方法对于道路标识清晰，一般等级的公路都有较好识别效果，但道路弯道种类繁多，曲线识别模型复杂，单一模型很难识别所有弯道，为了满足道路识别的准确性和实时性要求，通常组合使用多种模型，降低算法复杂度，提高道路识别率，如像素扫描与模板匹配方法的组合使用，或者考虑用其他识别方法，如通过分析道路纹理特征检测车道线的方法等。

6.3.3 非结构化道路检测

与结构化道路相对应，非结构话道路主要针对道路标识不明显、无明确道路线的山路、野外土路等非标准道路。通常采用基于机器学习的道路检测，利用探测到的环境信息样本数据，与数据库中模型对比，对样本进行数据处理，同时不断更新修正预测模型。其方法框架如图 6.19 所示。

图 6.19　基于机器学习算法的非结构化道路检测方法框架

（1）自监督样本获取模块。自监督样本获取模块由两个子模块组成。第一个子模块包括先验知识库和先验知识提取两部分。先验知识库中存放了离线标定的数据，由于这些数据不会随着自动驾驶汽车的行驶环境变化而发生改变，因而被称为先验知识。先验知识提取部分主要通过对先验知识的量化计算，提取一些具有高概率服从某一类别属性的样本点作为训练样本。第二个子模块包括训练样本获取和训练样本标记两部分，主要负责将每个训练样本赋予不同的类别属性，同时根据其所属某一类别的概率值，赋予不同的权重系数，然后将这些训练样本和相应的权重系数送入特征选择算法模块进行特征提取和特征选择操作。

（2）特征选择算法模块。特征选择算法模块包括两个算法部分：特征提取算法和特征选择算法。特征提取算法通过图像处理技术，从图像中提取每个训练样本点的纹理特征及颜色特征等。这些特征可能冗余地表达了每个样本点的特征属性，因此，特征选择算法实际上就是去除冗余信息的过程。特征选择算法选择出具有较强分类能力的图像特征后，将这些训练样本和选择出的图像特征输出到动态训练样本库中。

(3) 监督学习算法模块。监督学习算法模块包括预测模型训练和预测模型分类两部分。预测模型训练部分，通过动态样本库中给出的训练样本和特征类别，训练出一个预测模型。训练的方法通常有神经网络、支持向量机等。预测模型分类部分主要负责对整幅图片进行分类，通过学习到的模型，对图片中的每个像素进行类别划分（道路点和非道路点）。

(4) 在线学习算法模块。在线学习算法模块的作用是通过在线的方式对预测模型进行补充和修正，使其能够适应环境变化所造成的分类决策面的偏移。它是通过在线评价算法和在线知识获取两部分完成的。在线评价算法利用先验知识对检测结果进行在线评价，而其评价结果反映了预测模型的性能能否适应当前的环境。如果评价结果不满足一定的条件，则激活在线知识获取模块，在线获取那些对预测模型性能的修复和提高有重要作用的样本点（知识），输入到动态训练样本库中，参与模型的在线训练。

(5) 动态训练样本库。动态训练样本库连接了3个主要的算法模块。其作用是装载监督学习算法所需要的训练样本。当系统初始化时，由监督学习算法模块提供初始的训练样本；当系统在线运行时，由在线学习算法模块动态实时地对样本库中现有的样本进行更新，由在线评价函数决定监督学习算法是否需要重新训练和更新预测模型。

6.3.4 运动目标检测方法

运动目标检测，是计算机视觉、视频信息处理等领域的重要研究内容，为了从序列图像中将运动目标从背景图像中提取出来，进而进行障碍物识别或用于交通监控等用途。行驶环境中的目标检测有许多方式，如通过摄像头配合图像识别、三维与二维激光雷达的组合使用、摄像机与激光雷达的融合等。传感器类型、性能、型号的不同，带来检测方式、数据类型的不同，乃至数据整合得出结论的不同，从根本上影响数据处理算法、环境感知性能及结果。下面对现有的运动目标检测方法进行归纳总结。

1. 帧间差分法

帧间差分法，首先对相邻两帧进行差分处理，得到运动变化的区域，再通过边缘提取找出运动物体的边缘，最后检测出运动物体。这种方法有两个缺陷：①两帧图像差分时阈值选取是预先给定的而无法自适应选取；②对进行差分的连续帧的选取要求较高，且依赖于运动物体的运动速度。若运动物体运动速度快，选取的时间间隔较大，会造成两帧间无重叠区域，无法分割出运动物体；若运动速度过慢，会造成过度覆盖，使检测物体出现空洞，得不到完整的物体，甚至可能出现物体几乎完全重叠检测不到物体的情况。

2. 背景差分法

背景差分法，先获取参考帧作为背景图像，再用当前帧和背景帧做差分，若参考图像选择适当，能较准确地分割出运动物体。这种方法进行运动物体检测通常会遇到如下一些问题。

(1) 背景的获得问题。当前背景的提取方法大致分为两大类：①无运动物体存在时背景的提取方法；②有运动物体存在时的背景提取方法，如渐消记忆递归最小二乘背景估计法，然而这种方法在运动物体所占面积较大时，估计出的背景并不理想。还有基于统计的方法，对于在运动目标繁多的场合适应性差。

（2）背景更新问题。背景模型应迅速跟上实际背景光照的变化、运动物体静止下来时应及时收入到背景模型中、静止物体移走后应及时从背景模型中消失，否则会出现大范围的噪声和误检测现象。有很多种方法考虑到了背景模型的更新问题，比如基于光流量的背景更新算法，但这种方法计算量大，影响系统的实时性效果。

3. 光流法

光流法，基于光流方法的运动目标检测，采用了运动目标随时间变化的光流特征。它的优点是能够检测独立运动的对象，不需要预先知道场景的任何信息，并且可用于摄像机运动的情况，但大多数光流法计算相当复杂且抗干扰能力差，如果没有特别的硬件支持是不能应用于实时检测的。

6.3.5 交通信号灯与交通标志的识别

运动目标的检测对于自动驾驶有很大的帮助，能够很好地鉴别行人、车辆、障碍物等，但是仅这些人、物的识别是无法满足高水平的自动驾驶的，交通标识的识别和遵守也至关重要。

交通信号灯识别采用的系统结构可分为图像采集模块、图像预处理模块、识别模块和跟踪模块。其系统机构如图 6.20 所示。

图 6.20　交通信号灯识别系统结构

运用基于彩色视觉的交通信号灯识别方法可以检测到单帧图像中的交通信号灯。为防止出现误检或跟踪丢失的现象，可以采用基于彩色直方图的目标跟踪算法。CAMSHIFT（Continuously Adaptive Mean SHIFT）跟踪算法可以有效地解决目标变形和遮挡的问题，且运算效率较高，其算法流程如图 6.21 所示。

交通标志检测包括三方面内容：色彩分割、形状检测和象形识别。

当光照条件良好时，色彩分割需要通过室外环境的图像采样选取阈值，运用 HSV 彩色空间的色度和饱和度信息能够将交通标志从背景中分离出来。

通常情况下交通标志和驾驶方向并不是垂直的。在对圆形标志进行判断时往往采用基于随机连续性采样的椭圆检测。而色彩分割后的边缘直线可以通过 Hough 直线变换获得。选择相关的模板可将处理后的图像大致分成红色禁止标志、蓝色允许标志和黄色警告标志。

对于每一类交通标志分别设计分类器。首先运用 OTSU 阈值分割算法对探测到的标志进行预处理，能有效避免光照阴影和遮挡造成的误差；然后基于算法获得的图像运用矩运算提取辐射状特征；最后选取多层感知器来完成识别内核的目标。输出相似程度最高的结果。

图 6.21 CAMSHIFT 跟踪算法流程

6.4 自动导航

定位技术用来确定和采集车辆的位置、位移等信息。它是自动驾驶汽车系统的基础。常用技术有航迹推算（Dead-Reckoning，DR）技术、惯性导航（Inertial Navigation System，INS）技术、卫星导航定位技术等。在定位技术的基础上，自动驾驶系统能够把定位信息输入电子地图中，实现汽车关于地图的实时定位，进而能够根据规划路线实现自动导航。这种技术也被称为同时定位与地图创建（Simultaneous Localization and Mapping，SLAM）。但是由于任何一种单独定位技术都有无法克服的弱点，当前定位研究主要为组合导航技术，进而实现各定位技术的优势互补，以获得更高的导航性能。组合导航系统以其低成本、高性能的突出优点得到广泛应用。

6.4.1　GPS 组成和定位原理

GPS 具有全球、全天候、高精度、大时定位等优点，但是其动态性能和抗干扰能力较差。DR 不受外界环境的干扰影响，但定位误差随时间的累积会发散，从而导致定位精度下降。GPS 和 DR 不仅各有所长，并且具有互补性。将二者组合，可以提高系统精度，增强系统的抗干扰能力和跟踪能力。

卫星导航定位技术中应用最广泛的是 GPS。GPS 可以向全球用户提供连续、实时、高精度的三维位置、三维速度和时间信息；能够进行全球、全天候和实时的导航，且其定位误差与时间无关，具有较高的定位和测速精度。

GPS 是通过接收和解译人造卫星所发射的电波信号来确定测站点位置的测量定位系统。GPS 具有定位时间短、定位精度高、野外观测时不受天气条件及作业时间的限制、无需考虑观测点之间的通视情况、应用范围广等特点。GPS 主要由卫星星座（空间部分）、地面监测系统（地面部分）和 GPS 接收机（用户设备部分）3 部分组成，其工作原理如图 6.22 所示。

图 6.22　GPS 工作原理

GPS 的基本观测量是距离（其实质是时间延迟），基本定位原理是空间后方交会。在特定点上安置好 GPS 接收机，开机后即可接收到某颗卫星所发送的信号（随机码），经解译后可以获得卫星发送信号的时刻（以卫星钟为标准）及发送信号时卫星的空间位置（即坐标）等有用信息。与此同时，在测站上需测定 GPS 信号的接收时刻（以用户钟即普通石英钟为标准）。设 GPS 信号的发射时刻为 t_1，接收时刻为 t_2，并设卫星钟与用户钟同步，则 GPS 信号在空中传播的时间为 $T=t_2-t_1$，设电波在大气中的传播速度为 C，则从卫星发送信号时的空中位置到接收机之间的空间距离为 $D=CT$。

用 GPS 进行定位测量的目的是求出测站点的三维坐标(x, y, z)。由传统的测量原理可知，欲求得 3 个未知数至少需要 3 个观测量，即必要观测数为 3。因此，必须同时测定 3 颗卫星的导航信号，即需测量接收机至 3 颗卫星的距离 D_1、D_2 和 D_3。设这 3 颗卫星发送信号时所处位置的坐标分别为 (x_1, y_1, z_1)、(x_2, y_2, z_2) 和 (x_3, y_3, z_3)，则有

$$\begin{cases}(x_1-x)^2+(y_1-y)^2+(z_1-z)^2=D_1^2\\(x_2-x)^2+(y_2-y)^2+(z_2-z)^2=D_2^2\\(x_3-x)^2+(y_3-y)^2+(z_3-z)^2=D_3^2\end{cases}$$

解此方程组，即可求出测站的坐标(x, y, z)。

GPS 定位方法根据模式的不同可以分为单点定位、相对定位和差分定位。

1. 单点定位

单点定位又称绝对定位。在一个待测点上，用一台接收机独立跟踪 GPS 卫星，测定待测点（天线位置）的绝对坐标（地心坐标），其原理与方法与上述完全相同。由于普通用户只知 C/A 码（粗码）而不知 P 码（精确码），导航电文所提供的卫星星历（卫星位置）存在误差，加上电波在空中传播时受到大气延迟误差影响等，因此绝对定位的精度较低，一般为 30m 左右，最高为 3～5m。这样的定位精度显然不能满足一般工程测量的要求，但在船舶、飞机导航及海洋勘探等领域却有着极广泛的应用。城市中的车载 GPS 就是采用单点定位方法。图 6.23 所示为 GPS 单点定位原理图，其精度可达 10～30m。

图 6.23　GPS 单点定位

2. 相对定位

相对定位是通过测量卫星发送的电波到达两台接收机的时间差来完成的，用两台同类型的接收机同步跟踪相同的 4 颗卫星信号，对两台接收机接收到的电波信号进行合成处理，即可求出接收机之间的相对位置（三维坐标差或基线向量），只要给出一个站点的坐标，便能求得另一点的坐标。图 6.24 所示为 GPS 相对定位示意图。

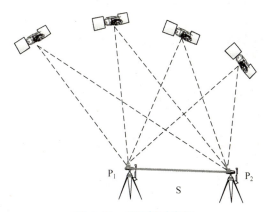

图 6.24　GPS 相对定位

3. 差分定位

差分定位时采用两台以上的 GPS 接收机，将一台接收机安置在地面已知点上作为基准，其余接收机分别安置在其他待测点上。各接收机同时进行单点定位，根据基准站的测定坐标和已知坐标即可求出定位结果的改正数（位置差分）或伪距观测值改正数（伪距差分）。通过基准站与用户站间的数据链（由调制解调器和电台组成）将基准站的改正值实时传送给用户站，对用户接收机的定位结果进行改正，从而大大提高定位精度。

图 6.25 所示为 GPS 差分定位示意图。差分定位方法兼容了单点定位和相对定位的优点，同时克服了二者的缺点。必须指出，采用差分定位时，各接收机的型号必须相同（其中一台配有电台的接收机作为基准站），而且须同时观测相同的 4 颗卫星。作为差分定位技术的典型代表，载波相位实时差分技术（CRTK）目前正得到越来越广泛的应用。

图 6.25　GPS 差分定位

差分方法主要分为以下三种：

（1）位置差分：最简单的差分方法，适用于所有 GPS 接收机。位置差分要求基准站与移动站观测完全相同的一组卫星。位置改正数，即基准站上的接收机对 GPS 卫星进行观测，确定出测站的观测坐标和测站的已知坐标之差。

（2）伪距差分：用途最广的一种技术。距离改正数，即利用基准站坐标和卫星星历可计算出站-星之间的计算距离，计算距离减去观测距离即距离改正数。

（3）载波相位差分：又称 RTK 技术，是建立在实时处理两个测站的载波相位基础上的。实现载波相位差分 GPS 的方法分为两类：修正法和差分法。前者与伪距差分相同，基准站将载波相位修正量发送给移动站，以改正其载波相位，然后求解坐标。后者将基准站采集的载波相位发送给移动站，进行求差解算坐标。前者为准 RTK 技术，而后者为真正的 RTK 技术。

GPS 定位坐标同样需要进行误差分析。GPS 定位有 3 个前提假设：①接收机必须准确测量卫星信号的传输时间；②卫星信号必须以已知恒定速度传输；③GPS 接收机接收的卫星信号必须沿直线传播。实际中任何不满足上述假设的因素将导致测距误差，从而影响定位精度。

GPS 的误差源主要包括卫星时钟误差、星历误差、电离层的附加延时误差、对流层的附加延时误差、多路径误差及接收机本身的噪声。它们可被分为两类：一类是随时间、空间快速变化，相关性极弱的随机误差，如接收机噪声，用户、卫星钟噪声，多路径误差、电离层、大气层附加延时的随机变化部分；另一类是随时间和空间缓慢变化，相关性很强的随机偏移误差，如卫星钟对 GPS 时间的偏移，用户钟对 GPS 时间的偏移电离层、对流层的附加延时等。

6.4.2 航迹推算

航迹推算（DR）根据目标上一时刻的位置，行驶方向和速度信息，推算当前位置，也就是根据实测的自动驾驶汽车车速和航向，估计其位置和行驶轨迹。这种算法不易受外界参数影响，但其误差会随时间累积，故通常与其他定位系统配合工作，保持定位精度。假设自动驾驶汽车为一个质点，在一个平面上做二维运动，在二维直角平面坐标系中进行运动分析。DR 采用绝对坐标系，通常坐标系纵轴（Y）指北方，横轴（X）指东方，如图 6.26 所示。

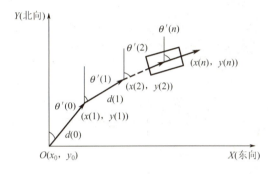

图 6.26 航迹推算定位方法

设里程计在第 i（$i=0,1,2,\cdots,n$）个采样时间间隔内所测得的行驶距离实际是沿车体纵向的位移为 $d(i)$，罗盘测得的方向是自动驾驶汽车纵向与磁北向的夹角 $\theta(i)$（顺时针为正），而磁北向与真北向之间的夹角，第 i 个采样时刻自动驾驶汽车纵向与真北向的夹角 $\theta'(i)$ 为

$$\theta'(i)=\theta(i)+\theta_c$$

需要注意的是，θ_c 不是常数，而是随地理纬度的增加而减小，在小的活动范围内可近似看作定值，则自动驾驶汽车在第 n 个采样时刻的位置（$x(n),y(n)$）为：

$$x(n) = x_0 + \sum_{i=0}^{n-1} d(i)\sin\theta'(i); \quad y(n) = y_0 + \sum_{i=0}^{n-1} d(i)\cos\theta'(i)$$

其中，（x,y）是初始时刻自动驾驶汽车的位置。若采样周期 T 固定，在第 i（$i=0,1,2,\cdots,n$）个采样时刻自动驾驶汽车的纵向速度为 $v(i)$，则上式可记作

$$x(n) = x_0 + T\sum_{i=0}^{n-1} v(i)\sin\theta'(i); \quad y(n) = y_0 + T\sum_{i=0}^{n-1} v(i)\cos\theta'(i)$$

DR 方法基本上等于位移向量的不断累加。在每一采样周期内，自动驾驶汽车位置的估算取决于以前的计算周期。这样，其误差就会不断累积。

6.4.3 GPS/INS 融合导航定位系统

GPS 具有全球性、全天候的特点，因而具有在全球范围内简便的三维精确定位、测时

及测定姿态的能力，广泛应用于导航和定位实际之中。GPS 的显著优点是其高精度和低成本，尤其是利用 GPS 卫星信号的高精度载波相位测量进行定位，其输出的位置、速度精度不随时间增长，具有长期稳定性。但其输出的数据更新率较低且定位非主动式，受外界环境限制。同时，GPS 导航定位依赖于卫星信号，在载体做高机动运动和某些遮挡情况时会产生跳周，严重时不能工作。

惯性导航系统（Inertial Navigation System，INS），其原理是依据牛顿第一定律（惯性定律），利用陀螺、加速度计等惯性敏感元件及初始位置来确定载体的位置、姿态和速度。工作时通过精确测量载体的旋转运动角速度和直线运动加速度，再通过数学积分技术计算得出导航数据。INS 为完全自主式，保密性强，既不发射信号，也不接收信号，因此没有无线电干扰，也没有大气折射的问题，作业灵活方便，同时系统提供的导航参数既可定位、测速，又能输出姿态信息等。尽管如此，INS 只是短期性能稳定，实时数据更新率高，其输出的导航参数精度随时间增长而降低。

INS 与 GPS 组合，实现优势互补，一方面在 GPS 丢星的情况下，利用 INS 可以实现一定时间内的自主导航，另一方面 GPS 可以对 INS 实现校正，改善 INS 误差随时间积累的弊端。GPS/INS 融合导航定位系统设计框图如图 6.27 所示。

图 6.27　GPS/INS 融合导航定位系统设计框图

6.5　路线规划

路线规划是指在给定自动驾驶汽车起始点和目标点的技术上，基于环境模型，依照一定路径原则，如无碰撞、无堵塞、距离最短等，为汽车行驶设定到达目标点的有效路径。这里主要介绍一些路线规划的常用方法，并举例介绍经典路径搜索 A * 算法。

连续域范围内的动态路线规划问题，一般步骤主要包括环境建模、路径搜索、路径平滑 3 个环节。对于离散域范围内的路线规划问题，或者在环境建模或路径搜索前已经做好路径可行性分析的问题，路径平滑环节可以省去。

（1）环境建模。环境建模是路线规划的重要环节，目的是建立一个便于计算机进行路线规划所使用的环境模型，即将实际的物理空间抽象成算法能够处理的抽象空间，实现相互间的映射。

（2）路径搜索。路径搜索阶段是在环境模型的基础上应用相应算法寻找一条行走路径，使预定的性能函数获得最优值。

（3）路径平滑。通过相应算法搜索出的路径并不一定是一条运动体可以行走的可行路径，需要作进一步处理与平滑才能使其成为一条实际可行的路径。

路径规划图如图 6.28 所示。

图 6.28　路径规划图

6.5.1　环境地图表示法

根据不同的表示形式，环境地图表示法主要分为几何地图表示法、栅格地图表示法、拓扑地图表示法和混合地图表示法。

1. 几何地图表示法

几何地图表示法利用包括点、线、多边形在内的几何图元来表示环境信息，因而可以用数值来表示物体在全局坐标中的位置。几何特征地图由一组环境路标特征组成，每一个路标特征用一个几何原型，图 6.29 所示为用几何地图表示法对环境进行建模的结果。由于既能提供定位所需要的度量信息且存储量相对较小，有利于位置估计和目标识别，近年来有很多 SLAM 研究采用几何特征地图。该类方法的难点主要包括如何从收集的环境感知信息中提取抽象的几何特征，以及定位与模型更新时如何根据观测到的路标在地图上寻找对应的匹配，即数据关联问题。而且提取特征需要对感知信息做额外的处理，需要一定数量的感知数据才能得到结果。又因为在室内环境中，可以将环境定义为更加抽象化的几何特征，如面、角、边的集合或者墙壁、走廊、门、房间等。相对来说，室外环境的特征提取比较困难，特征地图比较适合于室内结构化的环境描述。

图 6.29　几何地图表示法

2. 栅格地图表示法

栅格地图表示法通过空间分解法把环境分解为类似于栅格的局部单元，根据它们是否被障碍物占据来进行状态描述。如果栅格单元被障碍物占据，则为障碍栅格；反之，则为自由栅格。空间分解法通常采用基于栅格大小的均匀分解法和递阶分解法。均匀分解法中栅格大小均匀分布，占据栅格用数值表示。均匀分解法能够快速直观地融合传感器信息；但是，均匀分解法采用相同大小栅格会导致存储空间巨大，大规模环境下路线规划计算复杂度提高。为了克服均匀分解法中存储空间巨大的问题，递阶分解法把环境空间分解为大小不同的矩形区域，从而减少环境模型所占用内存。递阶分解法的典型代表为四叉树分解法。图6.30、图6.31分别为用均匀分解法和四叉树分解法表示同一环境所得到的环境。

图 6.30 均匀分解法

图 6.31 四叉树分解法

均匀栅格地图是度量地图路线规划最常用的表达形式。它把环境分解为一系列离散的栅格节点。所有栅格节点大小统一，均匀分布。栅格用值占据方式用来表达障碍物信息。例如，在最简单的二值表示法中，1表示障碍栅格，禁止通行；0表示自由栅格，可通行。图6.32所示为均匀栅格地图表示法，黑色区域不可通行，白色区域可通行。由图可知，起始栅格与目标栅格都是自由栅格。每个栅格都对应相应坐标值，而坐标值就表示自动驾驶汽车在栅格地图内的当前位置。

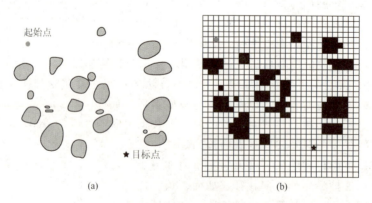

图 6.32 均匀栅格地图表示法

环境信息用均匀栅格地图表达后，栅格节点间只有建立一定的连接关系，才能保证能从起始点搜索到目标点的有效路径。图6.33所示为栅格节点间的典型连接关系。图图6.33(a)表示的是八连接，它表明从当前栅格可以到达与之相邻的8个栅格节点。

图 6.33(b)表示的是十六连接,它表明可以从当前栅格到达与之相近的 16 个栅格节点。另外,还有四连接。

(a)

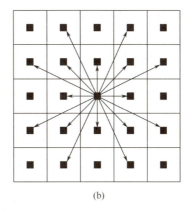
(b)

图 6.33 八连接与十六连接方式

值得提出的是,将环境信息表示成均匀栅格地图规划出的最优路径仅为栅格内最优。也就是说,只要障碍栅格内有障碍物,即使障碍物尺寸小于栅格状态大小,也认为该栅格为碍栅格,因此规划出的最优路线就为栅格内最优。

3. 拓扑地图表示法

拓扑地图表示法用顶点和边来描述空间中各种物体之间或不同环境之间的关系,没有明显的尺度概念。拓扑地图通常用图表表示,需要的存储空间小,利用其进行路线规划效率很高,适合于大规模环境下的应用,但由于无精确的尺度信息,因此并不适合智能驾驶汽车的定位。广义 Voronoi 图是用得比较多的拓扑地图,常用来表示路标之间的联系。

如图 6.34 所示,拓扑地图由建立道路上关键节点间的逻辑关系得来,节点与节点之间的连线近似地表达了相应道路,而这些相应道路连线又为自动驾驶汽车行驶提供了近似行驶路径。另外,这些节点间存在拓扑关系,错综复杂的道路连线及拓扑关系组成了道路网络,因此拓扑地图又称为路网地图。

图 6.34 拓扑地图

4. 混合地图表示法

混合地图表示法综合了度量地图和拓扑地图各自的优点。如 Thrun 提出了一种从全局度量地图中提取拓扑特征的方法，采用声呐传感器的距离信息建立反映环境特征的节点，使定位与环境拓扑的生成同时进行。另外，Yeap 提出一种从局部度量地图中提取全局拓扑结构图的方法。局部地图采用栅格表示，全局地图采用类似拓扑结构的边集连接已经存在的多个局部地图表示，而在路线规划中采用基于占据栅格的局部规划和基于拓扑连接关系的全局规划。这种混合方法在全局空间采取拓扑描述以保证全局连续性，而在具体局部环境中则采用几何表述，以利于发挥精确定位的优势，但是这种方法一般只适合表示室内环境。动态未知环境中由于运动障碍的存在，提取路标时容易出现问题。

6.5.2　路线规划分类

1. 随机树搜索算法

快速扩展随机树（Rapidly Exploring Random Tree，RRT），主要针对高维非凸空间的搜索。通过快速扩展随机树可以得到一组特别的增长模式，而这个增长模式可以大大降低任何一个点与树之间的期待距离。这种方法比较适用于障碍物与随机约束而进行的路线规划。一个快速扩展随机树可以当作对最大 Voronoi 范围进行搜寻的一种 Monte-Carlo 方式。基于此，该方法可以在很多领域得到应用。而基于实际算法效率低、性能差的问题，研究者有针对性地进行了探究，得到一种对此算法的改进形式。比如提升搜索速度的双向搜索树（Bi-RRT），起点与终点之间同时生产两棵 RRT，当两颗树进行相遇时那么该算法就可以实现收敛。由于采取 RRT 规划器所得到的最佳路线规划要比实际的最佳路径明显长度提升，因此英国学者 JdeSmith 利用了变分法对此进行了针对性的改进。

2. 事例学习法

以事例库为基础的规划技术是以已经规划好的路径为前提而构建起的事例库，当任务下达后针对事例库之中的案例进行实时的匹配与完善来达到规划路径的目的。这种方法与数据库技术中的历史记录比较相同，利用搜索目标来执行对应的搜索并选取需要的记录。若外界的环境比较简单，同时也没有出现大的变化的情况下，采取这种技术能够实现精准的路线规划。此方法的重心应该是怎样构建合理的事例库来进行具体的规划操作。此外，为了提高这种事例库的工作性能，可以通过增强式学习进行具体的应用而实现了事例的即时匹配，或者采取对事例库的主动开发来达到提升规划能力的目的。

3. 行为分解法

分解法是以机器人的具体行为模式来实现最优化路线规划的形式，主要用于局部规划，最近得到了各界的重视。依据研究发现，这种方法通常通过一组相互独立的子行为来构成，然后这些子行为通过传感器所获取的信息再进行下一步的工作。通过合理使用各种子行为来实现对各种环境的处理，因而只需要对子行为进行有效定义，对应地进行开启与关闭，就能够针对各种不同的环境进行针对性的路线规划，以降低规划的复杂度。

6.5.3　Dijkstra 算法与 BFS 算法

Dijkstra 算法是一种单源性质的最优化算法形式，该算法主要是计算某一个节点与其他所有节点间的最短距离。其特点是以起始点为出发点，然后向四周进行层层扩散，直到达到终点位置，以物体的起始位置为出发点进行地图中节点的查询。

作为一种贪心算法，其算法原则是在每一步都选择局部最优解，以期望产生一个最优解，即不仅求出了起点到终点的最短路径，且求出了起点到图中其他各节点的最短路径和长度。其算法核心思想是：设置两个节点的 S_n 和 T_n，集合 S_n 中存放已找到最短路径的节点，集合 T_n 中存放当前还未找到最短路径的节点。初始状态时，集合 S_n 中只包含起始点，然后不断从集合 T_n 中选择到起始节点路径长度最短的节点加入到集合 S_n 中。集合 S_n 中每加入一个新的节点，都要修改从起始点到集合 T_n 中剩余节点的当前最短路径长度值。集合 T_n 中各节点新的当前最短路径长度值为原来最短路径长度值与从起始点过新加入节点到达该节点的路径长度中的较小者。不断重复此过程，直到集合 T_n 中所有节点全部加入到集合 S_n 中为止。

【寻路算法演示】

针对图 6.35 所示加权有向图，表 6-8 中给出了用 Dijkstra 算法求解最短路径的过程。

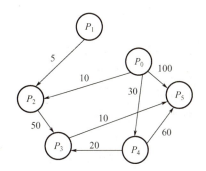

图 6.35 加权有向图

表 6-8 Dijkstra 算法求解最短路径过程

序号	集合 S_n	集合 T_n	所选顶点	最短距离[1][2][3][4][5]
1	P_0		P_2	∞, 10, ∞, 30, 100
2	P_0, P_2	P_1, P_3, P_4, P_5	P_4	∞, 0, 60, 30, 100
3	P_0, P_2, P_4,	P_1, P_3, P_5	P_3	∞, 0, 50, 0, 90
4	P_0, P_2, P_4, P_3	P_1, P_5	P_5	∞, 0, 0, 0, 90
5	P_0, P_2, P_4, P_3, P_5	P_1	P_1	∞, 0, 0, 0, 0
6	P_0, P_2, P_4, P_3, P_5, P_1			0, 0, 0, 0, 0

最佳优先搜索（BFS）算法与上述算法有些相似的地方，而差异的部分主要集中在这种算法侧重分析所处节点与目标点之间所付出的代价大小。它不是选取离初始点最近的位置，而是偏向性选取趋向目标点附近的位置。该算法的缺点是可能无法寻找到最优路径，不过该算法在速度上有明显提升，毕竟它仅仅利用了单一的启发式函数就可以实现目的。

尽管 BFS 算法速率提升了，但是其可能无法寻找到一个最优的路径，其原因主要是该算法也是一种贪心算法，局部最优解不一定产生全局最优解。虽然其能够分析达到目标的代价，但是没有考虑到目前已经付出的代价。

为了整合这两种算法的优点，也就有了 A*算法。

6.5.4 经典A*路线规划

A*算法从本质而言,属于人工智能范畴内很具有鲜明启发式特征的搜索算法,这种算法因为其强大的灵活性及对不同路况超强的适应能力,在路线规划搜索中最受欢迎。A*算法最成功的特点体现为,它能够实现对上述两种算法的结合,通过对初始点与节点的代价及节点到目标点的启发式评价来分析目前的节点。

A*算法的评价函数为:

$$f(s)=g(s)+h(s)$$

式中,$f(s)$表示从起始点经过节点s到目前节点的路径长度,为已知量;$g(s)$表示状态环境中的初始点与某一节点之间的真实代价;$h(s)$为启发函数,是当前节点到目标节点的估计值。

$h(s)$在评价函数中起关键性作用,决定了A*算法效率的高低。

$$f(s)=\sum_{i=\text{start}}^{k-1}\text{cost}(s_i,s_{i+1})(k\leqslant\text{goal});h(s)\leqslant\text{cost}^*(s,s_{\text{goal}})$$

式中,$\text{cost}^*(s,s_{\text{goal}})$为当前节点到目标节点的最优距离。

若$h(n)$为0,则只有$g(n)$起作用,那么A*算法就成为了Dijkstra算法,能够寻找最短路径。若$h(n)$的预算代价小于节点到目标的真实代价,那么此时A*算法同样可以达到搜索出最优路径的目的。$h(n)$越小,则A*算法经过扩展得到的节点就会增加,那么此时的运行速率就会降低。若$h(n)$的预算距离精确到与某一节点到目标点之间的真实代价相等,那么此时A*算法就可以更快寻找到最佳路径,同时其也不会进行额外拓展,此时的速率将达到最快。若$h(n)$所付出的代价是要高于某一节点与目标点的代价,那么此时可能就无法寻找到最佳路径,但是速率提升了。而另一种情况是,若$h(n)$比$g(n)$大很多,则只有$h(n)$起作用,那么算法就变成了BFS算法。

下面简单介绍基于拓扑地图的A*算法应用。

为了保证搜索路径的最优解,通常将曼哈顿距离、对角线距离或者欧几里得距离作为启发函数。给定两个坐标位置(x_i,y_i)和(x_j,y_j),曼哈顿距离d_m、对角线距离d_d、欧几里得距离d_e分别由下式可求。

$$d_m=|x_i-x_j|+|y_i-y_j|;d_d=\max(|x_i-x_j|,|y_i-y_j|);$$

$$d_e=\sqrt{(x_i-x_j)^2+(y_i-y_j)^2}$$

A*算法用OPEN和CLOSED两个集合来管理道路节点。OPEN存放扩展过的道路节点的子节点。CLOSED存放扩展过的节点。初始时OPEN存放s_{start}节点,CLOSED为空。且除s_{start}外,所有节点g值初始化为无穷大。

$$f(s_{\text{start}})=g(s_{\text{start}})+h(s_{\text{start}});g(s_{\text{start}})=0$$

算法搜索开始后,每次都从OPEN中选择$f(s)$值最小的节点s进行扩展。节点s被扩展到的子节点放入OPEN中。节点s拓展完成后,从OPEN中移到CLOSED中。循环上述过程,直到扩展到目标节点或者OPEN为空时,算法才终止。如果OPEN为空,则表明没有可行路径,规划失败。如果存在可行路径,A*算法一定能搜索到。

图 6.36 为 A*算法在拓扑地图内的搜索示意图。起始节点为 S，目标节点为 G，其他节点均相当于道路节点，而节点与节点间的连线近似于道路。每个节点均有一个启发函数的值 $h(s)$，并且满足最优路径的前提条件，因此算法搜索到的路径具有最优性。

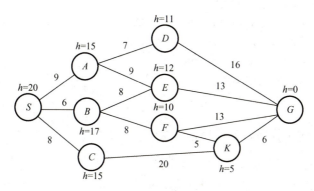

图 6.36 A*搜索算法示意图

表 6-9 为 A*算法搜索过程。OPEN 和 CLOSED 分别表示各集合所存放的节点。S(20)表示节点 S 的 f 值为 20。算法每次都会从 OPEN 中选择 f 值最小的节点进行扩展，到第 7 次扩展时，算法搜索到最优路径如图 6.37 所示，S(20)B(23)F(24)K(24)G(24)。

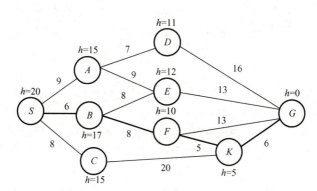

图 6.37 最优路径

表 6-9 A*算法搜索过程

序列	OPEN 集合	CLOSED 集合
1	S(20)	∅
2	A(24) B(23) C(23)	S(20)
3	K(33) A(24) B(23)	S(20) C(23)
4	K(33) E(26) A(24) F(24)	S(20) C(23) B(23)
5	E(26) A(24) G(24) K(24)	S(20) C(23) B(23) F(24)
6	E(26) A(24) G(24)	S(20) C(23) B(23) F(24) K(24)
7	E(26) A(24)	S(20) C(23) B(23) F(24) K(24) G(24)
最优路径		S(20) B(23) F(24) K(24) G(24)

6.6 运动控制

自动驾驶汽车运动控制分为纵向控制和横向控制。纵向控制是指通过对节气门和制动的协调，实现对期望车速的精确跟随。横向控制实现自动驾驶汽车的路径跟踪。其目的是在保证车辆操纵稳定性的前提下，不仅使车辆精确跟踪期望道路，同时使车辆具有良好的动力性和乘坐舒适性。在自动驾驶汽车的行驶过程中，车辆的纵向运动和横向运动存在耦合关系，通常将纵向运动和横向运动进行解耦，设计两个独立互补关系的控制器，对其分别进行控制。

6.6.1 自动驾驶汽车的纵向控制

纵向运动控制是智能车辆实现自主导航的基础，按实现方法的不同，通常可分为两类：直接式纵向控制和分层式纵向控制，其作用是按照一定的控制策略调节车辆的纵向运动状态，实现车辆自动加减速或纵向距离保持的功能。

1. 基于直接式结构的纵向控制

直接式控制，是相对于分层式控制而言的，其控制结构如图 6.38 所示。

图 6.38　直接式控制结构

在直接式结构纵向控制设计方面，介绍一个具有代表性的研究实例。

美国的 HoyongK 等人，均采用直接式控制结构，设计了由常规 PID 控制器、PI 控制、滑模变结构控制器和基于专家数据库的模糊控制器组成的车辆纵向控制系统，其结构如图 6.39 所示。该控制系统利用专家数据库中的经验知识，根据车辆行驶的不同工况，对常规 PID 控制器、PI 控制器、滑模控制器和模糊控制器进行实时地选择切换，从而有效利用并发挥各控制器的优点。但该控制系统因不同控制器频繁切换而易使执行机构产生较大的滞后性，同时可能使系统产生较强的抖振。

图 6.39　多控制器相结合的车辆纵向控制系统

2. 基于分层式结构的纵向控制

由于智能车辆的纵向动力学模型为一种复杂的多变量非线性系统，存在较大的参数不确定性及测量的不精确性,且智能汽车的纵向控制系统受前方动态目标及障碍物变化的干扰,因此通过一个控制器来设计满足如此多性能指标的控制系统非常困难。为了降低纵向控制系统的设计难度,部分学者基于分层模块化的设计思想,尝试采用分层式控制结构,按照控制目标将车辆纵向控制器设计分为上位控制器设计和下位控制器设计。上位控制器设计的作用是通过一定控制策略产生期望的车辆加速度或车辆速度;下位控制器设计的作用是接受上位控制器产生的期望值,按照一定的控制算法产生期望的制动压力和节气门开度。分层式结构的纵向控制如图 6.40 所示。

图 6.40　分层式结构的纵向控制

基于分层式结构控制实现车辆纵向车间距离或速度控制的功能需通过设计上、下位控制器来完成。上位控制器的主要作用是为下位控制器提供期望的加速度,由于有下位控制器为基础,上位控制器的设计可以不用考虑控制对象模型的参数不确定性、外界干扰及控制对象模型误差的影响。

6.6.2　自动驾驶汽车的横向控制

横向运动控制指智能车辆通过车载传感器感知周围环境,结合 GPS 提取车辆相对于期望行驶路径的位置信息,并按照设定的控制逻辑使其沿期望路径自主行驶。针对配置传感器的不同,分为预瞄式和非预瞄式横向运动控制。

1. 非预瞄式横向动力学模型

非预瞄式横向动力学模型主要通过磁性传感来提取车辆在当前点处与期望行驶路径的横向位置关系。加州大学伯克利分校在 PATH 项目研究中,基于磁性传感来实现智能车辆的横向运动控制,并建立描述当前点处车辆与行驶路径相对位置关系变化特征的非预瞄式横向动力学模型,如图 6.41 所示。磁性传感对环境具有适应性强的优点,但是具有成本较高,可变性差,无法检测前方障碍的缺点。

图 6.41　非预瞄式横向动力学模型

e_{Lf}—前置传感器与路径横向距离的偏差;e_{Lr}—后置传感器与路径横向距离的偏差;
δ_f—前轮转角;O—车辆质心;v—车辆速度;ω—横摆角速度

2. 预瞄式横向动力学模型

预瞄式横向动力学模型主要通过视觉来识别环境和提取路径,相比于其他传感器,其视觉系统具有检测信息量大、能够遥测等优点。视觉系统实时采集前方的道路图像,获得视觉预瞄点处车辆相对于参考路径的位置偏差信息。由图 6.42 可得基于视觉的车辆预瞄动力学模型为

$$\begin{bmatrix} \dot{v}_y \\ \dot{\omega} \\ \dot{e}_L \\ \dot{e}_\alpha \end{bmatrix} = \begin{bmatrix} a_{11} & a_{12} & 0 & 0 \\ a_{21} & a_{22} & 0 & 0 \\ -1 & -D_L & 0 & v_x \\ 0 & -1 & 0 & 0 \end{bmatrix} \begin{bmatrix} v_y \\ \omega \\ y_L \\ \varepsilon_L \end{bmatrix} + \begin{bmatrix} \dfrac{K_f}{m} & 0 \\ \dfrac{l_f K_f}{I} & 0 \\ 0 & 0 \\ 0 & v_x \end{bmatrix} \begin{bmatrix} \delta_r \\ \rho \end{bmatrix},$$

$$a_{11} = -\frac{K_r + K_f}{mv_x}, a_{12} = -\frac{K_r l_r - K_f l_f}{mv_x} - v_x,$$

$$a_{21} = -\frac{-l_f K_f + l_r K_r}{I_z v_x}, a_{22} = -\frac{-l_f^2 K_f + l_r^2 K_r}{I_z v_x}$$

式中,e_L 为横向偏差,即视觉预瞄点处车辆中心线与路径的横向距离;e_α 为方位偏差,即视觉预瞄点处车辆中心线与路径切线的夹角;I_z 为转动惯量;v_x 和 v_y 分别为纵横向速度;ω 为横摆角速度;K_f 和 K_r 为前后轮侧偏刚度;l_f 和 l_r 分别为质心到前后轮的距离;m 为整车质量;D_L 为预瞄距离。

图 6.42 预瞄式横向动力学模型

6.7 车联网技术与智能交通

6.7.1 智能交通发展现状

智能交通系统(Intelligent Traffic System,ITS)是利用现代计算机、信息、通信及控制技术,把车辆、道路、使用者紧密结合起来,以解决汽车交通事故、堵塞、环境污染及能源消耗等问题为目的,基于智能化、信息化的汽车交通系统。智能交通系统的目标就是建立一个高效、便捷、安全、环保、舒适的综合交通运输体系。

智能交通系统是一个复杂综合的技术体系,是由面向道路、面向车辆、面向综合交通管理的各种不同领域的技术动态组成的。不同的国家和地区,智能交通系统的具体内容、

系统框架都有所差别。

2001年中国正式推出智能交通系统发展的纲领性技术文件《中国智能运输系统体系框架》(第 1 版)，并在"十五"期间进一步修订完善，第 2 版于 2005 年完成。中国智能交能系统框架在参考国外相关研究的基础上，划分为以下 8 个服务领域。

(1) 交通管理与规划（ATMS）。

(2) 电子收费（ETC）。

(3) 出行者信息（ATIS/APT）。

(4) 车辆安全与辅助驾驶（AVCSS）。

(5) 紧急事件和安全（Emergency and Security）。

(6) 运营管理（CVO/APTS）。

(7) 综合运输（Intermodal Transport）。

(8) 自动公路（AHS）。

本书中所涉及的智能交通技术主要是指在智能交通系统中与车辆相关的共性的一些技术，如车载导航、动态交通信息、车载通信、智能车、ETC 等。

车联网是指装载在车辆上的电子标签通过无线射频等识别技术，实现在信息网络平台上对所有车辆的属性信息和静、动态信息进行提取和有效利用，并根据不同的功能需求对所有车辆的运行状态进行有效的监管和提供综合服务。车联网将缓解城市交通堵塞、减少车辆尾气污染及减小车辆安全隐患。应用车联网技术的车辆能与城市道路系统保持实时通信。这些功能可优化驾驶人的行驶路线，缩短旅途时间，让旅途更具可预测性。驾驶人在驾驶汽车的同时还能保持与社交网络的无缝连接。车联网将彻底改变人类出行模式，重新定义汽车的 DNA。实现车联网技术的未来城市交通将告别红绿灯、拥堵、交通事故、停车难等一系列问题，并实现自动驾驶。图 6.43 所示为车联网系统模式示意图。

图 6.43　车联网系统模式

6.7.2 智能交通与主动安全技术

事实上，智能交通概念的提出很大原因是为了应对交通事故这一社会问题。从现实生活来看，尽管被动安全技术可有效地减轻事故灾害，但主动安全技术更重要，可以避免人员及车辆的损伤，防患于未然。

导致汽车交通事故的原因十分复杂，既有车辆自身的技术因素，也有人为的行为因素，还有公路、气象等环境因素。总而言之，人-车-环境是影响汽车行驶安全性能的三大因素，这三者组成了相互制约的系统工程。例如，驾驶人在驾驶汽车时要完成一个对环境和车的感知—判断—操作的闭环过程，在行驶中要经过周而复始的循环才能完成对汽车的操纵和控制。对驾驶人而言，必须具备相应的技能才能顺利完成安全驾驶工作；对车辆而言，必须为驾驶人提供一个能够适应人的生理和心理特点的外部技术条件，以保证驾驶人能很好地完成上述循环，这就是汽车主动安全的内涵。

不再由以前的强化汽车机构来提高主动安全性，现在通过智能驾驶与智能交通相结合，从根本上减少人在驾驶过程中的影响因素，进而全面提高汽车的主动安全性。

图 6.44 针对事故发展的当前主动安全技术

智能制动、智能加速、智能减速、智能转向是未来智能汽车的基本特征。事实上，20世纪 90 年代以来，尤其是近几年，主动安全技术正是沿此方向推进的。例如，继汽车装备 ABS 和 ASR 成为汽车主动安全常规技术后，汽车 VSC 这种在更高层次上综合 ABS 和 ASR 的汽车主动安全装置已应运而生。VSC 系统极大地提高了汽车主动安全性能，它改变了冬季行车时加装雪地轮胎、防滑链等方法，即使在比直线行驶动力学复杂许多的转弯或是冰雪湿滑路况时也能应付自如。其他一些业已运用或即将进入应用的控制系统也将整合并发挥出综合效力。

汽车人机一体化的智能主动安全技术充分考察各个方面和多种因素，达到人和汽车共同判断、共同决策和协调统一，实现人机互补的合作"伙伴"关系。这种技术本身就是多学科结合的产物，包括机械、计算机、信息、生理学、心理学和社会科学等技术领域，以及人机耦合与接口的现代高新技术。现有主动安全系统中除车道偏离报警系统（LDW）和前车碰撞预警系统（FCW）外，还应该重点推广自动制动系统（AEB）、自适应巡航系统（ACC）、电子制动控制系统（EBS）和电子稳定性控制（ESC）等。当前主动安全技术汇总如图6.45所示。

只有把安全技术与智能交通、车联网更好地结合起来，才能让交通事故更少，出行更安全。

图6.45　当前主动安全技术汇总

6.7.3　车联网通信系统的设计

车联网是分为感知层、网络层和应用层的3层工作体系。工作步骤：首先通过RFID、传感器、二维码，甚至其他的各种机器，实现全面感知；然后感知的信息通过网络进行实时传送；传递后，利用云计算等技术及时对海量信息进行处理，真正达到人与人的沟通和物与物的沟通，从而实现了信息的智能处理。

在车联网体系中感知层就是车载终端，但这里所说的车载终端并非传统的车载计算机或车载通信系统，而是一种车辆管理工具，具备身份识别以及感知能力。具体构成在后面章节将有详细介绍。网络层主要用到两种无线通信方式，一种是3G无线网络，另一种是RFID。应用层范围比较广，包括为车联网提供海量数据分析处理的云计算平台，为交通调控部门提供的车辆统一管理平台，以及为用户提供的各种定位、导航、呼救、娱乐服务。图6.46所示为车联网系统的组成。

图 6.46　车联网系统组成结构

1. 车载终端的设计

　　车载终端作为车联网的感知层，是整个系统的数据采集部分，它的主要功能是当用户在线状态下，实时地将 GPS 接收机收到的卫星定位信息通过串口传输到接收缓冲区，车载终端解析所收到的 GPS 数据，并通过 CDMA 将 GPS 信息、RFID 标签信息、汽车的 CAN 网络状态信息上传到远程监控中心；远程监控中心会不定时下发查询或控制命令，要求车载终端上传指定的数据或控制车载终端的系统设置，如设置信息上传的时间间隔等。通过 CAN 网络可以实时监控汽车运行的状态，包括车灯的状态、散热器的冷却液温度等状态信息。现在随着新技术的发展，汽车将不再是孤立的单元，而是成为活动的网络节点。新型车载终端既可在车内构成独立的网络，同时它也是世界网络的一个节点，因此可以提供许多相应的服务。车载终端是运用计算机、卫星定位、通信、控制等技术来提供安全、环保及舒适性功能和服务的汽车电子设备，是智能汽车的重要组成部分。

　　车联网通信系统选择基于 ARM9 处理器和嵌入式 Linux 操作系统的开发平台。图 6.47 所示为车联网通信系统硬件平台的结构示意图。

　　车联网通信系统主要由以下模块组成。

　　主控模块：包括 CPU、FLASH、SDRAM、RS232 收发器、SPI 接口、电源和复位电路等；组合信息模块：包括 GPS 定位模块、RFID 读写器模块、车载 CAN 网络模块、3G 通信模块；人机交互模块：包括 LCD 液晶显示屏、按键。这些模块是车载终端最基础、也是最关键的模块，仅能实现车联网基本功能。在车联网的应用中，许多应用可能还需在车载终端中添加其他的模块。因此需要车联网标准部门制定车载终端模块接口，以便日后进行硬件扩展。

　　微处理器系统采用三星的 S3C2410 微处理器。这是一款高性价比、低功耗、高集成度的 CPU，基于 ARM920T 内核，主频最高为 203MHz，专为手持设备和网络应用而设计，能满足嵌入式系统中的低成本、低功耗、高性能、小体积的要求。

　　GPS 由三大部分组成，即空间星座、地面监控和用户设备，前面已经详细讲述过。

图 6.47　车载终端硬件结构图

车联网通信系统的射频识别模块包括读写器和电子标签。电子标签与读写器之间通过耦合元件实现射频信号的空间耦合；在耦合通道内，根据时序关系，实现能量的传递和数据交换。

车载终端必须具备无线通信的能力。车联网通信系统现采用 3G（第三代移动通信技术）来实现数据的双向传输，这是支持高速数据传输的蜂窝移动通信技术。3G 与 2G 的主要区别是在传输声音和数据的速度上的提升，它能够在全球范围内更好地实现无线漫游，并处理多种媒体形式，提供信息服务。

2. 信息交换协议模型设计

车辆内部的动态数据包括车辆本身的参数（如车辆的位置、车速、车距、温度等），发动机的操作参数（如气缸压力、机械和电控空气、燃料的摄入量和各种工艺参数）和轮胎参数（主要包括轮胎气压、温度等）。而数据库的数据通过车辆中的嵌入式数据库来组织信息。数据库本身是动态变化的，主要目的是保持车辆和主机/站点间的频繁通信。由于数据库内容的不断更新，需要和远处数据库等数据源保持同步。图 6.48 所示为车与车之间、车与站点之间网络通信示意图。

控制决策单元的命令主要来自电子控制单元（ECU），因此车辆系统具有简单的状态监测和故障诊断功能。例如，设置警示灯是为了防止车速超过一定限制，避免碰撞系统可以防止汽车之间因距离过小而造成汽车碰撞。这些功能的实现不会和车辆驾驶人造成冲突，驾驶人和系统数据的交换可以绕开数据库。但是，当电子控制单元并不忙碌的时候，车辆运行中的关键控制历史需要随后记录车辆数据，在这个意义上，数据库整合了车辆"黑匣子"的功能。

高层决策信号来源于汽车驾驶人，而驾驶人的决定依赖于车辆的状况和远程信号（如交通拥塞报告、调度指挥站协调员）。除此之外，高层决策信号还来自不断发生变化的 GPS、数据库和监控模块等。

由于数据交换方式的多样性及协议标准的不确定性，使得通信方式难度变大，新的协

图 6.48　车间网络通信示意图

议目的是简化数据交换方式和标准化协议内容。实现此目标的关键是理解和控制有关车辆信息流或其载体形式——数据流。

从车辆特点来看，车辆的信息流有几个明显的特点：流动、分布、动态和不确定性。车辆数据存在于许多不同的形式。所有这些使得车辆数据传输、处理、存储和最终开发成为一项复杂的任务。如图 6.49 所示，车辆的通信系统可以被认为是一个有 5 个层次的协议栈，分别处理信号、数据、传输、信息和车辆知识。图 6.49 下面两个协议层是 OSI 协议体系结构中的最下面两层（物理层和数据链路层）。物理层的任务是透明地传送比特流，在物理层上所传输的数据单位是比特，物理层之间涉及物理信号和比特流之间的转换；而数据链路层的任务是在两个相邻节点间的线路上，无差错地传送以帧为单位的数据，每一个帧包括数据和必要的控制信息。在传输数据时若接收节点检测到所收到的数据有差错，就要通知发送方重新发送这一帧，直到这一帧正确无误地到达接收节点为止。在每一帧所包括的控制信息中，有同步信息、地址信息、差错信息及流量控制信息等。

图 6.49　车辆信息交换/传输模型

在网络层要实现统一数据包的网络间传输，而应用层则根据协议进行消息的收发、消息内容和含义的解析及网络管理等操作。作为用户单元的控制功能模块则实现具体功能，相当于车辆的知识处理与智能控制。

3. 网络系统设计

为实现总线网络中数据流畅通，需解决如下几个问题。

（1）实现满足 CAN 2.0B 协议的 CAN 总线物理层与数据链路层。

（2）编写 CAN 总线驱动程序，实现 CAN 节点微处理器操作 CAN 控制器完成数据收发、波特率设置功能。

（3）设计网络层协议和统一的数据包格式。

（4）编写应用层相关协议代码，解析各节点收到数据的含义，实现节点命名、节点地址声明、地址声明冲突检测与处理、多包传输协议、数据请求、命令与应答功能。

（5）用户功能设计，基本功能快设计，实现车辆的检测与智能控制。

SAE J1939 协议规定了详细的针对汽车的应用层，但 J1939 协议在实际应用中版本差异巨大，很多车辆制造商和设备制造商都实行自己的应用层协议标准。因此需要参考 J1939 协议，设计自己的应用层协议标准以实现消息的收发、消息内容的解析及网络管理等操作，并保证和现有 ECU 应用层协议的兼容。在车载网络中，CAN 总线协议只规定了物理层和数据链路层的协议，其应用层的协议需要用户自己定义。不同的车型对汽车应用层各部件和控制命令的定义存在一定的差异，并且具体协议内容也是保密的，因此，需要根据设计的网络，独立定义汽车部件控制和故障码的含义，确定总线传输的优先级和节点容量等技术问题，开发自主知识产权的独立的应用层接口协议。总线节点根据任务和负载，可以采用微控制器（如 P87C591）。中央控制模块则采用 32 位高性能、低功耗 ARM 微处理器，以有足够资源完成多包传输、地址声明响应、地址声明请求、数据请求、命令等功能。图 6.50 所示为完整的 CAN 总线系统架构。

图 6.50 主要模块软件架构

6.7.4 车联网应用系统

车联网应用系统（Telematics）是远距离通信的电信（Telecommunications）与信息科学（Informatics）的合成词，接字面可定义为通过内置在汽车、航空、船舶、火车等运输工具上的计算机系统、无线通信技术、卫星导航装置、交换文字、语音等信息的互联网技术而提供信息的服务系统。也就是说通过无线网络，随时给行车中的人们提供驾驶、生活所必需的各种信息。

Telematics 的特点在于大部分的应用系统位于网路上如通信网路、卫星与广播等，而非汽车内。驾驶人可运用无线传输的方式，连接网路传输与接收资讯与服务，以及下载应用系统或更新软体等，所耗的成本较低，主要功能仍以行车安全与车辆保全为主。

Telematics 终端机平台需要具有普通嵌入式系统的互动性、兼容性、灵活性及扩展性等特点的同时，也需要具有与普通系统不同的特点。Teleamtics 终端机应具有模块化的结构。这里的模块不仅限于软件，因为新的服务也会需要相应的硬件。通过采用模块化结构，使 Telematic 终端机实现从低档到高档汽车所需的多种价格标准，扩大用户的选择范围。实现模块化最有效的方法是 AMI-C 标准所追求的，通过车内网络实现。这种结构可以通过添加与网络互动的硬件模块和软件模块，实现新的服务。软件可以非常方便地加载在 Telematics 终端机平台上得到运行。

图 6.51 所示为 Telematics 平台技术概念图。

图 6.51　Telematics 平台技术概念图

Telematics 系统的运作涉及许多的方面，主要包括顾客、网络营运商、服务商等。Telematics 系统的运作模式如图 6.52 所示。

图 6.52　Telematics 系统运作模式

6.7.5　车联网在智能交通的应用展望

图 6.53 所示为车联网在智能交通中的应用示意，主要可以应用于以下 11 个方面。

图 6.53 车联网在智能交通的应用

1. 停车引导系统

停车引导系统实时反映停车场内车位情况,将结果反馈到交通干道醒目位置,引导用户方便、快捷地找到停车位,顺利停车,如图 6.54 所示。

2. 交通实时指挥系统

交通实时指挥系统(图 6.55)是指汽车安装 RFID 芯片,给交通灯安装对应的读卡器。根据绿灯通过车辆数得到拥挤程度,和车内 GPS 联网,实时修改出行线路,避免交通拥堵;交警部门可根据实际情况(拥堵或车祸),手动设置拥堵路段,与 GPS 联网,实时指挥路上车辆,让用户车辆在未到拥堵处时提前分流。

图 6.54 停车引导系统

图 6.55 交通实时指挥系统

3. 公交线路管理系统

公交线路管理系统是指给公交车辆安装 RFID 芯片,在站牌安装读卡器。读卡器之间相互联网,站牌可根据车辆到站的情况显示公交车到达本站的时间,方便乘客提前选择公交线路。站牌可自动记录公交车出入情况,有效防止公车不停站的情况出现,公交公司可追踪公交车全程行驶状况,合理化线路安排。

4. 车辆年检核查系统

车辆年检核查系统即给车牌增加RFID芯片，年检时在芯片中记录信息，可以用手持式读卡器核查用户车辆是否已交年费，且可以随时缴纳（单个核查人员也可收缴）年费。

5. 车辆健康状况追踪系统

车辆健康状况追踪系统可让车辆的健康状况跟随车辆一同上路。给车辆装上RFID芯片，在汽车每次保养、修理时都在芯片上记录信息，任何人可以使用读卡器对信息进行读取，随时掌握车辆的健康状况。防止超龄车上路，促进二手车规范交易。

6. 车辆追踪与告警系统

对于交警部门重点监控的车辆，以及违章、黑车等违法车辆，在经过交通灯时，在交警部门进行报警，交警部门可根据车辆的位置，监控车辆的行踪，以及对车辆进行拦截。

7. 手持式抄牌系统

在车牌中装入RFID芯片，遇到违章车辆时，使用手持式读写器即可对违章车辆进行处罚，处罚信息实时进入交警管理系统，有效降低交警部门处理违章车辆的成本，同时减少车主幕后操作，撤销罚单的行为。

8. 汽车尾气监控系统

在汽车尾气排放装置安装RFID芯片及传感装置，实时监测汽车尾气排放质量，促进汽车尾气排放标准的执行，提高城市空气质量，改善人民群众居住环境。

9. 电子驾照系统

在车主驾照中安装RFID芯片，记录车主的违章记录。交警使用手持式读卡器处理车主违章时，能够马上知道车主的违章历史，在处罚的现场灵活使用各种处罚手段，有效防止车主多次违章的情况出现，在违章时及时进行教育和提醒，充分体现了违章处罚以教育为目的的精神。

10. 电子牌照系统

给车辆的牌照安装RFID芯片，给牌照建立电子档案，能有效地防止车牌的仿冒、套牌等现象的出现。发现牌照的违规使用，能马上在交通监管部门发出报警，令交警部门及时处理。

11. 不停车收费系统

不停车收费系统（Electronic Toll Collection，ETC）是目前世界上最先进的路桥收费方式，如图6.56所示。通过安装在车辆风窗玻璃上的车载电子标签与在收费站ETC车道上的微波天线之间的微波专用短程通信，利用计算机联网技术与银行进行后台结算处理，从而达到车辆通过路桥收费站不需停车而能交纳路桥费的目的。ETC是国际上正在努力开发并推广的一种用于公路、大桥和隧道的电子自动收费系统。该技术在国外已有较长的发展历史，美国、欧洲等许多国家和地区的电子收费系统已经局部联网并逐步形成规模效益。我国以IC卡、磁卡为介质，采用人工收费方式为主的公路联网收费方式无疑也受到了这一潮流的影响。

图 6.56 ETC 结构示意图

1. 智能汽车系统有哪些关键技术？
2. 智能网联汽车主要技术分支及发展方向是什么？
3. 简述自动驾驶汽车不同环境感知技术的原理及各种传感器的特点。
4. 简述 GPS 的工作原理及主要定位方法原理。
5. 简述路径规划原理及主要方法。
6. 结合实际，简述车联网的发展及应用。

第 7 章 新能源汽车

 本章教学目标

★ 掌握新能源汽车的分类，不同类型新能源汽车的特点及优缺点
★ 掌握电动汽车关键技术、现状，了解相关的新技术及发展方向
★ 了解电动汽车充电技术及电动汽车的不同充电方式
★ 了解新能源汽车产业发展概况及相关产业链

 本章教学要点

知识要点	掌握程度	相关知识
新能源汽车概论	掌握新能源汽车的分类、不同类型新能源汽车的特点及优缺点	汽车构造
电动汽车关键技术	掌握电动汽车关键技术、现状；了解相关的新技术及发展方向	电化学知识,机电结合,自动控制
电动汽车充电技术	了解电动汽车充电技术及电动汽车的不同充电方式	电化学知识
新能源汽车产业现状	了解新能源汽车产业发展概况及相关产业链	汽车产业

第 7 章 新能源汽车

> **导入案例**
>
> 近年来，我国新能源汽车产业规模持续扩大，政策稳步推进。2017 年我国新能源汽车产量 79.4 万辆，销量 77.7 万辆（销量份额图如图 7.1 所示），产量占比达到了汽车总产量的 2.7%，连续三年居世界首位。
>
>
>
> 图 7.1　2017 年新能源乘用车企业销量份额图
>
> 经过一段时间的发展，我国新能源汽车在技术水平、企业实力和配套环境上，都取得了长足进步。乘用车主流车型的续驶里程已达到 300km 以上，与国际先进水平同步。领先企业的动力电池单体能量密度大幅提高，价格持续下降。
>
> 与此同时，企业的实力明显增强。骨干整车企业都已建立完善的新能源汽车正向开发体系，新能源整车、动力电池骨干企业研发投入占比达到了 8% 以上，高于行业世界平均水平。
>
> 在配套环境上，我国充电网络建设稳步推进。公共场所、居民小区、单位内部、高速公路等主要场所覆盖率大幅提升，截至 2017 年年底，全国共建成公共充电桩 21.4 万个，同比增长了 51%，保有量居全球首位。

7.1　新能源汽车概论

广义的新能源汽车是指采用非传统化石燃料作为动力来源，在动力控制和驱动方面与传统汽车相异，具有新技术、新结构的汽车类型。用电力驱动车厢的方式从 19 世纪开始就已经实现，被认为是一种相较内燃机驱动有着更高的舒适度的方式，并且具有易操作的特点。国际上，混合动力汽车汽车、天然气汽车、纯电动汽车和燃料电池汽车均属于新能源汽车。仅就我国对新能源汽车的定义看，新能源汽车形式包括纯电动汽车、插电式混合动力汽车和燃料电池汽车。

新能源电动汽车的工作原理如图 7.2 所示。

图 7.2　新能源电动汽车的工作原理

7.1.1　纯电动汽车

纯电动汽车（Battery Electrical Vehicle，BEV）指以车载电源为动力，用电动机驱动车轮行驶，符合道路交通、安全法规各项要求的车辆。其动力系统主要由动力电池和驱动电动机组成，通过从电网取电或更换蓄电池获得电力，并通过动力电池向驱动电动机提供电能驱动汽车，具有零排放、振动噪声小、能效高等特点。如图 7.3 所示为纯电动汽车特斯拉 Model S 的底盘结构图。

【特斯拉的结构与原理】

图 7.3　特斯拉 Model S 的底盘结构图

纯电动汽车发展至今，种类较多，通常按车辆用途、车载电源数目及驱动系统的组成进行分类。按照用途不同，纯电动汽车可分为电动轿车、电动货车和电动客车三种。

纯电动汽车主要由电力驱动模块、车载电源模块和辅助模块 3 部分组成,结构简图如图 7.4 所示。

图 7.4 纯电动汽车动力系统结构简图

1. 电力驱动模块

电力驱动模块主要包括中央控制单元、驱动控制器、电动机、机械传动装置和车轮等,其主要功能是将储存在蓄电池中的电能高效地转化为车轮的动能,并能够在汽车减速制动时,将车轮的动能转化为电能充入蓄电池。图 7.5 所示为电力驱动控制系统的组成与工作原理。

图 7.5 电力驱动控制系统的组成与工作原理

中央控制单元根据加速踏板和制动踏板的输入信号,向驱动控制器发出相应的控制指令,对电动机进行起动、加速、减速和制动控制。

驱动控制器是按中央控制单元的指令、电动机的速度和电流反馈信号,对电动机的速度、驱动转矩和旋转方向进行控制。驱动控制器必须和电动机配套使用。

电动机在电动汽车中被要求承担驱动和发电的双重功能,即在正常行驶时发挥其主要的电动机功能，将电能转化为机械能；在减速和下坡滑行时又被要求进行发电，将车轮的惯性动能转化为电能。

机械传动装置是将电动机的驱动转矩传输给汽车的驱动轴，从而带动汽车车轮行驶。

2. 车载电源模块

车载电源模块主要包括蓄电池电源、能量管理系统和充电控制器等，其主要功能是向电动机提供电能、监测电源使用情况及控制充电机向蓄电池充电。

纯电动汽车应用最广泛的电源是铅酸蓄电池，但随着电动汽车技术的发展，铅酸蓄电池由于能量低，充电速度慢，寿命短，逐渐被其他蓄电池所取代。正在发展的电源主要有钠硫电池、镍镉电池、锂电池、燃料电池等。这些新型电源的应用，为电动汽车的发展开辟了广阔的前景。

纯电动汽车的能量管理主要是指电池管理系统，其主要功能是对电动汽车用电池单体及整组进行实时监控、充放电、巡检、温度监测等。

充电控制器是把交流电转化为相应电压的直流电，并按要求控制其电流。

3. 辅助模块

辅助模块主要包括辅助动力源、动力转向单元、驾驶室显示操纵台和辅助装置等。各个装置的功能与传统汽车上的基本类同，其结构原理按电动汽车的特点有所区别。

辅助动力源主要由辅助电源和 DC/DC 功率转换器组成，其功能是供给电动汽车其他各种辅助装置所需要的动力电源，一般为 12V 或 24V 的直流低压电源，它主要给动力转向单元、制动力调节控制、照明、空调、电动窗门等各种辅助装置提供所需的能源。

动力转向单元是为实现汽车的转弯而设置的，它由转向盘、转向器、转向机构和转向轮等组成。作用在转向盘上的控制力，通过转向器和转向机构使转向轮偏转一定的角度，实现汽车的转向。

驾驶室显示操纵台类同于传统汽车驾驶室的仪表板，不过其功能根据电动汽车驱动的控制特点有所增减，其信息指示更多地选用数字或液晶屏幕显示。

辅助装置主要有照明、各种声光信号装置、车载音箱设备、空调、刮水器、风窗除霜清洗器、电动门窗、电控玻璃升降器、电控后视镜调节器、电动座椅调节器、车身安全防护装置控制器等。辅助装置主要是为提高汽车的操纵性、舒适性、安全性而设置的，可根据需要进行选用。

纯电动汽车的优点如下：

（1）零排放：纯电动汽车使用电能，在行驶中无废气排出，不污染环境。

（2）能源效率高：电动汽车的能源效率已超过汽油机汽车，特别是在城市中运行，电动汽车工具适宜。电动汽车停止时不消耗电量，在制动过程中，电动机可以自动转换为发电机，实现制动减速时能量的再利用。

（3）结构简单：因使用单一的电能源，省去了发动机、变速器、油箱、冷却和排气系统等。

（4）噪声低：电动汽车无内燃机产生的噪声，电动机噪声也比内燃机小。

（5）节约能源：电动汽车的应用可有效地减少对石油资源的依赖。

纯电动汽车的缺点如下：

（1）续驶里程短、使用成本高：目前蓄电池单位重量储存的能量太少，又未形成经济规模，电动汽车的电池成本较高。至于使用成本，有些使用价格比燃油汽车价格高，有些使用价格则仅为燃油汽车价格的1/3，这主要取决于电池的寿命及当地的油、电价格。

（2）安全性：锂离子蓄电池的安全性有待进一步提高。

（3）配套不完善：充电配套设施不完善，需要加大配套设施基础设施的建设。

目前，受动力电池能量密度与功率密度等性能的限制，纯电动汽车的研发主要集中在乘用车上，满足日常短途行驶需求的小型纯电动乘用车成为主流产品。作为能够彻底解决车用能源和环境污染问题的关键，纯电动汽车技术受到各国政府和各大汽车公司的重视，多款车型已经面市。在技术上，纯电动汽车呈现出动力系统平台化、车身轻量化、车辆智能化等发展趋势，并将进一步朝着机械、电子、信息技术高度集成的方向发展。

7.1.2　混合动力汽车

混合动力汽车（Hybrid Electric Vehicle，HEV）是指车辆驱动系统由两个或多个能同时运转的单个驱动系统联合组成的车辆。根据混合动力驱动的联结方式，一般把混合动力汽车分为串联式、并联式和混联式三类，如图7.6所示。

图 7.6　混合动力汽车分类及特点

【丰田混合动力系统工作原理】

1. 串联式混合动力汽车

串联式混合动力汽车（SHEV）由发动机、发电机和电动机三大动力总成组成，采用"串联"的方式组成驱动系统。它由发动机直接带动发电机发电，转化后的电能通过控制器一部分给蓄电池充电，另一部分由电动机通过传动装置驱动车轮使汽车行驶，其结构如图7.7所示。串联式混合动力汽车的动力装置是电动机，发动机只能驱动发电机发电，而不能直接驱动汽车行驶。

2. 并联式混合动力汽车

并联式混合动力汽车（PHEV）由发动机、电动机/发电机和蓄电池组等部件组成，电动机兼作发电机使用，称为电动机/发电机组，采用并联方式组成汽车的驱动系统。与串联式驱动系统的区别在于：并联式驱动系统采用发动机和电动机两套独立的动力装置驱动车轮，发动机与电动机既能单独又能同时向传动系统提供扭矩，驱动车轮使汽车行驶，其结构如图 7.8 所示，驱动模式如图 7.9 所示。

图 7.7　串联式混合动力汽车系统结构简图　　　图 7.8　并联式混合动力汽车系统结构简图

图 7.9　并联结构驱动模式简图

3. 混联式混合动力汽车

混联式混合动力汽车（PSHEV）主要由发动机、发电机和电动机三大动力总成组成，它是在并联式结构的基础上加装一台发电机形成的，兼有串联式和并联式结构的特点。在工作过程中，它能将发动机和电动机两者的动力共同作用在驱动车轮上，使汽车行驶；同时，发动机还可以带动发电机发电，并将电能储存在蓄电池中或直接供给电动机，由电动机驱动汽车行驶，其结构如图7.10所示，驱动模式如图7.11所示。

图7.10　混联式混合动力汽车系统结构简图

图7.11　混联结构驱动模式简图

混合动力汽车兼具纯电动汽车和传统汽车的优点，有效地降低了汽车的燃油消耗量和废气排放物，从而较好地实现了汽车低排放和低油耗的性能要求，并且可以延长蓄电池的使用寿命,提高汽车的续航里程。在目前充电站、充电桩等配套设施不完善的前提下,与纯电动汽车相比,混合动力汽车在使用和操作上更加方便。但是,混合动力汽车在长距离且高速行驶时,耗油量较高,且维修和保养较复杂。

目前的技术水平和应用条件下,混合动力汽车是电动汽车中最具有产业化和市场化前景的车型。混合动力汽车采用内燃机和电动机作为混合动力源,它既有燃料发动机动力性好、反应快和工作时间长的优点,又兼顾电动机无污染和低噪声的好处,达到了发动机和电动机的最佳匹配。

7.1.3 燃料电池电动汽车

燃料电池电动汽车(Fuel Cell Electric Vehicle,FCEV)是利用氢气和空气中的氧气在催化剂的作用下,在燃料电池中电化学反应产生的电能作为主要动力源的汽车,具有能量转化效率高、零排放、无环境污染等优点。

1. 燃料电池电动汽车的分类

燃料电池电动汽车按燃料特点可分为直接燃料电池电动汽车和重整燃料电池电动汽车。直接燃料电池电动汽车的燃料主要是氢气;重整燃料电池电动汽车的燃料主要有汽油、天然气、甲醇、甲烷、液化石油气等。氢燃料电池电动汽车排放无污染,被认为是最理想的汽车。

按氢燃料的储存方式可分为压缩氢燃料电池电动汽车、液氢燃料电池电动汽车和合金(碳纳米管)吸附氢燃料电池电动汽车。

按"多电源"的配置不同,可分为纯燃料电池驱动的燃料电池电动汽车、燃料电池与辅助蓄电池联合驱动的燃料电池电动汽车、燃料电池与超级电容联合驱动的燃料电池电动汽车及燃料电池与辅助蓄电池和超级电容联合驱动的燃料电池电动汽车。其中,采用燃料电池与辅助蓄电池联合驱动的使用较广泛。如图7.12为燃料电池电动汽车分类。

图7.12 燃料电池电动汽车分类

2. 燃料电池电动汽车的结构

燃料电池电动汽车主要由燃料电池、高压储氢罐、辅助动力源、DC/DC转换器、驱动电动机和整车控制器等组成,其结构如图7.13所示。

图 7.13　燃料电池电动汽车结构

（1）燃料电池。燃料电池是燃料电池电动汽车的主要动力源，它是一种不燃烧燃料而直接以电化学反应方式将燃料的化学能转化为电能的高效发电装置。

（2）储氢罐。储氢罐是气态氢的储存装置，用于给燃料电池提供氢气。为了保证燃料电池电动汽车一次充气有足够的续驶里程，就需要多个高压储气罐来储存气态氢气。一般轿车需要 2～4 个高压储气罐，大客车需要 5～10 个高压储气罐。

（3）辅助动力源。因燃料电池电动汽车的设计方案不同，其所采用的辅助动力源也有所不同，可以用蓄电池组、飞轮储能器或超大容量电容器等共同组成双电源系统。

（4）DC/DC 转换器。燃料电池电动汽车的燃料电池需要装置单向 DC/DC 转换器，蓄电池和超级电容器需要装置双向 DC/DC 转换器。DC/DC 转换器的主要功能有调节燃料电池的输出电压，能够升压到 650V；调节整车能量分配；稳定整车直流母线电压。

（5）驱动电动机。燃料电池电动汽车使用的驱动电动机主要有直流电动机、交流电动机、永磁同步电动机和开关磁阻电机等。

（6）整车控制器。整车控制系统是燃料电池汽车的控制核心，由燃料电池管理系统、电池管理系统、驱动电动机控制器等组成，它一方面接收来自驾驶人的需求信息（如点火开关、加速踏板、制动踏板、挡位位置信号等）实现整车工况控制；另一方面基于反馈的实际工况（车速、制动、电动机转速等）及动力系统的状况（燃料电池及动力蓄电池的电压、电流等），根据预先设定的多能源控制策略进行能量分配调节控制。如图 7.14 所示为丰田 Mirai 燃料电池电动汽车工作原理。

3. 燃料电池电动汽车的特点

与传统内燃机汽车及纯电动汽车相比，燃料电池电动汽车具有以下优点。

（1）效率高：燃料电池的工作过程是化学能转化为电能的过程，不受卡诺循环的限

图 7.14 丰田 Mirai 工作原理

制,能量转换效率较高,可以达到 30% 以上,而传统汽油机和柴油机汽车的效率分别为 16%~18% 和 22%~24%。

(2) 续驶里程长:采用燃料电池系统作为能量源,克服了纯电动汽车续驶里程短的缺点,其长途行驶能力及动力性已经接近于传统汽车。

(3) 绿色环保:燃料电池没有燃烧过程,以纯氢作燃料,生成物只有水,属于零排放。采用其他富氢有机化合物用车载重整器制氢作为燃料电池电动汽车的燃料,生成物除水之外还可能有少量的 CO_2,接近零排放。

(4) 过载能力强:燃料电池除了在较宽的工作范围内具有较高的工作效率外,其短时过载能力可达额定功率的 200% 或更大。

(5) 低噪声:燃料电池属于静态能量转换装置,除了空气压缩机和冷却系统以外无其他运动部件,因此与内燃机汽车相比,运行过程中噪声和振动都较小。

燃料电池电动汽车的缺点如下:

(1) 燃料电池电动汽车的制造成本和使用成本较高。

(2) 辅助设备复杂,且质量和体积较大。

(3) 起动时间长,系统抗振能力有待进一步提高。此外,在储氢装量受到振动或冲击时,各种管道的连接和密封的可靠性需要进一步提高。

目前,车用燃料电池急需解决以下关键问题:

(1) 提高车用燃料电池单位质量(或体积)、电流密度及功率,提高车辆必需的快速起动和动力响应的能力。

(2) 必须开发质量轻、体积更小、能储存更多氢能的车载氢储存器具,以便更有效地利用燃料能量,提高续驶里程和载质量。

(3) 必须解决好氢气的安全问题,在一定的条件下,氢气比汽油具有更大的危险性,所以无论采用何种储存方式,储存器具及其安全措施都必须满足使用要求。

(4) 电池组件必须采用积木化设计,开发有效的制造工艺,并进行高效的自动化生产,从而降低材料和制造费用。

(5) 发展结构紧凑及性能可靠的质子交换膜燃料电池的同时开发应用其他燃料,像甲烷、柴油等驱动的质子交换膜燃料电池，这将会拓宽质子交换膜燃料电池的应用范围。

燃料电池电动汽车以其高效率和近零排放被普遍认为具有广阔的发展前景。美国、欧盟、日本和韩国都投入了大量资金和人力进行燃料电池车辆的研究，通用、福特、克莱斯勒、丰田、本田、奔驰等大公司都已经开发出燃料电池车型并已经在公路上运行，普遍状况良好。

表7-1为目前常见的三类新能源汽车技术、经济、现实情况的比较。

表7-1 新能源汽车技术、经济、现实状况比较

项　目	纯电动汽车	混合动力汽车	燃料电池汽车
关键技术（新技术）	动力电池、驱动电动机、电控系统	动力电池、驱动电动机、电路控制、动力切换器、传统内燃机系统	动力电池、驱动电动机、功率转换器、电控系统
使用能源种类	充电电能、煤炭殆尽（二次能源）	汽油、天然气、生物质能源、充电电能（一、二次能源混用）	氢气、甲醛等发电电能（二次能源）
能源储量及储运安全性	煤炭逐日减少不可再生，储运安全	开采殆尽，可用年限短，储运需专业设备，易燃易爆炸	氢气、甲醛均没有天然储量，储运需用专业设备，易燃易爆炸
碳排放与污染气体	试用期间无碳排放、无污染气体排放。充入的电能，如果是火电，据美国试验统计：碳排放量相当于传统汽车的70%	碳排放量有所降低，氢氧化物污染气体有所减少，但不是零排放	无碳排放，无污染
生命周期	预测50年	属于过渡性车型，15～30年	预测久远
驱动部件技术现状	驱动电动机，技术成熟度达80%	燃油系统成熟可靠，技术成熟度100%	驱动电动机，技术成熟度达80%
控制系统技术现状	有待进一步完善，初步实现商业化	燃油系统成熟可靠，技术成熟度100%	有待研制完善
技术瓶颈	最优动力电池为锂电池，锂电池体积与储能比偏大，有待完善	技术较成熟完善，动力电池有待完善	技术有一定基础，但远远不能商业化运作，燃料电池堆是瓶颈
技术经济成本	技术不够完善，瓶颈多，经济成本（主要是电池成本）高	技术成熟，结构复杂，经济成本较高	技术很不完善，瓶颈多，经济成本高，主要是电池成本、能源材料成本

7.1.4 其他新能源汽车

1. 太阳能汽车

太阳能汽车是一种靠太阳能来驱动的汽车。从某种意义上讲，太阳能汽车也是电动汽车的一种，所不同的是电动汽车的蓄电池靠工业电网充电，而太阳能汽车用的是太阳电池。太阳能汽车使用太阳电池把光能转化为电能，电能会在蓄电池中存起备用，用来推动汽车的电动机。由于太阳能车不用燃烧化石燃料，所以不会排放有害物。据估计，如果由太阳能汽车取代燃气车辆，每辆汽车的二氧化碳排放量可减少 43%～54%。相比传统热机驱动的汽车，太阳能汽车是真正的零排放。正因为其环保的特点，太阳能汽车被诸多国家所提倡，太阳能汽车产业的发展也日益蓬勃。图 7.15 所示为太阳能汽车结构。

图 7.15 太阳能汽车结构

到目前为止，太阳能在汽车上的应用技术主要有两方面：①作为驱动力；②用作汽车辅助设备的能源。

完全用太阳能为驱动力代替传统燃油，这种太阳能汽车与传统汽车无论在外观还是运行原理上都有很大的不同，太阳能汽车已经没有发动机、底盘、驱动、变速器等构件，而是由电池板、储电器和电动机组成。利用贴在车体外表的太阳电池板，将太阳能直接转化为电能，再通过电能的消耗，驱动车辆行驶，车的行驶快慢只要控制输入电动机的电流就可以解决。目前此类太阳能汽车的车速最高能达到 100km/h 以上，而无太阳光最大续行能力也在 100km 左右。

太阳能和其他能量混合驱动汽车，太阳能辐射强度较弱，光伏电池板造价昂贵，加之蓄电池容量和天气的限制，使得完全靠太阳能驱动的汽车的实用性受到极大的限制，不利于推广。复合能源汽车外观与传统汽车相似，只是在车表面加装了部分太阳能吸收装置，比如车顶电池板，用于给蓄电池充电或直接作为动力源。这种汽车既有汽油发动机，又有电动机，汽油发动机驱动前轮，蓄电池给电动机供电驱动后轮。电动机用于低速行驶，当车速达到某一速度后，汽油发动机起动，电动机脱离驱动轴，汽车便像普通汽车一样行驶。

太阳能汽车一般包括以下几个部分：

（1）太阳电池板。太阳电池板是太阳能汽车的能源产生装置，如图7.16所示。太阳电池板有阵列形式和薄膜形式。阵列由许多光电池板组成。阵列的类型受到太阳能汽车车身尺寸和制造费用等的限制。

图7.16　太阳能电池板

一般情况下，汽车在行驶过程中被转换的太阳能用于直接驱动车轮。但有时电池板提供的能量要大于电动机需求的电力，多余的电量就会被蓄电池储存起来，作为后备能源使用。

（2）电力系统。电力系统是整个太阳能汽车的核心部件，由蓄电池和电能组成。电力系统控制器管理全部电力的供应和收集工作。蓄电池组相当于普通汽车的油箱。太阳能汽车使用蓄电池组来储存电能以便在必要时使用。蓄电池的电能可以通过太阳电池板来充电，也可以通过其他的外部电源充电。

（3）电能控制系统。电能控制系统可以说是整个太阳能汽车的大脑，主要用于整车电能的分配、电压电量的控制等。电能控制系统包括峰值电能监控仪、电动机控制器和数据采集系统。电能系统最基本的功能就是控制和管理整个系统中的电能。峰值电力监控仪的电力来源于太阳能光伏阵列，光伏阵列把能量传递给另外的蓄电池用于储存或直接传递给电动机控制器用于推动电动机。

（4）电动机。太阳能汽车中的电动机相当于普通汽车中的发动机。现在的车用驱动电动机中有很多类型，在电动车中都可以应用。电动机类型的选择主要是根据设计者的要求来定。太阳能汽车使用的电动机多数是双线圈无刷直流电动机。太阳能汽车一般不采用齿轮机构进行调速。

（5）机械系统。机械系统主要包括车身系统、底盘系统和操纵系统等。电动汽车的机械系统与普通汽车基本相同，但又有自身的特点。太阳能汽车最具魅力的可以说是车身了。在满足汽车的安全和外形尺寸要求的前提下，汽车的外形是没有其他限制的。一般来说，太阳能汽车的外形设计要使行驶过程中的风阻尽量小，同时又要使太阳电池板的面积尽量大。太阳能汽车要求底盘的强度和安全度达到最大，而且质量尽量轻。

图 7.17 所示为南京金龙的太阳能电动客车。

图 7.17　南京金龙的太阳能电动客车

2. 氢动力汽车

随着"汽车社会"的逐渐形成，汽车保有量在不断地呈现上升趋势，而石油等资源却捉襟见肘，而且，吞下大量汽油的车辆不断排放着有害气体和污染物质。最终的解决之道当然不是限制汽车工业的发展，而是开放替代石油的新能源——氢。

氢动力汽车是一种真正实现零排放的交通工具，排放出的是纯净水，其具有无污染、零排放、储量丰富等优点，因此，氢动力汽车是传统汽车最理想的替代方案。与传统动力汽车相比，氢动力汽车成本至少高出 20%。中国长安汽车在 2007 年完成了中国第一台高效零排放氢内燃机点火，并在 2008 年北京车展上展出了自主研发的中国首款氢动力概念跑车"氢程"。如图 7.18 所示为氢动力汽车。

图 7.18　氢动力汽车

氢动力汽车的优点：排放物是纯水，行驶时不产生任何污染物。

氢动力汽车的缺点：氢燃料电池成本过高，而且氢燃料的储存和运输按照目前的技术条件来说非常困难，因为氢分子非常小，极易透过储藏装置的外壳逃逸。另外，最致命的问题，氢气的提取需要通过电解水或者利用天然气，如此一来同样需要消耗大量能源，除非使用核电来提取，否则无法从根本上降低二氧化碳排放。

7.2 电动汽车关键技术

7.2.1 动力电池

动力电池（图 7.19）作为汽车的储能装置，既要求有足够的能量来满足一定的驾驶周期和行驶里程，又要提供能达到车辆指定的加速性能所需要的最大功率。基本要求如下：

（1）良好的充放电性能（快速充放电性能和耐过充、过放电容量）。

（2）高功率密度（高功率，高功率体积比）。

（3）高能量密度（高质量的能量，高体积比）。

（4）价格较低，操作和维护方便。

（5）电池一致性。

（6）较长的循环寿命（充放电循环后，工作年限）。

（7）其他性能，对环境的污染问题（电池的生产、使用、报废回收过程中不能对环境有负面的影响）等。

图 7.19 一种典型的动力电池系统

电动汽车使用的动力电池可以分为化学电池、物理电池和生物电池三大类。

（1）化学电池。化学电池是利用物质的化学反应发电的电池。化学电池按工作性质又分为原电池、蓄电池、燃料电池和储备电池。

（2）物理电池。物理电池是利用光、热、物理吸附等物理能量发电的电池，如太阳电池、超级电容器、飞轮电池等。

（3）生物电池。生物电池是利用生物化学反应发电的电池，如微生物电池、酶电池、生物太阳电池等。

1. 铅酸蓄电池

铅酸蓄电池是目前在汽车领域应用得最广泛的电池,主要作为内燃机汽车内部各种电器和电子设备的电源。电动汽车上应用的铅酸蓄电池一般是正极采用二氧化铅,负极采用海绵状的铅,电解液为稀硫酸溶液。图 7.20 为铅酸蓄电池放电示意图。由于铅酸蓄电池的性能可靠,价格低廉,技术较成熟,可以大批量生产,所以在早期的电动汽车上得到广泛应用,至今仍作为动力源应用于旅游观光车、电动叉车或者一些短距离行驶的公交车上。但铅酸电池存在一些明显的缺点,如质量大、过充电/放电性能差、易自放电、快速充电困难。当前主要问题是一次充电的行程短,并且存在环境污染。由于铅酸蓄电池的上述缺点,一些专家学者和相关企业已经开始把目光转向其他的动力电池研究,他们认为铅酸电池将逐步退出电动汽车市场。但事实证明,铅酸电池的生命力依然旺盛。国内的混合动力城市客车如五洲龙汽车、安源客车、安凯汽车和厦门金旅客车依然在使用铅酸电池。由于铅酸电池的技术比较成熟,经过进一步改进后的铅酸电池仍将是近期电动汽车的主要电源。

图 7.20 铅酸蓄电池放电示意图

2. 氢镍电池

碱性电池由镍基和碱性溶液电解液构成,主要有镉镍电池、锌镍电池和氢镍电池 3 种,其中氢镍电池应用于电动汽车的竞争力最强。氢镍电池是 20 世纪 90 年代发展起来的一种新型绿色电池,其负极采用由储氢材料作为活性物质的氢化物电极,正极采用氢氧化镍,电解质为氢氧化钾水溶液。这项技术独特的优势包括更高的运行电压、比能量和比功率,较好的过度充放电耐受性和热性能。与镉镍电池相比,氢镍电池的比能量较高且对环境无污染;与铅酸电池相比,氢镍电池的比能量和比功率均成倍提高。商业化的电动汽车有很多采用氢镍电池技术,据称节油达到 25% 以上,减排达到 90% 以上。目前在市场上销售的混合动力车绝大部分是采用氢镍电池作为辅助动力。就目前的二次电池材料和电池技术的发展阶段而言,在混合动力车所用的动力电池中,氢镍电池的技术是最成熟、综合性能最好的。氢镍电池广泛应用受限的原因是其在低温时容量减小和自放电率过高。此外,价格也是制约氢镍电池发展的主要因素,原材料如金属镍非常昂贵。基于氢镍电池电动汽车的电池技术已表现出局限性。氢镍电池虽然比铅酸电池储存更多的能量,但过放电会造成永久性损伤，荷电状态必须被限制在一个较小的范围内，电池储存的大部分能量并没有被实际使用，如丰田普锐斯汽车只能使用电池 20% 的能量；并且，是否能准确测量氢镍电池的荷电状态直接影响其使用寿命及充放电效率。

3. 锂离子电池

锂离子电池是 20 世纪 90 年代发展起来的高容量可充电电池。锂离子电池的传统结构包括石墨负极、锂离子金属氧化物构成的正极和电解液（有机溶剂溶解的锂盐溶液）。锂离子在正负极材料晶格中可以自由扩散，当电池充电时，锂离子从正极脱出，嵌入到负极，反之为放电状态，即在电池充放电循环过程中，借助于电解液，锂离子在电池的两极间往复运动以传递电能。锂离子电池工作原理如图 7.21 所示。作为一种新型的化学电源，锂离子电池具有以下突出优势：单体电池工作电压高，这样组成电池组时一致性要求比铅酸电池和氢镍电池低，可以提高其使用寿命；质量轻、比能量大，使得整车质量减小且行驶里程增加；同等容量下体积更小，使得应用范围大大增加；循环寿命长，可达铅酸电池的 2~3 倍；自放电率低，每月不到 5%。此外，还具有电压范围宽、无记忆效应、环境友好等优点，被公认为是最具发展潜力的电动车动力电池。

图 7.21 锂离子电池工作原理图

得到实际应用的锂离子电池主要分为三种，即磷酸铁锂电池、锰酸锂电池、三元锂电池。锂电池应用占比如图 7.22 所示。

图 7.22 锂电池应用占比

（1）磷酸铁锂电池。用磷酸铁锂作为正极材料的锂离子电池，如图 7.23 所示。其特点是不含钴等贵重元素，原料价格低且磷、铁存在于地球的资源含量丰富，不会有供料问题；而且其工作电压适中、单位重量下电容量大、高放电功率、可快速充电且循环寿命长，在高温与高热环境下的稳定性高。

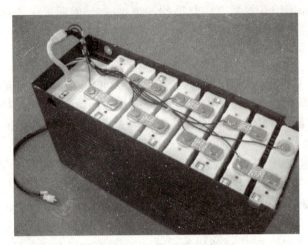

图 7.23　锂酸铁锂电池

磷酸铁锂电池的优点：相比目前市面上较常见的钴酸锂和锰酸锂电池来说，磷酸铁锂电池至少具有以下五大优点，即更高的安全性、更长的使用寿命、不含任何重金属和稀有金属（原材料成本低）、支持快速充电、工作温度范围广。

磷酸铁锂电池的缺点：磷酸铁锂存在一些性能上的缺陷，如振实密度与压实密度很低，导致锂离子电池的能量密度较低；材料的制备成本与电池的制造成本较高，电池成品率低，一致性差；产品一致性差等。

（2）三元锂电池。正极材料使用镍钴锰酸锂三元正极材料的锂电池，如图 7.24 所示。本章所提到的"三元"材料，指的是正极是三元，负极是石墨的，通常说法中的"三元动力电池"。而在实际研发应用中，还有一种正极是三元，负极是钛酸锂的，通常被称为"钛酸锂"，其性能比较安全，寿命比较长，不属于普通所说的"三元材料"。

图 7.24　三元锂电池

三元锂电池的优点：能量密度高，循环性能好于正常钴酸锂。目前，随着配方的不断改进和结构完善，电池的标称电压已达到 3.7V，在容量上已经达到或超过钴酸锂电池水平。

三元锂电池的缺点：三元锂电池主要有镍钴铝酸锂电池、镍钴锰酸锂电池等，由于镍钴铝的高温结构不稳定，导致高温安全性差，且 pH 过高易使单体胀气，进而引发危险，目前造价较高。

（3）锰酸锂电池。锰酸锂电池是指正极使用锰酸锂材料的电池，如图 7.25 所示。合成性能好、结构稳定的正极材料锰酸锂是锂离子蓄电池电极材料的关键，锰酸锂是较有前景的锂离子正极材料之一。但其较差的循环性能及电化学稳定性却大大限制了其产业化，掺杂是提高其性能的一种有效方法。掺杂有强 M—O 键、较强八面体稳定性且离子半径与锰离子相近的金属离子，能显著改善其循环性能。

图 7.25　锰酸锂电池

锰酸锂与钴酸锂、三元等其他正极材料相比最大的优点是价格便宜，最大的缺点是容量低。是钴酸锂和三元材料的过渡产品。

目前，在中国企业生产的电动汽车上应用最多的动力电池是磷酸铁锂电池，日韩企业多以锰酸锂、三元材料（镍钴锰、镍钴铝及其混合材料）电池为主，美国企业则是二者兼有。动力电池在国际上的技术构成占比如图 7.26 所示。

图 7.26　动力电池技术构成占比

【动力电池技术构成占比】

4. 动力电池新技术

（1）固态锂电池。固态电池是一种使用固体电极和固体电解液的电池。固态锂电池在继承传统锂电池优点的基础上,安全性、能量密度都有了大幅进步。固态锂电池与液态锂电池结构差异如图 7.27 所示。

(a) 液态锂离子电池   (b) 固态锂离子电池

图 7.27　固态锂电池与液态锂电池结构区别

从技术潜力角度来看,三元锂电池能量密度提升相对困难,固态锂电池能量密度提升从理论上讲更具可行性:一是固态锂电池电压平台提升,固态电解质比有机电解液普遍具有更宽的电化学窗口,有利于进一步提升电池的能量密度;二是固态电解质能阻隔锂枝晶生长,材料应用体系范围大幅提升,为具有更高能量密度空间的新型锂电技术奠定基础;三是固态锂电池当前能量密度约为 400W·h/kg,预估最大潜力值达 900W·h/kg,有超过 100% 的提升空间。固态锂电池必将是未来的主流产品。

一般而言,三元锂电池液态电解质易燃易爆,在长期使用过程中容易触发"热失控",在充放电过程中锂枝晶的生长容易刺破隔膜,引起电池短路,造成安全隐患。但是固态锂电池则具有极高的安全性,其固态电解质不可燃、无腐蚀、不挥发、不漏液,同时也克服了锂枝晶现象,搭载固态锂电池的汽车的自燃概率会大大降低。

(2) 铝空气电池。铝空气电池是以铝合金为负极、空气电极为正极、中性水溶液或碱性水溶液为电解质构成的一种高能量化学电源,属于半燃料电池,如图 7.28 所示。铝空气电池的理论能量密度可以达到 2290W·h/kg,已规模应用的产品能量密度为 300~400W·h/kg,远高于主流锂离子电池芯 150~240W·h/kg 的能量密度。铝空气电池产生电能消耗铝、氧气和水,原料来源丰富,工作过程不产生有毒有害气体,生成的氢氧化铝可以电解再生或可作为污水处理的沉淀剂使用,电池使用寿命一般可达 3~4 年。铝空气电池可以分为一次电池和通过更换铝负极方式实现机械可充的二次电池。

图 7.28　铝空气电池

国外铝空气电池的研究进展较快，应用水平不断提高。美国、加拿大、以色列等国均在大力开发铝空气电池作为动力电源，提高铝的利用率，降低空气电极的催化剂成本，增加循环寿命。

铝空气电池是动力电源的潜在竞争者。当前动力电池是制约电动汽车发展的主要因素，提高电池的能量密度成为动力电池的重点突破方向之一。从能量密度、充电速度、成本及环保方面综合评价，铝空气电池较镍氢电池、锂离子电池具有明显的优势，成为电动汽车电源的有力竞争者：一是目前规模生产的铝空气电池能量密度已经达到300～400W·h/kg，相同质量的铝空气电池可以使电动汽车行驶更多里程；二是采用机械式"充电"的铝空气电池，仅需几分钟可完成铝合金电极的更换，恢复充满状态，远高于电化学充电的速度；三是铝材料丰富、价格低，电极利用率可以达到90%以上，使得铝空气电池的成本大幅下降。

（3）锂硫电池。锂硫电池是以硫元素作为电池正极，金属锂作为负极的一种锂电池。利用硫作为正极材料的锂硫电池，硫的理论比容量和电池理论比能量分别达到了1675mA·h/g和2600W·h/kg，远高于目前商业化的锂离子电池。单质硫在地球中储量丰富，并且石油冶炼的副产物就能提供丰富的硫黄，因此硫黄的价格非常低，每吨仅1000元，相比锂离子正极原料碳酸锂每吨高达16万元以上，其原料价格相差160倍以上。锂硫电池的概念最早在20世纪60年代就被提出，但直到近20年才有相关的比较突出的研究成果。

成功的锂硫电池可以很好地解决续航问题，这也是其概念在诞生之时就已具备的优点。首先，成功的锂硫电池能让车辆告别充电的烦恼。其次，成功的锂硫电池可与常规锂电车辆的基础设施通用，且凭借其优秀的续航里程更是淡化了对快充技术的需求。

但是，和铝空气电池一样，锂硫电池技术也充满着不确定性。电极结构的显著变化、多硫化物的穿梭效应、难以控制的副反应等问题，都在阻碍锂硫电池技术从实验室走向市场。

7.2.2 驱动电动机

1. 驱动电动机概论

驱动电动机系统是新能源车三大核心部件之一。电动机驱动控制系统是新能源汽车在车辆行驶中的主要执行结构，其驱动特性决定了汽车行驶的主要性能指标，它是电动汽车的重要部件。

电动汽车电动机的基本要求有以下几点：

（1）电动机结构紧凑、尺寸小，封装尺寸有限，必须根据具体产品进行特殊设计。

（2）质量轻，以减轻车辆的整体质量。应尽量采用铝合金外壳，同时转速高，以减轻整车的质量，增加电动机与车体的适配性，扩大车体可利用空间，从而提高乘坐的舒适性。

（3）可靠性高、失效模式可控，以保证乘车者的安全。

（4）提供精确的力矩控制，动态性能较好。

（5）效率高，功率密度较高。要保证在较宽的转速和转矩范围内都有很高的效率，以降低功率损耗，提高一次充电的续驶里程。

（6）成本低，以降低车辆生产的整体费用。

另外，要求调速范围宽，瞬时功率大，过载能力强，环境适应性好。

电动机一般要求具有电动、发电两项功能。按类型可选用直流、交流、永磁无刷或开关磁阻等几种电动机。功率转换器按所选电动机类型，有DC/DC功率变换器、DC/AC功率变换器等形式，其作用是按所选电动机驱动电流要求，将蓄电池的直流电转换为相应电压等级的直流、交流或脉冲电源。

电动机是应用电磁感应原理运行的旋转电磁机械，用于实现电能向机械能的转换。运行时从电系统吸收电功率，向机械系统输出机械功率。电动机驱动系统主要由电动机、控制器（逆变器）构成。驱动电动机和电动机控制器所占的成本之比约为1∶1，根据设计原理与分类方式的不同，电动机的具体构造与成本构成也有所差异。电动机的控制系统主要起调节电动机运行状态的作用，使其满足整车不同运行要求的目的。针对不同类型的电动机，控制系统的原理与方式有很大差别。

新能源汽车用驱动电动机主要有直流电动机、交流异步电动机、永磁同步电动机和开关磁阻电动机等类型，如图7.29所示。其中直流电动机因工作可靠性差、工作过程产生较大电磁干扰，已经逐步退出车用驱动电动机领域。目前，电动汽车用驱动电动机主要为交流异步电动机、永磁同步电动机和开关磁阻电动机。从技术发展和产业发展的趋势来看，永磁同步电动机将成为未来应用主流。表7-2为各类型车用驱动电动机性能比较。

图7.29 电动汽车驱动电动机种类

表 7-2 各类型车用驱动电动机性能比较

参　　数	交流异步电动机	永磁同步电动机	开关磁阻电动机
应用现状	产业化，大规模应用于电动汽车，乘用车领域逐渐被永磁同步电动机取代	产业化，电动乘用车以永磁同步电动机为主	受效率和功率密度限制，应用较少
功率密度	中	高	较高
效率	较高	高	低
可靠性	较好	好	较好
噪声	小	小	大
质量	中	轻	轻
成本	较高	高（稀土成本较高）	一般
结构设计	转子结构简单	转子结构复杂	结构简单

2. 驱动电动机新技术

新能源汽车驱动电动机目前的发展方向有以下几方面：小型轻量化；高效性；更出色的转矩特性；使用寿命长，可靠性高；噪声低；价格低廉。随着时间的推移，新能源汽车驱动电动机的发展呈现了以下趋势。

（1）电动机系统集成化：通过机电集成（电动机与发动机集成或电动机与变速器集成）和控制器集成，有利于减小驱动系统的质量和体积，可有效降低系统制造成本。

（2）电动机本体永磁化：永磁电动机具有高转矩密度、高功率密度、高效率、高可靠性等优点。我国具有世界最丰富的稀土资源，因此高性能永磁电动机是我国车用驱动电动机的重要发展方向。

（3）电动机控制数字化：专用芯片及数字信号处理器的出现，促进了电动机控制器的数字化，提高了电动机系统的控制精度，有效减小了系统体积。

国内外驱动电动机技术发展方向如图 7.30 所示。

随着新能源汽车驱动技术的快速发展，许多新结构或新概念电动机已经投入研究。其中新型永磁无刷电动机是目前最有前景的电动机之一，包括混合励磁型、轮毂型、双定子型、记忆型及磁性齿轮复合型等。此外，非晶电动机也开始进入新能源汽车领域，作为新一代高性能电动机，其自身的优越性必将对新能源汽车产业的发展起到巨大的推动作用。

（1）混合励磁电动机。混合励磁电动机是在保持电动机较高效率的前提下，改变电动机的拓扑结构，由两种励磁源共同产生电动机主磁场，实现电动机主磁场的调节和控制，改善电动机调速、驱动性能或调压特性的一类新型电动机。其不仅继承了永磁电动机的诸多特点，而且具有电励磁电动机气隙磁场平滑可调的优点，如永磁开关磁阻电动机和永磁同步磁阻电动机。

（2）双定子永磁电动机。双定子电动机是在现有电动机体积不变的基础上增加定子的个数，使气隙数量由一层变为两层或者多层的一种新型永磁无刷电动机。由于转矩的叠加，作用于转子上的电磁转矩也会相应增加，从而提高电动机整体的转矩密度和功率密度。由于这种电动机的机械集成度较高，所以其具有响应快、动态特性好，结构材料利用率高和驱动灵活等特点。

集成化：
电动机方面：电动机与发动机总成、电动机与变速器的总成
控制器方面：电力电子总成(功率器件、驱动、控制、传感器、电源等)

永磁高效化：
永磁电动机功率密度和转矩密度高，具有效率高、功率因数高、可靠性高的优点；少用无/低重稀土材料的永磁电动机、新型混合励磁电动机

数字化与智能化：
新一代MCU控制器：32位微处理器功能
安全：具有冗余和安全监控功能
AutoSAR：分层软件架构，具备诊断、通信、标定等功能

图 7.30　国内外驱动电动机技术发展方向

（3）记忆电动机。记忆电动机又称为磁通可控永磁电动机，与一般永磁电动机的区别在于，永磁材料本身的磁化程度能够在很短的时间内通过施加充磁或者去磁电动势而得到改变，并且充磁和去磁之后其磁化程度也能被保留记忆。因此具有更宽的调速范围，同时可以避免产生额外的励磁损耗，实质上是一种新的简单高效的弱磁控制技术。

（4）磁性齿轮永磁无刷复合电动机。该电动机是一种集成无刷直流驱动电动机和共轴磁性齿轮的复合电动机。共轴磁性齿轮是一种基于调磁谐波原理的高性能、无接触的变速传递装置。这种电动机巧妙地利用了共轴磁性齿轮内转子的中空部分，将电动机定子嵌入其中，将轮胎直接铆合在齿轮外转子上，实现了电动机、磁性齿轮、轮胎的一体化，有效地提高了空间利用率。

（5）非晶电动机。非晶电动机是一种利用非晶合金取代传统硅钢片作为铁心材料的高效、节能、无污染的新型电动机。其在高频下的损耗极低，具有很高的效率；与相同标准的普通电动机相比，体积和质量大大减小，极大地提高了能源和资源的利用率。对于同样的新能源汽车，若使用非晶电动机可以增加其行驶里程30%以上，而在相同行驶里程的情况下，电池可以节省30%的费用。总之，非晶电动机凭借其高效率、高功率密度等优势将成为替代传统电动机的下一代高效电动机。

7.2.3 整车控制

整车控制系统由整车控制器、通信系统、零部件控制器及驾驶人操纵系统构成，如图 7.31 所示为其系统结构图。其主要功能是根据驾驶人的操作和当前的整车和零部件工作状况，在保证安全和动力性的前提下，选择尽可能优化的工作模式和能量分配比例，以达到最佳的燃料经济性和排放指标。

图 7.31　电动汽车整车控制系统结构图

整车控制器是控制系统的核心，承担了数据交换、安全管理和能量分配的任务。根据重要程度和实现次序，其功能划分如下。

（1）数据交互管理：整车控制器要实时采集驾驶人的操作信息和其他各个部件的工作状态信息，这是实现整车控制器其他功能的基础和前提。该层接收 CAN 总线的信息，对直接馈入整车控制器的物理层进行采样处理，并且通过 CAN 发送控制命令，通过 I/O、D7A、PWM 提供对显示单元、继电器等的驱动信号。

（2）安全故障管理层：实车运行中，任何部件都可能产生差错，从而可能导致器件损坏甚至危及车辆安全。控制器要能对汽车各种可能的故障进行分析处理，这是保证汽车行驶安全的必备条件。对车辆而言，故障可能出现在任何地方，但对整车控制器而言，故障只体现在第一层中继承的数据中。对继承的数据进行分析判断将是该层的主要工作之一。在检测出错误后，该层会做出相应的处理，在保证车辆足够安全的条件下，给各部件提供可使用的工作范围，以便尽可能地满足驾驶人的驾驶意图。

（3）驾驶人意图层：驾驶人的所有与驱动驾驶相关的操作信号都直接进入整车控制器，整车控制器对采集的驾驶人操作信息进行正确的分析处理，计算出驱动系统的目标转矩和车辆的需求功率来实现驾驶人的意图。

（4）能量流管理层：该层的主要工作是在多个能量源之间进行需求功率分配，这是提高燃料电池汽车经济性的必要途径。要实现整车控制器的上述功能，必须设计合理的硬件和软件。

图 7.32 为整车控制系统的信息、能量传递路线图。

图 7.32 整车控制系统信息、能量传递路线图

整车控制系统对车辆性能的影响主要有三个方面：

（1）动力性和经济性：整车控制器决定发动机和电动机转矩的输出，直接关系到汽车动力性能，影响驾驶人的操纵感觉；燃料电池轿车和大巴有两个或两个以上的能量来源，在汽车实际行驶过程中，整车控制器实施控制能量源之间的能量分配，从而实现整车能量的优化，获得较高的经济性。

（2）安全性：燃料电池轿车和大巴上包括氢气瓶、动力电池等能量储存单元和动力总线，电动汽车电动机及其控制器等强电环节，除了原有的车辆安全性问题（如制动和操作稳定性）之外，还增加了高压电安全和氢安全等新的安全隐患，如图 7.33 所示。整车控制器必须从整车的角度及时检测个部件的工作状态，并对可能出现的危险进行及时处理，以保证成员和车辆的安全。

图 7.33 整车控制系统安全保护功能

（3）驾驶舒适性及整车的协调控制：采用整车控制器管理汽车上的各部件工作，可以整合汽车上各项功能，如自动巡航、ABS、自动换挡等，实现信息共享和全局控制，改善驾驶舒适性。

7.3 电动汽车充电技术

7.3.1 充电设备结构组成

对于纯电动汽车和插电式混合动力汽车，高电压蓄电池充电系统是不可缺少的子系统之一，其功能是将电网的电能转化为车载高电压蓄电池的电能，当高电压蓄电池充满后自动停止充电。高电压蓄电池充电系统主要由充电器、充电设备和车载充电接口三部分组成。

1. 充电器

充电器是指将电网提供的交直流电能转化为车载高电压蓄电池所需的直流电能的装置（即 AC/DC、DC/DC 整流器）。纯电动汽车和插电式混合动力汽车充电器分为车载充电器（安装在车内）和非车载充电器（安装在充电桩内）两种。

车载充电器是指将 AC/DC 整流器安装在插电式混合动力汽车或纯电动汽车上，采用地面交流电网或车载电源对高电压蓄电池组进行充电的装置，如图 7.34 所示。车载充电器负责与交流电网建立连接并满足车辆充电电气安全要求。此外，还通过控制导线与车辆建立通信。这样可以安全启动充电过程并在车辆与车载充电器之间交换充电参数（如最大电流强度）。

图 7.34 车载充电器

2. 充电设备

充电设备是指为满足纯电动汽车或插电式混合动力汽车充电而配备的户外使用型供电设备，可固定在停车场、广场及其他便于新能源汽车停靠的地点。充电设备给纯电动汽车或插电式混合动力汽车提供单相或三相交流电源，使用标准非接触式智能卡控制充电开始和结束,并提供过电压、欠电压、过电流、过温、防雷等系统保护功能。

(1)移动充电包。所谓的移动充电包,就是一条充电线,任何有普通电源插口的地方都可以充电,体积和质量均较小,所以使用非常方便,如图7.35所示。可将移动充电包放在发动机室盖下方的移动充电包盒内或者行李箱内。由于使用普通家用插座将移动充电包连接到交流电压网络上,因此限制了最大充电电流强度。在我国针对该交流电压网络提供的相关产品型号可使用最大16A电流强度或最大3.7kW充电功率,属于车载慢充系统,从计算角度来说,使之前完全放电的插电式混合动力汽车与纯电动汽车高电压蓄电池重新充满电约

图7.35 移动充电包

需要持续7h。为减少数小时计的最大充电功率使用时间,不允许以最大充电电流进行充电。因此实际充电持续时间更长。

需要注意的是使用家用插座为新能源汽车充电时,也需要考虑插座及线路的承受能力,如果采用一些伪劣产品的插座,也可能导致充电插座烧毁、线路烧熔等安全隐患。

(2)固定充电桩。插电式混合动力汽车与纯电动汽车供电设备型号根据其尺寸和电气要求必须以固定方式安装,如客户屋内或车库内;在公共场所如停车场也可以设立这种充电桩,图7.36、图7.37所示分别为落地式充电桩和壁挂式充电桩。固定安装式充电桩设备(又称为充电桩)分为交流充电桩和直流充电桩。

图7.36 落地式充电桩

图7.37 壁挂式充电桩

交流充电桩是固定安装在社区停车场、居民小区、大型商场、服务区、路边停车场等场所，接入电网，为电动汽车车载充电机提供可控的单向交流电源或三相交流电源的供电装置。交流充电桩本身并不具备充电功能，其只是单纯提供电力输出，还需要连接电动汽车车载充电机，方可起到为电动汽车电池充电的作用。由于电动汽车车载充电机的功率一般都比较小，所以交流充电桩无法实现快速充电。

直流充电桩也是固定安装在户外，如社区停车场、居民小区、大型商场、服务区、路边停车场、专门的电动汽车充电站等场所，接入电网，为电动汽车电池提供直流电源的充电装置。由于直流充电桩可直接为电动汽车的电池充电，一般采用三相四线制或三相三线制供电，输出的电压和电流可调范围大，因此可以实现电动汽车快速充电。

3. 车载充电接口

插电式混合动力汽车与纯电动汽车车载充电可分为快充和慢充，为了保证充电迅速高效，使用特定的充电接口进行充电，像在传统车辆上必须打开燃油箱盖一样，按压充电接口盖或操作遥控钥匙开锁按钮从而使充电接口盖开锁。此外，充电时需要保证整车防水密封性要求，通过另一个端盖防止真正的充电接口受潮和弄脏，如图 7.38 所示。并且要保证车载充电接口能够承受瞬时大电流的充电过程。

图 7.38 充电口防潮保护装置

车载充电接口一般设置在车辆的侧面（原加油口位置）和前面（车标后面），不同厂家在充电接口位置设置时略有不同。

7.3.2 电动汽车对充电技术的要求

随着电动汽车的逐步推广和产业化及电动汽车技术的日益发展，电动汽车对充电的技术要求体现了一致的趋势，要求充电站尽可能向以下目标靠近。

1. 充电快速化

相比发展前景良好的镍氢和锂离子动力蓄电池而言，传统铅酸类蓄电池具有技术成熟、成本低、电池容量大、跟随负荷输出特性好和无记忆效应等优点，但同样存在比能量低、一次充电续驶里程短的问题。因此，在目前动力电池不能直接提供更多续驶里程的情况下,如果能够实现电池充电快速化,从某种意义上也就解决了电动汽车续驶里程短这个致命弱点。

2. 充电通用化

在多种类型蓄电池、多种电压等级共存的市场背景下,用于公共场所的充电装置必须具有适应多种类型蓄电池系统和适应各种电压等级的能力,即充电系统需要具有充电广泛性,具备多种类型蓄电池的充电控制算法,可与各类电动汽车上的不同蓄电池系统实现充电特性匹配,能够针对不同的电池进行充电。因此,在电动汽车商业化的早期,就应该制定相关政策措施,规范公共场所用充电装置与电动汽车的充电接口、充电规范和接口协议等。

3. 充电智能化

制约电动汽车发展及普及的最关键问题之一,是储能电池的性能和应用水平。优化电池智能化充电方法的目标是要实现无损电池的充电,监控电池的放电状态,避免过放电现象,从而达到延长电池的使用寿命和节能的目的。充电智能化的应用技术发展主要体现在以下方面:

(1) 优化的、智能充电技术和充电机、充电站。
(2) 电池电量的计算、指导和智能化管理。
(3) 电池故障的自动诊断和维护技术等。

4. 电能转换高效化

电动汽车的能耗指标与其运行能源费紧密相关。降低电动汽车的运行能耗,提高其经济性,是推动电动汽车产业化的关键因素之一。对于充电站,从电能转换效率和建造成本上考虑,应优先选择具有电能转换效率高,建造成本低等诸多优点的充电装置。

5. 充电集成化

本着子系统小型化和多功能化的要求,以及电池可靠性和稳定性要求的提高,充电系统将和电动汽车能量管理系统集成为一个整体,集成传输晶体管、电流检测和反向放电保护等功能,无需外部组件即可实现体积更小、集成化更高的充电解决方案,从而为电动汽车其余部件节约出布置空间,大大降低系统成本,并可优化充电效果,延长电池寿命。

7.3.3 电动汽车充电方式

1. 常规充电

常规充电即是采用随车配备的便携式充电设备进行充电,可使用家用电源或专用的充电桩电源,如图7.39所示。充电电流较小,一般在16~32A,电流可直流或者两相交流电和三相交流电,因此视电池组容量大小充电时间为5~8h。

常规充电模式缺点非常明显,充电时间较长,但其对充电的要求并不高,充电器和安装成本较低;可充分利用电力低谷时段进行充电,降低充电成本。更重要的优点是可对电池进行深度充电,提升电池充放电效率,延长电池寿命。因充电时间较长,可满足白天运作,晚上休息的车辆的充电需求。

图 7.39 常规充电

2. 快速充电

快速充电方式以 150～400A 的高充电电流在短时间内为蓄电池充电，与常规充电相比安装成本相对较高。快速充电也可称为迅速充电或应急充电，其目的是在短时间内给电动汽车充满电，充电时间应该与燃油车的加油时间接近，大型充电站（机）多采用这种充电方式。

大型充电站（机）快速充电方式主要针对长距离旅行或需要进行快速补充电能的情况进行充电，充电机功率很大般都大于 30kW，采用三相四线制 380V 供电。其典型的充电时间是 10～30min。这种充电方式对电池寿命有一定的影响，特别是普通蓄电池不能进行快速充电，因为在短时间内接受大量的电量会导致蓄电池过热。快速充电站的关键是非车载快速充电组件，它能够输出 35kW 甚至更高的功率。由于功率和电流的额定值都很高，因此快速充电方式对电网有较高的要求，一般应靠近 10kV 变电站附近或在监测站和服务中心使用。

3. 更换电池（机械充电）

除了以上几种充电方式外，还可以采用更换电池组的方式，即在蓄电池电量耗尽时用充满电的电池组更换已经耗尽的电池组。蓄电池归服务站或电池厂商所有，电动汽车用户只需租用电池。电动汽车用户把车停在一个特定的区域，然后用更换电池组的机器将耗尽的蓄电池取下，换上已充满电的电池组。由于电池更换过程包括机械更换和蓄电池充电，因此有时也称它为机械"加油"或机械充电。通过使用机械设备，整个电池更换过程可以在 10min 内完成，与现有的燃油车加油时间大致相当。

不过，这种方法还存在不少问题有待解决。首先，这种电池更换系统的初始成本很高，其中包括昂贵的机械装置和大量的蓄电池。其次，由于存放大量未充电和已充电的蓄电池需要很多空间，因此修建一个蓄电池更换站所需的空间远大于修建一个正常充电站或快速充电站所需的空间。还有，在蓄电池自动更换系统得到应用之前，需要对蓄电池的物理尺寸和电气参数制定统一的标准。

4. 无线充电

无线充电模式即无需通过电缆来传递能量，采用电磁感应、电场耦合、磁共振和无线电波等方式进行能量的传递，如图7.40所示。采用无线充电模式，首先需要在车上安装车载感应充电机。车辆的受电部分与供电部分没有机械链接，但需要受电体与供电体对接较准确。受制于技术成熟度和基础设备的限制，无线充电技术暂时没有大批量产应用。业内主流的无线充电技术主要采用电磁感应和磁共振方式传递电能，但磁共振方式充电效率更加高，而且电磁辐射强度更低，比手机通话时强度要小，更重要一点送电线圈与受电线圈无需非常对齐，这一点是电磁感应所不及的。无线充电模式未来应用的前景无法估量，未来将能边走边充电，电能可能来自于路面铺装的供电系统，或者来自于汽车上接受的电磁波能量，如图7.41所示。

【HaloIPT电动汽车无线充电技术】

图7.40 无线充电

图7.41 无线充电桩

5. 移动充电

对电动汽车蓄电池而言,最理想的情况是汽车在路上巡航时充电,即所谓的移动式充电(MAC)。这样,电动汽车用户没有必要去寻找充电站,停放车辆并花费时间去充电。移动充电系统埋设在一段路面之下,即充电区,不需要额外的空间。接触式和感应式的移动充电系统都可实施。对接触式的移动充电系统而言,需要在车体的底部装一个接触拱,通过与嵌在路面上的充电元件相接触,接触拱便可获得瞬时高电流。当电动汽车巡航通过移动充电区时,其充电过程为脉冲充电。对于感应式的移动充电系统,车载式接触拱被感应线圈取代,嵌在路面上的充电元件被可产生强磁场的高电流绕组取代。很明显,由于机械损耗和接触拱的安装位置等因素的影响,接触式的移动充电对人们的吸引力不大。目前的研究主要集中在感应充电方式,因为它不需要机械接触,也不会产生大的位置误差,当然,这种充电方式投资巨大,现在仍处于实验阶段。

7.4 新能源汽车产业现状

7.4.1 新能源产业概况

新能源汽车在全球已上升为国家战略,多国制定了长期发展规划和目标,并采取了有力措施推动其发展。全球电动汽车销量和增长率情况如图 7.42 所示。

图 7.42 全球电动汽车销量和增长率

1. 汽车电动化是主流

新能源汽车产业融合已经远远超出了汽车产业的范畴,新材料、新能源、人工智能、大数据、智能交通、移动互联均深度参与其中。除生产制造外,产品形态、产品属性、产品应用模式、企业运营模式与理念等诸多方面都可能发生重大变革。

各国禁售燃油汽车时间如图 7.43 所示。

2. 商用车去油化并行

新能源乘用车依靠政府补贴已快速融入并占据一定汽车工业市场,同时,在绿色发展的市场环境推动下,电动商用车也开始频频出现在各种车展发布会上。另外,物流行业的

图 7.43　各国禁售燃油汽车时间

快速发展对新能源商用车的依靠逐渐加大。新能源客车、公交车、物流车和包括城市环卫车、垃圾车、洒水车等在内的工程专用车将迎来快速发展时期。

3. 智能网联是目标

美国、欧洲、日本等的战略规划都提出汽车自动驾驶与智能交通体系，汽车智能网联是未来发展趋势，网联解决了功能扩展的问题，如智能手机可以安装很多 APP 实现不同的功能。

4. 新能源汽车爆发增长

2017 年我国新能源汽车产量 79.4 万辆，销量 77.7 万辆，产量占比达到了汽车总产量的 2.7%，连续三年居世界首位。

相比传统车企集中在一线城市和老工业区等传统制造业发达地区，新能源车企覆盖范围大而广，甚至包括许多三四线城市。新能源车企主要发展区域集中于长三角及珠三角地区，如比亚迪、吉利、众泰、银隆等企业，目前站在新能源汽车产业发展的最前端，而东风、一汽等老牌车企处于转型阶段，未发力完全。

7.4.2　新能源产业链概况

新能源汽车属于新兴产业，产业链长，涉及多个行业的发展。与传统汽车行业不同，新能源汽车产业最重要的环节包括"三大三小"，其中"三大"指电池、电动机、电控，"三小"指电空调、电制动、电助力。"三大电"（电池、电动机和电控）取代"三大件"（发动机、变速器和底盘）成为汽车行业关键零部件。从新能源汽车产业链整体看，将新能源汽车产业链分为上、中、下游，而产业链产品构成与企业构成如图 7.44、图 7.45 所示。

1. 上游

主要为制造核心部件的原材料，包括用以制造动力电池的碳酸锂和氟化锂等及用以制造驱动电动机的永磁材料，钕铁硼、铁矿石等。动力电池包括正极材料、负极材料、隔膜、电解液、封装和电源管理系统（BMS）。

2. 中游

主要是整车及构成电动汽车的核心部件，包括动力电池、驱动电动机和电控系统。其中整车分为乘用车和客车两块，客车行业起步早，渗透率高，目前已经比较成熟，格局稳定。动力电池以锂离子电池为主。动力电池是新能源汽车的核心，成本占一辆电动车的45%，电机电控在新能源汽车成本中占比仅次于电池，约为总体成本的 25%。

图 7.44　新能源汽车产业链产品构成

图 7.45　新能源汽车产业链企业构成

3. 下游

主要包括充电配套、新能源汽车后市场及运营服务等。作为新能源汽车的基础设施，新能源汽车的健康发展将直接给充电站建设提供信心。

思考题

1. 广义新能源汽车如何定义？我国政策鼓励和支持的新能源汽车形式有哪些？
2. 简述新能源汽车的分类及各自的特点。
3. 简述电动汽车的关键技术及发展方向。
4. 电动汽车的充电方式有哪几种？
5. 新能源汽车产业链如何构成？

第 8 章
汽车先进制造技术

本章教学目标

★ 了解汽车零部件的各种先进制造技术在汽车制造业中的应用
★ 掌握各种制造技术的原理和工艺流程
★ 掌握汽车典型零部件的制造到整车装配流程

本章教学要点

知识要点	掌握程度	相关知识
锻造技术	掌握几种锻造新技术的原理与应用；了解汽车锻造技术的发展趋势	摆辗技术；辗环技术；热挤压技术；楔横轧技术
铸造技术	掌握几种铸造技术的原理与应用；了解零件铸造的过程和汽车铸造技术的发展趋势	铸造流程；静压造型；特种铸造技术；制芯技术
冲压技术	掌握几种冲压技术的原理与应用；了解汽车冲压技术的发展趋势	多工位级进模；热冲压成形；液压拉深；内高压成形
焊接技术	掌握新型焊接技术的原理与应用	激光焊接加热过程及机理
机械加工与热处理	掌握机械加工和热处理技术在汽车零部件制造中的应用；了解齿轮加工制造技术；了解感应热处理新技术	柔性制造技术；直线电动机原理；感应热处理原理

导入案例

汽车制造产业汇集了制造业的各种高端技术，一部汽车需要上万个零件，需要使用到冲压、焊接、涂装、总装等各种各样的方法使汽车最终成为商品甚至是艺术品。在不断追求汽车先进性能的发展过程中，出现了很多先进的制造技术，包括传统铸造、冲压等制造工艺的改进，以及虚拟装配、有限元分析等先进技术的应用。从汽车的生产过程来看，各种汽车零部件生产后汇集到汽车整车厂中进行总装、涂装和试验，得到最终的车辆产品。图8.1所示为正在流水线上装配的汽车。

【汽车流水线】

图8.1 流水线上的汽车

8.1 锻造技术

8.1.1 锻造技术简介

汽车锻造（Forging）技术是汽车零部件多件生产技术中的一项，其技术特点与铸造技术、冲压技术有明显的不同，所以各种生产技术可以形成互补，生产各种不同的汽车零部件。图8.2所示为高速锻造生产线。

锻造是利用锻造设备使金属毛坯发生塑性变形从而获得具有一定形状和尺寸的金属锻件的技术。锻造不同于铸造的液态成形，也不同于冲压的切削成形，而是采用塑性成形的方法，保留了较完好的金属流线，晶粒细小，机械性能优于铸造和冲压的金属零件。传统的锻造技术只是用于生产汽车零部件的毛坯，要最终成形还要经过多道后续加工工序才能完成，而采用先进的锻造技术，可以生产出少切削乃至不需切削的零件，大大减少了后续加工量。

图 8.2 高速锻造生产线

一般锻造的生产需要经过加热、锻造、热处理等工序,主要的生产流程如图 8.3 所示。

图 8.3 锻造的生产流程

根据锻造时毛坯温度来分,可将锻造分成 3 类,即热锻、温锻和冷锻。锻造时毛坯温度高于毛坯金属的再结晶温度的锻造方法称为热锻;温锻的温度低于再结晶温度;常温下的锻造称为冷锻。对于钢铁而言,热锻温度一般要达到 800℃ 以上。在约 800℃ 附近温度区域进行锻造,工件变形阻力较小,塑性好,减轻了锻造所需施加的压力,工件表面脱碳现象也并不严重,适合于进行尺寸精度要求较高的工件,但其尺寸精度和表面质量仍比不上温锻和冷锻。温锻和冷锻都是为了获得精密锻件的近净成形工艺。

冷锻成形是一种先进的锻造技术,冷锻产品性能好,可达到净成形标准,在汽车锻造这个需要大批量生产的行业来说,冷锻具有生产成本低、工序少、节约材料和能源、坯件不需要加热,甚至不需后续机械加工和热处理等优点。对于一些变形阻力大的锻件,可采用温锻技术,既减少了冷锻会遇到的变形阻力太大的问题,又避免了很多后续加工。

8.1.2 摆动辗压

1. 摆动辗压原理

摆动辗压(Rotary Forging)技术属于特种锻造成形工艺,采用连续局部加载成形。它的工作原理如图 8.4 所示。

摆动辗压机主要有 3 个部分,分别是上模、下模与进给油缸,它的工作原理是将毛坯置于摆辗机的上模与下模之间,利用上模沿一定路线(一般为圆形)滚动,即上模绕着锻件

图 8.4　摆动辗压工作原理

中心连续滚动。常见的有 4 种轨迹。摆动辗压机对毛坯局部进行辗压，通过不断地移动辗压部位逐渐使整个表面被辗压到，工件发生相应压缩，同时，进给油缸推动下模滑块向上模移动直到到达设定的位置便停止上压，使毛坯下表面与下模接触处也受压成形并且不发生过载，最终达到整体的辗压成形。

摆动辗压按加工毛坯的温度可分成热摆动辗压、温摆动辗压、冷摆动辗压 3 种，热摆动辗压一般选用不退火的热轧钢作为毛坯材料，摆动辗压温度取在 1000℃ 附近有利于提高工件的表面质量，加工前模具要进行预热，用润滑剂喷于模具表面。温摆动辗压和冷摆动辗压成形件尺寸精度高，表面粗糙度可达 $Ra0.1\mu m$，可实现少无切削加工，采用闭式摆动辗压可控制工件的椭圆度。图 8.5 所示为摆动辗压机加工现场，图 8.6 所示为摆动辗压成形。

图 8.5　摆动辗压机加工现场

图 8.6　摆动辗压成形

2. 摆动辗压的特点

(1) 所用锻压力小。因为摆动辗压为局部连续加压的方法，上模与毛坯接触面积小，所以较省力，加工相同工件所需锻压力可为传统方法的 10%。

(2) 锻件性能好、质量高、节省原材料。因为经摆辗加工后，锻件金属纤维流向合理、晶粒小，所以在抗拉强度、延展性、屈服强度方面都有很好的性能，且表面粗糙度值低，冷摆动辗压和温摆动辗压可实现精密锻造。

（3）适合于加工饼盘类零件。

（4）劳动环境好、劳动强度低，易实现自动化生产。摆动辗压时机器无振动和噪声，易于实现自动化。

（5）设备较简单，生产效率高。

由于摆动辗压的优点突出，在今后还会得到很广的使用，今后的摆动辗压机可能有几个发展趋势：一是锻造吨位大型化，以达到加工更大零件的目的；二是操作自动化，自动化可以减轻工人的劳动压力，改善劳动环境，提高生产效率；三是机器结构的简单化和造型的美观化。

8.1.3 辗环技术

1. 辗环原理

辗环技术是借助辗环机（环轧机）对环状毛坯进行局部连续塑性加工，使环状毛坯的外径和内径都扩大，壁厚减小，内、外侧面成形或接近成形的锻造工艺。可由此获得无接缝环状零件，常用于齿轮环、曲轴环、法兰环、车轮等的加工。辗环机加工部分由辗压环、芯辊、信号辊（控制辊）、导向辊组成，截面形状可通过辗压环与芯辊来控制，如图8.7和图8.8所示。

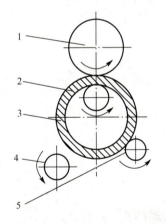
图 8.7 辗环机加工机构
1—辗压环；2—芯辊；3—锻件；
4—信号辊；5—导向辊

图 8.8 辗环机加工机构侧面剖视图

锻造时，毛坯加热后置于辗压环与芯辊之间，辗压环在旋转过程中逐渐向芯辊靠近，使毛坯在旋转过程中壁厚在辗压环与芯辊之间逐渐变小，同时，辗压环与芯辊的形状决定了锻件在辗环后外、内侧面的截面形状。

辗环技术按毛坯加工时的温度可分为冷辗环、温辗环和热辗环，其中冷、温辗环用于精密辗环锻造。

2. 辗环工艺流程

如图8.9所示，辗环工艺的流程一般如下：下料→镦粗→冲孔→加热→辗环→后续加工和热处理→检查入库。

图 8.9 辗环工艺流程

冲孔的作用是为了得到环状毛坯,其特点是连皮少,可减少后续加工。另外,环状毛坯也可通过模锻或摆辗制得,主要是使毛坯在轴向发生变形。

毛坯的加热和保温温度由工艺要求决定,如温辗环工艺的温度就比热辗环要低,另外,毛坯的材料或不同零件也可能要求不同的加热温度。

3. 辗环的工艺特点

(1) 材料利用率高。制环状坯时,若使用冲孔制坯,只需在镦粗后进行冲孔,而冲孔不需要类似模锻的拔模斜度,且辗环后锻件的尺寸精度高,表面光洁度好,后续加工量小,可直接成形,所以材料利用率高,生产效率也很高。通常采用辗环工艺的锻件也能用模锻生产,但辗环优势更明显,具体对比见表 8-1。

表 8-1 某环状锻件不同加工方式的技术参数对比

锻造方式	锻件重/kg	坯料重/kg	材料消耗/kg	锻件材料利用率	车间每班产量/件
模锻	28.5	33.8	37.1	76.8%	150
辗环成形	26.3	29.3	31	84.8%	400

(2) 设备所需吨位小。由于辗压环对毛坯的作用力是局部连续加压,接触面小、变形力小,所以对设备的吨位要求比较小。

(3) 加工过程中无冲击和剧烈振动,噪声小,所以辗环工艺的劳动环境好。

(4) 生产效率高。

(5) 微观结构性能好,辗环成形是轴向和径向压缩、周向拉伸,这样的变形特点使得锻件晶粒变小,金属纤维能成周向连续排列,与环状锻件工作时的磨损和受力相适应,锻件强度高、耐磨损。

【热挤压成形】

8.1.4 挤压技术

挤压技术是使毛坯在三向压应力作用下,从模具的孔口或缝隙挤出,横截面积减小并发生相应的变形,从而得到所需制品的加工方法。图 8.10 所示是模拟热挤压的变形过程。

挤压按温度分为冷挤压、温挤压和热挤压,各种挤压方法适用于不同的工件,如冷挤压可用于挤压各种花键,温挤压可用于挤压各种阀体,热挤压可用于挤压汽车后轴的半轴套管。

图 8.10 毛坯挤压变化过程模拟图

1. 挤压技术的原理

挤压工艺的模具由凸模和凹模组成。将毛坯置于凹模之中,当凸模压下挤入凹模中的时候,毛坯只能向凸模与凹模之间的空腔流动,从而形成由凸模和凹模决定的工件形状。这是挤压工艺的基本原理,挤压可按模具中金属相对于凸模的流动方向将挤压工艺分为正挤压(图 8.11)、反挤压(图 8.12)、复合挤压和径向挤压。

图 8.11 正挤压过程

图 8.12 反挤压过程

2. 挤压技术的特点

(1) 节约原材料,提高生产率。传统的一些零部件需要通过机械切削加工才能成形,如齿轮花键，但通过挤压技术却可以直接挤出零件的形状，节省了原材料，且产品成形快，工序少，所以生产率也得到提高。

（2）保证了零件的机械性能。由于挤压技术不破坏金属纤维流线，且挤压加工使用三向压应力，所以金属挤压锻件的机械性能比切削加工好，强度高。

（3）可加工形状复杂的零件。

（4）零件的尺寸精度高，表面粗糙度小。在挤压过程中，金属毛坯在高压下通过模具，得到平整的模具表面，表面粗糙度可低于 $Ra1.6\mu m$，尺寸公差可控制在 ± 0.015mm 左右。因此，如果工艺过程设计合理，可以不再需要对挤压件进行切削加工。

（5）工序少，生产周期短。因为挤压工艺是使毛坯在封闭模具内发生塑性变形，所以工件没有飞边，而且该工艺精度高、表面质量好，所以工序数少。

3. 热挤压技术的应用

热挤压工艺适用于挤压深孔薄壁、要求具有良好的金属纤维流线和变形强化特点的零件。以半轴套管的结构来看，采用热挤压工艺是合适的。热挤压工艺用于生产半轴套管的一般流程为：坯料制备→坯料加热→镦粗→冲孔→挤压成形→热处理→后续加工→检验。

在热挤压前要对毛坯进行加热，主要是为了提高金属毛坯的塑性，使金属易于流动，使零件能够经过热挤压获得良好的组织性能。

图8.13所示为半轴套管热挤压变化过程，图8.14所示为半轴套管实物图。

图8.13 半轴套管热挤压变化过程

图8.14 半轴套管实物图

8.1.5 楔横轧技术

1. 楔横轧技术原理

楔横轧技术（Cross Wedge Rolling，CWR）的基本工作原理是将加热后的具有圆形截面毛坯送入同向运动的带有楔形凸起的模具中（图8.15），使毛坯在模具的带动下旋转，毛坯发生径向压缩变形和轴向延伸变形（图8.16），从而得到成形工件。楔横轧技术是阶梯轴类零件塑性成形的新工艺，是现代先进的制造技术。通常工件的成形过程可分为3个阶段，即楔入阶段、展宽阶段、整形阶段，这3个阶段可从模具上区分出来。

图 8.15　楔横轧模具

图 8.16　楔横轧工件变形过程

2. 楔横轧技术简介

具有拔模角、阶梯形状、轴肩而没有拔模斜度的外壁都可以用楔横轧的方法加工。在汽车制造业中，凸轮轴、变速器一轴、二轴、中间轴、半轴、转向拉杆等都有使用楔横轧技术来制造，但是目前楔横轧技术只能用于轴类零件的生产，其他形状的零件几乎没有使用楔横轧技术的。

楔横轧技术大致可以分为两大类：辊式楔横轧和板式楔横轧。辊式楔横轧按轧辊数目可分为单辊式、双辊式和三辊式 3 类；板式楔横轧可分为凹楔式和平楔式两类。辊式楔横轧机床的模具是扇形的，工作时要加导板，通常只用于轧制直径较大的阶梯形轴类零件，细长的轴类零件加工起来容易发生卡料现象。板式楔横轧机床加工时不用导板，产品精度比辊式楔横轧高，模具制造容易，机器造价低，寿命高，在国外得到了较广泛的应用。实际工业生产中常见的有双辊式和平板式楔横轧。图 8.17 所示是几种楔横轧技术的示意图。

(a) 单辊式　　(b) 两辊式　　(c) 平楔式

图 8.17　楔横轧工艺的几种类型

楔横轧技术在锻造行业中得到了广泛且成熟的应用,是目前公认的阶梯轴类零件成形的最佳工艺,与其他制造工艺能形成技术上的互补。它具有如下优点。

(1) 材料利用率高。楔横轧工艺是一种少无切削加工工艺,相比切削加工制造的轴类零件,可节约20%以上的材料。

(2) 生产效率高。工件可以在机器一个行程内完成轧制过程,提高了生产效率。

(3) 工件质量性能好。工件经过楔横轧后晶粒变小,疲劳强度和耐磨性能都提高了,轧制工件无飞边,金属纤维流线沿工件外形连续分布(图8.18)。尺寸精度高,径向精度可达±0.3mm,轴向精度可达±0.5mm。

(4) 设备吨位小,模具寿命高。工件是加热后进行楔横轧,且与模具接触时间很短。

(5) 楔横轧工艺在工作过程中无冲击、噪声振动小,易实现自动化,劳动强度低,生产成本低。

图8.18　楔横轧成形件完整的金属纤维流线

但是,楔横轧技术也有它的缺点。楔横轧工艺只能用于生产圆截面的轴类零件,对非轴类零件不能进行轧制,模具复杂尺寸大,且只有生产批量大才能将生产成本控制在较低水平。所以,今后楔横轧技术的发展趋势将会是在改进楔横轧技术的基础上与其他加工工艺进行融合,以适应生产技术的发展,并能加工更复杂的轴类零件甚至非轴类零件。

由于楔横轧技术的特点,它有两个主要的应用方向:一是轧制各种轴类零件并使其直接成形,不需后续切削加工;二是为其他工艺提供精密毛坯,有利于进一步提高锻件的精度和材料利用率。

3. 半轴楔横轧技术

如图8.19所示,汽车半轴是汽车传动系统中一个非常重要的零件,是一种典型的常使用楔横轧工艺生产的轴类锻件。它的杆部较细长,头部法兰部分呈盘状,为非对称轴类件。

图8.19　汽车半轴实物图

在生产中对此类零件进行工艺设计时常要注意满足这几个条件：使工件能够顺畅地旋转；已成形区不出现裂纹或缩颈，工件内部不出现疏松现象；加工时轴向力尽量平衡；选好成形角和展宽角。

针对半轴的特殊形状，在半轴的生产中常用楔横轧与摆辗相结合的方法，毛坯加热后进入楔横轧机床，模具在一个行程内（旋转一周）完成杆部的轧制过程，之后送到摆动辗压机上进行头部的摆动辗压成形。工艺流程如图 8.20 所示。

图 8.20　汽车半轴楔横轧与摆辗工艺结合加工流程

在我国应用较为普遍成熟的楔横轧机床有整体两辊式楔横轧机，应用它与摆动辗压机组成半轴生产线，一台楔横轧机可与两台摆动辗压机同时工作。这样的好处是楔横轧杆部生产速度快，轧制后的工件不必再次加热就能直接送入摆动辗压机进行摆动辗压；半轴杆部表面无配合要求，一般不需后续切削加工；而且由于楔横轧一个行程可以完成一个工件的轧制，而摆动辗压生产相对较费时，所以可以两台摆动辗压机配合一台楔横轧机同时生产，提高了半轴的生产效率。

4. 楔横轧技术的发展

楔横轧技术在国外已经得到了非常广泛的应用，在我国还不是很成熟，但随着汽车产业的发展和外国汽车企业的进入，极大地促进了汽车零部件产业的发展，也为楔横轧技术在国内的发展提供了良好的机会。受制于目前楔横轧技术的缺点，如果能与其他工艺相结合，楔横轧技术将会有更好的应用前景。目前，我国在楔横轧成形上已经应用了电加热和用余热进行热处理的技术，出现了整体式高刚度楔横轧机床，能够赶上世界较先进的制造水平。但今后仍可在更多方面提高楔横轧技术水平。如在理论研究方面建立完善的模型，为合理设计工艺提供依据；应用数控技术提高自动化水平和生产质量；改进楔横轧设备，扩大楔横轧技术的应用范围。

8.1.6　我国汽车锻造行业的展望

我国锻造业的现状相对落后，起步较晚，但随着市场的变化，很多外国汽车厂商及汽车零部件厂商都把目光转向中国、印度、巴西等新兴市场，与当地汽车厂商创立合资公司，采取地产化的策略，满足消费者的需求。外国资本的进入也意味着外国技术的进入,这是包括汽车锻造业在内的与中国汽车有关的行业发展的机遇。

参考我国的汽车锻造业现状及国际锻造技术的发展,今后我国汽车锻造业将向以下方向发展。

(1) 采用先进设备和技术进行汽车锻件生产。

(2) 应用计算机模拟技术进行锻件的生产设计和性能分析,提高产品性能和开发能力,CAD/CAM/CAE 技术为锻造技术提供了一个良好的开发环境。

(3) 发展有色金属锻造技术,开发高精度、少无切削、节省材料的锻造工艺,提高轻量化产品的设计和开发能力。

(4) 国内企业与外资企业合作,与高校和科研机构合作,开发新的锻造工艺,达到环保要求,提高精、微锻件产品的生产能力。

8.2 铸造技术

8.2.1 铸造简介

1. 铸造定义

铸造(Casting)是一种金属热加工成形技术,是通过将金属熔炼至熔融状态,浇注入预先制定好形状的铸型模具中,冷却凝固后获得具有一定形状、尺寸的金属制品(铸型)的成形方法。如图 8.21 所示,在汽车制造工业中,铸造工艺用于生产发动机、离合器盖等部件。

【宝马发动机缸体的铸造过程】

图 8.21 铸造的发动机缸体

2. 铸造的优势

虽然现在有很多更先进的制造技术出现,但铸造工艺仍有其不可替代的地位。当今世界上采用铸造工艺生产的毛坯件年产量仍是居于首位的,相比锻造、冲压等加工工艺,仍有其独特的优势。

(1) 可以生产形状复杂的零件。由于铸造工艺使用的是熔融金属液浇注入模具中的方法成形,所以不受加工机床、刀具等的限制,对加工工件的几何形状要求不高,甚至可以生产精美的工艺品,适用于生产具有复杂内腔的零件毛坯,如各种箱体、缸体、叶片、叶轮等。

(2) 铸件可以不受金属材料、尺寸大小和质量的限制。铸件材料可以是各种铸铁、铸钢、铝合金、铜合金、镁合金、钛合金、锌合金和各种特殊合金材料；铸件可以小至几克，大到数百吨；铸件壁厚可以从 0.5mm 到 1m 左右；铸件长度可以从几毫米到十几米。

(3) 铸件使用的金属材料种类多样。对于有些脆性金属或合金材料（如各种铸铁件、有色合金铸件等）的零件毛坯，铸造几乎是唯一的加工方法。在汽车工业中，常见的有铁、铝、合金等金属铸件。

(4) 生产出来的铸件在具有一般的机械性能的同时，也具有耐磨、耐腐蚀、吸振等良好的综合性能。

事物都有正反两面性，铸造也有缺点：铸造需要做砂箱的木板、型砂、燃料等大量的辅助材料；生产时会产生粉尘、废料，对环境有污染；生产过程所需要的设备多，如冶炼金属的炉子、制芯机、混砂机、落砂机等；铸件表面质量相对较差，同时会产生飞边、气孔、夹渣、缩孔、裂纹等缺陷。但是总体来说，铸造在某些方面的作用目前尚无其他生产方法可以代替，所以对铸造方法和铸造过程的改良和创新就成为很多企业的一个目标，从而出现了很多新型铸造技术。新技术注重开发铸造工艺的高品质、高效率、环保，弥补传统铸造的不足之处。

3. 铸造的一般流程

各种铸造方法铸造的流程并不完全相同，但是大体思路是一致的。大致的流程如图 8.22 所示。

图 8.22　铸造工艺流程

浇注后要进行脱砂，即清除附在铸件上的型砂，铸造厂有专门的设备，一般是通过振动使型砂脱落。如果处理不当，铸造的零件容易出现缺陷，所以要对一些铸件（如发动机箱体）进行试压，以测试其铸造质量。对于不合格的产品，可对其重新进行熔炼。

8.2.2 造型技术

造型技术是指将制芯放入砂箱中，采用一定方法使型砂紧实，从而得到所要铸造的零部件的型腔的铸造工艺，它是铸造流程中的重要一环。

1. 静压造型

在现在国内外的汽车铸造行业中，做造型方面的工艺大部分都采用潮型砂造型工艺，它是几种造型工艺的统称，其中最常用的是静压造型。静压造型机外形如图8.23所示，其结构如图8.24所示。

图8.23 静压造型机外形

在造型的过程中，一般先将模具置于砂箱底部，然后加入型砂，经一定方法将型砂紧实后，将模具取出，得到浇注用的模。静压造型使用的是静压造型机，砂箱上方有空气压缩机，用于产生压缩空气，高压气体吹向砂箱，穿过砂层，使砂层流动性增大，能迅速填充型芯的各个部位，砂箱的底部一般有排气塞，气流穿过砂箱后从排气塞流出。在将型砂填入砂箱后，利用空气压缩机吹出的压缩气流在短时间内（约为0.3s，而更新的方法是使气流在0.03s内穿过砂箱，在原基础上再产生气流的冲击作用，紧实度更高）穿过型砂，如图8.25所示。

静压造型主要有以下特点。

（1）铸件的拔模斜度小。相比于其他造型工艺，采用静压造型的铸件的拔模斜度可以设计在2°以内。

（2）噪声小、振动小。由于不是使用振动紧实，所以在生产过程中产生的振动小、噪

图 8.24 静压造型机结构

1—空气压缩机；2—多触头压实机构；3—加砂斗；4—定位缸；5—模板框；6—模板；
7—余砂框；8—砂箱运进线；9—工作台；10—举升缸

图 8.25 静压造型气体流动图

声也小，对机器的地基要求也不高。

（3）铸型可利用有效面积高。因为静压造型的特殊工艺，使砂箱中的砂粒能够进入模型的各个角落和缝隙，且紧实度高，所以一个砂箱通常可以同时放置多个模型，提高了生产效率和砂箱的利用程度。

（4）使用的砂量少。由于采用静压工艺后，整个铸型从上到下的强度基本都处于较高值，所以不需要很高的砂层来保证底部的铸型有足够的强度。

图 8.26 和图 8.27 所示分别为使用静压造型铸造的各类铸件和发动机体。

图 8.26 各种静压造型铸件

图 8.27 使用静压造型铸造的发动机体

2. 消失模铸造

实型铸造工艺在汽车行业中被大量使用的是消失模铸造技术。

消失模铸造（Lost Foam Casting）是在近 20 年得到广泛使用的实型铸造技术，也称为负压实型铸造技术，它比传统的铸造方法具有更大的优势，采用与铸件形状尺寸几乎一样的泡沫代替原来的金属芯或木模芯（图 8.28），造型后不必取出模芯，形成密实的"型腔"，而不是传统的空腔形式。浇注后泡沫消失，金属代替了原来泡沫的位置，经过脱砂和清理，便得到铸件。相比传统的方法，用该方法生产出来的铸件精度更高，后续加工量少。图 8.29 所示为消失模铸造车间。

图 8.28 发动机缸体及其消失模模型

图 8.29 消失模铸造车间

1) 消失模铸造生产工艺

一般先在计算机上设计好模型,在设计过程中要考虑金属液冷却收缩的影响,制出泡沫模型,之后在其表面涂上专门的涂料,干燥后放入砂箱,并填入型砂,经振动使型砂紧实后,在抽真空机抽真空的状态下浇注金属液,泡沫模型气化消失,金属液冷却后形成的铸件便替换了原来的泡沫模型,之后释放真空,经脱砂清理后得到铸件。具体流程如图 8.30 所示。

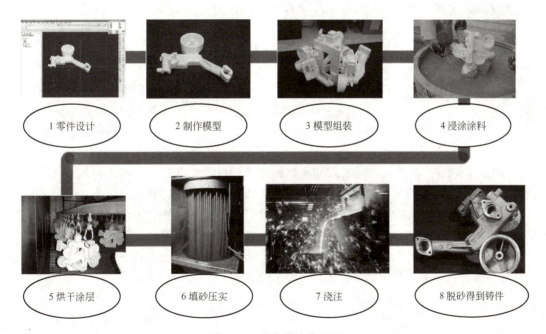
图 8.30 消失模铸造流程

消失模发泡模型制作出来后要在其表面涂上一层光洁涂料,以保证模型的表面光洁度。再涂上一层耐火涂料,并使其干燥,如图 8.31 和图 8.32 所示。消失模铸造工艺所用的涂料一般为水基涂料,可采用蘸涂、喷涂或流涂等方式施涂。在大批量生产时使用蘸涂可加快生产效率,涂层的厚度一般为 0.25~0.5mm,浇注温度高时,涂层厚度要相应增大。在消失模工艺中,涂料是影响铸件质量的一个很重要的因素,因为它直接与金属液接触,并影响着金属液的变化过程,目前我国在涂料对铸件的影响方面的研究还不成熟,但它是一个很好的研究方向。

图 8.31　发泡模型浸涂涂料

图 8.32　自然条件下使涂料干燥

2) 消失模铸造的优点

消失模铸造的优点很多,主要有以下几方面。

(1) 铸件精度高、质量好。消失模铸造取消了传统的制芯、下芯、合箱、取模等工序,简化了铸造过程,消除了原来可能由这些工序而造成的误差和缺陷。所用型砂为干砂,无粘结剂和添加物,消除了由此带来的缺陷。

消失模铸造形成的铸件质量好,可在微振情况下浇注,促进特殊要求的金相组织的形成。

(2) 后续加工量少。正确地使用好涂料,可以很好地提高铸件表面的光洁度,使铸件无飞边。同时,由于不需设计拔模斜度,减少了加工量,降低了生产成本。

(3) 适应性好。对铸件的结构限制低,铸件结构可灵活设计;可用于铸钢、铸铁、铸铜、铸铝等工艺;可在理想位置设置浇注口,不受传统模型铸造类似的限制。

(4) 环保。型砂无粘结剂,泡沫汽化后不会产生污染大气的气体,铸造过程减少了粉尘、噪声污染;低温下泡沫对环境无害,型砂、模具再次利用率高。

(5) 生产率高、生产成本低。生产车间占地小,可一箱多件同时浇注,工序减少,易实现流水线生产,劳动强度降低,生产成本也低很多。

3) 消失模铸造技术的发展

由于消失模铸造具有很多的优点,所以也发展出了一些在消失模铸造基础上的新技术。

(1) 振动消失模铸造技术。在铸造过程中施加一定频率和振幅的振动,使铸件在振动中凝固,振动力使液相与固相产生相对运动,使枝晶破碎,增加液相内结晶核心,组织细化,从而提高了铸件的力学性能。

(2) 半固态消失模铸造技术(Transition Controlled Semi - Solid Molding,TCSSM)。该工艺是由将消失模铸造与半固态控制技术相结合的新型消失模铸造技术,其特点在于控制液固相的比例,将浇注温度由原来的1400℃以上改为1250℃(铸铁凝固温度为1150℃)。通过降低浇注温度,液相收缩大大降低,液相收缩和凝固收缩可由石墨化膨胀来抵消并得到精确控制,所以不需要设计冒气口也能获得性能良好的铸件,是一种很有发展前景的技术。

(3) 消失模壳型铸造技术。消失模壳型铸造技术是消失模铸造和熔模铸造的两种技术的结合。该技术使用的模型也是与消失模铸造形式相同的泡沫模型,不同的是在涂料干燥后将泡沫燃烧气化得到一个空壳用于浇注,除具有一般消失模铸造的优点外,采用的泡沫成本低、气化容易、克服了由于模料软化而造成铸件变形的缺点。关键在于壳型的材料和工艺。

(4) 消失模悬浮制造技术。在制作泡沫模时将悬浮剂融入其中,铸造时悬浮剂与金属液发生化学反应,改善铸件性能。消失模悬浮制造技术主要应用于改变局部组织性能的铸件。

3. 熔模铸造

熔模铸造又称失蜡铸造或精密铸造。熔模铸造一般采用的是蜡模,蜡模制出来后,将其浸入流体状的耐火材料中(常用陶瓷),干燥后涂层硬化,加热蜡模使蜡熔化倒出,得到一个空腔壳型,经过焙烤之后壳型硬化,将金属液倒入该空腔壳型中进行浇注,金属液冷却后敲碎外壳,从而获得铸件(图8.33)。因为熔模铸造的零件较小,常在制作蜡模时将多个零件的蜡模组合在一起成为一个模型树,外壳硬化前是流体状的,所以可以不考虑蜡模的形状是否复杂,这样经过一次浇注便可同时得到多个零件了。

图 8.33 熔模铸造流程

熔模铸造时的涂料现在普遍使用水玻璃、硅溶胶和硅酸乙酯作为粘结剂。硅溶胶因为不需要化学硬化、易配成高粉液比的涂料而且硅溶胶制成的模型壳在高温下抗变形的能力好,成为在熔模铸造中被普遍使用的水基粘结剂。在汽车铸造工艺中,硅溶胶常用于型壳表面层以提高表面质量;水玻璃用于型壳的加固层。采用硅溶胶制壳的工艺可以使铸件接近最终成形,即熔模精密铸造,表面质量可以达到 $Ra1.6\mu m$、尺寸精度可以达到铸造公差CT4级。由于熔模精密铸造技术减少了后续加工量,铸件精度高，使得熔模铸造具备生产高技术含量铸件的能力，在汽车铸造行业得到了越来越广泛的应用。

图 8.34 所示是各种使用熔模铸造的汽车零配件。

图 8.34　各种使用熔模铸造的汽车零配件

熔模铸造最大的优点就是由于熔模铸件有着很高的尺寸精度和表面光洁度，是小尺寸精密铸件的常用生产工艺，所以可减少机械加工工作，只是在零件上要求较高的部位留少许加工余量即可，甚至某些铸件只留打磨、抛光余量，不必机械加工即可使用。采用熔模铸造方法可大量节省机床设备和加工工时，大幅度节约金属原材料消耗。

4. 低压铸造

低压铸造（Low Pressure Die Casting）是轻合金铸件的主要生产工艺，现在 50% 的铝合金铸件是用低压铸造工艺生产的。在现今的汽车铸造行业中，低压铸造经常被用于生产铝、镁合金薄壁铸件，如铝合金轮毂、铝合金发动机缸盖或其他壳体铝铸件。它是利用气压或电磁力使金属液沿管道进入型腔中实现充型的，具体如图 8.35 所示。加在合金液面上的气体压力或者使之发生定向移动的电磁力，迫使合金液沿升液管上升，合金液进入型腔直至充满型腔这一阶段称为充型阶段。

在充型过程中，主要考虑的是气体压力的大小与充型速度的快慢。压力大小与最后最大液面高度差有关。低压铸造可使金属液在可控的压力下进行充型，减少了铸件缺陷的发生，而且由于是在压力下进行充型，金属液的流动性好，从而提高了铸件的质量。

低压铸造的发展现状与展望如下。

（1）气压式低压铸造作为最传统的低压铸造工艺，自 20 世纪投入实际生产就一直在发展，现在在薄壁铸件和铝、镁合金的精密铸造方面都有了很好的表现，但也有很大的研究前景。

（2）电磁式低压铸造能够克服气压式低压铸造时的液面波动、铝液吸气等缺点。我国自 20 世纪 60 年代开始研究以来，取得了大量的研究成果，使电磁式低压铸造能够应用于实际的生产，其生产出来的铸件性能优良、质量稳定、尺寸精度高，是很有发展前景的技术。

（3）低压铸造在现代计算机技术的支持下发展更加迅速。对算法的改进使利用计算机

图 8.35 低压铸造模型图

进行充型模拟所花费的计算时间大大缩短,同时仿真分析结果也更加贴合实际。可以预见今后计算机技术将在铸造仿真方面发挥越来越大的作用。

5. 金属型铸造

金属型铸造(Permanent Mold Casting)也称为硬模铸造或永久型铸造。它不同于砂型铸造使用型砂作为铸模,而是使用金属作为模具,将金属液浇入金属铸型获得铸件的铸造方法。在汽车的生产中,有些齿轮或凸轮轴等零部件可通过金属型铸造工艺生产出来。图 8.36 所示为金属型铸造流程图。

金属型铸造在浇注前要对模具进行预热,未预热的金属模具不能用于浇注,因为金属模具的导热性好,金属液倒入未预热的模具后流动性急剧降低,铸件易出现冷隔、浇注不足量、气孔等缺陷,铸型会受到强烈的热冲击,应力增加导致铸型损坏。所以正常浇

(a) 预热的金属模具 (b) 浇注 (c) 得到成形铸件

图 8.36 金属型铸造流程

注时要进行预热，预热温度针对不同金属液和工件具体情况而不同，一般要通过实验确定。

当浇注好后，需要在恰当的时机将铸件和型芯取出。铸件在模具中不宜停留过久，否则会降低模具的生产效率和因模具温度升高减缓了铸件的冷却速率。型芯在铸件中停留时间越久，铸件冷却收缩对型芯产生的压力就越大，型芯越难抽出。所以，型芯的最佳取出时机是铸件冷却到塑性变形温度范围并有足够的强度。

金属型铸造的特点如下：

（1）金属型铸造与砂型铸造有显著的区别，金属型没有透气性，没有退让性，但导热性能好，在铸件形成过程中有其自身的规律，这需要人们进行另外的研究。

（2）气体易对铸件性能带来影响。浇注时，因为金属型没有透气性，但气体仍必须快速排出，否则气体容易破坏铸件的铸造质量。所以金属型铸造对工艺的要求很高。

（3）浇注时热量通过金属型模具传出，金属液因此冷却凝固并收缩，铸件外表面与模具内壁形成间隙，内表面因收缩而夹紧型芯。金属模具和型芯在铸造过程中的无退让性，会阻碍铸件的收缩，在设计模具和工艺时要考虑到其带来的影响。

（4）相比于砂型铸造，金属型铸造的铸件组织均匀、晶粒细小，性能更好。

6. 其他造型技术

除了以上介绍的造型技术外，还有其他一些造型技术，如空气冲击造型、垂直分型无箱射压造型、树脂自硬砂技术、真空密封造型法（又称真空薄膜造型法或负压造型法）、金背壳型铸造法、离心铸造等，各种铸造方法都有其特定的优缺点和应用领域，但使用范围和普及率都不如之前介绍的几种。

8.2.3　熔炼技术

熔炼技术是指在金属铸造过程中将金属原料熔炼成金属液以用于浇注的技术。目前国内外铸造熔炼技术主要有两种工艺，一种是大型热风除尘冲天炉与大型有芯工频保温炉双联法（以下简称"双联法"）工艺，另一种是采用中频感应电炉熔炼工艺。国外目前较多的是采用第一种工艺。铸造行业是一个高耗能的行业，降低生产过程的能耗能产生巨大的社会效益。采用双联法不仅具有高效率、低成本的优点，而且能降低约30%的能耗，同时，采用双联法能够稳定铁水化学成分、不间断地提供铁水以满足铸造自动线对铁水的需求，还可以为熔炼工序出现短时故障或造型填充工序对铁水需求出现波动时提供一种柔性连接，保温炉容量为熔化炉容量的1.5～2倍。

而随着电子技术的发展，中频电炉（图8.37、图8.38）也迅速发展，并有取代正广泛应用的工频电炉的趋势，它是将工频（50Hz）转变到中频（300～10000Hz）进行工作的。

总结起来，中频电炉有更大的优势，它使铸造更接近优质、节能、高性能铸件的要求，特别适合熔炼铝液和合金铸铁、球墨铸铁和蠕墨铸铁，其特点有如下几点。

（1）中频电炉线圈效率高，耗电少，节能。

（2）功率密度大，熔化速度快，加热均匀。

（3）对炉料要求比工频电炉低。

（4）可实现功率的无级调节及满功率恒定输出，使熔化过程稳定进行，且可全集成化控制，软起动减轻了对电网的冲击。

图 8.37 中频感应电炉简单结构图
1—炉盖；2—熔液倒出口；
3—感应线圈；4—坩埚；5—炉体

图 8.38 中频感应电炉

（5）可通过调频来降低熔料的搅拌效应，在熔铝时减少了铝液的氧化，更能体现出其优势。

（6）批料熔化法可随时将铁水倒空，冷炉起炉时不需要起熔块，更换炉料十分方便。

（7）独特的钢壳封闭结构，使工作噪声大大降低，同时感应线圈避免金属飞溅的危害。

（8）对炉料的适应性较强，炉料的品种和块度可在较宽的范围内变动。

8.2.4 制芯技术

现在国内外铸造行业的制芯技术一般都采用湿砂，基本有 3 种工艺，即热芯盒制芯、壳芯制芯和冷芯盒制芯。在汽车铸造行业，还有一种结合锁芯的制芯工艺。近年来，这 3 种制芯工艺都有大量的应用，但冷芯盒制芯更具优势，发展最迅猛，而结合锁芯是以冷芯盒制芯为基础的新型制芯工艺。

1. 热芯盒制芯

热芯盒制芯是用压缩空气将湿态的热固性树脂砂射入加热至一定温度的芯盒内，经过一定时间后热固性树脂砂受热固化（硬化）后从芯盒取出，得到一定形状的砂芯。

热芯盒制芯有几个特点：①砂芯硬化快，如果温度合适，树脂砂只要几十秒就能完全硬化；②相比其他制芯法，热芯盒工艺的树脂成本低，使用量较少即可得到砂芯；③混砂设备简单，使用的砂易溃散，清砂容易。

2. 壳芯制芯

壳芯制芯一般使用覆膜砂，覆膜砂是指砂粒表面在覆膜工艺下覆盖有一层特殊树脂，在常温下覆膜不粘结，覆膜砂具有良好的流动性，当射入加热的芯盒受热时覆膜分子结构发生变化，粘结在一起，形成固化的砂芯。一般是从表面开始固化，因此可以制成壳芯，受热时间越长，壳越厚，制得的砂芯壳强度也越高，可将心部尚未固化的多余的砂倒出，达到省砂的目的。用覆膜砂制作的砂芯强度大、尺寸精度高。

3. 冷芯盒制芯

冷芯盒制芯时芯盒不加热，而大多采用三乙胺进行吹胺固化，其工艺流程如图 8.39 所示。

图 8.39　冷芯盒制芯工艺流程

冷芯盒制芯的特点是硬化速度快、强度高、生产率高、砂芯尺寸精度高，可用于生产薄壁高强度的铸件的砂芯。冷芯盒制芯由于具有较突出的优点，所以得到很快的发展。在制芯领域有逐渐走向以冷芯盒制芯为主要技术的趋势。

4. 结合锁芯

结合锁芯工艺也称为自动锁芯工艺，结合锁芯是目前世界上生产汽车发动机铸件的一种较为先进的工艺。图 8.40 与图 8.41 所示为发动机结合锁芯模型。

图 8.40　发动机结合锁芯模型(1)

图 8.41　发动机结合锁芯模型(2)

结合锁芯以冷芯盒制单体芯为基础，将各单体芯用机械的方式组合到组芯夹具，然后将它们在同样的冷芯盒专用机上以射砂方式将它们锁为一个整体芯。结合锁芯的尺寸精度可以达到 $-0.25\sim 0$ mm。其高精度取决于该工艺的整体芯误差为组合时定位销的误差之和，而不是传统的单体芯误差与整体芯的误差之和。其定位夹具精度可以达到 0~0.05mm。

结合锁芯的工艺流程如图 8.42 所示。

图 8.42　结合锁芯工艺流程

结合锁芯的工艺特点决定了结合锁芯工艺在今后将得到更好的发展，因为它具备了生产过程自动化的特点，这是铸造业今后的一大发展趋势。结合锁芯的工艺特点主要有以下几个。

(1) 使用的砂与冷芯盒制芯法相同，不需要特殊的材料。

(2) 与传统的方法相比，尺寸精度最高，表面粗糙度最小。

(3) 砂芯受热时，由于整个整体芯只有一种材料，没有如螺栓、粘结剂等其他材料，所以材料的变形和强度变化易控制。

(4) 可以实现完全的自动化，全程可以机械臂来完成作业。

(5) 铸件质量减轻、后续加工量小，修整铸件容易。

(6) 废品率低，生产率提高。

图 8.43 所示为单体修芯，图 8.44 所示为发动机结合锁芯组装。

图 8.43　单体修芯

图 8.44　发动机结合锁芯组装

8.2.5　汽车铸造材料

在现代的汽车零部件的生产中,铸造占有相当重要的地位,很多汽车零部件都需要使用铸造工艺才能生产,随着铸造技术和铸造材料的发展,汽车零部件铸件的生产也越来越先进,材料使用方面越来越多元化,高强度灰铸铁、蠕墨铸铁、球墨铸铁、铝合金在各种汽车铸件中都得到了广泛的应用。为了对车辆进行更轻量化的设计,一些零部件已经开始使用镁合金来铸造了。随着这些新材料的应用而出现相应的更先进的铸造工艺,这些都是推动汽车铸造业发展的力量。

表 8-2 所示是几种汽车零件所用的铸造材料和铸造工艺。

表 8-2　汽车部分零部件常用铸造材料和铸造工艺

汽车铸件	使用材料	常用铸造工艺
发动机缸体	高强度灰铸铁、蠕墨铸铁、铝合金、镁合金	静压造型、消失模铸造、半固态铸造、结合锁芯、ISOMAX 等
发动机缸盖	高强度灰铸铁、蠕墨铸铁、铝合金、镁合金	金属型重力铸造、低压铸造
活塞	铝合金	低压铸造
轮毂	铝合金、低合金铸铁	低压铸造、半固态铸造
曲轴	铸态珠光体球墨铸铁	自硬砂造型、消失模铸造
凸轮轴	奥贝体球墨铸铁、合金铸铁、合金钢等	自硬砂造型、消失模铸造
变速器箱体	货车常用高强度灰铸铁、蠕墨铸铁;乘用车常用铝合金、镁合金	消失模铸造、低压铸造
进气歧管	高强度灰铸铁、铝合金	消失模铸造
排气歧管	高延伸率的铸态铁素体球墨铸铁、蠕墨铸铁	消失模铸造、其他砂型铸造工艺
制动鼓	高碳型灰铸铁、蠕墨铸铁、球墨铸铁、合金铸铁	低压铸造、消失模铸造等

8.2.6 铸造技术的发展趋势

现代的汽车铸造技术为了缩短生产周期、优化铸造生产过程,将计算机技术运用到铸造行业中。计算机技术的应用大大提高了产品的开发质量、减少了很多工作量。现在大量应用在铸造行业中的计算机技术主要是快速原型技术、计算机仿真、三维建模和数控技术等,从产品开发、产品铸造到后期检测,都可以采用相应的计算机技术进行模拟和研究分析,使产品的性能得到提高,使生产过程向自动化发展。

另外,由于铸造行业是高耗能的产业,传统生产过程中会产生大量的污染,所以,现在的铸造行业也向着绿色铸造的方向发展,提高生产原料的利用率、降低废品率、采用节能低污染的生产方法,如推广冷芯盒的应用、采用新型造型工艺降低芯砂的使用量、加大芯砂、废料的再利用等,使铸造产业向着绿色、经济节能、高效的方向发展,这也是广大从事铸造行业的人员的努力方向。

8.3 冲压技术

8.3.1 冲压技术简介

【柳新汽车冲压】

1. 冲压原理

冲压(Stamping)常与锻造合称"锻压",与锻造类似,它也是一种塑性变形加工方法。传统的冲压工艺一般是在压力机和模具的作用下使板材或管材等发生塑性变形并与多余的材料发生分离,获得所需形状和尺寸的工件的加工方法。通常所讲的冲压都指冷冲压,因为传统的冲压都是让材料在室温状态下进行冲压成形的。图8.45所示为汽车冲压车间,图8.46所示为板材的冲压成形过程。

2. 冲压工序流程

冲压按工艺分,可分成分离工序和成形工序两类。分离工序是将要进行冲压的板材沿一定轮廓线从板材上分离出来,以进行冲压得到冲压成形件,冲裁需要保证断面的质量。成形工序是使冲裁下来的板料在模具的作用下发生塑性变形,得到具备所需形状和尺寸的冲压件。由于汽车冲压件一般形状都比较复杂,所以需要使用多种不同工艺来得到冲压件,如冲裁、弯曲、剪切、拉伸、矫正等,通常需要在多个不同模具的冲床上多次冲压才能最终成形。一般的冲压流程是将整卷的板料打开平整,经过冲裁后得到小件板料,再经过冲压得到工件,个别有特别要求的工件需要再进行后续精整加工,检测合格后便可以投入使用或入库了。

3. 冲压的优势

冲压是汽车制造产业中最基本也是最重要的金属加工方法之一。据统计,平均每辆车上的所包含的零件中,有约60%的金属零件依靠冲压成形,如车身上的各种覆盖件、车门内板、地板、车身支撑、结构加强件、发动机排气管、油底壳、车梁等都是用冲压工艺生产的。图8.47所示为各种汽车冲压件。

图 8.45　汽车冲压车间

(a) 上料　　　　　(b) 冲压和下料

图 8.46　板材冲压成形过程

相对于其他工艺，冲压工艺有其自身的优势。

(1) 加工效率高，每个冲压行程可得到一个冲压件，而且由于工序少，易于实现自动化。

(2) 冲压件的形状和尺寸不受太大的限制，可以加工很复杂的零部件，同时，冷冲压的变形硬化效应使冲压的零件强度得到提高。

(3) 后续加工量少，冲裁和冲压虽然会产生废料，但不会产生碎屑，合理的排样还能提高材料的利用率。

(4) 可以冲压出带有加强筋或翻边的工件。

(5) 尺寸精度高，材料经塑性变形后能有效提高强度和刚度。

(6) 操作简单，便于组织生产，大批量生产时，成本低。

但是冲压也有其缺点，如冲压加工时冲击力大，振动和噪声大，对压力机的吨位要求也较大；另外，由于冲压一般是用板材，制造复杂冲压后难以在工件的表面再进行切削加工，所以精度要求高，从而要求模具的精度也要达到相应的精度，制造费用高，周期长，不适合小批量生产。

图 8.47　各种汽车冲压件

4. 冲压板材的要求

根据冲压的加工特点，通常对冲压用的板材有一定的要求，具体如下：
(1) 板材厚度要均匀，表面光洁平整，无裂纹出现。
(2) 板材屈服强度要均匀，无明显方向性，同时要有足够的均匀延伸率。
(3) 加工硬化程度不能太高。
(4) 板材的屈强比低。屈强比为材料屈服极限与强度极限的比值。材料的屈服极限越低对塑性变形越有利，变形越容易，而强度极限越高越难在塑性变形时发生破裂现象。

由于汽车覆盖件既要保证性能，又要体现美观，所以对冲压件的表面质量通常有很高要求，表面不能出现波纹、刻痕、擦伤等缺陷，而且要求棱线要平直、曲线要圆滑过渡，同时尺寸精度要足够高，因为覆盖件通常还要与其他零件进行组合，要保证其他零件能够正确组装。

5. 冲压材料与工艺

随着汽车的发展，人们对汽车在安全、环保、外观、轻量化等方面的要求越来越高，于是出现了高强度钢板、超高强度钢板、铝合金材料等新型材料，铝合金材料在比强度、吸能效果、轻量化方面的表现都优于合金钢，越来越多的铝合金被应用到一些高档汽车的车身冲压件的生产中。新材料在提高汽车的性能的同时，也推动着冲压技术向前发展。与此同时，出现了一些相应的冲压新技术，如激光拼焊、热冲压成形、内高压成形、液压拉深等。

6. 冲压设备

目前世界上冲床主要有两个发展方向：一个是大型多工位压力机，另一个是大型压力机柔性自动化生产线，如图 8.48 所示。先进的冲压设备已经包含了全自动快速换模系统、自动监控系统、高精度冲压等先进技术，每分钟的冲压行程次数越来越高。而采用伺服电动机的冲床可实现冲压速度与冲压行程的数字化控制，吨位也已经超过了 1000t，随着这些技术的发展和在冲压设备上的逐步改进，冲压技术将有更大的发展空间。

图 8.48　某汽车冲压车间柔性全自动生产线

8.3.2　冲压模具

1. 模具设计

冲压模具是冲压技术中非常重要的部分。它的设计好坏直接关系到冲压件的质量和性能。

如图 8.49 所示，模具设计可按设计内容的不同分为 3 个部分，分别是模具结构设计、模面设计和冲压工艺设计。现在国外的模具设计是先行设计冲压工艺，再以此设计的工艺来指导模具的模面设计和结构设计，模面设计则是利用计算机模拟技术进行设计，并依靠积累的经验数据，可以制出尺寸精度极高并符合生产要求的模面，大大减少了模具制出来后的钳修和边试验边修整调校的工作量，同时针对冲压件可能出现的回弹、断裂等问题也可在计算机模拟时及时发现，并通过模面的合理设计避免这些问题，降低了废品率，使产品的性能和生产效益大大提高。

图 8.49　模具设计

反观我国，由于我国汽车制造技术起步慢，没有有效的经验积累机制，设计时的专业分工也不明确，在模具设计方面离国际先进水平仍有很大的差距。国内的模具设计一般都集中在模具的结构设计方面，很多中小型模具厂还采用模具制作出来后边试验边调试的方式，这样就导致了模具生产水平的落后。但近几年来，国内部分模具厂商还是依靠自身经验的积累和计算机 CAD/CAM/CAE 技术的应用，在中档汽车零件冲压模具方面占有了一定的市场，具备与国外厂商竞争的实力。

2. 汽车冲压模具的发展趋势

现在汽车冲压模具有几个重要的发展方向：①模具类型；②模具制造技术；③CAD/CAM/CAE技术的应用。在模具类型方面的发展有几个重点，如多功能冲压模、多工位级进模、汽车大型覆盖件冲压模等。原来汽车覆盖件都是由很多零碎的冲压件焊接而成，但现在很多整车厂为了提高汽车的性能，偏向于使用大型覆盖件。大型覆盖件的好处是能够降低加工工序数，减少了焊点，降低生产成本，同时大型覆盖件更加美观，阻力也更小。所以现在汽车冲压模具有一个发展趋势就是冲压件的大型化、集成化。

与此同时，模具性能要求的提高也催生了一批先进的模具制造技术。例如，高速铣削加工（图8.50），大幅度提高模具的加工效率和模具的表面光洁度，它的特点是能够加工高硬度的模具材料，加工时温升小，发展潜力很大；电火花铣削加工是在以前电火花加工成形技术上发展起来的，其利用简单电极在数控系统的控制下沿一定路线移动，通过简单电极与工件之间不同位置放电加工使模具成形，相比于传统的电火花加工成形技术，它加工后表面粗糙度值更低，且不会出现电弧放电或短路现象，可以加工硬度更大、形状更复杂的模具；另外还有模具真空热处理技术、气相沉积和等离子喷涂等表面处理技术。

CAD/CAM/CAE技术在模具设计方面的作用是举足轻重的，它使得模具的设计更合理、模具性能更优秀，可在模具制造之前发现缺陷并修正，缩短了模具开发周期，降低了开发成本。

3. 多工位级进模

多工位级进模是汽车冲压模具的一种新的形式，模具通常设置有两个或两个以上的等距冲压工位，不同工位可以有不同的冲压方式，如冲裁、拉深、弯曲、装配、空工位等。在一次冲压行程中各工位上的工件都能完成相应的冲压，并得到对应形状的坯件，如图8.51所示。送料带每次前进一个步距（一个工位的距离）使工件进入下一个冲压工位，当最后从级进模送出后，得到成形的冲压件，如图8.52所示。

图8.50 汽车模具的高速铣削加工

图8.51 各工位不同的冲压形状

如图8.53所示，多工位级进模是较先进的冲压工艺，它具有高精度的导向和定距系统、自动送料和自动检测功能、安全保护装置，在汽车冲压行业得到了广泛的应用。但它对模具的要求也是较高的：模具要有很高的精度，结构复杂构件多，模具材料加工困难，且要求模具零件能够迅速、方便、可靠地进行更换。

多工位级进模的特点如下。

图 8.52 多工位级进模冲压成形过程

图 8.53 多工位级进模

(1) 生产效率高。一副多工位级进模具可以完成诸如冲裁、压筋、弯曲、拉深、冲压成形等工序，减少了半成形件在不同功能冲床间的运送和重复定位，大大提高了生产效率。现在先进的级进模一次冲压可以完成 50 个工位以上的冲压，每分钟冲压次数能达到几十次。

（2）产品质量高。级进模具的精度很高，且具有高精度的导向定位系统，产品误差小、尺寸精度高，精度可达到 IT10 级。

（3）操作安全简单。现在的多工位级进模在送料机、开卷机和数控系统的配合下能够实现自动化生产，操作简单，需要工人少。

（4）模具设计制造难、使用寿命长、制造费用高。

（5）多工位级进模一般只用于冲压厚度在 2mm 左右的薄板材料，当产品为大批量生产、形状复杂时，可体现出生产成本低的优点。

8.3.3　冲压新技术

1. 高强度钢板的热冲压成形

使用高强度钢板是汽车轻量化的一个途径。因此高强度钢板在现在的汽车行业中得到了大量使用，各使用高强度钢板的零部件如图 8.54 所示。

图 8.54　汽车上使用高强度钢板的零部件

热冲压成形是利用高强度钢板在高温状态下金属塑性和延展性能提高、屈服强度迅速下降的特点，将板材加热到再结晶温度以上的某一适当温度，使板料处在奥氏体状态下对其进行冲压成形。通常将高强度钢板加热到 900℃ 左右进行冲压成形，再进行速冷处理，可使钢板的抗拉强度达到 1450MPa 以上。

热冲压成形加工高强度钢板的工艺流程如图 8.55 所示。

热冲压成形的设备需要落料机、加热设备、液压机、水循环装置、激光切割设备、去氧化皮设备和传送零件装置，设备多样复杂，前期投资较大。

热冲压工艺成形的零件特点如下。

（1）高温下成形零件表面易氧化，表面质量相对较差。

（2）由于材料的塑性好，在成形过程中零件不易起皱和破裂，无回弹，尺寸稳定性较好。

（3）冷却过程中由于温度分布不均匀，易产生热应力和热变形，严重时导致开裂。

（4）材料通过加工变形和快冷，晶粒得到了细化，力学性能提高。

（5）材料经过变形和硬化后，强度提高，冷冲压切边冲孔已无法对其进行加工，达不

图 8.55 热冲压成形流程

到工艺和零件对精度的要求,需要使用昂贵的激光切割设备进行加工。

冷冲压工艺成形的零件特点如下。

(1) 在室温下成形和采用冷轧钢板,零件表面光滑。

(2) 由于室温下材料的塑性差,在成形过程中零件易起皱和破裂,易发生回弹,尺寸稳定性较差。

(3) 材料在加工过程中产生加工硬化,导致加工困难。

从表 8-3 可以看出,冷冲压和热冲压各有优点,在高强度钢板方面,热冲压更适合,但是它也容易出现一些其他问题。在热成形过程中,可以通过增加工序将总变形量分散到各成形工序上来解决热应力导致裂纹的问题;通过设计过渡结构规避起皱问题,使用合适的热处理工艺防止强度降低。另外,热冲压成形的问题还有零件的后续切削加工难度大、生产设备复杂、模具工作环境温度变化频繁、模具易出现失效导致使用寿命下降等,但在高强度钢板冲压方面,冷冲压却是无法替代热冲压的,因此,热冲压成形仍有很好的发展前景。

表 8-3 不同冲压工艺下零件性能对比

类 型	材 料	屈服强度/MPa	抗拉强度/MPa	伸长率/(%)
冷冲压	B340(1.5mm)	340～500	≥590	≥18
热冲压	BTR165(1.8mm)	1100	1450	9～12

2. 液压拉深成形

拉深成形是冲压的工艺之一。如图 8.56 所示,传统的拉深成形在拉深过程中由凸模

图 8.56 传统拉深成形

压下毛坯的中间部分，毛坯的凸缘区在径向拉应力和压边圈向下压应力作用下被逐渐拉入凹模成为筒壁。在这个过程中，如果拉应力超过工件材料的极限拉应力，工件将被拉裂。另外，传统的拉深工艺很多情况下需要多次拉深才能成形，工序较多，尺寸精度较差。而液压拉深技术是一种在原理和方法上都不同于传统拉深工艺的新型加工方法，它可分为液压深拉深和液压正拉深两种工艺，深拉深用于加工相对较深的工件，正拉深加工的工件深度相对较浅。

1）液压深拉深

如图 8.57 所示，液压深拉深是利用压力介质进行成形的。在下模设置压力介质容器作为液压腔，并用于紧固凹模。液压容器与液压机的压力调节装置相连，用一个夹紧环将凹模固定在液压容器上，同时环上开有槽，可将泄漏的液体排放出去。上模则由拉深凸模和压边圈构成。

图 8.57　液压深拉深模具

1—压力介质；2—液压容器；3—压边圈；4—压边滑块；5—滑块；
6—凸模；7—凹模；8—压力调节装置；9—工作台

正常状态下液压机是打开的，液压容器内充满了液体。成形时，毛坯放在凹模上后液压机闭合，压边圈压紧毛坯，凸模进入液压容器，与液压容器相边的压力调节装置根据工件不同的拉深深度调节液压容器内液体的压力，液体产生的压力紧压进入容器的毛坯部分，将其紧压在凸模上。

液压深拉深工艺的优点如下：

（1）能在成形时利用液体能在各个方向产生的压力将毛坯紧紧压在凸模上，增大凸模与毛坯的摩擦力，改善了板料在成形时的受力状态，工件上应力分布均匀，降低了工件的起皱现象，提高了工件的表面质量和尺寸精度。

（2）液压容器内的高压液体会从工件凸缘与凹模端面的缝隙流出到夹紧环处，所以在凹模端面与工件凸缘面形成一层润滑流体，减小了工件凸缘与凹模间的摩擦力，从而减小了径向拉应力，使毛坯的拉深极限大大提高。

（3）成形工序少，且可用于形状复杂的拉深工件。

2）液压正拉深

相比于液压深拉深更多地考虑材料的拉深极限，液压正拉深考虑的更多的是材料拉深后的回弹和变形。汽车上的大型覆盖件如车前盖、车门、发动机罩等面积很大而拉深深度小的零件因为板料的变形程度小,达不到足够的强度,抗凹性相比深拉深工件差很多,有时只需在工件中部施加很小的力就能使工件发生变形,汽车发生碰撞或受冲击时很容易损坏。使用液压正拉深工艺可以解决这些问题。

液压正拉深同样是利用液体施加压力进行成形的。在拉深过程中,板料周围受凹模与压边圈的压紧固定,中间部分在压力介质作用下向上发生塑性变形,贴紧到凸模上完成预拉深。之后,压边圈与预成形件和凹模构成的整体压向凸模,压力介质在压力控制系统作用下调整压力,使板料完全紧压于凸模上最终成形,其原理如图8.58所示。

图8.58 液压正拉深
1—凸模;2—压边圈;3—板料;4—密封圈;5—凹模;6—压力介质

液压正拉深的优点是板料与模具不存在相对运动,只是板料在液体压力的作用下紧压到凸模上成形,模具损耗小、使用寿命长,工件尺寸精度高、表面质量好,设计完善的模具对板料的材料和厚度没有太大的要求,生产效率较高。

3. 内高压成形

内高压成形技术是轻量化结构件的新型制造技术,它可以使冲压件减轻30%左右的质量,而且空心轴比实心轴质量也要更轻。内高压成形技术在加工形状复杂的空心件方面相对于传统的工艺有突出的优势。以排气管为例,传统的方法是采用整体铸造或多件单独成形的薄钢管焊接而成的,前者由于是采用铸造,尺寸精度和表面质量都很差;后者采用焊接,零件多且工艺复杂。而使用内高压成形技术制作的零件不需要焊接,成形件精度高、重量轻,即使形状复杂也能以整体成形加工,零件材料的冷作硬化效应也提高了零件成形后的刚度。

内高压成形的模具(图8.59)由上下模组成,托架和轴向缸可调节轴向缸的密封压头的位置和方向,直到密封压头能使管件毛坯两端密封后,在密闭的模具内利用高水压使管件从内侧膨胀,在施加水压的基础上轴向缸进一步推动管件使其镦粗,直到管件与模具内腔壁面完全贴合得到工件。

内高压成形的这种成形方法,需要半成品坯料作为其毛坯,通常断面必须是圆形的管状毛坯。如果生产中工件因形状特殊或其他问题导致无法膨胀到最终形状,则还需要后续的冲压或切削加工。现在在汽车冲压行业中,内高压成形工艺是非常有优势的,其产品的结构使用其他加工方法很难达到相同的性能,且产品强度高、质量轻,是汽车轻量化的另一新型加工方式。现在如排气歧管(图8.60)、底盘、部分车身覆盖件都开始使用内高压成形技术。外国一些企业和研究机构已经开始研究非圆截面管件的内高压成形技术，如将板材焊接后中间形成空腔，再用内高压成形技术进行加工，这样可为内高压成形技术提供更广的使用范围。另外正在开展的研究还有双层管内高压成形、拼焊管内高压成形、热态介质内高压成形等更新的技术，可以看出，内高压成形具有很好的发展前景。

图 8.59　内高压成形模具结构

1—下模块；2—密封压头；3—上模块；4—滑块垫板；
5—定位块；6—上模座；7—轴向缸；8—托架

图 8.60　使用内高压成形的排气歧管

4. 激光拼焊板成形工艺

激光拼焊板最先是由德国蒂森钢铁公司开始应用的，开始是为了得到超大尺寸的板材冲压件，后来发展到使用不同厚度、不同材质的材料，将其焊接成一块板料，然后进行冲压成形。图 8.61 所示为激光拼焊。

拼焊板的使用可以减少零件的数量（图 8.62）、减轻零件质量、降低生产成本和减少模具投资等，在欧美汽车制造业得到广泛应用，每种新车型都有 10 余种零件应用激光拼焊板。拼焊板主要应用在车门内板、侧围内板及梁类零件。据统计，汽车门里板采用拼焊板成形的占 40% 以上。

通过图 8.62 可以看出，在采用激光拼焊工艺之后，该位置的加强板可以变得更小而不影响车身性能，该处的新加强板能为汽车减重约 1.5kg。

图 8.61　激光拼焊

(a) 传统加强板

(b) 采用激光拼焊的新加强板

图 8.62　汽车车门侧围内板新加强板

8.3.4　冲压工艺的有限元分析技术应用

冲压成形仿真技术是在近二十年来有限元分析技术和计算机开发能力快速发展的基础上跟着发展起来的，它是现在国际上研究的热点之一，实践证明成形仿真技术是解决传统设计难题有效的解决途径。通过在计算机上建立模型后进行模拟冲压再进行结果分析（图8.63、图8.64），可以完成模具和冲压工艺优劣的判断并发现问题，通常是通过"仿真—修改—仿真"这样循环的过程来进行设计，这一切都是在计算机上完成的，当得到满意的分析结果之后再将数据投入实际生产中，极大限度地避免了实际模具的报废和修改，提高了产品的开发效率和产品质量，降低了开发风险和产品成本。

图8.63　热冲压总体建模

图8.64　冲压模具有限元分析网格划分

仿真分析技术的进步有赖于塑性成形有限元理论的成熟和计算机计算、开发能力的发展，现在国外已经有了很多的可用于冲压成形仿真的有限元分析软件，能模拟成形过程中的各种基本工艺和液压成形、热冲压等新型工艺，在模具模面设计，合理排样等方面功能也是非常强大的。

美国ETA公司的DYNAFORM软件就是用于成形仿真分析的软件，它包括有限元前、后处理器和LS-DYNA求解器。LS-DYNA是世界上最著名的通用显式动力分析程序，能够模拟真实世界的高速碰撞、爆炸和金属成形等高度非线性动力冲击问题，保证了其计算的可靠性。DYNAFORM软件采用自适应网格技术，初始的坯料的网格可以较粗，在模拟成形过程中，当坯料遇到比较剧烈变形时自动进行局部区域的网格细分，以提高这些部位计算的准确度。自适应网格技术很好地解决了分析精度与计算效率的矛盾，在时间与精度上巧妙地取得了平衡。所以，DYNAFORM 软件是目前国内外应用得最多的仿真分析软件。

图 8.65～图 8.67 所示就是利用仿真分析软件模拟冲压过程压力、温度等的分布和可能出现的问题。

图 8.65 汽车冲压件仿真问题分析

图 8.66 汽车冲压件冲压压力仿真分析

图 8.67 汽车冲压件温度仿真分析

8.3.5 汽车冲压技术的展望

汽车冲压对于汽车工业来说是非常重要的一种工艺。国外在冲压方面的应用已经很成熟，而在国内，专门从事冲压件生产的大型企业却很少，基本以中小型冲压件为主。但随着汽车产业在中国的迅猛发展，汽车零部件制造业也得到了一个很好的发展机遇，冲压技术在我国也受到更大的重视。近几年来汽车冲压专业化有了很大的提高，相比以往绝大部分整车企业都从国外或合资企业采购冲压件的情况，现在一些国内民营企业在冲压件方面也有了一定的市场，基本能够提供所有的汽车用中、小型冲压件，而且成本和价格都比国外或合资企业便宜，产品的性价比较高，具有一定的国际竞争力，特别是在模具生产方面，已经能够生产较精密的模具，发展也很迅猛。但我们仍要认清形势，加大对冲压技术的研究，争取赶上或缩小与外国的差距。

将来汽车冲压技术将向着模具开发专业化、制造过程的自动化和数字化、冲压设备的智能化和吨位大型化等方向发展，同时，新型的冲压技术和新材料也将得到更好的研究和应用。

在现在汽车产业欣欣向荣的情况下，冲压技术将会有很好的发展前景。

8.4 焊接技术

焊接是被焊工件的材质(同种或异种),通过加热或加压或两者并用,并且用或不用填充材料,使工件的材质达到原子间的键和而形成永久性连接的工艺过程。焊接技术主要应用在金属母材上,按其工艺的特点主要分为熔焊、压焊和钎焊三大类。焊接产品与铆接件、铸件和锻件等相比,具有质量轻的优点,用在交通工具上可以达到减轻自重,节约能源的目的。焊接还拥有优秀的密封品质,常用来制造各种容器。对于焊接结构,可以采用不同部位应用不同性能材料的方法,使得各种材料的性能得到充分发挥,有效地利用材料,达到成本与性能双赢的效果。焊接已成为现代机械制造工业中一种不可缺少的工艺方法,尤其是在汽车制造中得到了广泛的应用,图8.68所示为某车型焊接车间。表8-4列出了汽车工业所用到的焊接方法及零部件的应用。

图 8.68 某车型焊接车间

表 8-4 汽车工业所用到的焊接方法及零部件的应用

焊接方法		零部件的应用
电阻焊	点焊	主要用于车身总成、地板、车门、侧围、后围、前桥和小零部件等
	多点焊	用于车身底板、载货车车厢、车门、发动机盖和行李箱盖等
	凸焊及滚凸焊	用于车身零部件、减振器阀杆、制动蹄、螺钉、螺母和小支架等
	缝焊	用于车身顶盖雨檐
	对焊	用于钢圈、进排气阀杆、刀具等
电弧焊	CO_2 保护焊	用于车厢、后桥、车架、减振器阀杆、横梁、后桥壳管、传动轴、液压缸和千斤顶等
	氩弧焊	用于机油盘、铝合金零部件的焊接和补焊
	焊条电弧焊	用于厚板零部件如支架、备用胎、车架等
	埋弧焊	用于半桥套管、法兰、天然气汽车的压力容器等

（续）

焊接方法		零部件的应用
特种焊	摩擦焊	用于汽车阀杆、后桥、半轴、转向杆和随车工具等
	电子束焊	用于齿轮、后桥等
	激光焊割	由于车身底板、齿轮、零件下料及修边等
氧乙烷焊		用于车身总成的补焊
钎焊		用于散热器、铜和钢件、硬质合金的焊接

8.4.1　搅拌摩擦焊在汽车制造中的应用

1. 搅拌摩擦焊原理

搅拌摩擦焊（Friction Stir Welding）是一种固态连接方法。此项技术原理简单，控制参数小，易于自动化，可将焊接过程中的人为因素降到最低，因而具有广泛的应用前景和发展潜力。与普通摩擦焊相比，搅拌摩擦焊可不受轴类零件的限制，可焊接直焊缝，还可以进行多种接头形式和不同焊接位置的连接。

图8.69所示为搅拌摩擦焊原理示意图。搅拌摩擦焊方法与常规摩擦焊一样，也是利用摩擦热作为焊接热源。不同之处在于，搅拌摩擦焊焊接过程是由一个圆柱形的焊头伸入工件的接缝处，通过焊头的高速旋转，使其与焊接工件材料摩擦，从而使连接部位的材料温度升高软化，同时对材料进行搅拌摩擦来完成焊接。

图8.69　搅拌摩擦焊原理示意图

2. 搅拌摩擦焊工艺

焊接接头形成过程如图8.70所示。

在焊接过程中工件要刚性固定在背垫上，置于垫板上的对接工件通过夹具夹紧以防止对接接头在焊接过程中松开，如图8.70(a)所示。一个带有特型搅拌指头的搅拌头旋转并缓慢地将搅拌指头插入两块对接板材之间的焊缝处，如图8.70(b)所示。一般来讲，搅拌指头的长度接近焊缝的深度。当旋转的搅拌指头接触工件表面时，与工件表面的快速摩擦产生的摩擦热使接触点材料的温度升高,强度降低。搅拌指头在外力作用下不断顶锻和挤压接缝两边的材料,直至轴肩紧密接触工件表面为止,如图 8.70(c)所示。这时,由旋转轴肩和搅拌指头产生的摩擦热在轴肩下面和搅拌指头周围形成大量的塑化层,如图 8.70(d)所示。当工件相对搅拌指头移动或搅拌指头相对工件移动时,在搅拌指头侧面和旋转方向上产生的机械搅拌和顶锻作用下,搅拌指头的前表面把塑化的材料移送到搅拌指头后表面。在搅拌指头沿着接缝前进时,搅拌焊头前头的对接接头表面被摩擦加热至超塑性状态。搅拌指头和轴肩摩擦接缝,破碎氧化膜,搅拌和重组搅拌指头后方的磨碎材料。随后当探头离开时,尾部塑性金属流在挤压下重新结合形成固相焊缝,如图 8.70(e)所示。

图 8.70 搅拌摩擦焊焊接过程

3. 搅拌摩擦焊技术优势

搅拌摩擦焊的主要优点有如下几点:

(1) 焊接接头质量高。

① 焊接接头不易产生缺陷。焊缝是在塑性状态下受挤压完成的,属于固相,避免了熔焊时熔池凝固过程产生裂缝、气孔等缺陷。这为熔池凝固裂缝敏感材料的焊接提供了新工艺,例如焊接高强度铝合金是十分有利的。

② 焊接接头热影响区显微组织变化小。固相焊加热温度低,热影响区金相组织变化小,如亚稳态相能保持基本不变,故有利于焊接热处理强化铝合金。

③ 焊接工件不易变形。焊接有刚性固定,且固相焊加热温度低,故焊接不易变形,焊接较薄铝合金结构如小板拼成大板的焊接极为有利,也是熔焊方法难以做到的。

(2) 能一次完成较长、较大截面、不同位置的焊接。由于不是依靠两焊接相对摩擦来进行焊接,根本上改变了传统的摩擦焊只能焊接简单断面的局限性,扩大了应用范围。

(3) 操作便于机械化和自动化。不需要熟练技巧的高水平焊工进行操作,因此质量稳定性好,重复性高。

(4) 低成本。①不需要填充材料,也不用保护气体;②厚焊接件边缘不用坡口加工;③焊接铝材工件不用去氧化膜,只需用溶剂擦去油污即可;④对接容许留一定间隙,不苛求装配精度;⑤节能,安全,无污染,无烟尘。

搅拌摩擦焊可以用于众多汽车零件的制造,比如汽车车体顶篷加强板、车体地板加强构件、铝合金发动机构架、发动机壳体内衬、悬架系统加强件、侧体内衬加强件、车门加强结构件、后门加强结构件等。图 8.71 所示是美国 Tower Automo‐tive 公司利用搅拌摩擦焊为 Ford 公司生产铝合金悬架臂。

图 8.71　用搅拌摩擦焊生产悬架臂

8.4.2　激光焊接技术在汽车制造工业中的应用

激光焊接是以激光作为能量载体的一种高能密度焊接方法。激光焊接是把能量很高的激光束照射到工件上，使工件受热熔化，然后冷却得到焊缝。图 8.72 所示为激光焊接原理简图。

【汽车底板激光焊接】

图 8.72　激光焊接原理图

激光焊接与常规焊接方法相比有如下特点：

（1）可焊接高焊点材料如钛、石英等，并能对异性材料进行焊接，效果良好。

（2）聚焦光斑小，焊接速度快，作用时间短，热影响区小，变形小。

（3）属于非接触焊接，无机械应力和机械变形。

（4）易与计算机联机，能实现精确定位，实现自动焊接。

（5）可在大气中进行，无环境污染。

（6）可焊接难接近的部位，可以远距离焊接。

（7）激光束易实现按时间与空间分光，能进行多光束同时加工及多工位加工，为更精密的焊接提供了条件。

(8) 激光束功率密度很高,焊缝熔深大,速度快,效率高。

(9) 激光焊缝组织均匀、晶粒很小、气孔少、夹杂缺陷少,在力学性能、抗腐蚀性能和电磁学性能上优于常规焊接方法。

(10) 激光焊接具有熔池净化效应,能纯净焊缝金属。

激光焊接以其优异的性能和高柔性、高效率等优点作为焊接的手段应用于汽车制造业,是一种具有很大发展潜力的加工方法。激光焊接是一种高速、非接触、变形极小的焊接方式,非常适合大量而连续的在线加工。随着汽车需求量的增加,安全性能的提高和轻量化的发展趋势,原来的点焊技术已经难以满足技术要求。激光焊接具有单位热输入量少、热变形小、焊缝深宽比大、焊接速度高、焊缝强度普遍高于母材,且激光焊接具有单边加工、复杂结构适应性好、能焊接多层板、易于实现远程焊接和自动化等优点。

激光焊接在汽车制造中的整个工艺主要包括三大类型:车身总成与分总成的激光组焊;不等厚板的激光拼焊;汽车零部件的激光焊接。

1. 车身总成与分总成激光组焊

激光组焊技术是将已冲压或切割成形的各种车身构件,先两两件组焊,然后多件组焊,从而形成白车身分总成,各白车身分总成再组装成白车身总成。

车身的激光焊接主要分为总成焊接、侧围与车顶焊接、后续焊,如图 8.73 所示。

(a) 分总成的焊接车门激光焊接

(b) 车架激光焊接

(c) 顶盖和侧围激光焊接

(d) 后继激光焊接

图 8.73 激光焊接在车身中的应用实例

激光焊接技术运用于汽车车身能大幅度提高汽车的刚度、强度和密封性;减轻车身质量并达到节能的目的;提高车身的装配精度,使车身的刚度提升 30%,从而提高车身的安全性;降低汽车车身制造过程中的冲压和装配成本,减少车身零件的数目并提高车身一体化程度;使整个车身强度更高,安全性更好,并且降低了车辆行驶过程中的噪声和振动,改善了乘坐舒适性。在国外对汽车追求"安全第一"的环境下，激光焊接技术的发展很快，而且国外已经充分利用激光焊接技术进行铝合金车身的焊接，为铝合金车身的制造提供了有效的方法。同时，它推动了汽车在不降低刚度和强度的前提下，向轻量化设计方向发展。激光焊接在汽车工业中，特别是中高档车的生产中已成为标准。

2. 激光拼焊板的应用

激光拼焊板在汽车工业上被大量应用为不同强度或不同表面处理状态的零件的整体成形。使用拼焊板将几个小零件通过激光焊接集成一个大的毛坯并进行冲压，从而可以使模具的数量和后续的生产工序减少，既降低了成本，又提高了汽车零部件的质量，使零件结构得到最大限度优化，充分发挥不同强度、不同厚度板材的性能，并使汽车减重，降低零部件数量和保证安全，成为提高优化设计和制造技术的有效手段之一。典型的拼焊构件如图 8.74 所示。以车门内板为例：为了保证功能的需要，车门内板的主体必须具备一定的柔性，而门板的前、后部都需要具有一定的强度。如果采用传统的冲压成形方法就需要另外设计加强板，而采用拼焊技术，只要将 3 块不同厚度的钢板拼焊成一块整板，即可冲压成形。

图 8.74　典型激光拼接焊构件

目前激光拼焊板已广泛应用在汽车车身的各个部位上，如行李箱加强板、行李箱内板、前轮罩、侧围内板、门内板、前地板、前纵梁、保险杠、横梁、轮罩、中立柱等，如图 8.75 所示。

图 8.75　激光拼接焊技术在车身部件中的应用

拼焊在汽车工业上的应用具有对增加汽车安全性、减轻质量、减少加工工序、降低成本、提高生产效率、减少材料消耗及提高总成装配的精确性等重要作用。通过采用拼焊板技术，使车身零件数量减少约25%，车身减重20%，抗扭刚度提高了65%，振动特性改善35%，并且增强了弯曲刚度。

随着人们对提高汽车结构安全性和减轻车身质量、降低油耗要求的关注，激光拼焊板这一新技术已经在全球汽车业兴起。激光拼焊板正在被世界各地的新车型所接受，世界汽车制造商对拼焊板的需求大大促进了拼焊板的生产。目前，激光拼焊板在欧、美、日等国家和地区的各大汽车厂的整车制造中已获得普遍应用。

3. 汽车零部件激光焊接

激光焊接在汽车制造中的应用始于变速器的齿轮焊接，由于采用了激光焊接，焊接后的齿轮几乎没有焊接变形，不需要焊后热处理，而且焊接速度大大提高，因此很快得到了应用。如图8.76所示，汽车零部件焊接采用激光焊代替传统焊接，零件焊接部位几乎没有变形，焊接速度快，而且不需要焊后热处理，目前激光焊接广泛用到变速器齿轮、气门挺杆、车门铰链、传动轴、转向轴、发动机排气管、离合器、增压器轮轴及底盘等汽车部件的制造中，成为汽车零部件制造的标准工艺。

图8.76 激光焊接齿轮

8.4.3 新型焊接技术

1. 激光复合焊接

激光-电弧复合焊接技术是一种功能多、可靠性高、适应性强的精密焊接工艺方法；相对于单热源焊接，它能够通过两热源间的相互作用有效抑制和改善单热源焊接中的常见缺陷，如烧穿、咬边及孔隙等。由于其热源具有极高的功率密度，焊接过程中热输入量就极低，因此采用该方法得到的焊件具有变形量小、线能量小、热影响区窄及接头力学性能好等优点。

图8.77所示为激光-电弧复合焊原理图。激光-电弧复合焊接，是激光与电弧同时作用于金属表面的同一位置，焊缝上方因激光而产生等离子体云，等离子体云会降低激光能量利用率，当外加电弧之后，低温低密度的电弧等离子体会稀释激光产生的等离子体，从而使激光的能量利用率显著提高；同时因电弧作用使母材温度升高，也提高了母材对激光

的吸收率；激光熔化金属，为电弧提供了大量的自由电子，减小了电弧通道的电阻，这也不同程度地提高了电弧的能量利用率。

图 8.77 激光-电弧焊复合焊原理图

电弧焊接容易使用焊丝填充焊缝，采用复合焊会进一步扩大拼缝间隙的宽容度，减少或消除焊后接口部位的凹陷，改善焊缝形貌，提高焊缝质量，降低焊接成本。单独激光和电弧热源的作用区域小，复合焊中电弧的加入，扩大了热作用范围，熔化金属增多，桥接能力增强，降低了对焊件接口的装配要求；同时电弧大的热作用范围、热影响区扩大，温度梯度减小，冷却速度也较小，熔池凝固过程减缓，可减少或消除裂纹和气孔的产生，可增加焊接的可靠性和稳定性。

激光复合焊另一特点就是具有很宽的焊速调整范围。例如，采用激光复合连接技术焊接某车门对接接头时，如图 8.78 所示，焊接速度 1.2～4.8m/min 都是可行的，焊丝送丝速度为 4～9m/min，激光功率为 2～4kW。因此激光复合焊对汽车工业来说具有极大的吸引力和经济效益。

图 8.78 某车型激光复合焊

激光-电弧复合焊接是一种新兴、高效的焊接工艺方法，既可提高电弧的稳定性和引燃率，又可大大提高彼此能量的利用率。激光-电弧复合焊接技术还能够改善某些难焊材料的焊接性，如异质金属、铝合金等。因此，无论是从工艺角度，还是从经济角度考虑，激光-电弧复合焊接技术都具有广阔的发展前景。

2. 激光远程焊接

图 8.79 所示为某车型车身后窗台激光远程焊。由于传统激光焊接系统在焊接位置之间快速移动的速度相对较低，在实际生产中很难达到大批量生产要求。这一缺点在焊点分布多的复杂三维零件（如车门）上的应用显得尤为突出。高光束质量、高功率新型盘形激光器和光纤激光器的应用推广，为激光远程焊接技术的实现奠定了硬件基础。如今远程激光焊接正在成为一种替代传统汽车白车身应用中电阻点焊的一种手段。

图 8.79　某车型车身后窗激光远程焊

远程激光焊接技术发挥了单侧、非接触式激光焊接带来的技术和经济优势，并将其与高速扫描镜片带来的优势相结合，大大缩短了焊接时间，在整个焊接流程中增加了总生产效率。远程激光焊接的优势是最为显著的，如果和传统激光机器人焊接的工作周期相比：对于传统激光-机器人焊接，20mm 的缝焊可在 0.2~0.4s 内完成，重复定位时间最大为 3s；而对于远程焊接来说焊接时间相同，重复定位时间仅为 0.2s。远程焊接的关键优势在于降低了定位时间，这是由于装备了高速的光束扫描装置。

远程激光焊接的技术仍然在发展中，系统不断被改良以适应实际生产中的需求。随着激光技术的发展，例如更高光束质量、更短波长激光器及高功率传输光纤及镜片导光方式的研制。此外还有不使用保护气体的手段使用激光远程焊接技术进行多工位加工以最大化激光使用，获得高质量的焊缝和更高产量的生产将成为现实。

8.4.4　汽车制造中焊接数值模拟技术的应用

在许多焊接结构中，由于焊接工艺本身的特点，焊缝结构存在应力集中等各种焊接缺陷。由于焊接应力分布复杂，引起承载能力下降和焊接变形，采用常规的手段无法分析焊接应力分布和预测焊接变形、很难控制焊接总成的质量。因此采用数值模拟技术进行焊接应力和焊接变形方面的研究很有必要。通过焊接数值模拟，可以模拟出焊接过程中的应力变化及分布情况，为制定合理的焊接工艺提供理论依据。数值模拟软件很多，如 ANSYS 和 Sysweld 等各类模拟软件。

Delmia 公司为汽车制造业提供了全面的解决方案，从白车身焊接、油漆、总装的工艺规划到加工仿真等，提供了一系列的软件的整体解决方案。Delmia BIW 是对汽车白车身规划与仿真应用的一套解决方案。用户可以利用 BIW 并自行开发白车身焊接工艺、机器人加工单元仿真。BIW 支持整个企业各部门浏览与利用 PPR 数据库中的各种信息。

8.4.5 汽车工业焊接的总体发展趋势

焊接技术的发展水平是一个国家机械制造和科学技术发展水平的标志之一。目前焊接技术的发展趋势具有如下特点。

（1）随着新的焊接材料和结构的不断出现，需要开发新的焊接工艺方法。

（2）改进常用的普通焊接工艺方法，提高焊接过程机械化、自动化水平，提高焊接质量和生产效率。

（3）采用电子计算机控制焊接过程，大力推广焊接机器人、焊接中心。

（4）发展专用成套焊接设备。

可以说，世界焊接技术在各方面有了很大进步，焊接材料种类更加丰富，焊接自动化、清洁化更加突出；焊接技术的综合成本更低，焊接对工业的服务更加广泛。在不久的将来，焊接核心技术的作用会得到更多关注，数控和电源方面会有更好的发展，激光焊接技术和机器人会得到更广泛的应用。

8.5 机械加工及热处理技术

8.5.1 汽车制造机械加工技术及装备

现在的机械加工技术是将现代化信息技术、自动化技术、企业管理技术的新成果运用于机械制造过程中，发展新的制造技术和生产模式，使机械产品的生产更加优质、高效、低能耗、快捷、灵活。

1. 汽车零部件机械加工生产线的技术特征

流水生产线一直是汽车及零部件生产方式的主体，其根本技术是集成技术——将工艺系统、物流系统、信息系统集成为流水生产线。

1）工艺系统

工艺系统即机床-工具-工件系统。现代汽车制造，特别是乘用车的生产线的工艺装备已经进入柔性化时代，它由数控机床和智能工具组成。

图 8.80 所示为某高速四轴卧式加工中心。对于现代高速加工机床的要求是高速度、高精度、高精度保持性（高机床工程能力 C_m/C_{mk} 值和高可靠性）。目前，用于发动机生产线的高速加工中心，快速移动已到达 60～100m/min，加速度达 0.6～1.5g，主轴最高转速达 8000～15000r/min，定位精度/重复定位精度——工作台在 1m 以下为 $8\mu m/4\mu m$（VD Ⅰ 标准），工作台 1m 以上为 $10\mu m/5\mu m$（VD Ⅰ 标准），主轴普遍应用电主轴，进给运用普遍采用直线电动机，同时普遍运用三坐标模块化和箱中箱结构，机床非常简约，外购件（配套件）比例增加，交货值大大缩短。

图 8.80 某四轴卧式加工中心

高速加工与常规加工相比，有许多突出的优点。

（1）单位时间的材料切除率可增加 3~6 倍。

（2）切削里可降低 30% 以上，尤其是径向切削力的大幅度减少，特别有利于薄壁筋件的高速精密加工。

（3）95%~98% 的切削热被切屑带走，工件可基本保持冷态。

（4）高速加工时机床的激振频率特别高，远离"机床-刀具-夹具-工件"工艺系统的固有频率，切削平稳振动小，能加工出非常精密的零件。同时由于切屑是在瞬间被切离工件的，工件表面的残余应力非常小。

要实现数控高速切削加工，就是依据高速切削加工理论，采用高速主轴单元、高速进给系统以及高性能的刀具系统，并搭配相应的机床支撑技术及辅助单元技术。

（1）高速主轴单元。传统的机床是通过齿轮、皮带等中间环节连接把动力从电动机传递到主轴，从而控制机床主轴的运动。由于传统的主轴运动的精度受很多因素的影响，特别是在高速运转的时候无法达到所需的精度，已经无法适应高速加工的要求。

高速运转的电主轴的主轴形式是将主轴电动机的定子、转子直接装入主轴组件的内部，即把高速电动机置于精密主轴内部，电主轴的电动机转子就是主轴，主轴的壳体就是电动机的机座，实现了变频调速电动机和主轴一体，电动机直接驱动主轴，形成电主轴。电主轴取消了中间的传动环节，传动链长度为零，可以实现真正意义上的机床主轴系统的"零传动"，避免了中间环节对精度的影响。

电主轴是一套组件，它包括电主轴本身及其相应的部件：电主轴、高频变频装置、油雾润滑器、冷却装置、内置编码器、换刀装置等。实现高速化的电主轴，要解决 3 方面问题：机械方面——轴承发热和振动问题；电动机设计方面——定子、转子功率密度和绕组发热问题；驱动和控制角度——调速问题。

（2）高速进给系统。高速加工机床不仅有高速主轴功能，还应有高速进给功能。一般滚珠丝杠系统由伺服电动机、传动齿轮、滚珠丝杠螺母副、支架元件组成，传动链长，滚珠丝杠又是一种细而长的非刚性传动元件，当要求高进给运动速度时，由于转动惯量大，转矩刚度低、传动间隙误差大、摩擦磨损严重、弹性变形等缺陷，不能满足高速加工的高速度、高加速度、高精度、高可靠性要求。目前新的进给机构是大导程滚珠丝杠或直线电动机，图 8.81 所示为直线电动机原理图。直线电动机是将传统圆筒形电动机的一次侧展开拉直，使得一次侧的封闭磁场变为开放磁场，旋转电动机的定子部分变为直线电动机的一次侧，旋转电动机的转子部分变为直线电动机的二次侧。在电动机的三相绕组中通入三相对称正弦电流后，在一次侧和二次侧间产生气隙磁场，气隙磁场的分布情况与旋转电动机相似，沿展开的直线方向呈正弦分布。当三相电流随时间变化时，气隙磁场按定向相序沿直线移动，这个气隙磁场成为行波磁场。当二次侧固定不动时，二次侧就能沿着行波磁场运动的方向做直线运动，即可实现高速机床的直线电动机驱动的进给方式。把直线电动机的一次侧和二次侧分别安装在高速机床的工作台与床身上，由于这种进给传动方式的传动链缩短为零，因此称为机床进给系统的"零传动"。

图 8.81 直线电动机原理图

同"旋转伺服电动机＋滚珠丝杠"传动方式相比较，直线电动机直接驱动有以下优点：

(1) 高速度，目前最大进给速度可达 $100 \sim 200 \mathrm{m/min}$。

(2) 高加速度，可达 $2 \sim 10 g$。

(3) 定位精度高，由于只能采用闭环控制，其理论定位精度可以为 0，但由于存在检测元件安装、测量误差，实际定位精度不可能为 0，最高定位精度可达 $0.1 \sim 0.01 \mathrm{m}$。

(4) 行程不受限制，由于直线电动机的二次侧(定子)可以分段地铺在机床床身上，不论有多远，对系统的刚度不会产生影响。

直线电动机进给系统是一种能将电能直接转换为直线运动的机械能，而不需要任何中间传动环节的驱动装置。它的应用将传统的回转运动转变为直线运动，因此机床的速度、加速度、刚度、动态性能可得到完全改观，通过采用数字控制技术，直线电动机可以利用大增益，提高控制效果，使得高速移动的伺服滞后量减小，从而获得高的定位精度，有效地克服了传统旋转电动机进行驱动时，机械传动机构传动链较长、体积大、效率低、能耗高、精度差等缺点。

高速切削是切削加工发展的主要方向之一，高速机床是实现高速切削的基础。但是目前高速加工机床及其控制系统、主轴系统、高速切削用刀具材料的价格昂贵，使一次性投入较大。同时，整个工艺系统还存在一系列亟待攻克的技术问题，如高速加工的刀具磨损严重；切入切出时容易破损；铣、镗等回转刀具及高速机床主轴需要动平衡；高速加工时刀具和工件夹持要更加牢靠安全等。

2)物流系统

它是由原材料处理、储存、上下料装置和机床间传输装置组成的。在单台数控机床配备工件库或原材料库及自动上下料(系统)装置(含机械手、机器人)的条件下,即在与物料储存与传输及其自动控制集成的条件下,构成柔性制造单元。在多台数控机床配备自动上下料与物料储存和传输与生产计划调度用计算机集成的条件下,构成柔性制造系统。在不含计划调度系统和工件单向流动时,组成柔性生产线。

柔性制造技术(Flexible Manufacturing Technology,FMT)也称柔性集成制造技术,是现代先进制造技术的统称。柔性制造技术集自动化技术、信息技术和制作加工技术于一体,把以往工厂企业中相互孤立的工程设计、制造、经营管理等过程,在计算机及其软件和数据库的支持下,构成一个覆盖整个企业的有机系统,主要用于多品种小批量或变批量生产。

柔性制造技术是对各种不同形状加工对象实现程序化柔性制造加工的各种技术的总和。柔性制造技术最主要的应用形式是柔性制造系统(Flexible Manufacturing System,FMS),它是由一个传输系统联系起来的一些设备,传输装置把工件放在其他联结装置上送到各加工设备,使工件加工准确、迅速和自动化,其原理如图8.82所示。

图8.82 柔性制造系统的原理图

其他柔性技术形式还有柔性制造单元(Flexible Manufacturing Center,FMC)、柔性制造线(Flexible Manufacturing Line,FML)、柔性制造工厂(Flexible Manufacturing Factory,FMF)。它们的技术特点见表8-5。

表8-5 主要柔性技术应用的特点

	特 点
FMC	FMC可视为一个规模最小的FMS,是FMS向廉价化及小型化方向发展的一种产物,它由1~2台加工中心、工业机器人、数控机床及物料运送储存设备构成,特点是实现单机柔性化及自动化,具有适应加工多品种产品的灵活性
FML	FML是处于单一或少品种大批量非柔性自动线与中小批量多品种FMS之间的生产线。其加工设备可以是通用的加工中心、CNC机床;也可采用专用机床或NC专用机床,对物料搬运系统柔性的要求低于FMS,但生产率更高。FML是以离散型生产中的柔性制造系统和连续型过程中的分散型控制系统(DCS)为代表,其特点是实现生产线柔性化及自动化
FMF	FMF是将多条FMS连接起来,配以自动化立体仓库,用计算机系统进行联系,采用从订货、设计、加工、装配、检验、运送至发货的完整FMF。FMF包括CAD/CADM,并使计算机集成制造系统(CIMS)投入实际,实现生产系统柔性化及自动化,进而实现全厂范围的生产管理、产品加工及物料储运进程的全盘化。FMF是自动化生产的最高水平,反映出世界上最先进的自动化应用技术,将制造、产品开发及经营管理的自动化连成一个整体,以信息流控制物质流的智能制造系统(IMS)为代表,其特点是实现工厂柔性化及自动化

3) 信息系统

信息系统主要包括生产控制、刀具更换、工装及附件更换、工件调度、自动编程、自动监控、自动补偿、工件质量自动控制、刀具磨损或破损后的自动更换和自动报警等。最新要求是具备CAD、CAM功能,运程生产线管理和维护功能,故障诊断和自动修复功能等。

2. 汽车齿轮制造技术发展

齿轮是汽车运动中的核心传动部件,其加工质量的优劣对总成乃至整车的振动噪声及可靠性会带来直接影响,有时会成为制约产品水平提高的关键因素。汽车用齿轮大体可分为4类。表8-6所示为汽车用齿轮类型及其应用。

表8-6 汽车用齿轮类型及其应用

齿轮类型	应 用
圆柱齿轮	发动机、变速器、桥等动力传动系统的平行轴
锥齿轮(直齿锥齿轮和螺旋锥齿轮)	主要用于变速器、桥等动力传动系统中起差速、减速及变向作用的交叉轴或交错轴传动
齿环类	变速器的滑动齿套和行星变速传动的齿圈属于内齿环,变速器同步器齿环属于外齿环
特殊用途齿轮	机油泵齿轮、速度表蜗杆、转向齿条

从产品应用技术角度来看,齿轮制造本身是一个系统性技术。要想生产出最好的齿轮,应该关注以下几个方面的研究进展。

1) 计算机辅助工程(Computer Aided Engineering,CAE)

CAE 是用计算机辅助求解复杂工程和产品结构强度、刚度、屈曲稳定性、动力响应、热传导、三维多体接触、弹塑性等力学性能的分析计算以及结构性能的优化设计等问题的一种近似数值分析方法。设计过程中 CAE 可在齿轮进入实际加工前正确预测制造因素的影响程度。有效的分析可以获得如下效果:

(1) 延伸和提升设计方法和思路。传统二维设计的图纸尽管有大量的图文信息,但表达设计意图仍不够完善;通过分析对强度、寿命的预测可使单纯的几何设计转变为可靠性设计;加速由二维 CAD 转变为三维实体进而实现数值模型设计。

(2) 最大限度地降低试制、试验成本,缩短开发周期。通过分析,提高首次试制成功率、降低试验验证次数,甚至可以取代部分试验,提高"一次成功率"。

(3) 生产时获得可靠的齿轮结构数据和正确的工艺调整数据。通过验证使分析数据模型得到预期性能目标的优化以指导生产。另外,生产过程中针对市场进行齿轮结构的适应性更改时通过数值分析进行可行性判定。

齿轮数值分析的有效性需通过试验进行规律性验证,以判断其置信度水平是否满足实际要求否则将不具实用意义。数值分析的有效性取决于计算数学模型的准确性、几何实体模型的精确程度、各种可知边界条件输入数据的正确与否。计算数学模型依赖于合适的软件目前有 LS-DYNA(非线性)、NASTRAN(线性)、ABAQUS(非线性)、FEMFET(疲劳)、ADAMS(多刚体)、ANSYS(非线性)等不同用途的较多可行选择。圆柱齿轮易于获得几何实体数值模型,对于螺旋锥齿轮的齿廓曲面以往很难获得精确的实际模型,现在已能够实现,如图 8.83 所示。

(a) 主动齿轮数值模型

(b) 主从动齿轮装配模型

图 8.83 准双曲面齿轮的有限元分析

2) 预调修正技术

齿轮作为汽车产品零件由于其工况条件具有复杂性和不确定性,不能简单地凭借精度及图纸符合程度来评判其优劣。应是满足产品要求同时又具有最优性价比才是期望得到的齿轮。齿轮制造工艺过程中的工序本身并不复杂,重要的是满足实际需要而不仅仅是图纸。因此,在齿轮制造过程中引入具有目的性要求的预调修正方法十分必要。

预调修正是基于系统性考虑问题的方法,其目的是最大限度地利用已有条件制造出适合不同产品性能要求的齿轮,该方法目前主要有如下几个方面。

(1) 热处理变形预调修正。

(2) 考虑结构和装配误差的预调修正。

(3) 考虑噪声和寿命的预调修正。

(4) 考虑工况载荷的预调修正。

8.5.2　汽车工业热处理技术展望

热处理是产品获得所要求的强、韧化性能、耐磨性、抗疲劳性能的主要技术手段。热处理质量是产品实现使用性能的可靠性、耐久性、安全性的重要保证。近年来,汽车工业热处理技术的发展除了对产品质量实行更加严格的控制之外,也更加重视节能与环保。同时,在信息时代,热处理技术会更加充分利用计算机技术、依赖计算机技术,使热处理生产管理、工艺过程控制、工艺设计与质量预测分析实现高度数字化、智能化。未来,热处理技术会紧紧围绕精密、节能、环保、智能化的方向发展。

1. 精密(精确)化热处理

所谓精密化热处理,是指以组织、硬度、硬化层为控制指标的内在质量的精密化及对以零件外形特征为指标的畸变量的严格控制。精密化的热处理是通过对材料、热处理工艺装备的精确设计,对热处理工艺过程和冷却技术的严格控制,保证使产品热处理后的组织、硬度、硬化层、畸变量等质量分散度最小。只有对材料成分、工艺装备、工夹、工艺过程、冷却技术等系统的严格设计、控制,才有可能最大限度地减小质量分散度,达到均一的产品质量。精密热处理是市场竞争对产品质量的必然要求,也是热处理技术发展的必然趋势。

2. 节能热处理技术的发展

从节能考虑,热处理节能措施和技术如图 8.84 所示。

图 8.84　热处理节能措施和技术

图 8.85 空气预热温度和节约燃料关系

热处理是能耗巨大的工艺之一，节能技术的开发和应用对热处理节能降耗、降低生产成本具有十分重要的意义。

汽车零件的热处理以连续、自动生产线为主，实现更高程度的专业化、规模化生产是降低热处理单位能耗的重要保证。采用新型节能筑炉材料，如陶瓷纤维材料、矽酸钙板、红外炉内涂料等，可以大大减少炉衬蓄热量，降低炉壁热损耗，节能效果可达10%～20%。而且与电加热相比，采用燃气加热具有更高的加热效率。

热处理生产过程中的余热利用是热处理节能的重要途径。利用烟道气废热预热燃烧用空气，节能效果显著，如图8.85所示。等温退火炉利用毛坯在中冷过程中发出的余热来预热前室毛坯；调质线利用淬火槽的热油预热清洗机的清洗液等。采用燃气辐射管（图8.86）加热时，利用排出的废热预热混合空气，可节约15%～20%的燃料。

图 8.86 再生式陶瓷辐射管示意图

利用炉顶直列式反应罐产生的吸热式气体可直接通入炉内，节省了独立发生器的工作能耗；直生式气氛更是将原料气与空气混合直接通入工作炉内，不但节省了中间能耗，而且原料气消耗可节省2/3，具有显著节能效果。

合理的热处理工艺设计也是节能的一个重要措施，如亚温淬火工艺的应用；低温化学热处理代替浅层渗碳和碳氮共渗；局部表面硬化处理代替整体强化等。这些技术的应用不但具有显著的节能效果，对减小零件热处理变形也十分有益。

3. 清洁热处理技术的发展

正确处理好资源与环境，技术与环境的关系是实现可持续发展的基本保证。新世纪，汽车工业热处理更加重视清洁、无害化技术的发展。真空热处理技术、离子热处理技术得到迅速的发展，就是清洁热处理技术发展的一个标志。

1）真空热处理

真空热处理是指热处理工艺的全部和部分在低于一个大气压的环境中进行加热的热处理工艺。真空热处理可以实现几乎所有的常规热处理所能涉及的热处理工艺，热处理质量也大大提高。与常规热处理相比，真空热处理的同时，可实现无氧化、无脱碳、无渗碳，可去掉工件表面的磷屑，并有脱脂除气等作用，从而达到表面光亮净化的效果。

真空热处理包括真空淬火和真空渗碳。

真空淬火工艺流程如图 8.87 所示。同其他热处理工艺相比，真空淬火工艺不仅热后畸变小，而且所处理的模具使用寿命可以提高 1~3 倍。模具采用真空热处理代替盐浴热处理的加热方法已成为热处理行业的发展趋势。

图 8.87　真空淬火工艺流程

真空渗碳也称低压渗碳，真空压力一般为 10~100Pa。真空渗碳工艺流程如图 8.88 所示。真空(低压)渗碳具有原料气消耗极少、零件变形小、热处理质量好、零件表面光洁、无污染的显著特点，是真正意义上的清洁热处理，是未来可预测的对环境友好的主导工艺之一。

图 8.88　真空渗碳工艺流程

2) 离子化学热处理

离子渗氮工艺已经在汽车零件表面强化方面得到广泛应用，图 8.89 所示为离子氮化炉示意图。离子渗氮工艺还应用于凸轮轴、机油泵通道板、排气阀、正时齿轮等零件的表面强化处理，可显著提高零件表面的耐磨性，抗疲劳性，耐腐蚀性能。对冷冲模、热锻模、压铸模采用离子氮化，对提高表面耐磨性，抗热疲劳性能均有显著效果。随着离子强化装备可靠性的不断提高和工艺技术的不断发展，相信离子复合渗和离子渗金属工艺在金属表面强化处理，特别是对各类模具表面的强化方面会得到广泛应用。

图 8.89　离子氮化炉示意图

3) 其他清洁热处理技术

对热处理工艺排放的无害化技术处理是清洁热处理技术发展的重要内容。如加拿大 NITREX 公司对气体软氮化的废气处理就是无害化处理的成功例子。在淬火介质方面，美国好富顿公司正在研究采用植物油代替矿物油，其一认为植物油是可再生资源，其二植物油对环境无害。合成淬火剂的应用也大大减轻了淬火介质对环境的影响。在清洗技术方面，开发无污染高效清洗剂也成为清洁技术发展的重要方面。

4. 智能化热处理技术的发展

传感技术与计算机控制技术是热处理智能化的基础。

在传感技术方面未来的研究重点如下：

(1) 开发可分别用于气体和离子渗氮及氮碳共渗所用的氮势传感器。

(2) 低压渗碳、离子渗碳和直生式气氛条件下的碳势传感器。

(3) 可在线准确反映、检测零件表面硬化层的硬度分布传感器。

(4) 可在线准确检测、显示零件表层应力分布的应力传感器。

在控制技术方面，未来的热处理技术发展趋势如下：

(1) 建立和完善针对不同材料、产品结构和性能要求，为实现产品最佳质量要求的热处理工艺过程控制的自适应系统。

(2) 零件淬火冷却过程的计算机模拟技术。

(3) 针对炉子结构设计建立的气氛和温度场的计算机模拟技术。

虽然就目前来说热处理生产控制尚处于工业自动控制甚至半自动控制阶段，但是智能化是热处理控制技术发展的必然趋势，而传感技术、计算机技术的发展和各种热处理数据库的建立为热处理技术智能化的实现提供了可靠的技术保证。

5. 感应热处理新技术

1) 双频淬火技术

同步双频感应加热技术（Simultaneous Dual Frequency，SDF）就是在一个感应线圈上同时使用两种不同频率（高频和中频）对一个工件进行热处理。SDF 电源包括正常功率输出的一个 HF 和一个 MF 电源，采用 IGBT 技术，在中频振荡基础上叠加高频振荡。而且 HF 和 MF 的功率能够从 2%～100% 分别进行连续调整，采用集成 PLC 控制，具有多个程序时间和功率设定，特别适合处理类似齿轮这样具有复杂表面的作业任务。两个频率的输出比例和在齿根和齿面的硬化深度可以根据工件的处理要求进行调整。

目前，德国 eldec 感应加热设备有限公司的 SDF 同步双频感应加热设备功率可达到 3MW 以上，完全可以满足多种工件的热处理需求。通过不同热处理参数进行优化匹配，能获得良好的轮廓硬化效果，如图 8.90 和图 8.91 所示。

图 8.90 SDF 感应加热原理

A—电流方向；B—能量传递方位；C—齿轮硬化部位

图 8.91 SDF 感应加热处理的齿轮

2) 汽车车身薄板件的感应淬火

日本的高周波热炼株式会社将感应加热淬火技术应用于汽车车身零件目的是在不降低安全性的前提下轻量化。其优点是使原材料的抗拉强度从 400～500MPa 提高到 1000～1500MPa；提高强度的同时可减薄部件，无需增强；可选择直接通电加热或感应加热对成型后的零件进行淬火；利用热处理变形在淬火时预矫正，因此可在冲压模具上取消预留量。

3) 冲压件粘接后感应加热固化技术

西班牙 GH 等公司研制成功专用固态粘接设备取代点焊，大大提高了工作效率。德国大众公司对不同乘用车的 4 个车门发动机罩盖和行李箱盖的冲压件粘接后感应加热固化，提高了产品质量，降低了生产成本。

4) 中空零件的感应淬火

降低燃料消耗、保护环境、轻量化生产汽车已成为当今汽车发展的迫切需要。日本的 NETUREN 公司将管材塑性加工成型，感应淬火强化处理后，再经少量的机械加工制造中空 BJ 轴、转向齿条、门内防撞梁等，零件弯曲强度是普通切削加工零件(齿条)的 1.5 倍，质量最大的约减轻 50%，实现轻量化。

5) 超快速短时间感应淬火技术

如汽车变速器齿轮类的小型齿轮，以往都是采用能得到轮廓硬化层的渗碳淬火方法强化处理。近年来开发了大功率(1000kW)、高频率(200kHz)晶体管电源，加上精确控制技术用 0～5s 以内的加热时间加热，实现了稳定的超快速短时间加热淬火。由超快速短时间感应淬火技术(Super Rapid Induction Heating and Quenching, SRIQ)处理的轮廓淬火件与一般感应淬火件、渗碳淬火件及软氮化件相比较，SRIQ 件齿底表面残留压应力大，疲劳强度最高，齿型误差等变形小，变形与软氮化件接近。同时，SRJQ 对柴油发动机齿轮、薄臂零件提高强度，对零件双 TEI 变形化(定变形和少变形化)会有实际作用，对模数 1～6mm 的螺旋齿轮和锥齿轮可能适用。这方面的开发还在继续。

6) 发动机缸体缸孔淬火

日本的高周波热炼株式会社，德国 DUETZG 公司成功研制出发动机内孔局部感应淬火技术，并形成产业化，在 DUETZG 发动机和 V8 发动机生产中得到应用。与镶缸套的生产工艺相比具有降低成本、提高发动机的耐磨性、耐烧蚀和降低油耗的优点。

8.5.3 机械加工及热处理的发展趋势

1. 先进机械加工发展趋势

未来先进机械加工的特点可以用 8 个字概括，即"数、精、极、自、集、网、智、绿"。

"数"即数字化，是发展的核心。它包括数字化设计、数字化制造、数字化控制等。对制造企业而言，各种信息均以数字形式，通过网络在企业内传递及处理，实现生产过程的快速重组与对市场的快速响应。

"精"即精密化，是发展的关键。它一方面是指对产品、零件的精度要求越来越高，另一方面是指对产品、零件的加工精度要求越来越高。没有先进的制造技术，就没有先进电子技术设备；没有先进电子技术与信息技术，也就没有先进制造装备。

"极"即极端条件，是发展的焦点。它是指在极端条件下工作的或者有极端要求的产品，也是指这类产品的制造技术有"极"的要求。这些产品都是科技前沿的产品。可以说，"极"是前沿科技或前沿科技产品发展的一个焦点。

"自"即自动化，是发展的条件。"自动化"是从自动控制、自动调节、自动补偿、自动辨识发展到自学习、自组织、自维护、自修复等更高的自动化水平。而且自动化控制从控制理论到控制技术、系统、控制元件，都有着极大的发展。自动化是先进制造技术发展的前提条件。

"集"即集成化，是发展的方法。它是技术的集成、管理的集成，也是技术与管理的集成。"集"主要是指现代技术的集成、加工技术的集成、企业集成等。

"网"即网络化，是发展的道路。制造技术的网络化不可阻挡，它的发展会导致一种新的制造模式，即虚拟制造。

"智"即智能化，是发展的前景。制造系统正在由原先的能量驱动型转变为信息驱动型，这就要求制造系统不但要具备柔性，而且要表现出某种智能，以便应对大量负责信息的处理、瞬息万变的市场需求和激烈竞争的环境。智能化制造模式的基础是智能制造系统，智能制造必将是未来制造业的主要生产模式之一。

"绿"即环保，是发展的必然。制造业产品从构思开始到设计阶段、制造阶段、销售阶段、适用于维修阶段，直至回收阶段、再制造阶段，都必须充分考虑环境保护。所谓环保是广义的，不仅要保护自然环境、社会环境、生产环境，还要保护生产者的身心健康。

2. 热处理技术的发展趋势

（1）可持续发展战略。热处理生产排出的废气、废水、废油、废渣、粉尘、噪声、电磁辐射等，都会使作业场地和周围环境受到污染。先进热处理技术的体现形式首先是对环境没有污染。热处理的加工是和环境资源密切相关的，其生产用的物料及剩余物料都将导致环境的污染。在生产和发展的过程中，避免污染的原则是预防第一，治理第二。所以，热处理先进技术发展首要考虑的是清洁先进生产技术。

（2）产品质量的持续提高。改变传统的热处理观念，优化热处理工艺方法；最大限度地减少或克服金属制品件在热处理过程中的畸变；减少零件的质量分散，提高零件的综合性能。由于材料化学成分、加热炉有效加热区温度的不一致，加热和冷却条件的差别，甚至人为操作因素的影响会使同一炉次热处理件质量造成明显差异，或不同炉次产品质量的不可重复性。

（3）节约能源。能源消耗太大是热处理成本太高的主要费用之一，先进热处理技术的主要特点之一就是节能。

（4）提高生产效率，降低生产成本。避免零件的废品是先进热处理技术的目的。在这个综合系统工程中，要从零件的设计、材料的选择和质量的保证、加工过程工艺的确定，用数据库和专家决策系统优选工艺和设备。

（5）降低劳动强度，减少劳动力的用量。热处理的人工操作是一种恶劣环境下的繁重体力劳动。先进的热处理装置的应用是先进热处理技术的体现形式之一。

1. 简述汽车生产制造的过程。

2. 锻造、铸造、冲压的工作原理分别是什么？它们在汽车零部件的生产中分别适用于哪些类型的零件？优缺点各是什么？
3. 简述消失模铸造的工作原理和特点。
4. 简述多工位级进模的工作原理及在汽车生产自动化中的应用优点。
5. 焊接技术工作原理是什么？有哪些新型焊接技术？
6. 简述仿真技术在汽车零件制造设计中的应用。
7. 简述机械加工及热处理的原理与在汽车制造中的应用。

参 考 文 献

[1] 宋年秀,刘涛,姜立标. 图解汽车发动机构造与拆装 [M]. 北京:中国电力出版社,2007.
[2] 何林华. 车用柴油发动机的发展趋势 [J]. 客车技术与研究,2004,26(3):1-3.
[3] 张宗法,熊锐. 汽车发动机技术现状与进展 [J]. 人民公交,2008(2):38-42.
[4] 杨利勇. 汽车发动机的发展及前景 [J]. 公路与汽运,2003(5):1-3.
[5] 刘海峰,金超. 汽车节能环保新技术 [J]. 汽车电器,2009(2):1-6.
[6] 谭利华. 发动机节能减排的控制研究 [J]. 机电产品开发与创新,2011,24(1):27-28.
[7] 祝毓. 国外汽车关键技术发展动态 [J]. 机电一体化,2010,16(11):4-8.
[8] 刘志刚. 汽车发展史简述 [J]. 汽车运用,2000(12):15-16.
[9] 宋现东,刘洋. 柴油机排放机外净化措施及其发展 [J]. 客车技术与研究,2004,26(3):28-29.
[10] 李建新,任继文. 柴油机的未来 [J]. 车用发动机,2004(1):1-5.
[11] 李耿. 国外柴油机新技术介绍 [J]. 重发科技,2009(1):30-34.
[12] 罗鹰. 复合材料在现代汽车发动机中的应用 [J]. 汽车工程师,2009(2):50-52.
[13] 王谦,吴小勇. 均质充量压缩燃烧发动机的特点与研究现状 [J]. 华东船舶工业学院学报(自然科学版),2005,19(3):75-79.
[14] 王斌,刘昭度,何玮,等. 汽车电子节气门技术研究现状及发展趋势 [J]. 小型内燃机与摩托车,2005,34(6):32-34.
[15] 褚东宁,冯美斌. 汽车发动机材料技术发展动态 [J]. 汽车与配件,2010(10):38-40.
[16] 武和全,姜水生,高国珍. 汽油机缸内直喷的研究现状与发展 [J]. 能源研究与管理,2005(3):9-11.
[17] 张洪涛,何基都. 汽车电子节气门技术的现状及发展趋势 [J]. 广西工学院学报,2009,20(3):78-81.
[18] 纪常伟,何洪,李锟喆,等. 均质充量压缩燃烧(HCCI)的研究进展与展望 [J]. 黑龙江工程学院学报,2006,20(4):37-40.
[19] 廖水容,邵毅明,张敏,等. 均质充量压缩燃烧研究现状与存在的问题 [J]. 北京汽车,2008(1):4-7.
[20] 杨世春,李君,李德刚. 缸内直喷汽油机技术发展趋势分析 [J]. 车用发动机,2007(5):8-13.
[21] 祝刘洪. 汽油机缸内直喷技术的研究现状及发展方向 [J]. 现代机械,2009(4):94-96.
[22] 冯渊,居钰生,范圣耀. 汽油机缸内直喷技术发展的分析与研究 [J]. 小型内燃机与摩托车,2010,39(5):92-96.
[23] 耿文娟,袁银南,居钰生. 汽油机缸内直喷技术探析 [J]. 小型内燃机与摩托车,2010,39(3):23-28.
[24] 智刚毅,王桂香. 柴油机电控燃油喷射系统现状与发展趋势 [J]. 农机化研究,2008(6):206-207.
[25] 刘斌彬,李国岫,郑亚银. 柴油机高压共轨燃油喷射系统现状与发展趋势 [J]. 内燃机,2006(2):1-3.
[26] 聂建军. 柴油机高压共轨燃油系统的现状及发展趋势 [J]. 内燃机,2009(4):6-9.
[27] 牛钊文,周斌,展靖华,等. 可变压缩比技术的研究与展望 [J]. 内燃机,2010(4):44-46.
[28] 陈雯,赵玉庆. 车用转子发动机性能分析 [J]. 山东交通科技,2008(1):66-68.
[29] 裴海灵,周乃君,高宏亮. 三角转子发动机的特点及其发展概况综述 [J]. 内燃机,2006(3):1-3.

[30] 姜立标. 专用汽车的构造与设计 [M]. 北京：人民交通出版社，2008.

[31] 姜立标. 汽车传感器及其应用 [M]. 北京：电子工业出版社，2013.

[32] Conatser R, Wagner J, Ganta S, et al. Diagnosis of automotive electronic throttle control systems [J]. Control Engineering Practice, 2004, 12 (1): 23-30.

[33] Pan Y, Dagci O, Ozguner U. Variable structure control of electronic throttle valve [J]. IEEE Transactions on Industrial Electronics, 2001, 55 (11): 103-108.

[34] Kim D, Peng H, Bai S, et al. Control of Integrated Powertrain with Electronic Throttle and Automatic Transmission [J]. IEEE Transactions on Control Systems Technology, 2007, 15 (3): 474-482.

[35] Zheng J, Miller D L, Cernansky N P, et al. The Effect of Active Species in Internal EGR on Preignition Reactivity and on Reducing UHC and CO Emissions in Homogeneous Charge Engines [R]. SAE Technical Paper, 2003.

[36] Easley W L, Agarwal A, Lavoie G A. Modeling of HCCI combustion and emissions using detailed chemistry [R]. SAE Technical Paper, 2001.

[37] 史文库. 汽车新技术 [M]. 北京：人民交通出版社，2010.

[38] 葛安林. 车辆自动变速器理论与设计 [M]. 北京：机械工业出版社，1993.

[39] 葛安林. 自动变速器（六）——电控机械式自动变速器（AMT）[J]. 汽车技术，2001 (10): 1-4.

[40] 葛安林. 汽车工程手册设计篇——无级变速器 [M]. 北京：人民交通出版社，2001.

[41] 付铁军，周云山，张宝生. 金属带式无级变速器电液控制系统的试验研究 [J]. 汽车工程，2003，25 (4): 384-388.

[42] 周云山，裘熙定. 汽车无级变速传动（CVT）建模与仿真 [J]. 汽车工程，1998 (5): 285-289.

[43] 王红岩，方志强. 金属带式无级变速汽车的性能仿真研究 [J]. 装甲兵工程学院学报，2003，17 (1): 25-28.

[44] 张宝生，张伯英，周云山，等. 金属带式无级变速器液压控制系统的仿真 [J]. 农业机械学报，2002，33 (2): 20-23.

[45] 庄继德. 汽车系统工程 [M]. 北京：机械工业出版社，1997.

[46] 陈全世，杨宏亮，田光宇. 混合动力电动汽车结构分析 [J]. 汽车技术，2001 (9): 6-11.

[47] 麻友良，陈全世. 混合动力电动汽车的发展 [J]. 公路交通科技，2001，18 (1): 77-80.

[48] 杨为琛，孙逢春. 混合电动汽车的技术现状 [J]. 车辆与动力技术，2001 (4): 41-46.

[49] 牛铭奎，葛安林，金伦，等. 双离合器式自动变速器简介 [J]. 汽车工艺与材料，2002 (12): 36-38.

[50] 牛铭奎，高炳钊，葛安林，等. 双离合器式自动变速器系统 [J]. 汽车技术，2004 (6): 1-3.

[51] 刘朝红，韩进. 汽车 ABS 的应用及发展方向 [J]. 本溪冶金高等专科学校学报，2002，4 (2): 4-6.

[52] 申荣卫. 汽车电子技术 [M]. 北京：机械工业出版社，2002.

[53] 蒋克荣，王治森. 汽车 ABS 技术及其发展趋势 [J]. 工业仪表与自动化装置，2006 (2): 73-75.

[54] 王德平，郭孔辉. 汽车驱动防滑控制系统 [J]. 汽车技术，1997 (4): 22-27.

[55] 郭丽萍. 汽车驱动防滑系统（ASR）工作原理初探 [J]. 城市公共交通，2003 (3): 24-25.

[56] 刘圣田. 汽车动力传动系双质量飞轮式扭振减振器设计开发研究 [D]. 长春：吉林工业大学，1996.

[57] 刘圣田，吕振华. 双质量飞轮式扭振减振器 [J]. 汽车技术，1997 (1): 23-27.

[58] 任晓松. 一种新型扭转振动减振器——双飞轮系统 [J]. 世界汽车，1995 (3): 26-28.

[59] 姜顺明. 混合动力汽车动力匹配的研究 [D]. 镇江：江苏大学，2001.

[60] 余志生. 汽车理论 [M]. 2版. 北京：机械工业出版社，1999.

[61] 王宪英. 轿车混合动力传动系统建模与仿真 [D]. 镇江：江苏大学，2004.

[62] 岳惊涛，廖苓平，彭莫. 汽车动力系统的合理匹配评价 [J]. 汽车工程，2004，26（1）：102-106.

[63] 何仁. 汽车动力性及燃油经济性计算方法及应用 [M]. 北京：机械工业出版社，1996.

[64] 姜立标. 汽车运用工程基础 [M]. 北京：北京大学出版社，2008.

[65] Zhang Y, Chen X, Zhang X, et al. Dynamic modeling of a dual-clutch automated lay-shaft transmission [C] //ASME 2003 International Design Engineering Technical Conferences and Computers and Information in Engineering Conference. American Society of Mechanical Engineers, 2003: 703-708.

[66] Kulkarni M, Shim T, Zhang Y. Shift dynamics and control of dual-clutch transmissions [J]. Mechanism and Machine Theory, 2007, 42 (2): 168-182.

[67] Wong J Y, Reece A R. Prediction of rigid wheel performance based on the analysis of soil-wheel stresses part I. Performance of driven rigid wheels [J]. Journal of Terramechanics, 1967, 4 (1): 81-98.

[68] Fujimoto Y. Performance of elastic wheels on yielding cohesive soils [J]. Journal of Terramechanics, 1977, 14 (4): 191-210.

[69] Gao Y, Ehsani M. A torque and speed coupling hybrid drivetrain-architecture, control, and simulation [J]. IEEE Transactions on Power Electronics, 2006, 21 (3): 741-748.

[70] Hirose K, Ueda T, Takaoka T, et al. The high-expansion-ratio gasoline engine for the hybrid passenger car [J]. JSAE Review, 1999, 20 (1): 13-21.

[71] Kawamoto N, Naiki K, Kawai T, et al. Development of new 1.8-liter engine for hybrid vehicles [R]. SAE Technical Paper, 2009.

[72] Asano K, Inaguma Y, Ohtani H, et al. High Performance Motor Drive Technologies for Hybrid Vehicles [C] // Power Conversion Conference-Nagoya. 2007: 1584-1589.

[73] Liu J, Peng H, Filipi Z. Modeling and Control Analysis of Toyota Hybrid System [C] // Ieee/asme International Conference on Advanced Intelligent Mechatronics. Proceedings. 2005: 134-139.

[74] Yang H, Cho S, Kim N, et al. Analysis of Planetary Gear Hybrid Powertrain System part 1: Input Split System [J]. International Journal of Automotive Technology, 2007, 8 (6): 771-780.

[75] Hofman T, Steinbuch M, van Druten R M. Modeling for simulation of hybrid drivetrain components [C] //2006 IEEE Vehicle Power and Propulsion Conference. IEEE, 2006: 1-6.

[76] Xiong W, Zhang Y, Yin C. Optimal energy management for a series-parallel hybrid electric bus [J]. Energy Conversion and Management, 2009, 50 (7): 1730-1738.

[77] Kamiya M. Development of traction drive motors for the Toyota hybrid system [J]. Ieej Transactions on Industry Applications, 2006, 126 (4): 473-479.

[78] 魏春源. BOSCH汽车工程手册 [M]. 北京：北京理工大学出版社，2009.

[79] 陈家瑞. 汽车构造（下册）[M]. 北京：机械工业出版社，2006.

[80] [日] 出射忠明. 汽车构造双色图解 [M]. 赵波，译. 北京：人民交通出版社，2005.

[81] 姜立标. 汽车数字开发技术 [M]. 北京：北京大学出版社，2010.

[82] 喻凡，林逸. 汽车系统动力学 [M]. 北京：机械工业出版社，2008.

[83] 王锦俞，闵思鹏. 图解英汉汽车技术词典 [M]. 北京：机械工业出版社，2005.

[84] 李朝晖，杨新桦. 汽车新技术 [M]. 重庆：重庆大学出版社，2004.

[85] 陈南. 汽车振动与噪声控制 [M]. 北京：人民交通出版社，2005.

[86] 庞剑，谌刚，何华．汽车噪声与振动：理论与应用［M］．北京：北京理工大学出版社，2008．

[87] 陈克安．有源噪声控制［M］．北京：国防工业出版社，2003．

[88] 周新祥．噪声控制技术及其新进展［M］．北京：冶金工业出版社，2007．

[89] 靳晓雄，张立军．汽车噪声的预测与控制［M］．上海：同济大学出版社，2004．

[90] 何渝生．汽车噪声控制［M］．北京：机械工业出版社．

[91] 常振臣，王登峰，周淑辉，等．车内噪声控制技术研究现状及展望［J］．吉林大学学报：工学版，2002，32（4）：86-90．

[92] 王玲玲，李耀刚，陈冠国．振动主动控制技术的研究现状及发展趋势［J］．农机化研究，2005（5）：30-32．

[93] 陈克安．声学测量［M］．北京：科学出版社，2005．

[94] 孙林．国内外汽车噪声法规和标准的发展［J］．汽车工程，2000，22（3）：154-158．

[95] 吕静，陈达亮，舒歌群．汽车噪声法规标准及主要控制技术［J］．标准规范，2007（4）：22-26．

[96] 宋健，王伟玮，李亮，等．汽车安全技术的研究现状和展望［J］．汽车安全与节能学报，2010，1（2）：98-106．

[97] 曾银丰．汽车电子制动系统——电子稳定程序 ESP［J］．汽车电器，2008（4）：42-48．

[98] 王基一，张浩然，郭启军．智能轮胎压力监测系统的概述与研究［J］．湖州师范学院学报，2008，30（2）：49-53．

[99] 韩晓凌．多方位乘员识别系统与气袋诊断仪［D］．北京：清华大学，2006．

[100] 燕战秋，华润兰．论汽车轻量化［J］．汽车工程，1994，16（6）：375-383．

[101] Suh M W, Lee J H, Cho K Y, et al. Section property method and section shape method for the optimum design of vehicle body structures [J]. International Journal of Vehicle Design, 2002, 30 (1-2): 115-134.

[102] Tamaki Y. Research into achieving a lightweight vehicle body utilizing structure optimizing analysis: aim for a lightweight and high and rigid vehicle body [J]. JSAE review, 1999, 20 (4): 558-561.

[103] Hopf B, Biemans C. Light-weight body-current status and future challenges [J]. DVS BERICHTE, 2001, 218: 201-208.

[104] 崔新涛．多材料结构汽车车身轻量化设计方法研究［D］．天津：天津大学，2007．

[105] Benedyk J. Light metals in automotive applications [J]. Light Metal Age, 2000, 58 (9-10): 34-35.

[106] Han H N, Clark J P. Lifetime costing of the body-in-white: steel vs. aluminum [J]. JOM, 1995, 47 (5): 22-28.

[107] 羊秋林．汽车用轻量化材料［M］．北京：机械工业出版社，1991．

[108] Jambor A, Beyer M. New cars—new materials [J]. Materials & Design, 1997, 18 (4): 203-209.

[109] 迟汉之．世界汽车轻量化及轻质材料应用趋势［J］．轻型汽车技术，2001（4）：54-56．

[110] 马鸣图，易红亮，路洪洲，等．论汽车轻量化［J］．中国工程科学，2009，11（9）：20-27．

[111] Hopf B, Biemans C. Light-weight body-current status and future challenges [J]. DVS BERICHTE, 2001, 218: 201-208.

[112] Ng G K, Miller J C, Tessieri M B. Aluminum usage in the PNGV and its impact on the recycling infrastructure [R]. SAE Technical Paper, 1999.

[113] TAYLOR C. PNGV materials accomplishments [J]. Automotive Engineering, 1996, 104 (12): 39-40.

[114] 敖炳秋．轻量化汽车材料技术的最新动态［J］．汽车工艺与材料，2002（8）：1-21．

[115] 王宏雁. 汽车车身轻量化结构与轻质材料 [M]. 北京：北京大学出版社, 2009.
[116] Hahn O, Kurzok J R, Timmermann R. Joining of multi-material constructions [C] // Proceedings of Chinese-German Ultralight Symposium, Beijing, China. 2001: 151-162.
[117] 肖永清, 杨忠敏. 汽车的发展与未来 [M]. 北京：化学出版社, 2004.
[118] 中国汽车工程学会组编. 世界汽车技术发展跟踪研究 [M]. 北京：北京理工大学出版社, 2008.
[119] Liu Z. Characterisation of optimal human driver model and stability of a tractor-semitrailer vehicle system with time delay [J]. Mechanical Systems and Signal Processing, 2007, 21 (5): 2080-2098.
[120] 陈勇, 黄席樾, 杨尚罡. 汽车防撞预警系统的研究与发展 [J]. 计算机仿真, 2006, 23 (12): 239-243.
[121] 黄娟, 葛万成. 基于 GPS 和 GSM 的汽车自动报警和求救系统 [J]. 信息技术, 2005, 29 (11): 5-7.
[122] Helbing D, Hennecke A, Shvetsov V, et al. Micro- and macro-simulation of freeway traffic [J]. Mathematical & Computer Modelling An International Journal, 2000, 35 (5-6): 517-547.
[123] 张伦. MB-LBP 特征在视觉目标检测和分类中的应用 [D]. 中国科学院自动化研究所, 2008.
[124] 王伟, 陈慧, 刁增祥, 等. 基于光电导航无人驾驶电动汽车自动寻迹控制系统研究 [J]. 汽车工程, 2008, 30 (2): 137-140.
[125] Kiencke U, Majjad R, Kramer S. Modeling and performance analysis of a hybrid driver model [J]. Control Engineering Practice, 1999, 7 (8): 985-991.
[126] 温炳. 不停车收费系统（ETC）及其应用 [J]. 山西交通科技, 2003 (S1): 129-131.
[127] 肖永清. 汽车的发展与未来 [M]. 北京：化学工业出版社, 2004.
[128] Wakefield E H. History of the electric automobile battery-only powered cars [M]. Published by Society of Automotive Engineers, Inc, 1993.
[129] 崔胜民. 新能源汽车技术 [M]. 北京：北京大学出版社, 2010.
[130] 陈全世. 先进电动汽车技术 [M]. 北京：化学工业出版社, 2007.
[131] 陈清泉, 孙立清. 电动汽车的现状和发展趋势 [J]. 科技导报, 2005, 23 (4): 24-28.
[132] Liu H, Nonami K, Hagiwara T. Semi-active fuzzy sliding mode control of full vehicle and suspensions [J]. Journal of Vibration and Control, 2005, 11 (8): 1025-1042.
[133] 王刚, 周荣, 乔维高. 电动汽车充电技术研究 [J]. 农业装备与车辆工程, 2008 (6): 7-9.
[134] 宋文生, 李磊, 王宇新. 燃料电池汽车氢源 [J]. 汽车工程, 2003, 25 (4): 415-417.
[135] 陈卫国. 车用替代燃料的发展趋势 [J]. 国际石油经济, 2007, 15 (2): 31-36.
[136] Griffiths P G. Embedded software control design for an electronic throttle body [D]. University of California, Berkeley, 2002.
[137] 慧文. 小型化 3 缸发动机已上路 [J]. 汽车与配件, 2013 (35): 20-21.
[138] 朱敏慧. 小型化发动机 前程远大 [J]. 汽车与配件, 2008 (35): 17-19.
[139] 范明强. 发动机小型化技术的发展 [J]. 汽车与配件, 2009 (14): 30-33.
[140] 郑劲. 七速双离合变速器的传动分析 [J]. 汽车零部件, 2014 (2): 61-62.
[141] 张志阳, 邵科源, 张振宇, 等. 碳纤维复合材料在纯电动汽车车身中的应用分析 [J]. 上海汽车, 2013 (10): 60-62.
[142] 李威, 郭权锋. 碳纤维复合材料在航天领域的应用 [J]. 中国光学, 2011, 04 (3): 201-212.
[143] 崔胜民. 新能源汽车概论 [M]. 北京：北京大学出版社, 2011.

北京大学出版社汽车类教材书目

序号	书　名	标准书号	著作者	定价	出版日期
1	汽车构造(第2版)	978-7-301-19907-7	肖生发，赵树朋	56	2014.1
2	汽车构造(上册)	978-7-301-28803-0	肖生发，郭一鸣	36	2017.10
3	汽车构造(下册)	978-7-301-29170-2	肖生发，郭一鸣	35	2018.2
4	汽车构造学习指导与习题详解	978-7-301-22066-5	肖生发	26	2014.1
5	汽车发动机原理(第2版)	978-7-301-21012-3	韩同群	42	2013.5
6	汽车设计	978-7-301-12369-0	刘涛	45	2008.1
7	汽车运用基础	978-7-301-13118-3	凌永成，李雪飞	26	2008.1
8	现代汽车系统控制技术	978-7-301-12363-8	崔胜民	36	2008.1
9	汽车电气设备实验与实习	978-7-301-12356-0	谢在玉	29	2008.2
10	汽车试验测试技术(第2版)	978-7-301-25436-3	王丰元，邹旭东	36	2015.3
11	汽车运用工程基础(第2版)	978-7-301-21925-6	姜立标	34	2016.3
12	汽车制造工艺(第2版)	978-7-301-22348-2	赵桂范，杨娜	40	2013.4
13	车辆制造工艺	978-7-301-24272-8	孙建民	45	2014.6
14	汽车工程概论	978-7-301-12364-5	张京明，江浩斌	36	2008.6
15	汽车运行材料(第2版)	978-7-301-22525-7	凌永成	45	2015.6
16	汽车运动工程基础	978-7-301-25017-4	赵英勋，宋新德	38	2014.10
17	汽车试验学	978-7-301-12358-4	赵立军，白欣	28	2014.7
18	内燃机构造	978-7-301-12366-9	林波，李兴虎	26	2014.12
19	汽车故障诊断与检测技术	978-7-301-13634-8	刘占峰，林丽华	34	2013.8
20	汽车维修技术与设备(第2版)	978-7-301-25846-0	凌永成	36	2015.6
21	热工基础(第2版)	978-7-301-25537-7	于秋红，鞠晓丽等	45	2015.3
22	汽车检测与诊断技术	978-7-301-12361-4	罗念宁，张京明	30	2009.1
23	汽车评估(第2版)	978-7-301-26615-1	鲁植雄	38	2016.1
24	汽车车身设计基础	978-7-301-15619-3	王宏雁，陈君毅	28	2009.9
25	汽车车身轻量化结构与轻质材料	978-7-301-15620-9	王宏雁，陈君毅	25	2009.9
26	车辆自动变速器构造原理与设计方法	978-7-301-15609-4	田晋跃	30	2009.9
27	新能源汽车技术(第2版)	978-7-301-23700-7	崔胜民	39	2015.4
28	工程流体力学	978-7-301-12365-2	杨建国，张兆营等	35	2011.12
29	高等工程热力学	978-7-301-16077-0	曹建明，李跟宝	30	2010.1
30	汽车电气设备(第3版)	978-7-301-27275-6	凌永成	47	2016.8
31	汽车电气设备	978-7-301-24947-5	吴焕芹，卢彦群	42	2014.10
32	汽车电器与电子设备	978-7-301-25295-6	唐文初，张春花	26	2015.2
33	现代汽车发动机原理	978-7-301-17203-2	赵丹平，吴双群	35	2013.8
34	现代汽车新技术概论(第3版)	978-7-301-29296-9	田晋跃	48	2018.3
35	现代汽车排放控制技术	978-7-301-17231-5	周庆辉	32	2012.6
36	汽车服务工程(第3版)	978-7-301-28508-4	鲁植雄	46	2017.8
37	汽车使用与管理	978-7-301-18761-6	郭宏亮，张铁军	39	2013.6
38	汽车数字开发技术	978-7-301-17598-9	姜立标	40	2010.8
39	汽车人机工程学	978-7-301-17562-0	任金东	35	2015.4
40	专用汽车结构与设计	978-7-301-17744-0	乔维高	45	2014.6
41	汽车空调	978-7-301-18066-2	刘占峰，宋力等	28	2013.8
42	汽车空调技术	978-7-301-23996-4	麻友良	36	2014.4
43	汽车CAD技术及Pro/E应用	978-7-301-18113-3	石沛林，李玉善	32	2015.4
44	汽车振动分析与测试	978-7-301-18524-7	周长城，周金宝等	40	2011.3
45	新能源汽车概论(第2版)	978-7-301-25633-6	崔胜民	37	2016.3

序号	书 名	标准书号	著作者	定价	出版日期
46	新能源汽车基础	978-7-301-25882-8	姜顺明	38	2015.7
47	汽车空气动力学数值模拟技术	978-7-301-16742-7	张英朝	45	2011.6
48	汽车电子控制技术(第3版)	978-7-301-27262-6	凌永成	46	2017.1
49	车辆液压传动与控制技术	978-7-301-19293-1	田晋跃	28	2015.4
50	车辆悬架设计及理论	978-7-301-19298-6	周长城	48	2011.8
51	汽车电器及电子控制技术	978-7-301-17538-5	司景萍,高志鹰	58	2012.1
52	汽车车身计算机辅助设计	978-7-301-19889-6	徐家川,王翠萍	35	2012.1
53	现代汽车新技术(第3版)	978-7-301-29327-0	姜立标	59	2018.4
54	电动汽车测试与评价	978-7-301-20603-4	赵立军	35	2012.7
55	电动汽车结构与原理	978-7-301-20820-5	赵立军,佟钦智	35	2015.1
56	二手车鉴定与评估	978-7-301-21291-2	卢伟,韩平	36	2015.4
57	汽车微控制器结构原理与应用	978-7-301-22347-5	蓝志坤	45	2013.4
58	汽车振动学基础及其应用	978-7-301-22583-7	潘公宇	29	2015.2
59	车辆优化设计理论与实践	978-7-301-22675-9	潘公宇,商高高	32	2015.2
60	汽车专业英语	978-7-301-23187-6	姚嘉,马丽丽	36	2013.8
61	车辆底盘建模与分析	978-7-301-23332-0	顾林,朱跃	30	2014.1
62	汽车安全辅助驾驶技术	978-7-301-23545-4	郭烈,葛平淑等	43	2014.1
63	汽车安全	978-7-301-23794-6	郑安文	45	2015.4
64	汽车安全概论	978-7-301-22666-7	郑安文,郭健忠	35	2015.10
65	汽车系统动力学与仿真	978-7-301-25037-2	崔胜民	42	2014.11
66	汽车营销学	978-7-301-25747-0	都雪静,安惠珠	50	2015.5
67	车辆工程专业导论	978-7-301-26036-4	崔胜民	35	2015.8
68	汽车保险与理赔	978-7-301-26409-6	吴立勋,陈立辉	32	2016.1
69	汽车理论	978-7-301-26758-5	崔胜民	32	2016.1
70	新能源汽车动力电池技术	978-7-301-26866-7	麻友良	42	2016.3
71	汽车车身控制系统	978-7-301-27023-3	杭卫星	28	2016.5
72	汽车发动机管理系统	978-7-301-27083-7	贝绍轶	28	2016.6
73	汽车底盘控制系统	978-7-301-27693-8	赵景波	32	2016.11
74	汽车底盘机械系统	978-7-301-27270-1	李国庆	28	2016.7
75	现代汽车新技术(第2版)	978-7-301-27425-5	姜立标	57	2016.8
76	汽车新能源与排放控制(双语教学版)	978-7-301-27589-4	周庆辉	35	2016.10
77	汽车新技术	978-7-301-27692-1	邹乃威,周大帅	46	2016.11
78	汽车发动机机械系统	978-7-301-27786-7	李国庆	28	2016.12
79	道路交通安全	978-7-301-27868-0	郑安文	50	2017.1
80	共享汽车概论	978-7-301-28491-9	李旭等	42	2017.8
81	车辆试验设计与数据处理	978-7-301-28660-9	张京明	49	2017.8

如您需要更多教学资源如电子课件、电子样章、习题答案等,请登录北京大学出版社第六事业部官网 www.PUP6.cn 搜索下载。

如您需要浏览更多专业教材,请扫下面的二维码,关注北京大学出版社第六事业部官方微信(微信号:pup6book),随时查询专业教材、浏览教材目录、内容简介等信息,并可在线申请纸质样书用于教学。

感谢您使用我们的教材,欢迎您随时与我们联系,我们将及时做好全方位的服务。联系方式:010-62750667,童编辑,13426433315@163.com, pup_6@163.com, lihu80@163.com,欢迎来电来信。客户服务 QQ 号:1292552107,欢迎随时咨询。